U0126375

越南漢文小說叢刊　總目錄

第五册　皇黎一統志

第六册　南翁夢錄

南天忠義實錄

人物志

第七册　科榜標奇

南國偉人傳

大南行義列女傳

南國佳事

桑滄偶錄

見聞錄

大南顯應傳

「越南漢文小說叢刊」總序

以漢文字爲書寫工具的地區，我們稱爲漢文化區。漢文化區以中國漢文化爲主流，但亦應包括朝鮮、越南、日本、琉球等地區。長久以來，這些國家以漢字爲表達工具，創作了大量的漢文作品，與中國相對而言，可稱爲域外漢文化區。

域外漢文化區採用漢字寫作已有千年以上的歷史，直到上世紀末、本世紀初，由於政治及其它種種原因，各國方才逐漸停止使用漢字寫作，但民間仍有繼續使用漢字者。第二次大戰後，漢字寫作基本上從這些國家消失。（但產生了以華裔爲主的域外漢文作者，這是另一研究範圍。）朝鮮、越南和日本（包括琉球），保存了大量漢文獻，這些文獻涵括經史子集四部，應有盡有。既是各國重要的文化遺產，也是整個漢文化不可或缺的部分。但很可惜，由於教育的原因，域外漢文化區能閱讀漢文獻的人已經愈來愈少，加上政治及其它因素，除日本外，這些國家的漢文獻在過去相當長的期間內，得不到妥善的保存，遑論再作有系統的整理研究；甚至被認爲非本國文化。近年來，情況有所改變，韓國對本國漢文獻的整理研究已取得不少的成績，越南亦開始這方面的努力。但由於長期地抑止漢文，域外漢文化區對本國漢文化的研究只成了少數專家的工作。對各國漢文獻的整理和研究，最起碼的是掌握漢字，這是專家們所應有的基本訓練；但除此之外，由於各國漢文獻的內容跟整個漢文化，特別是主流的中國漢文化不可分割，就要求專家們同時擁有這方面的知識，而一般的研究域外漢文化的專家，除了對本國漢文獻有較深的了解外，很少能同時對中國漢文化和其它支流漢文化有足夠的認識，這就使得他們對本國漢文化的整理和研究受到相當的限制。

作爲漢文化主流的中國，以漢字爲書寫工具的傳統，從沒間斷，本來是最有條件對漢文化世界作整體研究。但中國知識分子，向來對其它支流文化採取不聞不問的態度，對這些地區的漢文化瞭解甚少，公私藏書中，域外漢文獻更是罕見。近年，由於國際之往來，中國對域外漢文化已有零碎的研究，但是還沒有形成風氣，不是有計畫、有系統的研究。因而域外漢文化研究還只是起步，而由此向前推進一步的漢文化整體研究，仍是一片亟待開發的荒原。

漢文化整體研究的重要性是很顯然的，它不僅有助於瞭解中國漢文化在域外的傳播和發展，足以豐富中國漢文化的知識，對朝鮮、越南、日本諸國的漢文化的認識，更具重大意義。只有通過整體研究，才能將他們在漢文化中的位置、對中國漢文化的吸收和發展等眞象全面顯示出來。不透過支流和主流關係的研究，不將各支流加以比較研究，域外漢文化各區的特質就不易清楚，而這正是目前各國研究的弱點。他們只就本國文化作研究，最多是溯源到中國漢文化，却極少與其它支流從事比較研究，如此，本國文化的特質就不易顯示出來。

漢文化的整體研究可以開拓傳統漢學研究的領域。傳統漢學只是研究中國漢文化，忽視域外漢文化區的研究，將他們看成是朝鮮學、越南學、日本學的研究範圍，這就限制了漢學家對整個漢文化的了解。另一方面，從事朝鮮、越南、日本研究的學者，一般又只限於現代的研究，也受到漢文素養的限制，不易上溯到該國古典文化。縱使研究者能夠掌握漢文，如非從事整體研究，視野仍受局限。因而漢文化的整體研究將使得被傳統漢學、朝鮮學、越南學、日本學研究所棄置的域外漢文化資料，納入漢學研究的範疇中，形成一個超越國界文化區的綜合研究。採用新的資料，採用比較的研究方法，就很自然的能獲得新的研究成果。

域外漢文化涵蓋學術之各方面，需要種種專家通力合作，才能進行全面的研究。作爲文學研究工作者，我們選擇域外漢文學爲我們研究的對象。域外漢文學以漢詩、漢文爲大宗，在傳統的漢文化觀念下，詩文才屬正統文學，因而，各國漢文學研究，漢詩、漢文備受重視。一部日本漢文學史，幾乎就只是日本漢詩漢文史。朝鮮、越南文學史中較不注重漢文學，漢文學只佔其中有限的篇幅，而且幾乎全部談論漢詩漢文。在古典漢文化中，小說向來受到輕視。各國政府禁毀書籍中，小說每每首當其衝。傳統中對小說的保存、記錄、研究都很不夠。域外漢文學中，小說最鮮爲人知，亦最少作爲研究對象，這也是朝鮮、越南、日本各國文學史家，較少論述本國漢文小說的重要原因之一。

但在域外漢文學中，最能表達本民族特質的恐怕要推小說了。各國的漢詩漢文，常是模倣自中國漢詩文，且又受到篇幅的限制，難以對本民族精神作深刻的表現，因而在文學研究中，我們選擇小說研究作爲起點。很多域外漢文小說只以抄本形式流通，其中有的已在該國失傳，幸好尚保存在國外，有的則根本消失。目前域外漢文小說在各國收藏和研究的情況極不一致。日本漢籍保存最好，由於和文小說發達較早，漢文小說數量甚少，幾乎未曾引起文學史家的注意。朝鮮漢文小說數量甚多，近年來無論在本國，還是在外國，都有人從事整理和研究。成績雖然不盡理想，畢竟已漸重視。相形之下，越南情況較差。首先是越南語拉丁化和殖民地的教育，使越南有半個世紀時間割斷和本國漢文化的聯繫，獨立初期的越南仍繼續對漢文化抱敵視的態度；再者，中南半島的氣候本不宜保存古籍，加以連年戰爭的破壞，使得越南漢籍的保存研究在整個域外漢文化區中較爲後進。目前可能讀到的越南文學史，原就忽視本國漢文學，至於漢文小說則幾乎不曾提及，這反映當代越南人的某些政治思想，亦表現出他們對本國漢文小說的了解不深。這些小說，有的反映出越南民族獨立的要求，即使在狹窄的愛國主義觀點下，也應受到重視。由於這些資料仍未被發掘整理和研究，使得我們將越南漢文小說的整理和研究，列爲整體域外漢文小說研究計畫的第一步。

越南漢文小說研究的首要工作是資料的搜集、整理。目前我們所能掌握到的資料，估計現存越南漢文小說大約三十部，約三百萬字左右，大部分是抄本，只有少數刻本。抄本的質量通常不高，需與異本校勘；刻本間也有不同版本可供校勘的。由於這些資料只存在越南、法國和日本的一些圖書館中，不是一般研究者所能接觸，因此作爲越南漢文小說研究的最基本工作就是根據這些資料，經過校勘，編出一套越南漢文小說叢刊，使研究者有機會接觸並使用這一批材料。校勘不單是文字異同的比較，且要根據整個漢文化的知識尋求恢復原作的面貌。且爲幫助讀者的瞭解，在每部書前，對作者、版本源流、內容等略作說明。

越南漢文小說依其性質，可分爲下列五大類：

一、神話傳說　如「粵甸幽靈錄」、「粵甸幽靈集」、「新訂校評越甸幽靈集」、「嶺南摭怪」、「嶺南摭怪列傳」、「天南靈簽」、「南國異人事跡錄」等等。這些是越南民族國家和事物起源的神話和傳說，亦包括神祇傳記。

二、傳奇小說　收集到的有「傳奇漫錄」、「傳奇新譜」、「新傳奇錄」、「聖宗遺草」、「見聞錄」、「越南奇逢事錄」等等。因最早一部以「傳奇」命名，以後的仿作又陸續使用「傳奇」爲書名一部分，故採作本類總名。這批小說是文言短篇，類似唐人小說。

三、歷史演義　輯錄的有「皇越春秋」、「越南開國志傳」、「皇黎一統志」、「皇越龍興志」

四種。自十五至十九世紀的越南歷史，幾乎盡入演義中。

四、筆記小說　最早的當推「南翁夢錄」，此外有「公餘捷記」、「南天珍異」、「聽聞異錄」、「山居雜錄」、「雲囊小史」、「大南顯應傳」、「滄桑偶錄」、「安南古跡列傳」、「南國偉人傳」、「南天忠義實錄」、「科榜標奇」、「人物志」等等。這一類是以人物事跡爲主。

五、現代小說　這是本世紀以來，受西方文化和中國白話文學影響而創作的現代白話小說，數量不多，勉強算作一類，可以視爲上四類的附錄。

由於歷史的原因，越南漢文獻在國外藏量最多的，首推法國。法國遠東學院、亞洲協會、國家圖書館、東方語言學院圖書館、基美博物館圖書館和天主教外國差會等處，都藏有越南漢文喃文書。其中以遠東學院所藏最爲重要。遠東學院於一九〇一年創立於越南河內，數十年間搜集了大量中國、越南以及東南亞各國資料。一九五四年越南獨立，遠東學院搬回巴黎，中越圖書全留河內，移交越南政府。其中部分重要書籍製成微卷，分存巴黎、西貢兩地。五十年代以後，該院駐西貢辦事處又從越南南方購得書籍一批，與原有的微卷構成越南漢喃書籍的重要收藏，這是此套叢書主要資料來源。曾經是遠東學院研究員的著名學者馬伯樂（Henry Maspéro）和戴密微(Paul Deméville）教授，都曾在越南住過，並收藏不少的越南漢文書，他們的藏書在逝世後都捐給亞洲協會圖書館。兩氏的越南藏書中頗有漢文小說資料，是我們這套叢書資料的另一重要來源。其它法國圖書館雖也收藏不少的越南書籍，但小說資料不多，就不一一述及了。

編纂越南漢文小說叢刊是由我發起的。多年來我留心搜集這方面資料，並作初步的標點和校勘。但資料數量很多，全面校勘需要大批人力，身處海外，缺乏條件。且因我有其它研究工作，不能將全部時間投入漢文小說整理和研究中，這些資料一直沒有整理出版。當然，要找到願意刊印這批冷門的研究材料的書局也不容易。一九八二年，我到臺北，和朋友們談及漢文學研究的構想，提到出版越南、朝鮮、日本三國漢文小說叢書的計畫，臺灣學生書局惠允出版這套叢書，中國文化大學中文系教授王三慶兄又應允負責主持校勘工作，並於該校中文研究所成立校勘小組，成員有鄭阿財、朱鳳玉、郭長城、廖宏昌、許鳴鏘、陳益源、康世昌、謝明勳等，分別對各書進行校勘和標點工作。三慶兄並邀得龍思明女士，負責將資料中雜入少數字喃翻成漢文，至此萬事俱備。經過多年辛苦的校勘整理，終於告一段落，始能推出排版。

這次出版的是越南漢文小說第一輯，約爲現存越南漢文小說百分之六十左右。其它小說有的版本尚未集全，且校勘仍需時日，只好留待下輯出版。本輯共分七册，第一、二册爲傳奇小說，包括：「傳奇漫錄」、「傳奇新譜」（附「段氏實錄」）、「聖宗遺草」、「越南奇逢事錄」四種；第三、四册是歷史演義，包括：「皇越春秋」、「越南開國志傳」；第五册是「皇黎一統志」；第六、七册則爲筆記小說，包括：「南翁夢錄」、「南天忠義實錄」、「人物志」、「科榜標奇」、「南國偉人傳」、「大南行義列女傳」、「南國佳事」、「滄桑偶錄」、「見聞錄」、「大南顯應傳」等共十種。至於這套叢書的校勘事項，參見「校錄凡例」，各書的個別問題，則參考各書前的「出版說明」。「出版說明」除指出所用版本及校勘諸問題外，又介紹該書的作者資料。各書校勘者芳名標於該書扉頁。三慶兄和我將校稿各看了一遍，作成最後定稿。

這套叢書得以順利印出，首先要感謝法國遠東學院院長 Gross 教授和圖書館館長 Rageau 夫人，他們贊同我所提出的漢文化整體研究的構想，接納我在遠東學院建立漢喃研究小組的建議，使得越南漢文小說研究計畫成爲學院研究計畫的一部分，因而得以充分利用該院的資料和設備。遠東學院並與學生書局合作出版這套叢書。我的越南同事、漢喃研究組成員謝仲俠先生，以他賅博的越南漢籍知識，提供我搜集資料及撰寫「出版說明」的線索，又提供他珍藏的日本東洋文庫「舊編傳奇漫錄」的膠捲，衷心銘謝。我的研究助理譚惠珍小姐自始至終參與資料的搜集和標校工作，備極辛勞，深爲感謝。

我還應該感謝法國漢學院院長、巴黎第七大學教授吳德明（Yves Hervouet）先生、法國亞洲協會圖書館負責人、高等社會科學學院蘇梅野（Michel Soymié）教授和法國科研中心中國文學歷史研究組負責人、高等社會科學學院侯思孟（Donald Holzman）教授的支持和協助。

本書出版是王三慶教授所領導的中國文化大學中文研究所「越南漢文小說校勘小組」成員的勞績。

最後感謝臺灣學生書局諸位執事先生對文化的熱誠，同意出版這麼一部冷門書。臺灣大學外文系教授王秋桂兄大力協助本書出版，亦於此誌謝。

陳慶浩　一九八五年十月於臺北

「越南漢文小說叢刊」校錄凡例

一、本編小說一律選擇善本作底本，各本文字則據底本原文迻錄。

二、除底本外，若有其他複本可資參校，間有異文，並擇善而從，且加註說明，以存底本眞象。

三、唯因異文數量頗夥，故除傳奇漫錄作全面採錄外，他書僅擇錄對於文義、修辭等具有參考價值之異文。若語氣辭等不具特殊意義之異文，爲省篇幅，一律不加採錄及說明。

四、若文句未順，又乏校本可據者，爲使讀者得一通讀之善本，則據文義校改，並加註說明，以存底本眞象。

五、凡爲補足文義，若有意加文字，則以〔〕號示別。若爲譌錯之通假字，則在原字下加（）號，增列通行正字，供作參考，以別正文。

六、原底本若經抄者自校，或經藏者改正，但錄改正後之文字，並一律不加註文說明。若是後人臆改，而不從其改後文字，必加註說明。

七、凡底本或校本俗寫、偏旁誤混之字，隨處都有，此抄本常例，今皆根據文義逕改，不煩加註，以省篇幅。

八、又迻錄時，皆加標點分段，並加專有人名、書名、地名號，普通名詞則一律從略。

九、凡正文下雙行註文，一律小字單行標示，唯其加註位置或誤，則移至適當地位，並加註說明。又如傳奇漫錄註文極多，爲不影響正文閱讀，則移至正文後校註中，凡此等移動，今皆加註說明。

十、凡正文中偶有喃文，一律譯作漢文，並加註說明。

傳奇漫錄目錄

卷之二

卷之三

卷之四

陳益源 校點

傳奇漫錄

傳奇漫錄　出版說明

阮嶼，洪州嘉福縣段林社（今青沔段林）人，生卒日期不詳。嶼爲翔縹長子，翔縹「登洪德二十七年丙辰科（一四九六）同進士，仕至承宣使，贈尚書」，死後封爲福神。（見登科備考春集頁五十六）據大安何善漢序謂嶼「少劬于學，博覽強記，欲以文章世其家。粤領鄉薦，累中會試場。宰於清泉縣，纔得一稔，辭邑養母，以全孝道。足不踏城市，凡幾餘霜，於是筆斯錄以寓意焉。」武純甫（一六九七～？）公餘捷記白雲庵居士阮文道公譜記中謂嶼爲阮秉謙（一四九一～一五八五）高足，「嶼隱居不仕，作傳奇漫錄，公多斧正，遂爲千古奇筆。」黎貴惇（一七二六～一七八四）見聞小錄卷五才品提及阮嶼，均據何序，又增述云：「後以僞莫篡竊，誓不出仕，居鄉授徒，足不踏城市。著傳奇漫錄四卷，文辭清麗，時人稱之，以壽終。」

按何善漢序署永定初年，永定只得一年，故知序於一五四七年，此爲漫錄成書之下限。味其序，是時漫錄成書已多年。據阮傳，永定初年秉謙已儼然爲王者師，聲名籍甚，如嶼爲其高足，何善漢恐不至於失書。估計嶼與秉謙爲同時代人，嶼年或稍長。傳奇漫錄中徐式仙婚錄篇末敍及黎延寧五年事，則漫錄之成，亦應在一四五八年以後。配合阮嶼資料，本書極可能成於黎末莫初，即十六世紀二、三十年代。

何序謂漫錄「觀其文辭，不出宗吉藩籬之外」。此句下有註曰：「瞿宗吉著剪燈新話。」按傳奇漫錄卷二首篇龍庭對訟錄正文謂「善文有龍宮之宴」，新編此句下註則引錄剪燈新話首篇水宮慶會錄全文。善文乃會錄之主角，龍庭對訟錄已將之用爲典故，註且引會錄全文，漫錄受新話之影響可知矣。漫錄中頗多故事情節及結構模仿新話，筆者另有較詳細研究，此處不贅。即論形式，漫錄與新話幾乎一致。如全書二十篇，五篇爲一卷，共分四卷。各故事或稱「錄」，或稱「記」、「傳」，亦無一例外。瞿佑（一三四七～一四三三）剪燈新話成於洪武十一年（一三七八），後流傳甚廣。早在宗吉生前，李禎（一三七六～一四五二）於永樂十七年（一四一九）至永樂十九年間役於房山，即模仿新話作剪燈餘話。趙弼輔作效顰集，其後序寫於宣德戊申（一四二八）。至萬曆壬辰（一五九二），邵景詹又仿作覓燈因話，是時又有將新話分篇收入通俗類書，或合其它文言小說，輯爲選集。又有將新話改編爲白話小說戲劇的，明清兩代仿作改作，不絕如縷。

新話傳至朝鮮，金時習（一四三五～一四九三）於一四六五年在慶州之金鰲山作金鰲新話。金鰲新話爲朝鮮傳奇小說之祖，影響至巨。剪燈及金鰲兩書後傳入日本，即爲中村選譯入貞享四年（一六八七）出版之奇異雜談集中。及後淺井了意（？～一六九一）之伽婢子、上田秋成（一七三四～一八〇九）之雨月物語，均翻譯改編兩書之部分篇章，大受歡迎，形成怪談小說，對江戶文學影響甚深。

剪燈新話南傳入越南應在隆慶元年（一五六七）以前。按嚴從簡殊域周咨錄卷六安南中，已提及安南當時有剪燈新餘話。據掖垣人鑑卷十四，嚴爲「嘉靖三十八年（一五五九）進士，授行人，選工科給事中，遷刑科右給諫。隆慶元年坐謫婺源縣丞，歷揚州同知，免官歸。」殊域一書係從簡任官行人司時輯錄檔案而成，約成書於萬曆二年（一五七四）。而據何善漢序及觀傳奇漫錄所受新話之影響，則新話之傳入越南，似不應遲於十五世紀末十六世紀初。較之新話，傳奇漫錄已有發展，故事加長，情節更豐富，結構更完整。且故事人物均爲越南人，場景亦多在越南，南國風味甚濃。阮嶼漢文造詣極高，韵文散文均甚嫻熟，文字典雅，甚可貴也。

傳奇漫錄出現後，仿作亦多，最重要者爲段氏點（一七〇五～一七四八）之傳奇新譜（潘輝注歷朝憲章類誌之藝文志中稱爲續傳奇），阮演齋之傳聞新錄及范貴適之新傳奇錄，形成越南漢文小說中有重要地位之傳奇小說類。新譜已收入本叢書此輯中，其它二種亦將收入第二輯，讀者可直接看原書。

現存傳奇漫錄有舊編新編二種版本。舊編爲「類庵會註本」，由「書坊紅蓼阮自信鋟梓」，於永盛八年（一七一二）刊行，據書中校記及註，可知舊編出版前，本書版本頗多，而類庵爲之集校集註，保存了不少異文。此本現存日本東洋文庫，北京圖書館亦有收藏，此外未見記錄。阮自信刊本爲漫錄之最古版本。何善漢序在以後出現的本子中雖繼續出現，但除一抄本外，皆刪去序文時間及署名，遂使後人對阮嶼生存時期及漫錄創作時間，有諸多猜測。目前較易找到的是新編傳奇漫錄增補解音集註（下簡稱新編本），此本似與舊編本沒有直接傳承關係，而是直接據舊編前的本子作校註。雖然只保存了寥寥的三條校記，但可看出所據的底本不只一個。新舊編本註頗有不同！舊編引文較簡，只有少數交代出處，新編引文較繁，幾乎全部標明出處。兩本均曾引及「舊註」，可見皆有所本。註皆據類書轉錄，故疏漏訛謬比比皆是。註書體例亦不嚴謹，如有前不註而後註，反於初出現時註參後之註者。又舊編有眉批，評論故事內容及寫作方法，新編無眉批。但新編較舊編增加了解音一項，將正文逐句譯爲字喃。目前知見新編本有永盛十年（一七一四）繼善堂刊本、永佑叁年（一七三七）巨靈書坊再刊本、景興二十四年（一七六三）刊本、景興三十五年柳幢社社長阮遴重刊本，以及據刊本迻錄的抄本、節抄本和刪去註釋、音解的白文本。就掌握到的本子看來，新編本的正文註釋都從同一個祖本而來，但喃字音解部分，因出版時間地點不同而有別。此方面日本川本邦衞正在進行系統的確定。

傳奇漫錄又有現代越文譯本和法文譯本。

此次據下列本子校勘：

㈠舊編傳奇漫錄（下稱底本），此本藏日本東洋文庫，現據微捲影印本過錄。前署「永曆萬萬年之八歲在辰月在如穀旦刊行」、「類庵會註本」、書名、「書坊紅蓼阮自信鋟梓」，次大安何善漢序，序後署「後學松州阮立夫編」，次目錄。此本上下雙欄，左右單欄，有界欄，版心無魚尾，上卷次、中篇名簡稱、下頁次。半葉九行，行廿字，惟正文內頂格空，實得行十九字，此本有眉批，今收入註文中。註間有《號，表刪節，今改用省略號。引文實際已刪節而無《號者，則以引號分開而不用省略號，以免混淆。

㈡新編傳奇漫錄抄本（下稱甲本），遠東學院編號爲A176，現藏河內漢喃研究所，今據微捲影印本。前傳奇漫錄序，目錄頁及正文前署書名爲新編傳奇漫錄增補解音集註，目錄頁後記「柳幢社阮碧家本重刊」、「景興二十四年春月穀日」，是知抄本據一七六三年刊本過錄。此本四週單欄，版心無魚尾，署「傳奇卷□」，次篇名簡稱，下頁次。半葉八行，行廿一字。各卷末皆署書全名，卷次，終畢。

㈢抄本傳奇漫錄（下稱乙本），法國亞洲協會圖書館藏，編號b21，原四卷，因郵誤，現只得卷三、卷四。此本卷三、卷四扉頁署「記錄阮克定承抄」。此本素白紙抄，卷前及卷末書名皆作新編傳奇漫錄增補解音集註，接卷次，卷末則有「終畢」二字。正文半葉九行，行十五字。此本大致同甲本，然亦有少許差異，故用以參校。其中除卷四南昌女子傳、李將軍傳、夜叉部帥錄外，其餘均節抄。又錯字極多，猶以卷四爲甚，除非遇關鍵字，甲非乙是或兩者皆非而又有不同，足供參考者，不一一指出。

㈣白文抄本傳奇漫錄（下稱丙本），戴密微原藏，原藏法國亞洲協會圖書館。此本無總目，素白紙抄錄，首頁及版心上方皆題傳奇漫錄，版心中題篇名簡稱，不記頁次。半葉七行，行廿三字。此本除二處註地名外，餘無註、無批、無音註，可稱白文本。此本卷三東潮廢寺記置於翠綃傳及沱江夜飲記之後，與其它各本之置於二篇前不同，可能漏抄再補者。正本文字大抵同甲本，其底本亦應爲新編本系統。

㈤新編傳奇漫錄，刊本，只存卷一、卷二，馬伯樂原藏，現存法國亞洲協會圖書館，編號H. M. 2236，其格式與甲本相似，惟目錄後作「時永佑叄年歲在丁巳（一七三七）秋節穀日重刊」、「巨靈書坊再刊，世世華門」。其文字亦與甲本相類，然甲本爲抄本，難免筆誤，此本較佳，雖不全，亦以爲校勘參考本。

漫錄既爲最重要之越南漢文小說，故此次以甲乙丙等本校底本，底本爲舊編本，甲本爲新編本，其註詳略輕重各有不同，均保存在校註中，並查對原典，以糾正原註之缺失。底本及甲本原有之校，均收入「校」中；底本之眉批，則收入「注」中供參考。各篇目之「記」、「傳」、「錄」及正文文字各本有異者，亦於校記中說明之。至於注文的編號，悉依底本原位，校本則因爲予配合而曾略作分合、挪動，但屬校本獨有者，亦置於校本該處。此次校勘，所收資料仍嫌不足，如能得現存各舊編本及新編本，分別作校，再作集校，又尋原典作集釋，以造出校釋定本，最爲理想。目前條件仍未齊備，唯有俟諸異日。

書影（底本）

類庵會註本

傳奇漫錄

書坊紅蓼阮自信鋟梓

永盛萬萬年之八歲在壬辰月在仲冬穀旦鐫

僣編傳奇漫錄序

其録乃洪州之嘉福人阮璵所著、（璵叔呂切嶼中洲上石山也）公前朝進士翔縹之長子也、（公中洪德二十七年丙辰科進士仕至尚書）少勗于學博覽強記欲以文章世其家、舉領鄉薦、累中會試場、宰于清泉縣、纔得一稔、辞邑養母、以全孝道、足不城市凢兇餘霜於是筆斯録以寓意、觀其文辞不出宗吉藩籬之外、（瞿宗吉著剪燈新話）然有警戒者、有規箴者、其關於世教豈小補云、當（古時字）永定初年（僞莫年號）秋七月穀日大安何善漢謹識

後學綵舟阮立夫編

僣編傳奇漫錄序 畢

書影（底本）

目録

傳奇漫録卷之一

項王祠記

承旨胡宗鷟工於詩、文、長規諷嘲謔。公黄甲士人今東城縣

一云至處豪聯邀砂杜、陳芸宗朝登科、累官至翰林承旨、年八十餘、有詩集數卷、人樂打款、廣廷文名爲散公、狀團講擺、席上賦詩、目為立就。又為安撫使、有侯於民、公宗怪問之、辨眦云、一天、史、隻、恐、全、窮、飲、天、徐、命原之、其工於詩、尤長嘲詠類如此。

陳末奉命北使經項王祠下、題詩云、

百二山河起戰鋒、皆項籍部圍中云秦得百二謂秦得百中之二也言秦地險固二萬人足當諸侯百萬人也

携将子弟入關中、

接請得正言無隱如何。王曰唯唯。公曰、失鹿天下之勢、在机而不在於收天下之心、以仁而不以暴。王則以叱咤為威、以剛強為德、戮冠軍之宋義、無君之過、殺已降之子嬰、不武之甚、韓生以無辜熟烹、刑何濫、阿房以無故火、虐焔何深、以若所為、得人心乎、失人心乎。王曰、不然、夫卿卿之役、以稀望之趙、當虎狼之秦、呼吸而成敗分、瞬息而存亡判、稀音桑闔目數捷也一呼一吸為一息而變也、遂逃其職[illegible]而同夫賊之鋒、頓蟄漁歯、而阻夫師之進、使帳中之

書影（底本）

雖不於獲河之安必破則趙城甘[illegible]文之恨於長平之機矣是吾戰一。宋支而留兩萬生靈之命矣何遇列國之君均之溝諸侯均之有民社其辭則天王所加其壞則天王所錫而秦也採其土地臏其甲兵魚韓肉趙脅魏戕燕南誘楚而留之東紿齊而餓之使不復秦宗不赤秦族[illegible]則井吞之恨無日可消磨也是吾殺一子嬰而報[illegible]曰大國之亡之譬腐何傚咸作忠良乃人臣之大節韓生則不然誘上以求高忘恩而背叛鼓舌而讒君[illegible]

其操[illegible]寧殺其身而不忍甘其厚辱死其節而不忍偷其生非御得其道而能得其死乎傳曰君使臣以禮臣事君以忠大王得之矣彼使守豈而雍齒降[illegible]道哀哉得乎王之姬有姓虞者命輕霜草魂逐劍光寄芳心於寂寞之枝埋宿恨於荒閑之野[illegible]非康盡其

偷而能盡其節乎詩曰刑于寡妻以御于家邦大王有之矣彼呂雉婦[illegible]則屢動蛾衣[illegible]則禍成人彘綱常之道哀哉[illegible]況恐於天性之親而肆於[illegible]之語廢於趙王之愛而輕國本之擲文子之綱又安在其後之識者不原輕重不究是非胸中之權度既無[illegible]口舌之雌黄妄哉[illegible]於漢則褒之如不及於楚則抑之恐不勝使吾王

[illegible]三生客結蓮花社招引何[illegible]

鐘殘茶歇無餘事好向山房一打眠

文成大揭寺門[illegible]遠近傳寫乘聯乃挺身宵遁圓寂陽麗奇山寺山水清幽景絕勝寺有老宿法雲[illegible]及外僧無巳因投謁焉法雲不納且訶僧曰此女行來謹愼[illegible]性涉輕儇年爲妙

書影（底本）

靜色樂領圖

窮恐禪心匪石

乞物殺人

雖紅蓮不染黑泥然天霧易籠蛟

月放善拒之無貽儀擬僧不怕竟變之法要即日

發居鳳凰絕頂陶雖居淨境然故懸網歟舞上堂

猫披蛟綃之衣

蛇研羅之撥

卷之二　　十四

施富

隸之粒　散界既穎棟杌楳

賦遂共之私焉二人既相得故倚肆慾不啻如經

岸之霖　遂春之蒸禪聰聚散

不暇留念但香迹任意

日共陶氏勝的尼山聞景物可供吟詠者無不筆

臺紀勝　不能備錄姑述其一二于左

其廿朴雲

遠寂迷淚　天地灑來秋　曉隆睞

雨去春帶

處彩僧擁童亦假粧為掩莊嚴

其二山雨

山雨千岩暝　滿乞粮意嗚　珠

璨堆地色星斗落天中酒奪泉流急

凉回客夢清山秀無個事八案發更

其三山風

灵籟嘘為洞　終宵竹聲

花紅意亂捲樹綠心懺僧納合凉

不以患難而忘相救世之盃酒論交

顛倒肺腑少臨緣害若不相識國其

風者寧不愧心乎

傳奇漫錄卷之四　終

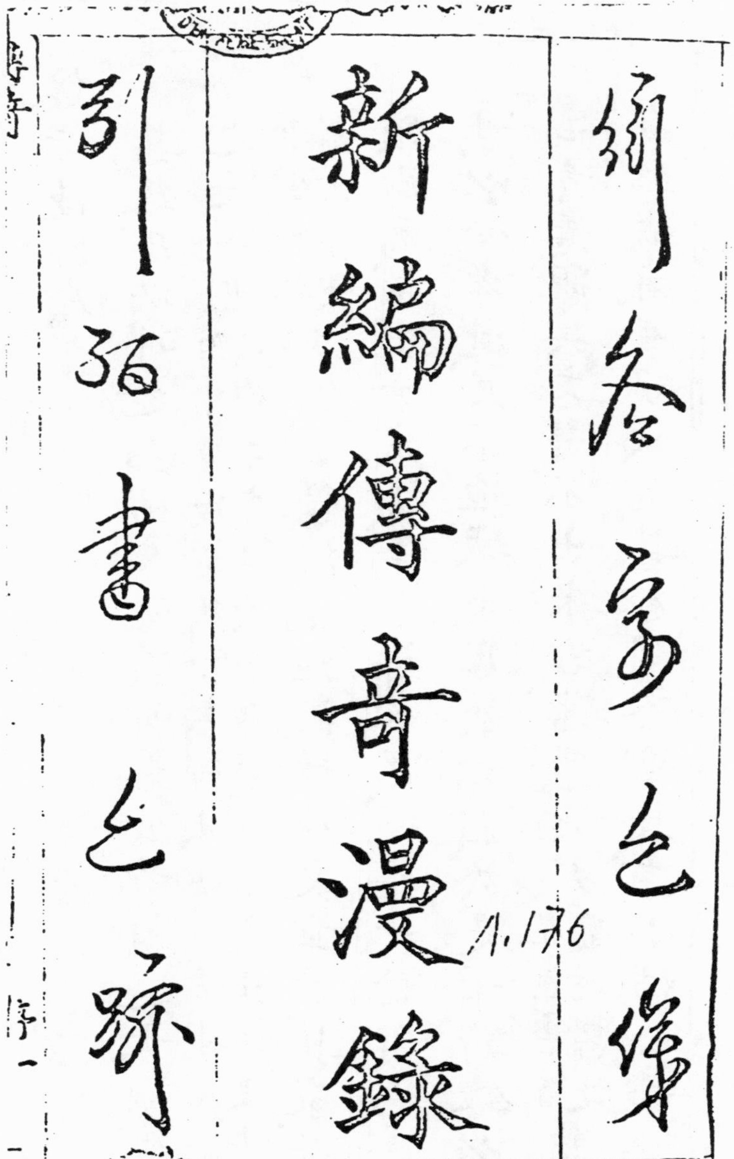
新編傳奇漫錄

A.176

書影（甲本）

書影（甲本）

傳奇漫錄序

其錄乃洪州之嘉福人阮嶼所著，公前朝進士翔縹之長子也（翔縹乃海陽洪州嘉福社，今松林人，於洪德二十七年丙辰科同進士，仕至尚書承侯，令祀為上等神）。少劬于學，博覽強記，欲以文章世其家，學領鄉薦，累中會試場，舉于清泉縣，纔得一稔，辭邑養母，以全孝道，足不踏城市凡幾餘霜，於是筆斯錄以寓意焉。觀其文辭，不出宋吉藩籬之外（瞿宗吉著剪燈新話），然有警戒者，有規箴焉，其有關於世教，豈小補云。皆

書影（甲本）

新編傳奇漫錄增補解音集註目錄

書　影（甲本）

傳奇

昌江妖怪錄、　那山樵對錄、　東潮廢寺錄、

翠綃傳、　沱江夜飲記、

卷之四、　南昌女子傳、　李將軍傳、

麗娘傳、　金華詩話記、　夜叉部帥錄、

旹

柳幢社阮碧家本重刊、

景興二十四年、春月穀日、

書影（甲本）

新編傳奇漫錄增補解音集註卷之一

項王祠記

承旨胡宗鷟、官承旨户胡惣羅宗鷟。宗鷟演州土城人、年少登科、頗有才名、適遇元宵、有道人黎法官者、爲張炸設席、延文客爲歌、宗鷟受簡、請題席上、賦詩百篇、衆皆環睨歎服、自是名震京師、以文學爲特所重、陳廢帝時、累遷至翰林學士奉旨兼審刑院使、出國史、工於詩咍詩燕尤長覲諷

嘲謔、弦戲蒸爾吰咄咼唱嗷陳末、奉命北使、卒代茹陳昴命郎使渃北。陳末、陳藝宗

紹慶間、經項王祠下、戈鬲項王廟題詩云、排踈浪

百二山河起戰鋒、過滄岧缸敵纍韃鞴銳共打。漢紀、四、肯賀漢高都關中云、夙得百

書影（乙本）

記錄阮亮定承抄

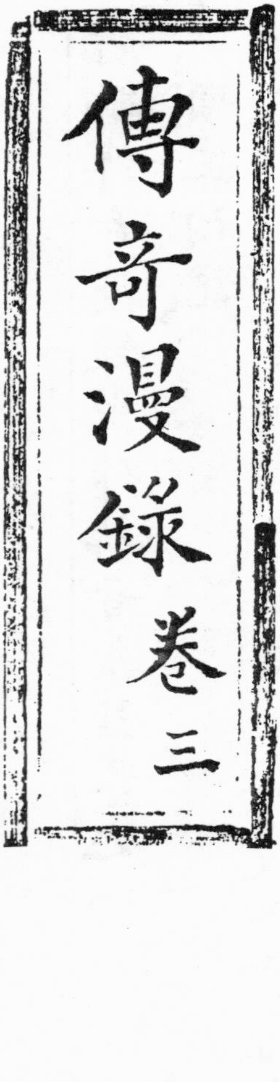
傳奇漫錄　卷三

新編傳奇漫錄增補解音集註、卷之三、
昌江妖怪錄、
𡶀州人有姓胡名期、望、㝵坦𡶀州固戶
胡名期、望、
①𡶀州郎令胡朝末販泊昌江城、碎朝茹
白鶴縣、胡、[illegible]奔
於杜城昌江、②昌江城令在京北
處安勇縣困而
病故。因麻沛所婚苦
病折其妻貧不能歸𡎝、拯台耽
衛半所昆
𡎝、鬻其小女氏宜于富商范氏。妸憪[illegible]
雖氏宜、朱蒸女既長成、頗有姿色、昆妸
昆奔[illegible]戶范意奄
坤鬚、𡰪固范氏悅而私焉。茹戶范腰其
緬[illegible]媟、麻私通丕、

書影（乙本）

傳奇漫錄。

項王祠記、

承旨胡宗鷟工於詩、尤長規諷嘲謔、陳末奉命北使、經項王祠下、題詩云、

百二山河起戰鋒、携将子弟入關中、煙消函谷珠宮冷、雲散鴻門玉斗空、一敗有天亡澤左、重来無地到江東、經營五載成何事、銷得區區壟魯公

題訖回鞭客次、酒酣思睡、見一人前致辭云、受旨吾王屈君對話、胡即從〻欽整、其人即導之左、至則殿宇巍峩、從官羅列、項王已先在坐、傍設琉璃榻、揖公即席、問曰日間題句、子何見誚之深耶、所謂一敗有天亡澤左重來無地到江東、則誠是矣、至於經營五載、成何事銷得區區壘魯公、無乃譏評失當乎、夫漢萬衆也、我亦萬衆也、我不能滅漢、漢反能爵我耶、且田橫一介豎子、猶不

書影（丙本）

貪漢爵、羞稱帝號、豈以皇皇霸楚、乃甘於魯公之禮哉、
彼為此舉、蓋虛以爵位相加償昔日漢中之恥耳請爲使君
言之、昔者秦失其鹿、爭者四起、予於此時、因疾秦之民、興
攻秦之師、伸鋤而矛、煮麥而粮、叱隸皆兵、豪傑皆將、潰異
如撞蟻穴、舉淮如燎鴻毛、一戰而北章邯之師、再戰而墟祖
龍之廟、德義行而無不樹之國、威令加而無不臣之人、冠諸
侯則楚之兵、王三秦則楚之將、天下歸楚、可坐而策、然卒

傳奇漫錄　　項王祠記

傳奇漫錄 序

其錄乃洪州之嘉福人阮嶼所著❶。公前朝進士翔縹之長子也❷，少劬于學，博覽强記，欲以文章世其家。粤領鄉薦，累中會試場。宰于清泉縣，纔得一稔，辭邑養母，以全孝道。足不踏城市㊀，凡幾餘霜，於是筆斯錄以寓意焉。觀其文辭，不出宗吉藩籬之外❸，然有警戒者、有規箴者㊁，其關於世教㊂，豈小補云。旹❹永定初年秋七月穀日❺。大安何善漢謹識。

後學松州阮立夫編㊃

【校】

㊀足不踏城市　「踏」字原無，據甲本加。

㊁有規箴者　甲本「者」作「焉」。

㊂其關於世教　甲本「其」下有「有」字。

㊃後學松州阮立夫編　甲本無。

【注】

❶舊編：嶼，私呂切，海中洲上石山也。

❷舊編：公中洪德二十七年丙辰科進士，仕至尚書。
新編甲：翔縹乃海陽洪州嘉福社人，於洪德二十七年丙辰科同進士，仕至尚書承使，今祀為上等神。
按：「嘉福社」下又注云：「今松林」。
❸舊編：瞿宗吉著剪燈新話。
新編甲：瞿宗吉著翦燈新話。
❹舊編：古「時」字。
❺舊編：偽莫年號。

傳奇漫錄　卷之一

項王祠記

承旨胡宗鷟工於詩，尤長規諷嘲謔❶。陳末奉命北使❷，經項王祠下，題詩云：

百二山河起戰鋒❸，携将子弟入關中❹。煙消函谷珠宮冷❺，雪散鴻門玉斗空❻。一敗有天亡澤左❼，重來無地到江東。經營五載成何事？銷得區區葬魯公❽。

題訖❾，回鞭客次❿。酒酣思睡，見一人前致辭云：「受旨吾王，屈君對話。」公卽慌忙斂整㊀⓫，其人卽導之左。至則殿宇巍峩⓬，從官羅列，項王已先在坐，傍設琉璃榻⓭，揖公卽席，問曰：「日間詩句，何見誚之深耶㊁？所謂『一敗有天亡澤左，重來無地到江東』，則誠是矣。至於『經營五載成何事？銷得區區葬魯公』，無乃譏評失當乎？夫漢萬乘也，我亦萬乘也，我不能滅漢，漢反能爵我耶？且田横一介竪子，猶不貪漢爵，羞殺而死⓮，豈以皇皇霸楚，乃甘心於魯公之禮哉㊂⓯？彼爲此舉，蓋虛以爵位相加，償昔日漢中之耻耳⓰。請爲使君言之：昔秦失其鹿㊃，爭者四起⓱，予於是時㊄，因疾秦之民，興攻秦之師；伸鋤而矛⓲，煑麥而糧；甿隸皆兵⓳，豪傑皆將。潰吳如撞蟻穴⓴，舉淮若燎鴻毛㉑。一戰而北章邯之軍㊅㉒，再戰而墟祖龍之廟㉓。德義行而無不樹之國，威令加而無不臣之人。冠諸侯則楚之兵，王三秦則楚之將，天下歸楚，可坐而策。然卒見斃於漢，庸非天乎？然則天之扶漢，雖吹簫織薄，亦足以成功㉔；天之亡楚，雖扛鼎拔山，不能以語勇㉕。況鍾離之健，不下淮陰；亞父之謀，實浮孺子㉖。使吾聽言能審，因敗爲功，策烏騅倦足，豈不能犁豐沛之宮庭乎㊆㉗？收彭城散卒，豈不能沼赤劉之宗社乎㊇？直爲生靈之故㉘，以堂堂八尺之軀㉙，挈而付王翳諸人之手㊈㉚。楚、漢之興亡㊉，天之幸與不幸耳。豈可例以成敗而論之哉㊁？然世之好品評人物者㊂，或以非天亡議之㉛，或以天曷故咎之㉜，長使吟翁墨客，往往形諸篇什。有曰：『蓋世英雄力拔山，楚歌四散淚闌干㉝。』有曰：『君不君兮臣不臣，如何立廟在江津？㉞』日添月積，多至千章。惟杜牧之一聯曰㊂：『江東子弟多才俊，捲土重來未可知㉟。』委曲忠厚，得詩家格律，讀之差强人意；其餘大抵涉於浮薄。此吾所以不平㊃，而爲使君鳴也㊱。」

公笑曰：「天理人事，相爲始終。謂『命在天㊲』，此商紂所以喪國；謂『天生德㊳』，新莽所以斃身㊴。今王乃捨人而談諸天，此王終焉喪敗而不能悟也。今僕幸蒙延接，請得正言無隱，如何？」王曰：「唯唯。」公曰：「夫運天下之勢，在機而不在力；收天下之心，以仁而不以暴。王則以叱咤爲威，以剛强爲德：戮冠軍之宋義㊵，無君之過；殺已降之子嬰㊶，不武之甚。韓生以無辜烹㊄㊷，淫刑何濫；阿房以無故火㊸，虐焰何深！以若所爲㊹，得人心乎？失人心乎？」

王曰：「不然！夫邯鄲之役，以新造之趙，當虎狼之秦，呼吸而成敗分㊅，瞬息而存亡判㊺。而義也，逡巡畏縮㊻，而伺夫賊之疲；顧望淹留，而阻夫師之進㊆。使帳中之計不行㊼，渡河之兵少緩，則趙城士女，又慘於長平之禍矣㊽。是吾戮一宋義，而活百萬生靈之命，夫何過？列國之君，均之爲諸侯，均之有民社，其爵則天王所加，其壤則天王所錫。而秦也，利其土地，驕其甲兵，魚韓肉趙，脅魏戕燕，南誘楚而留之，東紿齊而餓之㊾。使不覆秦宗，不赤秦族㊿，則併吞之恨，無日可消磨也。是吾殺一子嬰，而報曩日六國滅亡之讐㊇，庸何傷？咸懷忠良，乃人臣之大節(二九)，韓生則不然，誇上以求高，忘恩而背義，鼓舌而議君親，彈脣而宣謗讟[51]。吾故烹之，使不忠之人知所戒。克勤克儉(三〇)，乃人君之美德(三一)，始皇則不然，屬渭而宮，表山而道[52]，築民怨以崇其基，浚民膏以充其積。吾故焚之，使在後之人知尚儉(三二)。以此見罪，吾竊不服。」

公曰：「然則六經灰冷，聖人之澤幾存(三三)[53]？一劍霜寒，江中之舉何忍[54]？孰若漢人(三四)：懼君臣之分失，則聽董公之說，爲仁義之舉[55]，而帝王之統，幾紊而復正；憂道學之傳泯，則還曲阜之車(三五)，展太牢之禮[56]，而詩書之脈，幾斷而復續。故爲之說曰：『漢得天下，不在蕭張之用(三六)，而在三軍縞素，有以倡豪傑忠憤之心；漢保天下，不在規模宏遠，而在曲阜親祠，有以爲後世憑藉之地。』王安得與漢高同日而語哉(三七)[57]？」項王辭塞，面色如土[58]。

傍有老臣姓范進曰：「臣聞：『爲人者(三八)，不外乎天地以有生；爲治者(三九)，不外乎綱常以立國。』王之臣有名咎者[59]，介石其心[60]，歲寒其操[61]，寧歿其身而不忍甘其辱(四〇)，寧死其節而不忍偷其生(四一)，非御得其道，而能得其死乎？傳曰：『君使臣以禮，臣事君以忠。』大王得之矣。彼使守豐而雍齒降[62]，命監趙而陳豨反[63]，綱常之道，孰爲得乎(四二)？王之姬有姓虞者，命輕霜葉，魂逐劍光，寄芳心於寂寞之枝，埋宿恨於荒閑之野[64]，非處盡其倫，而能盡其節乎？詩曰：『刑于寡妻，以御于家邦(四三)[65]。』大王有之矣。彼呂雉嬌則塵動壁衣(四四)[66]，戚姬孌則禍成人彘(四五)[67]，綱常之道(四六)，孰爲得乎？況忍於天性之親，而肆杯羹之語[68]；溺於趙王之愛，而輕國本之搖[69]，父子之綱，又安在哉？後之議者，不原輕重，不究是非[70]，胸中之權度既無[71]，口裏之雌黃妄發[72]，於漢則褒之如不及，於楚則抑之恐不勝，使吾王於冥冥之中，久負深誚。蕪辭穢語，煩公洗之，亦遭逢中一快也。」公見其言頗有理，頷之者再[73]，顧從者曰：「汝其識之[74]。」已而更闌茶歇[75]，步履言還，王送出門，則東方漸白矣。攬衣急起[76]，乃籧篨一夢(四七)[77]。

公沽酒市脯，於舟中酹之而去78。

嗚呼！擬楚於漢漢為優，進漢於王漢則未㊳。何則？鴻門釋憾㊴，太公遣歸，楚不為不仁，但仁淺而暴深；潁川之屠79，功臣之戮，漢不為無失㊵，但失少而得多。楚固仁義之反，漢亦仁義之似。楚項不霸，漢高雜之，治天下者，當進於純王之道㊶，漢、楚之仁與不仁，姑置勿論80。

【校】

㈠公卽慌忙斂整　甲本作「胡卽慌忙斂整」，丙本作「胡卽忙忙斂整」。

㈡何見誚之深耶　甲、丙本「何」上有「子」字。

㈢乃甘心於魯公之禮哉　甲、丙本無「心」字。

㈣昔秦失其鹿　甲、丙本「昔」下有「者」字。

㈤予於是時　甲本「時」作「辰」，丙本「是」作「此」。

㈥一戰而北章邯之軍　甲、丙本「軍」作「師」。

㈦策烏騅倦足，豈不能犇豐沛之宮庭乎　甲、丙本「騅」下有「之」字，「庭」下無「乎」字。

㈧收彭城散卒，豈不能沼赤劉之宗社乎　甲、丙本「城」下有「之」字，「社」下無「乎」字。

㈨挈而付王翳諸人之手　甲、丙本「付」下有「之」字。

㈩楚、漢之興亡　甲、丙本無「之」字。

(十一)豈可例以成敗而論之哉　甲、丙本無「而」字；「論之哉」，舊編注云：「一云論英雄哉」。

(十二)然世之好品評人物者　甲、丙本「品評」作「評品」。

(十三)惟杜牧之一聯曰　甲、丙本作「惟杜牧一聯云」。

(一四)此吾所以不平　甲、丙本「不」上有「深」字。

(一五)韓生以無辜烹　甲、丙本「辜」作「罪」。

(一六)呼吸而成敗分　甲、丙本「而」作「則」。

(一七)而阻夫師之進　甲、丙本「而」作「以」。

(一八)而報曩日六國滅亡之讐　甲、丙本無「曩日」二字。

(一九)乃人臣之大節　甲、丙本無「乃」、「之」二字。

(二〇)克勤克儉　甲、丙本作「克謹節儉」。

(二一)乃人君之美德　甲、丙本無「乃」、「之」二字。

(二二)使在後之人知尚儉　甲、丙本「人」作「君」。

(二三)聖人之澤幾存　「存」，甲、丙本作「亡」，舊編注云：「一作泯」。

(二四)孰若漢人　甲、丙本「人」下有「馬」字。

(二五)則還曲阜之車　「還」，舊編注云：「一作回」。

(二六)不在蕭張之用　丙本「蕭」作「羊」，蓋俗寫使然。

(二七)王安得與漢高同日而語哉　「高」原作「王」，據甲本改，然新編刻本亦作「王」；「而」字原無，據甲、丙本加；又舊編注云：「『矧言德則漢仁而楚暴，言法則漢寬而楚虐；民之視漢若父母，嫉楚若仇讐。何必待四面重圍，而雌雄始決哉？』一本有此等句。」

(二八)為人者　甲、丙本無「者」字。

(二九)為治者　甲、丙本無「者」字。

(三〇)寧歿其身而不忍甘其辱　甲、丙本無「而」字。

(三一)寧死其節而不忍偷其生　甲、丙本無「而」字。

㉜孰為得乎　甲、丙本「得」作「優」。

㉝刑于寡妻，以御于家邦　甲、丙本無「以」字。

㉞呂雉嬌則塵動壁衣　甲、丙本作「呂雉驕而塵動壁衣」；「嬌」，舊編注云：「一作驕」。

㉟戚姬嬖則禍成人彘　甲、丙本「則」作「而」。

㊱綱常之道　甲、丙本「道」作「理」。

㊲乃篷牕一夢　甲、丙本「篷」作「蓬」。

㊳進漢於王漢則未　舊編注云：「一云進漢於王則未也」。

㊴鴻門釋憾　「釋」，舊編注云：「一作解」。

㊵漢不為無失　甲、丙本「為」作「能」。

㊶當進於純王之道　甲、丙本「於」作「之」。

【注】

❶舊編：公演州土城人，今東城縣；一云星唐豪縣無礙社。陳藝宗朝登科，累官至翰林奉旨，壽八十餘，有討閑效顰詩集。史記：元宵，道人張燈設席，延文客為歡，公受簡請題，席上賦詩，百篇立就。又為安撫使，有侵於民，藝宗怪問之，拜謝云：「一子受皇恩，全家食天祿」。帝原之。其工於詩，尤長嘲謔類如此。

新編甲：宗鷟，演州土城人，年少登科，頗有才名。適遇元宵，有道人黎法官者，為張燈設席，延文客為歡。宗鷟受簡，請題席上，賦詩百篇，衆皆環視歎服，自是名震京師，以文學為時所重。陳廢帝時，累遷至翰林學士奉旨，兼審刑院使。出國史。

❷新編甲：陳末，陳藝宗紹慶間。

❸舊編：田肯賀漢高都關中云：「秦得百二焉。」注云：「得百中之二也；言秦地險固，二萬人足當諸侯百萬人也。」

新編甲：漢紀田肯賀漢高都關中云：「秦得百二焉。」注：「得百中之二焉；秦地險固，二萬人足當諸侯百萬人也。」

❹新編甲：漢都，東有函谷關，南有隢(嶢)關、武關，西有散關，北有〔蕭〕關。居四關之中，故名關中。出性理西銘。

❺舊編：古詩云：「三月煙消函谷冷。」蓋指羽燒秦宮室而言。

新編甲：古詩云：「三月煙消函谷冷。」蓋指羽燒秦宮室也。

❻舊編：照星玉斗，秦寶名。漢遣張良奉獻羽于鴻門，羽以賜增，增碎之。虞美人草歌云：「鴻門玉斗紛如雪。」

新編甲：玉斗，秦寶名，即照星寶。又漢、楚鴻門會飲，沛公間行趣霸上，留張良使謝羽。良因以白璧一雙獻羽，玉斗一雙與增。羽受璧，增拔劍撞破玉斗，曰：「唉！豎子不足謀。奪將軍天下，必沛公也。吾屬今為之虜矣！」出西漢綱目。

按：「趣」下又注云：「音娶，□(疾)也。」

❼新編甲：項羽被圍於垓下數重，夜潰圍，馳走至陰陵，迷失道，問一田父，田父給(紿)曰：「左。」左乃陷大澤中，以故漢追及之。項王自度不能脫，謂其騎曰：「此天之亡，非戰之罪也。」出西漢史。

❽舊編：按魯公乃懷王封羽舊號，及楚平，魯降漢，漢復以魯公禮葬之。

舊編眉批：泣鬼驚神。

新編甲：鎖（銷），錄（鑠）金。區區，小貌。按魯公乃懷王封羽舊號，及楚平，魯降漢，漢復以魯公禮葬之。出西漢史。

❾舊編眉批：按情林雜記：「有士人遊王廟，題云：『楚水淋淋漢水波，楚山河屬漢山河。范增有□（意）空彈玦，項伯無謀為倒戈。子弟八千垓下散，佳人一曲帳中歌。今來欲問前朝事，□（眞）也將軍記得麼？』詩方就，大風颯至，葉有叱咤餘威。士人曰：『將軍紛爽其未泯與？何聞詩而興怒？』復吟一絕以慰云：『寂寂廟貌峙江濱，大將端為血食神。□（毋）德不須懷□□（舊恨），漢家今已屬他人。』吟□（畢）風止。」此又一傳奇。

❿舊編：次，次舍也。

新編甲：鞭，馬箠策也。

⓫舊編：慌忙，急遽貌。

⓬舊編：堂高大為殿，屋四垂為宇。巍峩，高大貌。

⓭舊編：琉璃，石名，出大秦諸國，色光性堅，刀刮不動。榻，床屬，但卑狹。

⓮舊編：豎子，童僕未冠之稱，蓋輕之之辭。

新編甲：項羽已滅，田橫懼誅，與其徒五百人，入居海島中，帝使召之曰：「橫來，大者王，小者侯。不來，且舉兵加誅。」橫乃與客三人乘傳詣洛陽，未至三十里，自殺。帝拜其二客為都尉，以王禮葬。二客穿其琢（塚）旁，皆自剄。下從之，其餘黨五百人聞橫死，亦皆自殺。出西漢史。

⓯舊編：皇皇，大也；又室無四壁曰皇。羽滅秦後，自立為西楚霸王，王梁楚九郡，都彭城，故曰霸楚。

新編甲：皇，大也。二月，羽自立為西楚霸王，王梁楚地九郡，都彭城。出西漢史。

⑯新編甲：項羽與范增陰負約，仍陰謀曰：「巴蜀亦關中地也。」故立沛公為漢王，王巴蜀、漢中。出西漢史。

⑰舊編：以鹿喻帝位，言秦無道，遂失其國，猶虞人之失其鹿也。

新編甲：言秦無道，遂失其國，如虞人之失鹿。蓋以鹿喻帝位也。出漢高史註。

⑱新編甲：鋤以去穢助苗。矛，兵器，如鋌而三廉。

⑲舊編：甿，田民也；隸，奴隸也。皆賤稱。史云：「陳涉，甿隸之人。」

新編甲：甿與氓同，田民也。隸，僕隸也。一曰賤稱。

⑳舊編：撞，擊也，擣也。羽少時，避仇吳中，及陳涉起兵，吳欲應之。項梁乃使羽拔劍斬守頭，及擊殺數十百人。

新編甲：籍避仇吳中時，會稽守殷通聞陳涉起，欲發兵以應涉，使項梁將。梁乃使籍拔劍斬穿(守)頭，擊殺數千百人。出秦紀。

㉑舊編：燎，縱火也；又火熾也。項梁渡淮，軍於下邳，時秦嘉已立景駒為楚王，軍彭城，東欲以驅梁。梁引兵擊之，嘉敗走，景駒亦死。

新編甲：淮，淮安麻(府)邳州是〔也〕。項梁衆至六七萬人，軍下邳，進擊秦嘉、景駒，殺之。出秦紀。

㉒舊編：北，敗也。章邯，秦將也。羽與項梁擊破章邯軍於東阿下，追至濮陽，又破之。

新編甲：章邯，秦將也。羽與項梁擊破章邯軍於東阿下，追至樸(濮)陽，又破之。出秦紀。

㉓舊編：祖，始也；龍，君象也。指始皇也。

新編甲：祖龍，秦始皇之廟也。秦使者夜過華陰，有人通使者曰：「今年祖龍死。」謂始皇龍君，衆祖始也。出群玉二冬韻。

㉔舊編：史記：「周勃，沛人，以織薄曲為生，常為人吹簫，以給喪事。」

新編甲：正字通：「薄，簾也。」註：「薄猶甫也。」史記周勃世家云：「絳侯周勃者，沛人也，其先卷人，徙沛。勃以織薄曲為生，常為人吹簫，給喪事。」索隱曰：「左傳歌虞殯，猶今挽歌類也。吹者或有簫管。」

㉕舊編：漢志：「梁使羽往召塗山于英等，英曰：『禹王廟內，有三箇石鼎，若推得倒、扶得起，我便降。』羽遂推倒之，又扶起之，又一手插入鼎中托起，遶廟前三次，英等拜服。」

新編甲：梁使羽往召塗山于英等，英曰：「禹王廟內有三箇石鼎，若推得倒、扶得起，我便降。」羽遂推倒之，又扶起之，又一手種（揷）入鼎中托起，遶廟前三次，英等拜服。出漢志。

㉖舊編：浮，盛也。

㉗舊編：漢志：「梁使羽往召于英，行至山下，有人大嗷曰：『那水田常有一黑龍出來，變為黑馬，害人田禾，衆不能伏。』羽曰：『我能擒之。』話了，果見馬來。羽執鞭與敵。馬見羽，卽伏于地。羽跳上騎住，回見梁。梁遂名曰烏騅。高七尺，長一丈。」

新編甲：梁使羽往召于英，行至山下，有人大嗷曰：「那水田常有一黑龍出來，變為黑馬，害人田禾，衆不能伏。」羽曰：「我能擒之。」語了，果見馬來。羽執鞭與敵。馬見羽，卽伏於地。□（羽）跳上騎住，回見梁。梁遂□（名）曰烏騅。高七尺，長一丈。出□（漢）志。犂，又耕具。

㉘舊編：直猶但也。

㉙舊編：史記：「羽長八尺二寸。」

㉚新編甲：項羽身長八尺二寸。出史記。

舊編：挈，舉也。史記：「項羽敗烏江，顧見漢騎呂馬童曰：『若非吾故人乎？』馬童面之，指王翳曰：『此項王也。』羽廼曰：『吾聞漢購我頭千金、邑萬戶，吾為若德。』乃自刎。王翳取其頭。」

新編甲：項羽敗烏江，顧見漢騎呂馬童曰：「若非吾故人乎？」馬童面之，指王翳曰：「此項王也。」羽廼曰：「吾聞漢購我頭千金、邑萬戶，吾為若德。」乃自刎。王翳取其頭。出史記。

㉛新編甲：太史公曰：「項羽欲以力征，卒亡其國，尚不覺悟而自責，乃引天亡，豈不謬哉？」出西漢高祖史註。

㉜新編甲：楊子法言曰：「楚憞群策，而自屈其力；自屈者負，天曷故馬？」出西漢高祖史註。

㉝舊編：淚，目液也。闌干，眼眶也。按王元景曰：「別後闌干。」注：「淚不斷也。」

新編甲：淚，音類，目液也。闌干，淚不斷也。項王至該（垓）下，兵少糧盡，與漢戰不勝，入壁，漢軍及諸侯兵，圍之數重。項羽夜聞漢軍四面皆楚歌，乃大驚曰：「漢皆已得楚乎？是何楚人之多也。」乃夜起，飲帳中，因泣下，左右皆泣，莫能仰視。出西漢史。按漢圍羽於垓下，張良教漢兵夜效楚歌之聲，楚兵將同散四方也。出漢志。

㉞舊編：王荊公詩云：「君不君兮臣不臣，如何立廟在江津？江東分半猶嫌小，何用灰錢百萬緡？」

新編甲：宋王安石，字介甫，臨川人。神宗朝拜相，封荊國公。題詩云：「君不君兮臣不臣，如何立廟在江津？江東兮（分）半猶嫌小，何用灰錢百萬緡？」

㉟舊編：捲，收也。杜牧之題烏江亭詩云：「勝敗兵家事不期，包羞忍恥是男兒。」云云。
新編甲：唐杜牧題烏江亭詩云：「勝敗兵家事不期，包羞忍恥是男兒。江東子弟多才俊，捲土重來未可知。」

㊱舊編：不平，義見陶氏。

㊲新編甲：商紂謂己有天命。出周書泰誓中。

㊳新編甲：王莽曰：「天生德於予，漢軍其如予何？」出東漢史。

㊴舊編：臠，盧演切，解分也。

㊵新編甲：楚懷王以宋義為上將軍以救趙，號「卿子冠軍」。出戰國通鑑。

㊶新編甲：項羽引兵西屠咸陽，殺秦降王子嬰。出西漢史。

㊷新編甲：韓生說項羽曰：「關中阻山帶河，四壁之地，地肥饒，可都以霸。」羽見秦宮室皆以燒殘破，又心思東歸，曰：「富貴不歸故鄉，如衣繡夜行，誰知之者？」韓生退曰：「人言楚人沐猴而冠耳，果然！」羽聞之，烹韓生。出西漢史。

㊸新編甲：秦始皇歛民財，大建宮殿，延接三百餘里，引二川之水流過宮墻之內，五步一樓，十步一閣，名曰阿房。後被項羽所焚。出三註故事。

㊹新編甲：出孟子梁惠王上。

㊺舊編：瞬，音舜，開闔目數搖也。一呼一吸為一息。

㊻舊編：逡巡，退却貌。

㊼新編甲：史記：「宋義至安陽，留四十六日不進，羽卽其帳中斬宋義，乃悉引兵渡河，與秦軍戰，大破之。」

㊽新編甲：趙廉頗軍於長平，在上黨滋氏縣，堅壁不出，趙王遂以趙括代頗將。括至軍，悉更約束，易置軍吏，出兵擊秦。武安君佯敗而走，張二奇兵以刼之，趙師大敗，卒四十餘萬皆降。武安君乃挾詐而盡坑殺之。出戰國通鑑史。

㊾新編甲：紿，蕩海切，誑也。

㊿舊編：空地曰赤。

51舊編：痛怨而謗曰讟。

52舊編：屬，連也。表，標也。

新編甲：始皇營作朝宮渭南上林苑中，先作前殿阿房，東西五百步，南北五十丈，上可以坐萬人，下可以建五丈旗。周地（馳）於（爲）閣道，自殿下直抵南山。表南山之巔以為闕。為復道，自阿房度渭，屬之咸陽，以象天極。出西漢史。

53新編甲：瓊山丘氏曰：「嗚呼！先生之經籍，秦以一人之私，快一辰之意，付之烈焰，使之散為飛煙，蕩為寒灰。此始皇、李斯所以為萬世之罪人也歟？」出秦紀。

54新編甲：項王密使九江王布等擊義帝，殺之江中。出西漢史。

55新編甲：說，音稅。董公遮說漢王曰：「羽為無道，放殺其主，天下之賊也。大王宜率三軍之衆，為之素服，以告諸侯而伐之。」於是漢王為義帝發喪，兵皆縞素以擊楚。出西漢史。

56新編甲：漢高征布而還，過魯以太牢祠孔子。出西漢史。

57舊編眉批：明目張膽辯論，惺惺然全不似寢語。

58舊編眉批：元是塑項王。

59舊編：曹咎為項王大司馬。項王常使守成皋，戒以勿與漢戰。後漢使人辱之，咎怒，渡兵氾水擊之，半渡，漢擊大破之，咎自剄。

新編甲：楚大司馬曹咎守成皋，項王令謹守勿戰。漢數挑戰，楚軍不出，使人辱之。數日，咎怒，渡兵汜水，士卒半渡，漢擊之，大破楚軍，盡得楚國寶貨，咎及司馬欣自剄。出西漢史。

60 舊編：易豫卦六二：「介于石，不終日。貞吉。」言節介如石之堅也。

新編甲：豫卦六二爻：「介于石，不終日。貞吉。」註：「能以中正自守，可謂特立之操，是其節介如石之堅。」出周易。

61 舊編：論語：「歲寒而知松柏之後彫。」

新編甲：松柏在春夏無異衆木，必經歲寒，方見其後衆而未彫零。以比君子在平時無異衆人，必經事變，方見其異衆人而特立。出論語子罕篇小註。

62 舊編：沛公令雍齒守豐，引兵之薛。及魏人周市略地豐沛，使人謂齒曰：「豐故梁徙也。今魏地已定者數十城，齒今下魏，魏以齒為侯；守豐不下，且屠豐。」齒雅不欲屬沛公，及魏招之，卽反為魏守豐。沛公攻不能取，還沛。

新編甲：沛公令雍齒守豐，引兵之薛。及魏人周市略地豐沛，使人謂齒曰：「豐故梁徙也。今魏地已定者數十城，齒今下魏，魏以齒為侯；守豐不下，且屠豐。」齒雅不欲屬沛公，及魏招之，卽反為魏守豐。沛公攻不能取，還沛。出西漢史。

63 新編甲：初，漢高以陽夏侯陳豨為相國，監趙、代邊兵。九月，遂與王黃等反，自立為代王，劫掠趙、代。出西漢史。

64 舊編：虞美人草行云：「香魂夜逐劍光飛，清血化為原上草。芳心寂寞寄寒枝，舊曲聞來似歛眉。」

新編甲：楚項王烏江亡滅，虞美人自刎於垓下。曾子固所撰云：「鴻門玉斗紛如雪，十萬降兵夜流血。咸陽宮殿三月紅，霸業已隨煙燼滅。剛彊必死仁義王，陰陵失道非天亡。英雄本學萬人敵，何用屑屑悲紅顏？三軍散盡旌旗倒，玉帳佳人坐中老。香魂夜逐劒光寒，青血化為原上草。芳心寂寞寄寒枝，舊曲聞來似歛眉。哀怨徘徊愁不語，恰如初聽楚歌時。滔滔逝水流今古，漢楚興亡兩坵土。當年遺事久成空，慷慨君前為誰舞？」出古文大全。

65 新編甲：出詩大雅思齊篇。

66 舊編：審食其舊與呂后質於項王軍中，有相悅之意。及寡居，情猶懷舊，卽與之相通。宮人見泄，卽藏匿于掛衣壁下。

新編甲：審食其舊與呂后質項王軍中，有相悅之意。及寡居，情猶懷舊，卽與相通。恐宮人見泄，卽藏匿于掛衣壁下。塵動壁衣，卽穢亂之意。出列傳。

67 新編甲：太后酖殺趙王，遂斷戚夫人手足，去眼煇耳，飲瘖藥，使居厠中，號曰人彘。出西漢史。

68 新編甲：項王欲烹太公，漢王曰：「吾翁卽若翁，必欲烹而翁，幸分我一杯羹。」出西漢史。

69 新編甲：戚姬有寵於上，生趙王如意，上以太子仁弱，欲廢之而立趙王。出西漢史。

按：「太子」下又注云：「惠帝，名盈。」

70 新編甲：原，察也。

71 舊編：權，稱錘也。度，音渡，丈尺也。

72 舊編：晉王衍為人輕浮，與人約事，隨卽改變，人號為口雌黃。按古人寫字有誤者，以雌黃塗之。

新編甲：晉王衍，字夷甫，為人輕浮，與人約事，隨即改變，人號為口雌黃。又按書言云：「古之寫書，皆用黃紙，有誤字，以雌黃滅之。故可否文章，謂之雌黃。」

73 舊編：領，五感切，點頭以應之也。

新編甲：領，音撼，點頭以應。

74 舊編：識，音至，記也。

新編甲：識，音至。

75 舊編：闌，盡也，殘也。歇，許渴（竭）切，消散也。

新編甲：闌，離閑切，脫也，盡也，殘也。歇，許竭切，消散也。

76 舊編：攬，魯敢切，手取也。古辭：「晝日移陰攬衣起，春閨睡足。」

新編甲：攬，音（魯）敢切，手取也。

77 舊編：篷，音蓬，編竹夾箬以覆舟車者；車篗，南楚之外謂之篷。

新編甲：禮記儒行篇云：「蓬戶甕牖。」註：「蓬戶，編蓬為戶；甕牖者，牕牖員如甕口。」

78 舊編：脯，乾肉也。酹，餟祭也。

新編甲：沽，音類（孤），買也。市買物曰市。脯，斐古切，□（乾）肉為脯。酥（酹），音孤（類），說文：「酹，祭也，酒沃于地以降神也。」

79 舊編：史記：「沛公南攻潁川，屠之。」

新編甲：夏四月，沛公南攻潁川，屠之。出秦紀。沛祖往年殺彭越，前年殺韓信。出西漢紀。

80 舊編眉批：對漢人言，亦當辭塞。

快州義婦傳❶

快州徐達宦遊東關城❷，儆舍同春橋側❸，與簽書馮立言鄰接❹。馮富而徐貧，馮奢而徐儉，馮尚通而徐執禮，二家氣習，大抵不同❺。然能以義相交，往來遊宴，不啻如親兄弟焉㈠。馮之子名仲逵，徐之女名蘂卿，才色俱優，長大相等，每席間相遇㈡，悅其姿色❻，遂有朱陳之願❼，父母亦欣然許嫁焉。乃卜日通媒，定期納聘。

蘂卿雖少，及歸于馮㈢，能以仁睦族，以順從夫，人皆以賢內助稱許❽。仲逵既壯，頗事游俠㈣❾，蘂卿時時直諫㈤❿，言雖不見聽㈥，甚敬重之。年二十，以父蔭補建興一職㈦⓫，會義安盜起，朝廷詔求良守一人能治劇者⓬，廷臣忌立言之直，意欲害之，遂以名應選。將之任，立言謂蘂卿曰㈧：「道途遙遠，吾不欲以兒女相從，可暫留家貫⓭，須關河平定⓮，早晚與仲逵相見。」生見蘂卿不往，心亦願留㈨，微有繾綣之意⓯。蘂卿止之曰：「今者嚴堂⓰，以直言見忌，要地不容⓱，陽雖假於雄藩，陰實擠於死地⓲。忍使波濤萬里，瘴霧雙親⓳，寄身於蠻獠之鄉㈩⓴，阻迹於黿鼉之境㉑，晨昏定省，誰備使令㉒？兒勉相從，妾不敢以房闈之私(十一)，而缺庭闈之養。任使脂憔粉瘦(十二)，翠謝朱殘㉓，勿以香閨介意也㉔。」生不得已，始開筵餞別，與立言挈室南徙焉㉕。

豈期天心難信，人事多乖，蘂卿父母相繼殞歿，扶喪歸快州。葬祭禮畢，與祖姑劉氏相處。時同邑有白將軍，劉氏表孫也㉖，欲得蘂卿爲妻(十三)，以財懇請。劉氏許之，因乘間謂蘂卿曰(十四)：「國家自閏胡受籙，日事遊宴(十五)㉗，舉朝濁政，亂在朝夕。而馮郎一別，動至六年，音耗不通，存亡未卜，脫或龍爭虎鬪㉘，蝶浪蜂狂㉙，遭吒利老拳㉚，欠押衙義士㉛；祇恐章臺柳絮，漂泊向誰邊也[32]。莫若別求佳配，再結新緣，絕傍人花柳之嘲[33]，副之子松蘿之願(二六)[34]，何至惇惇踽踽，爲孤棲之娥乎(二七)[35]？」藥卿聞言大駭，廢寢食彌月[36]。劉氏雖知志不可奪，然強欲以禮相加，婚期有日矣。

藥卿一日謂老蒼頭曰：「汝乃我家厮養，獨不思所以報先人之德乎[37]？」曰：「唯娘子所命(二八)。」藥卿曰：「我所以偷生忍死者，只以馮郎在故；如不在，當舉身相從，斷不能著主衣裳，爲人作春妍也[38]。汝何惜間關旬日，不抵義安訪問乎[39]？」蒼頭如教而往。

時干戈爛漫(二九)[40]，路極艱阻崎嶇[41]，旬日始達義安境。訪於民舍，則云：「立言已於某年捐館[42]，遭兒不肖，家計一空[43]，噫可嘆也！」遂抵舟沿岸(三〇)[44]。適於市上見生，携至所居(三一)，則一榻蕭條，家徙四壁[45]，止有棋枰釀具，馴禽走狗，餘無長物也(三二)[46]。謂蒼頭曰：「先人不幸，奄棄孤兒[47]，于今四載矣(三三)。我爲兵戈所礙[48]，欲返不能，雖在他鄉，夜夜夢魂(三四)，未嘗不在藥卿側也。」乃卜日爲歸計。

比到門，遂夫妻對泣(三五)。生於是夕，枕上賦詩云(三六)[49]：

憶昔平生日，曾諧契合姻；感君情太厚，笑我命多屯(三七)。別袂分携早[50]，長亭勸酒頻(三八)[51]；依依愁嶺嶠[52]，擾擾逼風塵(三九)。共憶人千里(四〇)，相望月半輪[53]；優尋閑六載[54]，零謝悵雙親。怕睡橫山曉[55]，行歌演水濱[56]；登樓王粲淚[57]，索句杜陵巾[58]。竹石難醫俗[59]，琴樽不療貧；他鄉勞寄目[60]，故國重傷神。放浪非吾事，淹留病此身；寧知蓬島客[61]，遙達錦江鱗[62]。采石重移棹[63]，黃姑兩問津[64]；幾年巫峽夢[65]，一旦武陵春[66]。蝴蝶交情舊，鴛鴦變態新[67]；輕猥唐虢國[68]，靡曼宋東鄰[69]。綠暗鶯聲澀[70]，紅稀燕子嗔[71]；狎遊今杜牧[72]，奇遇古劉晨[73]。吟詠聊隨興，風流肯讓人；會應傳勝事，命筆記周秦[74]。

二人以睽離日久[75]，倍相憐愛，情鍾意適[76]，其和可知。

但生少以落魄之資[77]，長於膏紈之習[78]，放情任俠[79]，技癢如故[80]，日與賈人杜三昵比〔三一〕，生則羨杜之財，杜則慕生之色[81]。因共飲博，啗以厚利[82]，仲逵角勝收錢，如探囊中之物〔三二〕[83]，往無不獲。蘂卿戒之曰：「富商多狡，愼勿締交〔三三〕[84]。始雖因彼求贏，終必喪吾所有。」生不聽。

他日〔三四〕，會賓客爲呼盧之戲[85]，杜出錢百萬，請以蘂卿爲賭[86]，仲逵狃其勝，不暇他顧，竟許之。交書畢，飲而射之[87]，仲逵三擲三北[88]，神氣沮喪，舉座亦皆慘然失色[89]。乃召蘂卿至，告以實事〔三五〕，交書見授，且勞曰[90]：「我爲貧所驅，不免相累，事既如此，噬臍焉及[91]！且悲歡聚散，人事之常〔三六〕，善事新人，不日黃金來贖矣。」娘度不免[92]，佯爲好語曰：「去貧就富，妾亦奚辭[93]？天數安排，莫非前定。倘新郎不棄過采殘容，當致力衾裯[94]，勉奉巾櫛[95]，如前日之事故郎也。但請一盃別酒〔三七〕，還與諸兒一訣[96]。」杜大喜，命酌紫螺盃飲之[97]。既訖[98]，歸家，携兩兒撫其背曰：「汝父薄情，殊無聊賴[99]，別離常事，死亦何難？徒以汝曹爲念[100]。」言終，以翠條自縊[101]。杜怪其遲，促令召之[102]，則死已久矣。

仲逵悔恨，備儀收葬，爲文祭曰〔三八〕：

維娘子，閨門之秀，令德之全。精神雅淡，舉止鮮妍[103]。洎歸于我〔三九〕[104]，與我周旋。豈期中路，遽爾離筵。我公遠守，相隨遙邊。北南無鴈[105]，垂六餘年[106]。銷金帳裏〔四〇〕[107]，怨鶴驚猿[108]。嗟嗟奇蹇[109]，前途屯邅[110]。天涯海角[111]，風塵客氈[112]。幸聞來信，舉策歸鞭〔四一〕。琴瑟之樂，鸞膠續絃[113]。甫償契闊[114]，已誤嬋娟[115]。我殊太薄，汝最堪憐。棄捐至此，負之何言〔四二〕？花摧別院，桂隕中天。芙蓉滴露[116]，楊柳搖煙。風景如舊，人何依焉！何以度娘？禮中乘禪[117]。何以慰娘？結後生緣〔四三〕[118]，山衢海陸，此恨難痊[119]。嗚呼小姐[120]！歆此芳樽[121]。尚享[122]！

仲逵既失偶[123]，深懲過咎，然而生理日蹙(四四)，朝干暮貸[124]，取給於人。因念故交有任歸化者[125]，往投之，冀求活己[126]。途中渴睡[127]，假息丹楓樹下[128]，聞空中有聲曰：「果是馮郎否(四五)？如有舊情，某日某刻，可就徵王祠下相候[129]。恩情切至，勿以幽冥爲間。」生怪其聲似蘂卿[130]，引目四望，但有陰雲暝合，從西方去(四六)[131]。

生甚怪訝(四七)[132]，然猶欲驗其實，如期至祠所。只見斜陽入牖，綠苔沿砌(四八)[133]，時聞烏鵲噪於枯柴脩竹間[134]。惆悵將歸[135]，日已銜山矣，乃偃臥於橋梁破板。三更末，聞哭聲梟梟[136]，自遠漸近，及前半丈，可辨顏色，果蘂卿也。語生曰：「多謝良人，遠來跋涉[137]，何以爲贈？」仲逵但稱罪責，因備詢始末。蘂卿曰：「妾歿後，上帝憫其非命，尋加恩旨[138]，見隸嚴祠[139]，職掌箋奏[140]，豈遑相訪？昨因行雨，暫爾驚喚；否則終古悠悠，無地可遭逢也。」仲逵曰：「娘來何遲也(四九)？」蘂卿曰：「頃御雲車，上參帝所[141]，以卿來(五〇)，故稟請先回[142]，所以少不如約耳。」相携就寢，語及時事，蘂卿蹙然曰[143]：「妾常奉侍左右，竊聽諸仙語，謂胡朝訖籙[144]，丙戌歲兵革大起[145]，殺傷攻刺，二十餘萬，虜掠者不在，自非邁於種德[146]，只恐玉石俱焚[147]。時有眞人姓黎，從西南方出，勉教二子堅與追隨，妾雖死不朽矣。」天將明，急起爲別，且行且顧，冉冉而逝[148]。

仲逵遂不復娶，撫育二子，至於成人[149]。及黎太祖藍山奮劍[150]，二子以兵從之，歷入侍內等職，至今快州猶有子孫在云。

嗚呼！女有三從，從夫一也。蘂卿之死，果從夫乎？曰：「不然！古之所謂從者，蓋從義而不從欲。死合於義，何害其爲從？從義所以從夫也。」有婦如此，使之含冤泯泯，仲逵亦豚犬兒哉[31]？欲齊其家者，當躬率以正，使之無愧於妻子，斯無愧於天地矣。

【校】

㈠不啻如親兄弟焉　甲、丙本無「不啻」二字。

㈡每席間相遇　「席」，舊編原作「寂」，並注云：「一作夕」，據甲、丙本改。

㈢及歸于馮　甲、丙本作「及歸馮家」。

㈣頗事游俠　甲、丙本作「頗事遊蕩」，舊編亦注云：「俠，一作蕩。」

㈤蘂卿時時直諫　「直」，甲、丙本作「詰」，舊編注云：「一作訖」。

㈥言雖不見聽　「見」字原無，據甲、丙本加。

㈦以父蔭補建興一職　「以」上原有「欲」字，據甲、丙本刪。

㈧立言謂蘂卿曰　「立言」二字原無，據甲、丙本加。

㈨心亦願留　甲、丙本無。

㈩寄身於蠻獠之鄉　舊編注云：「鄉，一作塲。」

⑪房闥之私　甲、丙本「房」作「閨」。

⑫脂憔粉瘦　甲、丙本「脂」作「臙」。

⑬欲得蘂卿為妻　甲、丙本「妻」作「婦」。

⑭因乘間謂蘂卿曰　甲、丙本無「因」字。

⑮日事遊宴　甲、丙本作「日事宴遊」。

⑯副之子松蘿之願　甲、丙本「願」作「望」。

㊄為孤棲之娥乎　甲、丙本「娥」作「孀」。
㊅唯娘子所命　甲、丙本無「子」字。
㊆時干戈爛漫　甲、丙本作「時干戈靡爛」。
㊇遂抵舟沿岸　「舟」，舊編注云：「一作州」。
㊈携至所居　甲、丙本作「携至居所」。
㊉餘無長物也　甲、丙本無「也」字。
㊀于今四載矣　甲、丙本「今」作「茲」。
㊁夜夜夢魂　甲、丙本作「夢魂夜夜」。
㊂遂夫妻對泣　甲、丙本無「遂」字。
㊃生於是夕，枕上賦詩云　甲、丙本作「生於是夜，枕上賦詩曰」。
㊄笑我命多屯　甲、丙本「多」作「終」。
㊅長亭勸酒頻　甲、丙本「酒」作「飲」。
㊆擾擾逼風塵　甲、丙本「逼」作「隔」。
㊇共憶人千里　甲、丙本「憶」作「約」。
㊈日與賈人杜三昵比　「三」，舊編注云：「一作二」。
㊉如探囊中之物　甲、丙本無「中」字；舊編則注云：「一作探囊取物」。
㊀慎勿締交　甲、丙本作「慎勿交締」。
㊁他日　甲、丙本作「一日」。
㊂告以實事　甲、丙本無「事」字。

㊱人事之常　丙本「事」作「情」。

㊲但請一盃別酒　甲、丙本作「但請一樽酒，借觴為餞別」；舊編注云：「一本有『借觴為餞』四字」。

㊳為文祭曰　甲、丙本「文」下有「而」字。

㊴洎歸于我　甲、丙本「洎」作「曁」。

㊵銷金帳裏　舊編注云：「銷，一作消。」

㊶舉策歸鞭　甲、丙本「舉」作「重」。

㊷負之何言　甲、丙本作「夫復何言」。

㊸結後生緣　甲、丙本作「生後結緣」。

㊹然而生理日蹇　甲、丙本無「而」字。

㊺果是馮郎否　「果是」原作「是果」，據甲、丙本改。

㊻從西方去　甲、丙本「西」下有「北」字。

㊼生甚怪訝　甲、丙本作「生雖甚訝」。

㊽緣苔沿砌　「沿」，甲、丙本作「緣」；舊編則注云：「一作繞」。

㊾娘來何遲也　甲、丙本「也」作「耶」。

㊿以卿來　「卿」，甲、丙本作「兄」，舊編亦注云：「一作兄」。

【注】

❶舊編：金洞縣粉睦社人，廟在泮水社。

❷新編甲：東關城，古龍編城，又名東都，出皇明職方地圖。其城晉陶璜所築，又名大羅城。唐代宗時，張伯儀更築；唐憲宗時，張舟增築；唐穆宗時，元嘉移撫治於蘇歷江，方築小城，有相者曰：「君力不足築大城，五十年後，必有姓高者於此定都建府。」至唐懿宗咸通中，高駢增築羅城，果如其言。又按前此都護府城，今在東關，外城謂之羅城，後高駢築今城，外城亦謂之羅城，歷至李朝太祖，徙都于京府大羅城，暫泊城下，黃龍見于御舟，因改其城曰昇龍城。今在奉天府壽昌、廣德二縣。出國史。

❸舊編：僦，借也。

新編甲：僦，即救切，賃也。

❹舊編：簽書，樞密院官名。

新編甲：簽書，樞密官名。

❺舊編：氣，聲氣。習，習俗。

❻新編甲：姿，音咨，態也。

❼舊編：徐州古豐縣有村曰朱陳，縣遠官事少，山深人俗淳；一村惟兩姓，世世結婚姻。

新編甲：南京徐州古豐縣有村曰朱陳，去縣百餘里，一村惟兩姓，世世結婚姻，有杏花一百二十里，至宋末猶存。出幼學婚姻類。

❽新編甲：許，虛呂切，與之也。

❾舊編：世有三游，一曰游俠：立氣勢、作威福、結私交，以立強於世是也。

新編甲：蕩，註：「蕩猶動也，又法度廢壞，又流蕩也。」

❿新編甲：詰，欺吉切，問也。

⓫舊編：蔭，庇也。祖、父有官，子孫藉蔭得在職。

⓬舊編：劇，難也。漢桓帝時，琅琊賊聚衆破壞郡縣，連討不克，尚書選能治劇者，以韓韶為之。

新編甲：劇，艱也。瑯琊賊聚衆破壞郡縣，連討不克，尚書選能治劇者，以韓韶為之。出漢桓帝紀。

⓭舊編：貫，鄉籍也。

⓮舊編：須，待也。

新編甲：須，待也。

⓯舊編：繾綣，不相離貌。

⓰舊編：父以嚴切而治其家，故曰嚴堂。又易云：「家人有嚴君焉，父母之謂也。」

⓱舊編：要地，謂居樞要之任也。

新編甲：要地，謂居樞要之地也。

⓲舊編：擠，音劑，推也。

⓳舊編：濤，海中大波也。瘴，山川癘氣也。霧，陰亂氣也。

⓴舊編：獠，音老，西南夷名。

㉑舊編：黿，大鼈也。鼉，似蜥蜴有足，長丈餘，甲如鎧，皮堅可冒鼓。

新編甲：黿，音元，說文：「大鼈也。」三蒼解詁：「似鼈而大也。」

㉒舊編：禮記：「凡為人子之禮：冬溫而夏清，昏定而晨省。」註云：「定其衽席，問其安否也。」

新編甲：「凡為人子之禮：冬溫而夏清，昏定而晨省。」註：「定其衽席，省其安居？」出曲禮上。

㉓舊編：脂，膩脂，卽脂臉也。憔，悴也。粉，卽腮粉也。瘦，損也。翠，青黑色，卽翠眉也。謝，褪也。朱，卽朱唇也。

㉔舊編：介，繫也。

㉕舊編：筵亦席也，鋪陳曰筵，藉之曰席。謂設席之法：筵鋪于下，席加于上，所以為位也。餞，送行者之宴。

㉖舊編：表，外也。

㉗舊編：閏，餘分月也。藻林云：「紫色、蠅聲，餘分閏位：言閒色、邪音，比受命之非正者，指秦、莽之屬也。」蓋胡季犛簒陳而僭位，亦如秦簒周，莽簒漢，非正統，故曰閏胡。籙，圖書也。

新編甲：閏，餘分月也。藻林云：「紫色、蠅聲，餘分閏位：言閒色、邪音，比受命之非正者。」籙，圖書也，又籍也。謝朓歌：「大梁開運，受籙膺圖。」出韻瑞二沃韻。按謝朓，字玄暉，南北時人。

㉘舊編：龍爭虎鬪，喻干戈紛擾也。張路斯以明經為宣城令，夫人石氏生九子。後自宣城罷歸，嘗釣于焦氏臺。一日，見釣處有宮殿，遂入居之，自是歸則體常濕而寒。夫人問故，曰：「我龍也，蓼人祥遠亦龍也，與我相爭釣處，明日當戰，使九子助我。」明日，九子射祥遠中之，九子皆化為龍。秦陳軫曰：「卞莊子出見兩虎食一牛，欲刺之，館豎子止之曰：『兩虎食一牛，牛甘必鬪，鬪則大者傷，小者亡，從而刺之，舉有雙虎。』」

新編甲：脱，或然之辭也。漢張路斯為宣城令，夫人石氏生九子。常釣于焦氏臺，歸則體濕而寒。夫人問之，曰：「我龍也，蓼人鄭祥遠亦龍也，今日與我爭釣處寶殿，明日當戰，使九子助我，我領絳綃兵，鄭領青綃兵。」明日，衆射青綃，中之，九子皆化龍去。出尚友錄。下莊子刺虎，館竪子止之曰：「兩虎方食牛，食甘必鬬，鬬則大者傷，小者死，從傷而刺之，一舉必有雙虎之利。」莊子然之。有頃，二虎果鬬，莊子從傷者刺之，果有雙虎之功。出春秋。

㉙舊編：浪，放蕩也。

㉚舊編：吒利，韓翃事，見後。趙石勒與李陽鄰居，爭漚麻池，日相毆擊。及貴，乃召李陽酣謔，引李陽臂笑曰：「孤曩日厭卿老拳，卿亦飽孤毒手。」

新編甲：吒，音詫。唐韓翃，字君平，南陽人，仕為駕部郎中，知詔誥，有能詩名，號大曆才子。時有兩韓翃，其一為刺史，時制誥（誥）闕人，上御批與翃，宰耗請與何韓翃？德宗誦君平寒食詩云：「春城無處不飛花，寒食東風御柳斜。日暮漢宮傳蠟燭，輕烟散入五侯家。」與此韓翃。翃落寞時，與李生善。李家累千金，負氣愛才，有幸姬曰柳氏，豔絕一時，善謳詠。李生居之，則第館翃於側。翃雖貧，所往來候問者，皆一時之彥。柳氏自門窺之，謂侍者曰：「韓夫子豈長貧賤者乎？」遂通意焉。李生素重翃，後知其意，乃具酒殽酣飲，以柳氏贈翃，又以資三十萬佐翃之費。明年，禮部侍郎楊度擢翃上第。天寶末，盜覆二京，柳氏乃于法靈寺剪髮為尼。及宣宗反正，翃乃遣人奉麩金幷詩求柳氏，詩云：「章臺柳，章臺柳，昔日青青今在否？縱使長條似舊垂，亦應攀折他人手。」柳氏見詩嗚咽，答云：「楊柳枝，芳菲節，所恨年年贈離別。一葉隨風忽報秋，縱使君來豈堪折？」無何，被番將沙吒利劫歸為妾。時侯布逸府中有虞侯(候)許俊者，素以材力自負，見翃所為，撫劒言曰：「必有故，願一效用。」翃不得已，具告之，俊乃面造沙吒利之第，候吒利出行里餘，俊力被衽執轡排闥，呼曰：「將軍中惡，使召夫人。」僕妾辟易，遂升堂，出翃札示柳氏，挾之跨鞍馬，倏忽而至。引裾(据)而前曰：「幸不辱命。」柳氏與翃交泣哽咽。是時沙吒利恩威炎赫，翃、俊懼禍，乃詣布逸暴明。布逸大驚曰：「吾平生所難，庸俊乃能爾？」遂上疏曰：「檢校尚書、金部員外郎兼御史韓翃，久列參佐，累彰勳効，頃從鄉賦。有妾柳氏阻絕兇寇，依正(止)名尼。今文明撫運，遐邇歸化，將軍沙吒利兇恣撓法，憑恃微功，驅有志之妾，于(干)無為之政。臣部將兼御史中丞許俊，族李(本)幽、薊，雄心勇決，却奪柳氏，歸於韓翃。義切中抱，雖昭感激之誠，事不先聞，固乏訓齊之令。」尋有詔：柳氏宜歸韓翃，許俊欽賜錢二百萬。其後柳氏遂得與翃偕老焉。出尚交(友)鈌(錄)。趙石勒與李陽爭漚麻池，日相擊。及貴，召李陽酣讌，引李陽臂笑曰：「曩日厭卿老拳，卿亦飽孤毒未(手)。」出韻瑞一先韻。

㉛舊編：唐劉震，女名無雙，幼時許嫁王仙客，未成婚，會朱泚作亂，震以從偽伏誅，無雙沒入掖庭。後二年，仙客入京，遇舊蒼頭塞鴻，又得無雙婢採蘋與居。後為縣尉，至長安驛，忽有中使押內家三十人往元陵洒掃。塞鴻烹茗于簾外，夜深忽聞簾內語曰：「塞鴻，郎健否？明日我去後，閣子中取書送郎。」書後云：「常聞敕使說：富平縣古押衙有心人。今能求之否？」後仙客尋古押衙，結以寶玉。半歲，古押衙求茅山道士藥，令採蘋假作中使，賜無雙自盡，飲之立死。乃托親屬贖尸，以與仙客。三日，救治復活，改賜姓名，夫妻偕老於襄、鄧間。

新編甲：唐劉震，女名無雙，少約與王仙客為夫。及朱泚亂，震以從為誅，無雙沒入掖庭。乃陰與仙客尋富平縣古押衙，得茅山道士藥，賜飲之，死後三日，托親屬贖尸，付仙客，復甦，遂為夫婦。詩云：「人情易得王郎子，義士能（難）逢古押衙。」出太平廣記。

㉜舊編：章臺柳，見後。絮，柳綿也，非花也。

新編甲：事跡已見本傳前「遭吒利老拳」句。

㉝新編甲：杜甫詩：「步屧隨春風，村村自花柳。」出韻瑞二十五有韻。

㉞舊編：桃夭詩云：「之子于歸。」又頍弁詩云：「蔦與女蘿，施于松柏。」言藤蘿附松柏而起，如婦之得托於夫也。

新編甲：蘿，女蘿也。「蔦與女蘿，施于松柏。」出詩小雅頍弁章。唐詩鼓吹註云：「如女子之倚丈夫也。」

㉟舊編：惸，音瓊，憂貌。踽，音雨，獨行貌。棲，宿也。娥，即姮娥也；后羿得不死藥，其妻姮娥偷之，奔月宮不還，人謂孀娥。

新編甲：惸，音瓊，憂也。獨也。踽，音舉，無所親也。孀，婺婦曰孀。唐李白把酒問月詩：「玉兎搗藥秋復春，姮娥孤棲與誰鄰？」出古文。

㊱舊編：彌，滿也。

㊲舊編：漢奴服純黑，以別於良民，故曰蒼頭。張耳傳：「厮養卒。」韋昭曰：「折薪為厮，炊烹為養。」

新編甲：蒼頭者，無冠以青布纏其首，名曰蒼頭。張耳傳：「厮養卒。」韋昭曰：「折薪為厮，炊烹為養。」

㊳ 舊編：歐陽修薄命妾（妾薄命）詩：「忍著主衣裳，為人作春妍。」

新編甲：妍，夷然切，美好也。夫既死，則無以為容，故不思服舊日之衣，而為他人所媚。出必讀古文妾薄命詩。

㊴ 舊編：間關，崎嶇屈轉貌。抵，至也。

新編甲：間關，崎嶇屈轉貌。抵，至也。

㊵ 舊編：擾，亂也。

新編甲：爛，熟也。

㊶ 新編甲：崎嶇，山路不平也。

㊷ 舊編：死曰捐館。捐，棄也；館，舍也。

新編甲：捐，音員，棄也，除去也。

㊸ 舊編：計，業也。

㊹ 舊編：抵，撐也，又至也。

新編甲：抵，擲也。

㊺ 舊編：蕭條，寂寥貌。四壁，謂家貧但有四壁空立也。卓文君奔相如，歸成都，見家徒四壁立，文君不樂。

新編甲：榻，音塔，牀也。蕭條，寂寥貌。四壁，謂家貧但有四壁空立也。卓文君奔相如，歸成都，見家徒四壁立，文君不樂。

㊻ 舊編：枰，音平，棋局也。釀，酒也。馴，擾也，從也。長，音場，餘也，剩也；晉王恭以簟送王忱，曰：「吾平生無長物。」

新編甲：枰，棋局。釀，魚向切，醖也。晉王恭以簟送王忱，曰：「吾平生無長物。」出群玉五物韻。

(47)舊編：奄，忽也。

新編甲：奄，忽也。

(48)新編甲：礙，牛蓋切，阻限也。

(49)舊編：賦者，敷陳其事而吟咏之也。

(50)舊編：袂，衣襟也。

新編甲：袂，音寐，袖也。

(51)舊編：長亭，驛舍也；隋制：十里一長亭，五里一短亭。蕭鳳使玉門關，弟肅勸酒，頻謂：「醉中庶分袂不悲。」

新編甲：長亭，驛舍也；十里一長亭，五里一短亭。出群玉九青韻。蕭鳳使玉門關，弟蕭(肅)勸酒，頻謂曰：「醉中庶分袂不悲。」

(52)舊編：依依，猶切切也，一云眷戀也。山高曰嶺，山銳曰嶠。

新編甲：山首為嶺，山銳曰嶠。

(53)舊編：李詩：「蛾眉山月半輪秋。」

新編甲：唐李太白峩眉山月歌云：「峩眉山月半輪秋，影入平羌江水流。夜發三溪向三峽，思君不見下渝洲。」註：「山高不見全月也；言思所懷之人而不得見，徒致思而已。」出古文傳燈。

(54)舊編：侵尋，猶荏苒也。

新編甲：侵尋，巡郡縣也，猶荏苒也。

㊺舊編：橫山一帶，在義安。

新編甲：怕，音帕，畏懼也。橫山，在義安處奇華縣。

㊻舊編：演水，卽演州。

新編甲：演水，在義安處演州麻（府）。濱，水際也。

㊼舊編：粲字仲宣，山陽人。漢末，與弟凱避難，往依劉表，表欲以女妻之，嫌其形陋，以凱有丰姿，遂妻之。粲登樓懷歸，遂作登樓之賦云：「昔夫子之在陳兮，有『歸歟』之嘆音。」又云：「登茲樓以四望，聊暇日以消憂。」

新編甲：粲字仲宣，山陽高平人。避董卓亂，依荊州劉表家。懷歸，遂登樓作賦云：「登茲樓以四望兮，聊暇日以消憂。凭欄檻因以遙望，向北風而開襟。」出圓機。

㊽舊編：杜陵字子美，唐時人，嘆不見用，上韋左相詩云：「巫咸不可問，鄒魯莫容身。為公歌此曲，流淚在衣巾。」

新編甲：杜陵屬京兆，杜甫家杜陵，故自云杜陵。唐杜甫字子美，號杜陵，上韋左相二十韻：「鳳曆軒轅紀，龍飛四十春。八荒開壽域，一氣轉洪鈞。霖雨思賢相，丹青憶老臣。應圖求駿馬，驚代得麒麟。沙汰江河濁，調和鼎鼐新。韋賢初相漢，范叔已歸秦。盛業今如此，傳經固絕倫。豫章深出地，滄海闊無津。北斗司喉舌，東方領搢紳。持衡留藻鑑，聽履上星辰。獨步才超古，餘波德照鄰。聰明過管輅，尺牘倒陳遵。豈是池中物，由來席上珍。廟堂知至理，風俗盡還淳。才傑俱登用，愚蒙但隱淪。長卿多病久，子夏索居貧。回首驅流俗，生涯似衆人。巫咸不可問，鄒魯莫容身。感激時將晚，蒼茫興有神。為公歌此曲，涕泣在衣巾。」

出古文。

按：「上韋左相二十韻」下又注云：「左相，唐韋見素也。」

59舊編：東坡詩：「無肉令人瘦，無竹令人俗；人瘦尚可肥，人俗不可醫。」

新編甲：王猷曾寄居空宅中，便令種竹，曰：「何可一日無此君耶？無肉令人瘦，無竹令人俗；人瘦尚可肥，士俗不可醫。」出古文。按石疊石為假出（山）也。

60新編甲：寄，托也，寓也。

61新編甲：蓬島，蓬萊海中山，神仙所居也。

62舊編：西蜀江水，濯錦鮮明，故名錦江。鱗，魚也；借鯉魚傳書事。

新編甲：錦江，西蜀江。鱗，鯉魚；指傳書使也。

63舊編：采石，磯名。江原記：「商旅取石於此，運至都下，為造宮之石，因名。」棹，舟檝也。

新編甲：江源記：「商旅取石於此，至都，輪（輸）為造官（宮）之石，因名為采石渡。」又初唐池州人樊若水，以舉進士不第，因謀歸宋，乃釣魚采石江上。數月乘小舟載絲繩，維南岸，疾棹抵北岸，以度江之廣狹，因詣闕上書，言：「江南可取狀，請造浮梁以濟師。」帝然之。出宋史。

64舊編：黃姑，星名，即牽牛也。博物志：「有人居海上，每年八月，見浮槎來，不違時，乃齎一年糧，乘之。至一處，見婦人織，丈夫牽牛渚次飲之。問是何處？答曰：『爾歸問嚴君平。』及還，問平，平曰：『曩有客星犯斗牛。』」

新編甲：黃姑，牽牛星也。津，水渡也。博物志：「有人居海上，每年八月，見浮槎來，不違時，乃齎一年糧，乘之。至一處，見婦人織，丈夫牽牛渚次飲之。問是何處？答曰：『爾歸問嚴君平。』及還，問平，平曰：『曩有客星犯斗牛。』」

⑥⑤舊編：巫夢，襄王事。

新編甲：楚襄王與宋玉遊雲夢之臺，望高唐之觀，獨有雲氣。王問玉曰：「此何氣？」對曰：「所謂朝雲。」王曰：「何謂朝雲？」玉曰：「昔者先王嘗遊高唐，怠而晝寢，臺見一婦人，曰：『妾巫山之女，為高唐之客。間(聞)王遊高唐，一薦枕席。』王因幸之。去而辭曰：『妾在巫山之陽，高唐之北，旦為朝雲，暮為行雨，朝朝暮暮，只在陽臺之下。』」出三註故事。

⑥⑥舊編：武陵，漁父事。

新編甲：武陵，避秦桃源處。出韻瑞十蒸韻。

⑥⑦舊編：鴛鴦鳥，飛則並翼，眠則交頸。

新編甲：鴛鴦養雛上窟，狐備其子。大夫韓朋，周時人，妻美，康王奪之。朋自殺，妻亦自殺，遺書願以屍還韓合葬。王怒，令兩冢相望。經宿，有梓木生二冢上，根交於下，枝連於上，有鳥如鴛鴦，常棲樹悲鳴。唐李白：「金殿鎖鴛鴦。」崔玨吟詠：「映霧乍迷金殿瓦，逐梭齊上玉人機。」出群玉七陽韻。

⑥⑧舊編：輕儇，跳躍貌，蓋輕薄巧慧子也。虢，國名，唐楊貴妃，有姊三人，並承恩出入宮掖。其長封於虢，號虢國夫人，有艷色，不施朱粉，常淡掃蛾眉以朝。

新編甲：儇，慧利也，小才也。虢，古或切。唐玄宗妃楊太真，姿質豐艷，知等過人，每倩盼垂迎，動移上意。有姊三人，皆豐碩修整，工於謔浪，巧會旨趣，每入宮中，移晷方出。玄宗並封國夫人之號：長曰大姨，封韓國，三姨封虢國，次姨封秦國。同日拜命，皆月給錢十萬，為脂粉之資。然虢國不施粧粉，自衒美艷，常素面朝天。當時杜甫有詩云：「虢國夫人承主恩，平明上馬入宮門。却嫌脂粉涴顏色，淡掃蛾眉朝至尊。」出天中記。

69 舊編：靡曼，美色也。宋玉好色賦云：「天下之佳人，莫若臣東家之子：眉如翠羽，肌如白雪，腰如束素，齒如含貝。」

新編甲：曼，音慢，美女容色曼澤也。周宋玉，楚人也。登徒子以好色短宋玉於楚王，宋玉曰：「天下之佳人，莫若臣里東家之子。東家之子，增之一分則太長，減之一分則太短；着粉則太白，施朱則太赤；眉如翠羽，肌如白雪，腰如束素，齒如含貝。嫣然一笑，惑陽城，迷下蔡。」出天中記宋玉賦。

70 舊編：澀，不滑也。

新編甲：澀，森入聲。

71 舊編：嗔，恚也。

新編甲：稀，疏也，少也。紅稀，暮春花也。

72 舊編：杜牧司洛陽時，李聽罷鎮閑居，聲妓豪華，為當時第一。嘗宴客，女妓百餘人，皆殊色。牧瞪目注視，意氣閑逸，旁若無人。云云。類聚作杜牧狎遊傳。

新編甲：唐杜牧為御史，分司洛陽，時李聽罷鎮閑居，聲妓豪華，為當時第一。嘗宴客，女妓百餘人，皆姝色。牧常瞪目注視。問李：「有紫雲者孰是？宜以見惠。」李突（笑），諸妓皆回顧破顏。牧自飲三爵，朗吟而起，曰：「華堂今日綺筵開，誰喚分司御史來？忽發狂言驚滿座，兩行紅粉一時回。」出圓機。

73 舊編：漢劉晨入天台山採藥，迷失道，見桃實食之，覺身輕。行至溪邊，見二女相邀還家，設酒饌，行夫婦禮。居半年求歸，仙女送還。至家，子孫已七世。

新編甲：劉晨，剡溪人。漢永平中，與阮肇同入天台山採藥，路汰糧盡，望山頭有桃，共取食之。下山，見蔓菁渡一水杯，流出胡麻飯屑，二人相謂曰：「去人不遠。」度一山頭，見二女顏色殊妙，便喚劉、阮姓名，問：「來何晚？」如舊相識。因邀至家，廳館服飾精麗，牀帳帷幔七寶瓔珞，都無男子。須臾，下胡麻飯、山羊脯，甚美。又設甘酒，有數客各持三五桃來，云：「慶女婿，各出天藥。」日莫（暮），客去。劉、阮止宿，行夫婦禮。住半年，天氣常如二三月，百鳥哀鳴，二人求歸。女曰：「來此，宿福所紹，得與仙女交接；罪荄未盡，如君等如此。」諸仙更作歌詩，吹送劉、阮：「從此洞口去不遠，至大路。」如其言。還鄉無有相識。驗第七代子孫，聞：「上祖入山採藥不返。」猶居（棲泊）無所，欲還女家，不獲路矣。晉太康八年，忽失二公所在。出尚友錄。

⑭舊編：唐僧孺宿薄后祠，遇仙人，仙人命記周、秦事。

舊編眉批：字字從天真寫出，清絕！奇絕！

新編甲：唐牛僧孺，字思黯，鶉觚人。貞元中，舉進士落第，歸苑（宛）業（葉）（間）。至伊闕（闕）南道鳴皐山下，將宿大安民舍，會暮失道。夜月始出，忽聞有異氣如爇香，遠見火明，意村落。更前驅，至一宅，門庭若富家，有黃衣閽人傳命。八（入）十餘門，至大殿，左右曰：「拜。」簾中語曰：「妾漢薄太后也，此薄太后廟，郎君何忽至此？今夜風月甚佳，偶有二三友伴相尋，盍出見各賦詩言志，不亦善乎？」及見，乃戚夫人、昭君、太真、潘妃、綠珠等。授與彩箋，衆賦詩，黑呈太后。太后曰：「諸作俱佳，秀才亦不可無雅詠，以紀茲遊。」僧孺進曰：「香風引到大羅天，月地雲惜拜洞仙。其道人間惆帳事，不知今夕是何年？」太后與衆稱贊不已。出尚友錄。

75 舊編：睽，音奎，乖異。

新編甲：睽，音奎，違也。

76 舊編：鍾，聚也。

新編甲：鍾，聚也。

77 舊編：落魄，失業無次也。史記：「酈食其家貧落魄。」又宋楊僕隱居被召，妻作詩送云：「更休落魄貪盃酒，亦莫猖狂愛作詩。」

新編甲：魄，文（又）音托；落魄，不儉也。史記：「酈食其家貧落魄。」文（又）宋陽僕隱居波（被）召，妻作詩送云：「更休落魄貪盃酒，亦莫猖狂愛作詩。」

78 舊編：膏，肥澤之物。紈，音完，純麗之物。唐元德秀死，族弟哭之慟，或笑之，彼曰：「大夫未嘗完布帛而衣，具五味而食，吾哀之，以戒綺紈梁肉者。」

新編甲：膏，註：「膏之者，以膏沃之，使香美，謂調和飲食也。」膏紈，膏梁紈袴，目不知書。出保齋。

79 舊編：任，音壬。相與信為任，同是非為俠，所謂權行州縣、力折公侯是也。

新編甲：俠，音協。任俠，相與信為任，同是非為俠，所謂權行州里、力折公侯者是也；或曰權力俠輔大者也。出字彙。

80 舊編：癢，以兩反。痒，痛也。有能欲逞曰技癢，言人有技藝不能自忍，如人之癢也。老杜哀鄭虔詩云：「薈蕞何技癢。」

新編甲：癢，音養，有技欲自見，猶膚癢欲搔。

81 舊編：昵，尼質反；昵比，親狎也。羨，貪慕也。

82 舊編：博，戲局也，如樗蒲之類。啗，徒覽反，餌之也。

新編甲：啗，徒覽切，食也，餌之也。

83 舊編：角，競也。探，以手摸取也。

84 新編甲：狡，古巧切，猾也。

85 舊編：盧，黑六也，得黑六為勝，故賭博曰呼盧。唐嚴續相公有歌妓，唐鎬給事有通犀帶，皆一代尤物。唐有慕妓之色，嚴有欲帶之心，因為呼盧之會，出妓解帶，較勝負於一擲。六骼（骰）數巡，唐大勝，乃酌酒，令妓歌一曲而別，嚴悵然遣之。

新編甲：榆骰者，喝雉呼盧，雉紅點，盧黑點，古者烏曹作得（博），以五木為千（之），有梟（梟）、盧、雉、犢（犢）、塞，為勝負之采。晉劉毅于東府聚樗蒲一鄭（擲），應至數百萬餘，並黑犢以還，惟劉裕與毅在後，毅擲雉大喜叫，謂同癖（座）曰：「非不能盧，不事此耳。」裕惡之，因投五木，久之，曰：「老兄試為卿答。」而四十俱黑，一子轉躍未定，裕厲聲叱之，即成盧。毅意深不快。出幼學技藝類。

按：「骰」下又注云：「音西。」

86 新編甲：賭，戲賭博財也。

87 舊編：博奕（弈）者，先置物於此，勝者取之，如射而獲然，故謂之射。

新編甲：博奕（弈）者，先置於此，勝者取之，如射而獲然。

88 新編甲：擲，投也。比（北），敗也。

89 舊編：座，位也。

90 舊編：勞，慰也。
新編甲：勞，慰也。

91 舊編：悔事不及曰噬臍。左傳：「楚文王伐申過鄧，鄧侯曰：『吾甥也。』止而享之。聃甥請殺之，鄧侯不許，聃曰：『亡國者，此人也；君不早圖，後君噬臍焉及！』」
新編甲：楚文王伐申國，過鄧國，鄧侯曰：「吾甥也。」留而宴之。蓋楚王乃鄧侯之外甥也。又有歡甥、聃甥、養甥三人，皆楚王之弟，楚王嫉之，皆仕於鄧國。其三甥皆勸鄧侯殺楚王，鄧侯不聽，三人曰：「亡鄧國者，必此人也。若不殺之，久後悔不噬臍。」其後楚王果舉兵滅鄧，鄧侯悔不可及。蓋臍在腹下，欲以口咬之，則不可及也。出七寶故事。

92 舊編：度，料也。

93 舊編：佯，詐也。

94 舊編：衾，大被也。裯，單被也。詩小星章：「肅肅宵征，抱衾與裯。」
新編甲：衾，大被。裯，除留切，禪被也。

95 舊編：櫛，側瑟切，梳篦也。左傳：「晉太子圉質于秦，秦妻之。将逃歸，嬴氏曰：『寡君使婢子執侍巾櫛，以固子也；縱子私歸，棄君命也，不敢從。』」
新編甲：櫛，側瑟切，梳髮也。左傳：「晉太子圉質于秦，秦妻之。将逃歸，嬴氏曰：『寡君使婢子執侍巾櫛，以固子也；縱子私歸，棄君命也，不敢從。』」

96 舊編：訣，別也，絕也。

97 新編甲：螺，蚌屬也。

98 新編甲：訖，畢也。

99 新編甲：聊，音僚，賴也。

100 舊編：曹，衆也。

101 舊編：絛，音叨，編絲繩也。

102 舊編：促，速也，催也。

新編甲：促，千玉切，速催也。

103 舊編：鮮妍，色麗也。

104 舊編：洎，及也。

105 舊編：解見翠綃。

106 舊編：垂，幾也。

新編甲：垂，又幾也，將及也。

107 舊編：宋党進家有銷金帳。

新編甲：党太尉，銷金帳下，箋（淺）斟低唱，醉飲羊羔。出詩學大成。

108 舊編：北山移文云：「蕙帳空兮夜怨鶴，山人去兮曉驚猿。」言周顗（顒）不仕，隱居在山側，獨臥蕙帳，與猿鶴並處；今被召去，則帳空而鶴怨，猿亦驚矣。

新編甲：周顒，字彥倫，南北時人，始隱金（鍾）山，出為海鹽令。孔稚珪過鍾山草堂，作北山移文以嘲之，其文曰：「蕙帳空兮夜鶴怨，山人去兮曉猿驚。」出三註故事。

109 舊編：奇，數之零也。蹇，屯難也。命蹇曰數奇。

新編甲：蹇，屯難也。

110 舊編：易屯卦：「屯如，邅如。」屯，難也。邅，行不進也。

新編甲：迍邅，難行不進也。

111 舊編：涯，邊也。角，隅也。古詩云：「相去萬餘里，各在天一涯。」

112 舊編：氈，毛席也。

新編甲：程鵬舉與瓊珠隔別十年，每於衾氈，常臥其半，存留半以待瓊珠，雖有紅塵垢染，不忍拂。

113 舊編：麟鳳州，在西海中央，其上多麟鳳，仙人煑鳳喙麟角，合煎作膠，名續絃膠，又名連金泥。凡弓弩絃斷及金折，並以膠粘之，則又相著。漢武帝時，西海獻鸞膠，後帝絃斷，以膠續之，兩頭遂相著，終日射之不斷，帝大悅，名續鸞膠。宋陶穀狎妓贈詞云：「待得鸞膠續斷絃。」

新編甲：麟鳳州，在西海中央，其上多麟鳳，仙人煑鳳喙麟角，合煎作膠，名續絃膠，又名連金泥。凡弓弩絃斷及金折，並以膠粘之，則又相著。漢武帝時，西海獻膠五兩，帝射於甘泉宮，弓絃絕；西海使乞所獻膠續之，以膠續之，弦兩頭遂相著，曰：「可以終日射不斷。」帝大悅，名續弦膠，以鸞血作膠。出群玉三肴韻。

114 舊編：契闊，隔遠之意。詩擊鼓章：「死生契闊，與子成說。」

115 舊編：嬋娟，好美（美好）貌。

116 舊編：芙蓉，木蓮花也。滴，水點也。王介甫詩：「水邊無數木芙蓉，露滴臙脂色未濃。」

新編甲：芙蓉，卽荷花也。王安石，字介甫，詩：「水邊無數木芙蓉，露滴臙脂色未濃。」

117 舊編：資度、普度，禪家語。禪家三乘，有大乘禪、中乘禪、小乘禪。

新編甲：禪，深淺階級有五禪：外道禪、凡夫禪、小乘禪、大乘禪、最上乘禪。出傳燈錄。

118 舊編：唐開元中，賜邊將士衣，製於宮中。有兵士袍中得詩曰：「沙場戰戍客，寒苦苦為眠。戰袍經手作，知落那誰邊？留意多添線，含情更著綿。今生已過了，重結後生緣。」兵士以詩白帥，帥進呈。明皇以詩徧示宮中，曰：「作者勿隱，不汝罪也。」有宮人自言萬死，明皇深憫之，遂以嫁得詩者，謂之曰：「吾與爾結今生緣。」邊人感泣。

新編甲：唐開元中，賜邊將士衣，製於宮中。有兵士袍中得詩曰：「沙場戰戍客，寒苦苦為眠。戰袍經手作，知落那誰邊？留意多添線，含情更著綿。今生已過了，重結後生緣。」兵士以詩白帥，帥進呈。明皇以詩徧示宮中，曰：「作者勿隱，不汝罪也。」有宮人自言萬死，明皇深憫之，遂以嫁得詩者，謂之曰：「吾與爾結今生緣。」邊人感泣。

119 舊編：街道曰衢，高平曰陸。痊，病愈也。

新編甲：高山平而為九達之衢，滄海變而為大阜之陸。痊，且緣切，病除也。

120 舊編：姐，女子之總稱。

新編甲：姐，苴去聲。

121 舊編：鬼神食氣曰歆。

新編甲：樽，酒器也。

122 舊編眉批：祭文中千古絕調。

123 新編甲：偶，語口切，伉儷也。

124 舊編：干，求也。貸，借也。

新編甲：干，求也。貸，借也。

125 舊編：歸化府，屬興化。

⑫⑥新編甲：活，戶括切，生也。

⑫⑦新編甲：睡，音瑞，寐也。

⑫⑧舊編：楓樹似白楊，葉圓、枝有脂而香，霜發色丹，故謂之丹楓。

新編甲：假息，不解衣服，偃息而臥。丹楓似白楊，葉圓、岐（枝）有脂而香，霜發色丹。

⑫⑨舊編：徵王，姊諱側，妹諱貳。時太守蘇定貪暴，姊妹興兵攻之，定嶺南六十五城，自立為王，稱徵姓。沒後，甚有靈應。今祠在福祿縣喝江社，番禺舊城亦有之。

新編甲：徵王，姊諱側，妹諱貳。時太守蘇定貪暴，姊妹興兵攻之，定嶺南六十五城，自立為王。稱徵姓。沒後，甚有靈應。今祠在福祿縣喝江社，番禺舊城亦有之。

⑬⓪新編甲：怪，疑也。

⑬①舊編：瞑，音命，晦也。

⑬②舊編：訝，疑怪也。

新編甲：訝，五駕切，疑怪也。

⑬③舊編：苔，水土潤氣所生也。砌，七計切，階甃也。

⑬④舊編：脩，長也。

新編甲：噪鳥，群鳥也。

⑬⑤舊編：惆悵，失志望恨貌。

新編甲：惆，音抽；惆悵，悲愁失志望恨貌。

⑬⑥舊編：裊，尼了切，聲不絕也。

新編甲：裊，尼了切。

137 舊編：草行曰跋，水行曰涉。

138 舊編：尋，仍也。

139 舊編：隸，屬也。

新編甲：祠今在泮水社。

140 舊編：箋，表也，書也。

141 舊編：參，覲也，謁也。

新編甲：參，覲也。

142 舊編：稟，受命也；今人以白事為稟。

143 舊編：蹙，音促，愁貌。

新編甲：蹙，音促，愁貌。

144 新編甲：訖，盡也。

145 舊編：按丙戌乃胡漢蒼開大四年，是年明人來伐；至丁亥年，胡滅。軍旅曰兵革。

新編甲：丙戌乃胡漢蒼開天（大）四年，明人來伐；至丁亥年，胡氏滅。

146 舊編：書：「皐陶邁種德。」注：「邁，勇往力行也。種，布也。」

新編甲：皐陶邁於種德。崑（出）虞書舜典。

147 舊編：書：「火炎崑崗，玉石俱焚。」

新編甲：火焚（炎）崑岡，玉石俱焚，夬（天）吏逸德烈於猛灰（火）。出書經胤征篇。

148 舊編：冉冉，行貌。楚辭：「老冉冉其將至。」

新編甲：冉冉，行貌。

149 舊編：二十歲曰成人。

150 新編甲：太祖姓黎，諱利，清化梁江藍山人。

151 舊編：曹操見孫權軍伍整肅，歎曰：「生子當如孫仲謀；如劉景升兒子，豚犬耳！」

新編甲：曹操進軍，攻破孫權，權禦之，相〔持〕十月餘，操見其舟楫器仗，軍伍整肅，歎曰：「生子當如孫仲謀；如劉景升兒子，豚犬耳！」出漢史孝獻紀。

按：「仲謀」下又注云：「孫權字也。」「景升」下又注云：「劉表字也。」

木棉樹傳

程忠遇，北河美男子也，家貲極厚❶。賃舟南販❷，泊柳溪橋下❸，常往來南昌市間。每至途中，輒見美姝從東村出❹，一侍兒踵後，程偸眼微觀，眞絕代佳人❺；但異鄉旅次，無從質問❻，含情鬱結而已❼。

他日復出，見亦如之，欲以微辭挑動❽，則翻裳急逝，語侍兒曰：「我久爲春酲所困，貪眠不起❾，溪橋涙跡，將半載矣；未審今朝已作如何風景？夜當訪舊，少慰幽情，汝肯相從否㈠？」侍兒曰：「諾！」忠遇聞之喜甚。日既暮，預就溪橋竊候❿。人定時⓫，女果與侍兒攜胡琴一張⓬，行至橋頭，嘆曰：「溪山歷歷，不改前度；惟恨女郎零落，不作向時逐伴⓭，使人有感舊之悲耳㈡！」遂凭欄危坐⓮，自援胡琴，操南宮幾音⓯，弄秋思數遍㈢⓰。良久，捨琴而作，曰：「欲寫幽懷㈣⓱，謾勞寄指；但調高意遠，舉世無知音㈤，誰能會意⓲？不如早歸來耳㈥！」忠遇趨前揖曰：「僕知音者，願少試之。」女佯驚曰㈦：「郎亦在是耶？昨妾屢蒙下顧，厚惠銘心⓳；第以路次匆忙，誠難款曲⓴。今乘清夜，暫覓閒遊，不意郎先在此。向非天緣素定，未必重逢眉屑。雖珠玉在側，但覺我形穢，不能不以此爲嫌也㉑。」問其姓名住址㉒，女攢眉曰㉓：「兒姓葉名卿，鄉中大姓晦翁之女孫也。嚴慈急逝㉔，家計單寒，昨爲夫兒所棄，徙居外郭矣。竟覺得人生如夢，不如身在時且暫爾行樂；一旦入地，便是黃泉人物㉕，雖欲追歡覓愛，尚可得乎？」遂同入舟中。女低聲謂曰：「殘容衰謝，與死爲鄰，度日如年，無人酬答。願君子扇陽和於幽谷，泄暖氣於寒荄㉖，使墮紫飄紅，偸弄韶光㉗，則一生之活計足矣。」乃褰裳戲劇㉘，極其歡昵。

女占詩二首㉙，以記其樂。云㈧：

其一

窮閻久困午眠遲㉚，羞對新郎話別離㈨㉛。玉笋整斜珠釧子㉜，香羅脱換繡鞋兒㉝。夢殘半枕迷蝴蝶㉞，春盡三更怨子規㉟。此去未酬同穴約㊱，好將一死為心知。

其二

佳期忍負此良宵，醉抱銀箏撥復挑㈩㊲。玉燕任慵簪墜髻㊳，金蟬幾怕束纖腰㊴。煙舒棠萼紅猶濕㊵，汗褪梅粧白未消㊶。早晚結成鸞鳳友㊷，風晨月夕任招邀㊸。

程本商人，不識文字。女為隨言釋意，忠遇大稱曰：「子之艷藻㊹，不減易安㊺，必能以文章名家㊻。」女笑曰：「人生貴適志㊼，文章土苴，一堆黃壤耳㊽！班姬蔡女，今亦何在㊾？孰若眼前借景，偷弄片時春，過了一生哉？」將曉辭去，晚則復來，將及月餘。

時並宿商友㈠，其中有識者，謂忠遇曰：「吾子在羈旅中㊿，宜深自韜匿(51)，遠避嫌疑。胡乃萌有欲之懷，悅無媒之女？不明去處，不究來由，脫非繡闥寵姬，便是紅樓富女(52)。一旦事情難掩，聲跡易彰，上有嚴刑之加，下無親黨之援，子豈得晏然而已乎？奚不問至所居，賺求得實(53)？或辭而遣，或竊而逃，如昌黎之放柳枝(54)，李靖之載紅拂㈡(55)，此萬全之計也㈢。」忠遇然之。

他日，謂女曰：「我本遠客，偶結良緣；然咫尺仙居，未嘗蹤跡(56)，非所以安遊子之情也。」女曰：「妾居誠不遠，但今日遭逢，私中之遇，只恐嬋娟見妬，耳目生疑，鴨打而鴛驚(57)，蘭焚而蕙慘。故寧候星而往，戴月而歸(58)，免為郎君所憂也。」忠遇請之力，女笑曰：「妾本以敝居爲恥⑭，今君不信，何惜偕往？」

乃於是夜三鼓，乘天氣陰暝[59]，步至東村。見竹籬環匝[60]，中有一區茅屋，制極卑陋，四面皆薜蘿侵壁[61]。女指之曰：「此妾停針餘暇安身之所，郎且排門少憩[62]，候妾點燈來也。」遂傴僂而入[63]，暫停門限間。每微風來，覺有腥臭味發。方徘徊驚訝，忽火光中起，見左邊安小藤床[64]，床上有朱棺，背覆紅羅一幅⑮，以碎銀沙題曰⑯：「葉卿之柩」[65]。柩傍有塑泥女子，捧胡琴侍立。忠遇膽寒髮竪，狼狽走出[66]。已見女子當道而立，謂曰：「兄旣遠來，萬無歸理；況曩日詩句⑰，固以死爲期，願早相從，以諧同穴之約。孤眠若此，豈輕相捨哉？」遂前挽其衣。幸而衣裾微毀[67]，裂之得脫。走至溪橋，幾不能言矣。

詰朝⑱，詣東村覓問[68]。果有晦翁孫女年二十，死已半載，殯在外郭矣。忠遇因感重疾⑲，其女亦倏忽來往⑳，或於沙磧大呼[69]，或就船窗細語。忠遇每時時應答，欲翻身馳去。舟人以繩苦繫，則罵曰：「我妻所處㉑，有樓臺之樂，有蘭麝之薰㉒。行當赴之，斷不爲塵籠絆著[70]，汝曹何預？强以繩索相加哉！」一夕，船夫熟睡㉓，經明始覺，則亡已久矣㉔。急趨外郭，已見抱棺而死，因卽其地葬之。

此後凡陰黑之宵，見二人握手同行，或歌或笑㉕。往往索人之祈禱，要人之薦祭[71]，稍不如願，禍害尋作。鄉人不勝其患，潛發塚破棺，併男女骸骨㉖，散之江中。江上有寺，寺有木綿古樹，相傳已百餘年㉗[72]，遂依樹爲妖。欲加斬伐，則斤摧斧折，牢不可動。

陳開禧庚午歲㉘[73]，有道人宿樹傍古刹[74]，時江寒月淡，萬籟俱寂[75]，見二人㉙，裸逐笑鬨[76]。移時，俄就禪關扣問。道人疑其懷春男女，乘月相招[77]，且醜其爲人，閉門堅臥。翌日，就村中老叟[78]，備言所見，且嘆民風偸薄。叟曰：「吁！此妖物依憑古樹，于今有年，安得斬邪之劍，爲斯民斷此惡荄也79！」道人沉吟良久，曰：「我以濟人爲業，事有至此，已曾面覩，若不垂法手，是見溺而不援也。」乃召鄉人，具嚴壇法椅80，書符三道，一釘之樹側，一沉之江中，一則當空焚碎。宣行畢，即厲聲曰：「此間淫祟，久矣憑陵，假爾神兵，翦除凶醜，法無稽滯，火速奉行！」有頃，雲靄漲浮81，咫尺不辨；洪波震蕩，聲動天地。俄而風止，稍稍開霽82，則木綿已拔⑳，枝柯碎爛，如裂麻之狀。繼聞空中有鞭撾泣哭聲83，衆人仰覩，見牛頭馱卒，可六七百人84，枷二人去矣。

鄉人以財厚贈，道人拂衣不顧，竟入深山去矣。

嗚呼！魑魅魍魎，雖自古不以為天下患85，然匹夫多欲，庸或犯之。忠遇商人無識，不足深責矣㉑。彼道人為民除害㉒，功德宏茂。後有秉王充之論衡，姑取節焉86。不可以其學之幻87，而竟斥其非㉓；不可以其途之他，而竟沒其善。庶乎君子與人忠厚之意也。

【校】

㊀汝肯相從否　甲、丙本作「爾肯從否」。

㊁使人有感舊之悲耳　甲本「悲」作「張」，又改作「傷」。

㊂弄秋思數遍　丙本「遍」作「瀛」。

㊃欲寫幽懷　甲、丙本「寫」作「瀉」。

㊄舉世無知音　甲、丙本無「舉」字。

㊅不如早歸來耳　甲、丙本「耳」作「矣」。

㊆女伴驚曰　甲、丙本無「伴」字。

⑧云　甲、丙本作「詩曰」。

⑨羞對新郎話別離　甲、丙本「話」作「語」。

⑩醉抱銀箏撥復挑　「撥」原作「扒」，即「撥」字俗寫，據甲、丙本改。

⑪並宿商友　甲、丙本作「商友並宿」。

⑫李靖之載紅拂　甲、丙本「李」上有「如」字。

⑬此萬全之計也　甲、丙本無「之」字。

⑭妾本以敝居為恥　甲、丙本「敝」作「弊」。

⑮背覆紅羅一幅　甲、丙本「背」上有「棺」字。

⑯以碎銀沙題曰　甲、丙本無「曰」字。

⑰況曩曰詩句　甲、丙本「句」下有「間」字。

⑱詰朝　甲本作「詰旦」。

⑲忠遇因感重疾　丙本「疾」作「病」。

⑳倏忽來往　甲、丙本作「倏來忽往」。

㉑我妻所處　「所」，甲、丙本作「居」，舊編亦注云：「一作居」。

㉒有蘭麝之薰　甲、丙無「有」字。

㉓船夫熟睡　甲、丙本「船夫」作「舟子」。

㉔則亡已久矣　甲、丙本「已」作「之」。

㉕或歌或笑　甲、丙本「笑」作「哭」。

㉖併男女骸骨　甲、丙本無「男」字。

㉗相傳已百餘年　甲、本作「相傳已百年餘」。

㉘陳開禧庚午歲　甲、丙本「禧」作「祐」。

㉙見二人　甲、丙本作「見男女二人」。

㉚則木綿已拔　甲、丙本「綿」作「樹」。

㉛不足深責矣　甲、丙本無「深」字。

㉜彼道人為民除害　甲、丙本「民」作「人」。

㉝而竟斥其非　甲、丙本「竟」作「專」。

【注】

❶舊編：貲，財也。
新編甲：貲，津私切，財也。

❷舊編：賃，女禁反，借也。
新編甲：賃，音任。販，方諫切。

❸舊編：舟附岸曰泊。
新編甲：泊，音薄，舟附於岸曰泊。柳溪橋，在山南處，蒞仁府南昌縣柳橋社。

❹舊編：姝，音樞，美色也。
新編甲：姝，音樞，美色也。

❺舊編：杜甫歌云：「佳人絕代歌，獨立發皓齒。」
新編甲：杜甫歌云：「佳人絕代歌，獨立發皓齒。」

❻舊編：賓客館舍曰旅次。從，由也。
新編甲：旅，客旅衆出則旅寓，故謂在外為旅也。
❼舊編：鬱，氣不通也。結，思不解也。
❽舊編：挑，戲也。
新編甲：挑，戲也。
❾舊編：古詩云：「酒濃猶覺春酲困。」又云：「連日春酲苦未消，强排愁思過溪橋。」酲，酒病也；又酒未醒也。
新編甲：酲，音呈。古詩云：「酒濃猶覺春酲困。」又云：「連日春酲苦未消，强排愁思過溪橋。」
❿舊編：候，伺探也。
⓫舊編：卽亥時也。
新編甲：人定時，卽亥時也。
⓬舊編：琵琶，一名胡琴，乃胡中馬上所鼓，故名。琴有絃，故言琴則曰張。
新編甲：琵琶，本胡琴。琴弦曰張。
⓭舊編：唐文宗時，梁厚本臨渭水，接得一物，發視之，乃一女郎，粧色儼然。詢之，乃是宮人，善小忽雷，因納為妻。小忽雷卽胡琵琶。
新編甲：唐權相舊吏梁厚本在別墅臨渭水，忽有一物流過，長五六尺許，錦纏其上，就岸發視之，乃一女郎，粧也（色）儼然，巾繫其頸，口鼻有餘息。將養經旬，漸能言，詢之，是宮人鄭中丞也，以忤文宗命，內官縊殺，投於渭河，久乃如故。厚本約為妻，言其善小忽雷，

因題頭脫，送崇仁坊南趙士(工)修整。厚本陰購得之，每夜分方敢輕彈。後遇良辰，花下□(酒)酣，朗彈數曲，有黃門放鷂子，過其門，私于牆外聽之，曰：「此鄭中丞琵琶聲也。」翌日達上，文宗方追悔，聞言驚喜，遣使宣召，赦厚本罪，任從配為夫婦。出文苑樂器類。

⑭舊編：凭，蒲明反，倚也。欄，勾欄也。

⑮新編甲：操，七到切；又風調曰操。

⑯舊編：白居易醉吟先生傳：「詩酒既酣，乃自援琴操宮聲，弄秋思一遍。」按樂府有秋思詞，征婦詞也。

新編甲：白居易醉吟先生傳云：「詩酒既酣，乃自援琴操宮聲，弄秋思一遍。」按樂府有秋思詞，征婦詞也。

⑰舊編：作，起也。寫，除也。

⑱舊編：伯牙鼓琴，志在高山，鍾子期曰：「善哉！巍巍乎若高山。」俄而，志在流水，曰：「善哉！蕩蕩乎若流波。」子期死，伯牙破琴絕絃，以為世無知音，終身不復鼓。

新編甲：周時人，姓余名伯牙，善彈琴，鍾子期善知音。伯牙鼓琴，志在高山，子期曰：「峩峩兮若太山。」志在流水，子期曰：「洋洋乎若江湖。」後子期卒，伯牙憐之，乃破琴不彈。或問其故，對曰：「世無知音者也。」出七寶故事。

⑲舊編：長顧少曰下顧。

⑳舊編：匆忙，聚會雜冗處。

新編甲：匆，居尤切，聚也。忙，音茫，心逼也。

㉑舊編：衛玠，丰神秀異，人皆以為玉人。王濟，玠之舅也，每見玠輒嘆曰：「珠玉在側，覺

我形穢。」蓋謙言人美己惡也。

新編甲：晉衞玠，風神秀異，人皆以為玉人。濟見之，嘆曰：「珠玉在側，覺我形穢。」蓋謙言美人在此，則覺己之不及也。出文苑。

㉒舊編：住，居也。址，基也。

㉓新編甲：攢，祖官切，簇聚也。

㉔舊編：嚴父慈母也。

㉕舊編：天玄地黃，泉在地中，故云黃泉。見唐詩直解註。

新編甲：天玄地黃，泉在地中，故云黃泉。出唐詩直解註。

㉖舊編：寒荄，冬月草根也。見月令廣義。

斯編甲：寒荄，草木枯□（根）也。燕有寒谷，黍稷不生；鄒衍吹律，暖氣至，草木乃生。

㉗舊編：韶光，春色也，取和暢之義。

新編甲：春色謂之韶光，取和暢之義也。

出詩學大成。

㉘舊編：劇，弄也。

新編甲：褰，音牽，揭衣。

㉙舊編：穩度其辭以授人曰占口。

㉚舊編：閭，里門也。午眠，晝寢也。

新編甲：閭，里門也。

㉛舊編：近曰別，遠曰離。

㉜舊編：笋，鬼尹反；玉笋，美手之稱。見西廂註。釧，臂環也。

新編甲：笋，同筍，竹笋（芽）也；指曰玉笋也。釧，音串，說文：「臂環也。」

㉝舊編：西廂曲云：「何時重解香羅帶？」又云：「繡鞋兒剛半折。」乃戲拈足也。

舊編眉批：神龍換骨，彌彩更奇。

新編甲：西廂曲云：「何時重解香羅帶？」又云：「繡鞋兒剛半折。」乃藏（戲）拈足也。

㉞舊編：莊周夢為蝴蝶，栩栩然蝴蝶也；俄而覺，則蘧蘧然周也。不知周之夢為蝴蝶與？蝴蝶之夢為周與？周與蝴蝶，則必有分矣。

新編甲：莊周，周戰國蒙大（人），嘗夢化為蝴蝶，栩栩然不知周也；俄而覺，則蘧蘧然周也。不知周之夢蝶、蝶之夢周也。是謂物化。出尚友錄。

㉟舊編：子規，怨鳥，一名杜鵑，亦名杜宇。春至則鳴，其聲哀切，聞之有離別之苦。昔蜀王名杜宇，號望帝。時有荊人鱉靈，尸隨水上至汶山，復生。見望帝，帝立為相。後以其德不及鱉靈，乃委國授之，自亡去，化為杜鵑。故蜀人聞杜鵑鳴，則曰：「是我望帝也。」

新編甲：寰宇記：「蜀之先，肇於人皇之際。黃帝子昌意，娶人女，生帝嚳，后封其支庶於蜀，始稱王者，自名□□（蚕叢）。后王曰杜宇，號望帝。時有荊人鱉靈，其尸隨□（水）上至汶山下，復生。見望帝，帝立為相。自以德不如□□（鱉靈），□（禪）位鱉靈，號開明，遂自亡去，化為子規。蜀人聽其鳴，曰：「我望帝也。」」出詩學大成。

㊱舊編：詩大車章：「穀則異室，死則同穴。」蓋約之之辭也。又郄（郗）嘉賓死，婦弟欲迎其姊還，姊終不肯，曰：「生縱不得與郄（郗）郎同室，死寧不同穴乎？」

新編甲：晉郗超字嘉賓，死，婦弟欲迎其姊還，姊□（終）不肯，曰：「生不得與郗郎同室，死寧不同穴乎？」

㊲舊編：箏，樂器，以竹為之，長三尺，十二絃，柱高三寸，蒙恬所造；謂之銀箏者，飾以銀也。

新編甲：箏，音爭，樂器，以竹為之；又銀箏，謂彈箏用以銀住指甲，取其有聲也。

㊳舊編：玉燕，釵名。漢武帝起招靈閣，有神女進玉燕釵，帝以賜趙婕妤，後化為白燕飛去。慵，懶也。髻，音記，綰髮也。

新編甲：漢武帝起招靈閣，有二神女各留一玉釵，帝以賜趙婕妤。至元鳳中，官（宮）人猶見此釵，謀欲碎之，明旦視匣中，推（惟）見白燕升天而去。出幼學珍寶類。

㊴舊編：唐薛逢夜宴觀妓詩：「燈火熒煌醉客豪，捲簾羅綺艷仙桃；纖腰怕束金蟬斷，鬢髮宜簪白燕高。」怕，音破，畏也。

新編甲：金蟬腰極細，言美人腰細纖亦如金蟬之細，怕緊束之而易斷也。唐薛逢夜宴觀妓詩：「燈火熒煌醉客豪，捲簾羅綺艷仙桃；纖腰怕束金蟬斷，鬢髮宜簪白燕高。」出唐詩。

㊵舊編：蕚，逆各反。花外曰蕚，花內曰蕊。

新編甲：蕚，花下跗。

㊶舊編：褪，花謝也。宋武帝女壽陽公主，人日臥含章殿簷下，梅花落于額，拂之不去，色轉瑩然。後人效之，作梅花粧。

新編甲：褪，吐對切，花謝也。宋武帝女壽陽公主，人日臥含章殿，梅花落于額，拔（拂）之不去，後人號為梅花粧。出詩學。

㊷舊編：于生詩：「今日結成鸞鳳友，方知紅葉是良媒。」

新編甲：韓翠蘋作詩云：「今日結成鸞鳳友。」

㊸舊編眉批：死不休。

㊹舊編：艷，色也。藻，文辭也。

新編甲：艷，美也。藻，文辭曰藻。

㊺舊編：朱子語錄云：「本朝婦人能文，只有李易安與魏夫人。」易安能文，頗多佳句，嘗作九日詞云：「簾捲西風，人似黃花瘦。」此語非婦人所能也。

新編甲：易安，李清照號易安居□（士），□（濟）南人，李格非之女，適東武趙抃之子，明誠之妻，有漱玉集行于世。朱晦翁云：「本朝婦人能文，只有李易安，出千古奇聞。」又尚友錄云：「宋時人李格非，字文叔，舉進士，累官禮部員外郎。妻王氏，拱辰孫女。女子即清照也。」

㊻新編甲：名家者流，蓋出于理官。出韻瑞大（六）麻韻。

㊼舊編：張翰初應齊王辟，後嘆曰：「人生貴適志焉，富貴何為？」即去。

㊽舊編：土。〔苴〕，音且，苴（按：此字乃因雙行註誤置，當移「土」字下。）側下切，糞草也。莊子云：「道之精以治身，土苴以治天下。」又古詩云：「一堆黃壤蓋文章。」

新編甲：苴，〔音且〕，又側下切；土苴，渣滓也，糞草糟粕之類。哭大（夫）詩：「三十功名四十亡，有才無壽兩堪傷。夫妻鏡裡鸞分影，兄弟群中鴈失行。數尺紅羅書姓字，一堆黃壤蓋文章。妾來不敢高聲哭，只恐猿聞也斷腸。」出群英詩集。

㊾舊編：班姬，班彪之女，曹世叔之妻，名昭，班固其兄也。固嘗作女誡七篇、著漢書，未及竟而卒；昭踵成之，號曰大家。又蔡邕之女，名琰，博學有才辯，曹操嘗因事問曰：「聞夫

人家多墳籍，猶能記憶之否？」琰因為曹操寫之，文無遺誤。

新編甲：班姬，超妹，名昭，字惠姬，適曹世叔。世叔亡，和帝召入宮，令皇后貴人皆師事之，號大家，作女誡七章。兄固著漢書未就，死，詔昭踵而成之。出尚友錄。蔡女，名琰，蔡邕之女，六歲知音律，邕夜絕絃，問之，曰：「第一絃。」故絕一絃，問之，曰：「第四絃。」邕戲之曰：「偶中耳！」琰曰：「昔季札觀風，知四國興衰；師曠吹律，知南風不競。由此觀之，何得不知乎？」及笄，字文姬，適衞仲道，為胡騎所獲，在胡二十年，生二子。曹操與邕有素，以金璧贖之，及歸，辭胡夫及二子，作胡笳十八拍，再嫁屯田都尉董祀。祀犯法當刑，文姬蓬頭徒行，詣操請罪，文詞清辯，祀獲免。操問：「汝家多書，能識之否？」曰：「亡父賜書四千餘卷，罔有有（存）者；今所誦憶，才四百餘篇。」乞給紙筆，真草唯命，於是繕寫送呈，文無遺□（誤）。出尚友錄。

㊿舊編：羈，古奚反，寄也；旅，舍也。言行止無定所也。

51 舊編：韜，藏也。

52 舊編：白樂天議昏詩：「紅樓富家女，金縷繡羅襦。見人不斂手，嬌癡二八初。」紅樓，富女之所居也。

新編甲：白樂天詩：「紅樓富家女，金縷繡羅儒（襦）。見人不斂手，嬌痴二八初。母兄未開日，已嫁不須臾。」出幼學婚姻類。

53 舊編：賺，音湛，潛訪也。

新編甲：賺，音暫，錯也。

54 舊編：韓昌黎侍姬，一名絳桃，一名柳枝。初，愈出使未調（歸），柳枝竄去，家人追獲。

及鎮州，有詩云：「別來楊柳街頭樹，擺亂春風只欲飛；惟有小桃園裏在，柳枝不發待（待）郎歸。」自是，放柳枝，而屬意於絳桃。

新編甲：唐韓愈，封昌黎伯，有二侍姬，一名絳桃，一名柳枝。韓愈初出使未歸，柳枝竄去，家人追獲。及鎮州，有詩云：「別來楊柳街頭樹，擺亂春風只欲歸（飛）；惟有小桃園裏在，柳枝不發待郎回。」自是，專屬意絳桃矣。出圓機妻妾類。

(55)舊編：李靖謁楊素，有一妓執紅拂侍側，目靖久之。靖歸逆旅，夜有紫衣戴帽人叩門，延入，脫衣去帽，乃美人也。靖驚詰之，告曰：「妾楊家紅拂妓也，絲蘿願托喬木。」遂與俱適太原。

新編甲：唐李靖謁楊素，一妓執紅拂侍側，目靖久之。靖歸，至夜分，有紫衣戴帽人扣門，延入，脫衣去帽，乃美人也。靖驚詰之，告曰：「妾楊家紅拂妓也，藤蘿願托喬木。」遂與之俱適太原地。出詩學大成妓女類。

(56)舊編：六寸曰咫，八寸曰咫，十寸曰尺。

新編甲：咫，八寸曰咫，周尺也。

(57)舊編：呂士隆知宣州，好笞官（宮）妓，妓皆畏笞，欲逃去。適杭州一妓到，士隆喜之。一日，郡（群）妓犯小過，士隆欲笞之，妓曰：「不敢辭，但恐杭妓不安耳。」士隆乃赦之。梅聖俞作詩云：「莫打鴨，打鴨驚鴛鴦。鴛鴦新向池中浴，不比孤洲老鴰鶬。」

按：「鴰鶬」下又注云：「音括倉。」

新編甲：魏泰詩話：「呂士隆知宣州，好笞宮妓。適杭州一妓到，士隆喜之。一日，群妓小過，士隆欲笞之，妓曰：『不敢辭，但杭妓不安。』士隆捨之。梅聖俞作詩：『莫打鴨，驚鴛鴦。鴛鴦新向汭中浴，不比孤洲老鴰鶬。』」出書言。

58 新編甲：披星戴月，謂早夜之奔馳。註：「巫馬期為單父宰，披星而出，戴月而入，而單父治。」出幼學天文類。

59 舊編：俗冥字，幽冥也。

60 舊編：匝，作答切，圍也。

新編甲：匝，周也。

61 舊編：薜，音備，香草也。

新編甲：薜，音備。

62 舊編：且，未定之辭。排，推也。憩，音契，息也。

新編甲：憩，音契，息也。

63 舊編：傴僂，背曲不伸也。

64 舊編：藤床，以繩穿為坐器。

65 舊編：在床曰尸，在棺曰柩。

新編甲：在棺曰柩。

66 舊編：狼似犬，銳頭白頰；狽，狼屬。狼前足長後足短，狽前足短後足長。狽無狼不立，狼無狽不行，相離則不能進退。故世言事乖者謂狼狽。漢「書」周勃傳：「狼狽失據。」

新編甲：狼前二足長後二足短，狽前二足短後二足長。狼無狽不立，狽無狼不行。

67 舊編：裾，音據，衣後裾（襟）也。

68 舊編：平旦曰詰朝。

69 舊編：磧，音迹，水渚有石也。

新編甲：磧，音迹，水渚有石者；又鹵中沙漠曰磧。

70 舊編：絆，縶馬足也。

新編甲：絆，音半。著，直略切。

71 舊編：要，平聲，求也。祭無牲曰薦，加牲曰祭。

新編甲：要，□（伊）姚切，求也。

72 舊編：木綿樹高數丈，春開紅花，花中綿軟白，可為布。

73 舊編：開禧，陳憲宗年號，原名祐，後改禧。庚午，第二年。

74 舊編：居寂寞而無為，蹈修真而執平者，道人也。刹，音察，僧寺也。

75 舊編：籟，音賴，凡孔竅機括皆曰籟，有人籟、地籟、天籟；萬籟，猶萬聲也。

新編甲：莊子：「人籟則比竹是已，地籟則衆竅是已，天籟則人心自動者是已。」出字彙。

76 舊編：鬨，鬪聲。

新編甲：鬨，胡貢切。

77 舊編：詩：「有女懷春。」註：「男女相思，懷婚姻也。」

78 舊編：明日曰翌日也。

79 舊編：商時，鍾山道士雲中子見紂宮妖氣上沖，遂令道童砍山下枯柯木，削成一劍，進之，請懸宮中以驅邪。

新編甲：唐韓湘，字清夫，有詩云：「一瓢藏世界，三尺斬妖邪。」出尚友錄。終南山雲中子出遊，見異（冀）州之分，妖氣上沖，室壁卽取照魔鏡引之，曰：「千年老狐，非千年枯木不能觸其形。」遂砍山上枯栢木，削成一劍，佩入朝歌，具表獻曰：「臣進神劍一口，請懸宮中，百魅自然潛消。」紂王受劍，懸于後宮，妲己卽昏臥于榻，謂紂王曰：「方外邪術，蠱惑聖聰，乞焚之，勿陷其迷。」紂乃焚之。出列國傳。

80 舊編：椅，音倚，坐凳為椅子。

81 舊編：霾，音埋，晦也。

82 舊編：霽，音祭，雨止也。

新編甲：霽，音祭，雨止也。

83 舊編：撾，職瓜切，擊也。

新編甲：撾，職瓜切，擊也。

84 舊編：馱，音陀，馬負物也；又疾驅也。

新編甲：馱，音駝。

85 舊編：魑魅，山鬼也。魍魎，水怪也。

新編甲：魑魅，老精物也，人面鬼身，四足，好惑人，山林異氣所生。魍魎，川澤之神，狀如三歲小兒，赤黑色，赤目長耳，美髮，好效人聲而迷惑人。或曰：「顓頊三子，亡而為疫鬼，一居若水為魍魎。」出幼學道釋鬼神類。

86 舊編：王充性恬淡，不貪富貴，淫讀古文，甘聞異言，傷時憫俗，故為論衡之書，凡八十五篇。論衡者，論之平也，所以銓輕重之言，立真偽之平也。

新編甲：論衡者，論之平也，所以銓輕重之言，立偽真之平也。漢王充，字仲任，上虞人，師事班彪，好傳（博）覽而不守章句。家貧無書，嘗遊洛陽書肆，閱所賣書，一見輒能記憶。章帝時，詔以公車，欲（徵）之不行。嘗著論衡八十五篇。充論衡中土未有傳者，蔡中郎至江東得之，嘆為高文，但秘□（翫）以為談助；及還北，諸公覺其談更遠，□（撿）求帳中，果得論衡一部。其後王朗為會稽太守，又得其書，時人稱其才進，或曰：「不見異人，當見異書。」問之，果以論衡之益。出尚友錄。

㉘舊編：幻，熒絹切，妖術也。
新編甲：幻，熒絹切，妖術也。

茶童降誕錄㈠

楊德公，名昨，山南常信人，李惠宗朝按獄宣光鎭，伸寃理枉，獄得其平，因其慈祥惠物，時人以德公呼之。

年五十，無子，忽病革❶，死而復甦❷，語人曰❸：「我適至一所，黑城鐵壁㈡，方欲趨就；俄而有一吏止之，引之而右。」右則紅門朱扁㈢❹，遂攝衣偕入❺，見長廊亘宇❻，束絛而前後侍立者，約百餘人❼。中有紫袍二員，對案而坐，目吏取楊氏朱簿來，撿閱移時❽，相顧謂曰：「陽間無此等人物，全活甚衆；所恨者享齡不遐❾，箕裘無繼❿。不表斯人，爲善何勸㈣？行將白之帝矣⓫！」卽命退東廊憇息⓬。半日許⓭，復命引入，謂曰：「子平生在世，素以善聞㈤，上帝嘉汝，畀以奇男，延壽二紀⓮。可早歸來，努力陰功㈥⓯，勿謂冥冥無知也㈦。」使吏引還。既出門，楊公問曰㈧：「是何官府？所主者何員？所司者何事？」吏曰：「此卽酆都別署，二十四司之一也⓰。凡人初死，必經于此，由朱籙⓱尚有生還，陷墨籍斷無出理㈨。非公誠於樂善，恐亦無由得脫也。」遂叉手爲別⓲，如夢始覺。

夫人亦言：「是夜一更末，有小星墮懷中⓳，心覺微動。」既孕，及期而生子，命名天錫。性酷好茶，常自比於盧仝、陸羽㈩⓴；然天資高邁，學問該博，書厨文苑無不涉獵㉑。公喜曰：「吾有後矣！」遂專以義方敎焉㉒。

後二十四年，公無病而終(十一)㉓。天錫哀痛踰禮，遠近哀之。既免喪，晨昏肄業，略不少懈㉔。但家貲甚窶，鮮能自給㉕，望門出贄，無人肯納㉖，村翁里媼率以貧見拒。生嘆曰：「我父能活千人死，不能救一子貧㊂，爲善者果何益哉！」言未竟，見一人衣冠甚偉，自稱石大夫，前來揖曰：「昔受楊公厚恩，無以爲報，止有息女漢英，願拂枕席㉗。卿宜重自愛惜，勿以貧故，損平生志慮。」言訖不見。天錫甚怪之，但私識其言。

聞仙遊有陳先生，授徒數百人，挾策從之㉘，寓居青鄉村舍。村有巨族姓黃，見生容貌瓌奇㉙，文詞贍麗㉚，遂有東床之願㊂㉛。謂妻曰：「吾累世以商起家，非歉於財，所乏者佳婿令婚㊃㉜。今有楊生僑居鄰左㉝，眞南州豪傑，且吾觀其相，終當貴發。我家醜女，垂及長成㉞，牽絲之求，舍此奚適㉟？」其妻允可。竟納而婿之，凡納聘之需，奩賓之具，一切黃家取辨㊱。生殊感悅，喜慰如狂。但時時於岑寂中㊲，常凝情獨坐，掩卷長吁。娘適見，因問其故。生曰：「昔見神人先告㊄，謂我所娶者，石氏漢英也。今而幸贅高門，獲聯華族，神人指示，旣爾乖戾，將來成就，未必端的，故不能不掛慮也。」娘聞言，泫然下淚㊳，曰：「此必妾父也。妾幼時字漢英，父姓石名厖㊴，守在宣光，爲上官誣構，一門遭禍，竟死獄中，時妾方在童稚。聞有楊德公者，憫其無罪，堅拒有司，毅然竟赦，顚連賤質，僅獲生全㊵。嚴堂哀之，養爲己子，螟蛉之托，十載于玆㊶，實則石大夫子也。」生駭曰：「吾卽德公兒也。古來伉儷，莫匪夙緣㊅㊷，孰謂赤繩紅葉果虛語哉㊸！」

生既以事出希奇，情好愈篤。內有棲身之所，外無餬口之憂㊹，文場肆力，學業精研。歷春秋兩試，初受京官教職，次歷提刑等官。纔二十年，遂躋于顯宦焉。公能忠以事君，廉以律己，兩朝開濟㊺，廟堂倚重；但少時貧窶，侮慢者多，髮怨絲恩，稍稍修復，是其短也㊻。

常設祈安道會，峩星冠而曳霞裾者，數百人餘㊆㊼。繼有一道士㊽，弊袍破履，盤跚而進㊇㊾，把門者不納，強之至再，閽者稟命㊿。公叱之，道士行且嘆曰：「故人尋故人，不意故人果薄情如是！烏蹲之厄，幸免相煩[51]，勿謂故人負故人也。」公聞之，使人追請，下階延接。坐定，道人曰：「相公今日官居鼎鼐，地起樓臺[52]，行則金吾靜街[53]，止則花鈴護閣[54]，人間富貴，想極平生，獨不記紫微之樂乎？」公曰：「鼎鼐之居，粗嘗竊寵；紫微之樂，未究來由。」道人曰：「公為慾河汩沒(一九)[55]，迷沉至此，請為陳之：昔公為帝所茶童，吾為星曹酒吏，日侍紫微垣，相從舊矣。帝一日罷朝，語群仙曰：『汝曹誰肯作下界遊觀(二〇)，領取十餘年宰相[56]？』群仙相覷，無適先對。公即欣然從之。帝曰：『行矣！閻浮之樂，不減天曹[57]，勿以塵寰為隘也[58]。』時予侍立，故見其詳。」且以靈丹一粒授之[59]。飲既畢，則惺然有悟(二一)[60]，漸漸記前生事矣。曰：「吾之履歷，既以略聞，君何以却在人世？」曰：「某性麤豪，又善使酒[61]，上帝微賜譴訶[62]，謫在塵寰[63]，將歷三紀。今謫期已滿，還補星曹舊職，與公有舊，故來相訪耳。」公又問烏蹲之說，道人愀然不樂[64]，屏人謂曰：「後五年，公當有海濱之行，吾恐於其時(二二)，重遭奇禍[65]。」公請其故(二三)，曰：「公為宰相，無他過咎；只緣當途日久，頗用愛憎，今則產怨已深，寃魂塞路矣！」公曰：「奈何？」曰：「無傷也。吾本字君房，脫有急[66]，但焚香一瓣，以字呼之[67]，吾至，亦一助也。」

是夜遂同宿。公曰：「君既相知，奚以相教？」道人曰：「夫德者善之基，財者爭之府。積德如孤根滴露(二四)，會見發榮；積財如熾火點冰，終當溜破[68]。況不耘而長者，善惡之根；不持而滿者，禍福之機。倚伏之間，至為可畏[69]。相公珍重，勉為仁而已矣(二五)[70]。」公曰：「吾聞天道公明，如持衡握鏡。有神明以記其迹，有造化以司其平；照必洞而無私，網雖疎而不漏；法可謂至嚴而至密，人固宜無怨而無尤。夫何勸懲所加？猶有混淆若是！利於物者未聞降福，瘠於人者未見罹殃[71]；貧雖有志難酬，富則無求不獲；或力學而終身黃馘[72]，或尚奢而奕葉朱幡(二六)[73]。誰云投李報瓊[74]？自是種瓜得豆[75]！此吾所以深惑而終不解也(二七)。」道人曰：「不然！善惡之積微而彰，報應之機遲而果㉘。陰功顯處，必須善果圓成㉙；陽福散時，必待惡根滋蔓[76]。或將伸而預屈，或欲挫而先驕。有行而貧，或是前生業障[77]；不仁而富㉚，定爲宿世善緣㉛。雖云深遠難知，實則毫釐不爽。故勿以一偏立論，以一槩觀天也㉜。」如是凡數千言，皆寓規勉，公甚欣納。

次早當別，公以黃金十錠[78]爲遠行之贐[79]。道人笑曰：「安用此爲㉝？但力行方便，免使重來，是則故人之賜也。」

後天錫果因言事忤旨[80]，遠投南裔[81]，途經海口[82]，白晝中忽陰霾垂暝，南風勃起，大波如山[83]。有鬼相數百輩，相喧呼曰：「仇家至矣！我乃今日得甘心於相公哉㉞？」或操船尾，或登船背㉟，船幾覆者再。急問篙師[84]，則曰：「烏蹲之地。」方記道士之言，依敎呼之。俄見雲軿一兩[85]，憑空按駐[86]，仙童玉女，侍衞嚴肅，遙謂衆鬼曰：「汝曹汩沒，業障殊深，生前既犯於條章，死後更萌於芥蔕[87]，寃寃相繼，無有了時。胡不滌腸易慮，一心向道？我當奏聞帝庭，一切洗寃魂矣。」衆鬼聞言踴躍，一時散去。公懇款相邀[88]，詢以後事，顧盼間，失所在矣㊱[89]。已而風晴浪帖[90]，舟始達岸，遂屏其妻子，不知所之。後有見於東城山，或者疑其得道云。

嗚呼！為善在人，福善在天。天人之相與淵乎哉！楊公一治獄吏㊲，僅能伸寃理枉，而天之陽報，已諄諄於夢寐之間㊳；況宰天下者，佐天子，理陰陽[91]，順四時㊴，正心率人，推行善政，使穹壤間無一物不得其所，則天之畀福，當何如哉㊵？至於天錫之事，其白圭之玷乎[92]！然與其玷也，孰若併其玷而去之為愈？當官守者㊶，願勉其所當勉，監其所當監云。

【校】

㈠茶童降誕錄　丙本作「茶童降誕傳」。

㈡黑城鐵壁　甲、丙本「黑」作「墨」。

㈢右則紅門朱扁　甲、丙本無「右」字。

㈣為善何勸　甲、丙本「何」下有「以」字。

㈤素以善聞　甲、丙本「素」作「本」。

㈥努力陰功　甲、丙本「功」作「德」。

㈦勿謂冥冥無知也　甲、丙本「謂」作「以」；「冥冥」，舊編注云：「一作溟溟」。

㈧楊公問曰　甲、丙本無「公」字。

㈨陷墨籍斷無出理　「出」原作「生」，據甲、丙本改。

㈩常自比於盧仝、陸羽　丙本無「於」字。

(一一)後二十四年後，公無病而終　舊編雙行夾注云：「夫人有疾，公謂曰：『人心苦不知足，天命固有安排。二紀之期不可以重逃，壽不可以再延，神丹仙藥，皆虛語也。我欲正當今日，留福與子，還天地之委形，遂造化之真錫，如何？』夫人許諾。卽沐浴更衣，同日而逝。天錫長呼數聲，引首就寢。」按此似為某本正文，然甲、丙本無，姑存疑。

(一二)我父能活千人死，不能救一子貧　甲、丙本「死」上「貧」上各有一「之」字。

(一三)遂有東床之願　甲、丙本「願」下有「焉」字。

(一四)佳婚令婚　甲、丙本作「佳婚令婿」。

(一五) 昔見神人先告　甲、丙本「先」作「相」。

(一六) 莫匪夙緣　甲、丙本「夙」作「宿」。

(一七) 數百人餘　甲、丙本無「餘」字。

(一八) 盤跚而進　甲、丙本「盤」作「蹣」。

(一九) 慾河汩沒　甲、丙本作「慾河浪汩」。

(二〇) 汝曹誰肯作下界遊觀　甲、丙本「遊觀」作「觀遊」。

(二一) 則惺然有悟　「惺」，舊編注云：「一作醒」。

(二二) 吾恐於其時　甲、丙本無「其」字。

(二三) 公請其故　甲、丙本「故」作「過」。

(二四) 積德如孤根滴露　甲、丙本「根」作「荄」。下同。

(二五) 勉為仁而已矣　甲、丙本無「矣」字。

(二六) 奕葉朱幡　甲、丙本作「累葉朱轓」。

(二七) 此吾所以深惑而終不解也　甲、丙本無「以」字。

(二八) 報應之機遲而果　「果」，甲、丙本作「大」；舊編則注云：「一作逮」。

(二九) 必須善果圓成　「必」，舊編注云：「一作要」。

(三〇) 不仁而富　「仁」，舊編注云：「一作才」。

(三一) 定為宿世善緣　「為」原作「知」，據甲、丙本改。

(三二) 以一槩觀天也　甲、丙本無「以」字。

(三三) 安用此為　甲、丙本「安」作「焉」。

㉞我乃今日得甘心於相公哉　「哉」字原無，據甲、丙本加。
㉟或操船尾，或登船背　舊編注云：「一本有『或牽拖艪楫』等字」。
㊱失所在矣　丙本「矣」作「也」。
㊲楊公一治獄吏　甲、丙本「楊公」作「德公」。
㊳已諄諄於夢寐之間　丙本「寐」作「寢」。
㊴順四時　甲、丙本無。
㊵當如何哉　甲、丙本無「哉」字。
㊶當官守者　甲、丙本無「守」字。

【注】

❶舊編：革與亟同，急也。禮記：「曾元曰：『夫子之病革矣。』」
新編甲：革，又音戟，急也。
❷舊編：甦與蘇同，死經日復生曰甦。
新編甲：甦，同穌。
❸舊編：語，去聲，以言告人也。
❹舊編：扃，補典反，門戶封署也。
❺舊編：攝，整飭也。
新編甲：攝，整飭也。
❻舊編：廊，廡也。

❼舊編：絛，音叨，組紃之屬，編絲繩也。

新編甲：絛，音叨，編絲繩也。

❽舊編：撿，九輦切，察也，校也，通作檢。閱，觀也；又較勘文書也。

❾舊編：齡，年也。

❿舊編：承祖父之業曰箕裘。禮學記：「良弓之子，必學為箕；良冶之子，必學為裘。」

新編甲：承祖父之業，謂箕裘也。子孫成器，與祖父同，謂之箕裘不墜。「良弓之子，必學為箕；良冶之子，必學為裘。」出禮經學記篇。

⓫舊編：白，告也；下告上曰稟白。

新編甲：下白於上曰表。

⓬新編甲：憩，音契。

⓭新編甲：許，虛呂切。

⓮新編甲：□（畀），兵媚切，與也。

⓯舊編：努，用力也；與弩別。

⓰舊編：鄷都，地府北陰獄也。官舍曰署。

新編甲：鄷都，地府北陰獄也。官舍曰署。

⓱舊編：通作籙。

⓲舊編：俗呼拱手曰叉手。

⓳舊編：墮，杜臥切，落也。

⓴舊編：盧仝性好茶，時孟諫議大夫以新茶寄仝，仝受自然煎而飲，乃作茶歌：「開緘宛見諫

議面，手閱月團三百片。」又陸羽有文學，性嗜茶，著茶經三篇。

新編甲：仝，古同字。盧仝，號玉□（川）子，□（嗜）茶，每飲必七碗，作歌曰：「一碗喉吻閏（潤）。二碗破孤悶。三碗搜枯腸，惟有文章五千卷。四碗發輕汗，平生不平事，盡向毛孔散。五碗肌骨清。六碗通仙靈。七碗吃不得也，惟覺兩腋習習清風生。」出幼學飲食類。唐陸羽，字鴻漸，復州人，幼未知所生，及長，以易自筮，得蹇之漸，曰：「鴻漸于陸，其羽可用為儀。吉。」乃以陸為氏，名而字之。上元初，隱居苕溪，自稱桑苧翁，又號竟陵子；在隴西公幕府，自號東園先生，又曰東岡子。後杜門著書，或獨行野中，誦詩擊水，徘徊不得意，或慟哭而歸。嗜茶，著茶經三篇。出尚友錄。

㉑舊編：厨，櫝也。陸澄博覽，王儉曰：「此書厨也。」涉，渡水也。獵，捕獸也。言人之博覽群書，如涉水捕魚、獵山取獸也。

新編甲：廚，音除，櫝也。陸澄，字彥淵，南北時人。祖劭，臨海太守。澄少博學遠覽，無所不知，王儉曰：「陸公，書廚也。」南齊永明初，為度支尚書，領國子博士，後領祭酒，卒諡曰靖。出尚友錄。涉獵，言泛覽流觀，如涉水獵獸，不精專也。黃山谷曰：「大率學者喜博，而嘗病不精，泛濫百書，不若精于一也；有餘力，然後及諸書，則涉獵諸篇，亦得其精。蓋以我觀書，則處處得益；以書博我，則釋卷而茫然。」出幼學文事類。

㉒舊編：按石碏云：「愛子敎之以義方。」言愛子之道，敎之以方外之義，弗納于邪。又馮道贈竇家詩曰：「燕山竇寸（十）郎，敎子以義方；靈椿一株老，丹桂五枝芳。」

新編甲：「君子敬以直內，義以方外。」出易坤卦。五代時，竇禹鈞仕周，累官諫議大夫。嘗建義塾數十楹，聚書萬卷，延名儒以敎遠近士，貧無供者，咸衣食之。及在官，四方賢士賴以舉者，甚衆；由其門登貴顯者，接踵。五子：儀、儼、侃、偁、僖，相繼登科，時謂燕山竇氏五桂。馬（馮）道有詩云：「燕山竇十郎，教子以義方；靈椿一株老，丹桂五枝芳。」出尚友錄。

㉓新編甲：傳燈錄：「藥是病，病是藥，到頭兩事須拈脚；亦無藥，亦無病，正是真如多性覺」出韻瑞二十四敬韻。文王世子，使老有所終，壯有所用，幼有所長，蓋有形必有終也，天地終字（平），與我偕終。榮啓期謂孔子曰：「貧者士之常，死者人之終，處常得終，當何憂哉？」出韻瑞一東韻。

㉔舊編：肄，音易，習也。

新編甲：肄，音異。

㉕舊編：窶，貧也。

㉖舊編：贅，之瑞切，是餘剩之物；男無聘財，以身自質于妻家曰贅，猶人身之有肬贅也。賈誼策：「家貧子壯則出贅。」

新編甲：贅，之瑞切，男附女家謂之贅壻。賈誼傳：「家貧子壯則出贅。」

㉗舊編：息，子也，子吾所生曰息。拂，音弗，拭也。

新編甲：息，又子息，子吾所生者，故曰息。

㉘舊編：挾，以手挾也。策，書簡也。唐〔書〕儒學傳：「四方挾策負素以從學。」

新編甲：編簡為策。唐〔書〕儒學傳：「四方挾策負素以從學。」

㉙舊編：瓌，孤回切，偉也。

新編甲：瓌，姑回切，偉也。

㉚新編甲：贍，時念切。

㉛舊編：晉王羲之，王導從子也。郄（郗）鑒使門生求女壻於導，導令遍觀弟子門生。歸曰：「王氏諸少並佳，然聞信至，各自矜持；惟一人在東床坦腹，獨若不聞。」鑒曰：「此正佳壻！」及訪之，乃羲之也。遂妻以女。後羲之為右將軍。

新編甲：稱壻為東床。晉御史大夫郗鑒使門生求壻於王導，導令徧觀弟子。歸謂鑒曰：「王氏諸少並佳，然聞信至，咸自矜持；惟一人在東床，坦腹食胡麻餅，獨若不聞。」鑒曰：「此佳壻也！」及訪之，乃王羲之也。鑒遂以女妻之。王羲之仕晉，為右軍將軍會稽內史，臨池學書，池水盡黑，草隸為古今之冠。論者稱其筆勢：「飄若游雲，矯若驚蛇。」又曰：「烟飛霧結，狀若斷而實連；鳳翥龍蟠，勢若斜而反直。」其最為後世重者：蘭亭記、樂毅論、黃庭經。出尚友錄。

㉜舊編：獨孤郁最為權德輿所稱，以女妻之。憲宗嘆曰：「德輿乃君佳婿。」

㉝舊編：僑，旅寓也。

新編甲：僑，旅寓而居。

㉞新編甲：黃承彥，三國沔南名士也，謂諸葛孔明曰：「聞君擇婦，家有醜女，才堪相配。」孔明許婚，即載送之。諺曰：「莫學孔明擇婦，正得阿承醜女。」出尚友錄。

㉟舊編：唐郭元振，美丰姿，宰相張嘉貞欲納為壻，曰：「吾有五子，令各持一色絲於帳後。子牽之，得者為婦。」元振牽一紅線，得第三女，有姿色。

新編甲：唐郭元根（振），為涼州都督，美丰姿，宰相張嘉貞欲納為壻，曰：「吾五女各有姿色，于幔後各持一絲。子牽之，得者為婦。」元根（振）牽一紅絲，乃第三女，有姿色，竟娶之。出幼學婚姻類。

㊱新編甲：一切，大凡也。

㊲新編甲：⿱宀赤，音寂，靜也。

按：「⿱宀赤」乃「寂」之譌字。

㊳舊編：泫，胡犬切，流涕貌。

新編甲：泫，胡犬切，流涕貌。

㊴新編甲：尨，音□（茫）。

㊵舊編：顛連，顛沛流連也。

新編甲：顛連，顛沛流連，如兄弟連顛無告。

㊶舊編：詩小宛篇云：「螟蛉有子，蜾蠃負之。教誨爾子，式穀似之。」注：「螟蛉，桑上小青蟲也，似步屈。蜾蠃，土蜂也，似蜂而小腰。蜾無子，取螟蛉養之，置木空中，祝之曰：『類我！類我！』七日夜，化為蜾子。故凡人養他人子，皆曰螟蛉。」

新編甲：詩小雅小宛篇云：「中原有菽，庶民采之。螟蛉有子，蜾蠃負之。教誨爾子，式穀似之。」以興善道人皆可行。桑蟲有子，則土蜂負之於木空中，七日而化為其子。以興不似者可教而似也。

㊷舊編：伉，音抗；儷，音麗。配偶也。

新篇甲：伉儷，配偶也。

㊸舊編：唐韋固少時未娶，旅次宋城店，遇老人倚紅囊，坐向月下撿書。固因問囊中何物？曰：「赤繩子！以繫夫婦之緣。雖仇家異域，此繩一繫，終不可易。」固問己妻何在？老人曰：

「君妻乃店北賣菜陳嫗女。」翌日，固往視之，見一嫗抱二歲女，甚陋。固怒，磨小刀付奴刺之，纔傷眉間。宋城宰王泰聞之，收養為子。後固參相州□（軍）事，泰因以妻之，女容貌端麗，眉間常貼金鈿。固逼問之，女曰：「妾郡守之息女也，少孤，乳母鬻菜以給。常抱于市，為賊所刺，其痕尚在，故貼花鈿。」宋城宰因名其店曰定婚店。唐僖宗時，有書生于祐晚步禁衢，見御溝流一紅葉，其上有詩云：「流水何太急，深宮盡日閑；殷勤謝紅葉，好去到人間。」祐復題詩云：「曾聞葉上題紅怨，葉上題詩寄阿誰？」復送流去。韓夫人又拾得之。後祐托韓泳門館，因帝放宮女，泳嫁韓夫人與祐。及成禮，各於篋中取紅葉相視，於是感嘆曰：「事豈偶然，莫非前定？」因作詩云：「今日結成鸞鳳友，方知紅葉是良媒。」

新編甲：韋固旅次宋城，遇其（異）人向月撿書。固問囊中何物？曰：「赤繩子！以繫夫婦之足。雖仇家異域，此繩繫，不可易。君妻乃陳嫗之女。」固見嫗懷女二歲，乃刺眉間。宋城宰聞之，養為己子。後十四年，嫁與固，見眉有痕，固問，始知。出類聚。唐宮女韓翠蘋，一云翠屏，題詩于紅葉上云：「流水何太急，深宮盡日閒；殷勤謝紅葉，好去到人間。」題畢，命宮人放之于御溝，下流而出。時有士人于祐拾之，復題一葉云：「曾聞葉上題紅怨，葉上題詩寄阿誰？」遂放之于溝上，流入宮，適韓拾之。後祐托韓家門館，因帝放宮女三千人，韓泳作伐，韓夫人適祐。及成禮，各取紅葉視之，祐曰：「今日可謝媒夫人。」曰：「一聯佳句隨流水，十載幽思滿素懷；今日結成鸞鳳友，方知紅葉是良媒。」出幼學婚姻類。

44 舊編：餬口，解見夜叉。左傳：「餬其口於四方。」

新編甲：棲，音西；棲遲，息也。餬口，寄食也。左傳：「餬其口於四方。」

45 新編甲：趙普，字則平，薊州人，初相太祖定天下，再相太宗致太平。出宋史。

㊻舊編：唐李訓、鄭注，平生絲髮恩怨無不報者。
新編甲：唐李訓、鄭注，平生絲髮恩怨無不報者。

㊼舊編：按星冠，道士所載之冠，冠上有點星也。
新編甲：初為道士戴星冠，冠上有星也。出書言。

㊽舊編：人行大道，號曰道士。士者何？理也，事也。身心順理，唯道是從，從道為事，故稱道士。

㊾舊編：盤，當作蹩，通作蹣；跚，相關切。蹣跚，跛行貌。
新編甲：蹣，音□（盤）；跚，音姍。蹣跚，跛行貌。「蹣」，一作盤。

㊿舊編：閽，音昏，守門人；王宮每門四人，司晨昏以啓閉，故名閽。
新編甲：閽，守門隸；王宮每門四人，司晨昏以啓閉，故名閽。

(51)舊編：烏蹲，在南海外。胡季犛領舟伐占城到此，亦遇風波。
新編甲：磊雷山，在布政州，近□淪海門，兼有烏蹲枕其西，山陽□（屹）其北，與寺滂聯對。出烏州近錄。胡季犛領舟師伐占城，至烏蹲，被風折壞，引軍還。出國史。

(52)舊編：宋魏野上寇公詩：「有官居鼎鼐，無地起樓臺。」
新編甲：宋真宗朝，寇準為相，魏野詠詩云：「文武稟全才，何人更可儕？有官居鼎鼐，無地起樓臺。」

(53)舊編：金吾，官名，一云杖名。按金吾，鳥名，形如美人掌，性通靈，不睡，能辟邪；古人有刻形於杖頭，天子出，令官執以前行以辟邪，故官名金吾。唐李林甫為相，多結怨，慮刺客，出則步騎百餘人，金吾靜街。

新編甲：金吾，官名，一云杖名。按金吾，鳥名，形如美人堂（掌），性通靈，不睡，能辟邪；古人有刻形於杖頭，天子出，令官執以前行以辟邪，故官名金吾。唐玄宗時，李林甫自以多結怨，常虞刺客，出則步騎百餘人為左右翼，金吾靜街，前驅在數百步外；居則重關複壁，如防大敵，一夕屢徙牀，雖家人莫知其處。出綱目。

54舊編：花鈴，似鐘而小。又晉尚書左僕射羊祐，都督荊州事，閣內置鈴架，以警防不虞。

新編甲：花鈴，似鐘而小。唐寧王，春時花開，以紅絲繩綴金鈴於花下，以驚禽雀，號為護花鈴。晉尚書左僕射羊祐，都督荊州事，閣內置鈴架，以警防不虞。出晉史。

55新編甲：汩，音骨，沒也。

56舊編：唐衡岳寺，有僧執役，性懶而食殘，號懶殘，李泌異之。一日往見，正撥火煨芋啖之，取其半授泌，曰：「勿多言，領取十年宰相。」

新編甲：唐玄宗時，僧人明瓚號懶殘者，李泌往見之，懶殘方撥牛糞煨芋，出羊芋，啖之，曰：「慎勿多言，領取十年宰相。」出尚友錄。

57舊編：閻浮世界，人間也；一説須彌山有閻浮樹，影於月宮，故下界曰閻浮。

新編甲：「阿脩羅天雨兵仗，閻浮世界雨清淨。」註：「兵仗，兵甲隊仗也；超至阿脩羅天則賜之以兵仗護持。閻浮世界，今人間是也；超脫生於人間，則賜之以清淨。」出書言。

58舊編：隘，烏解切，陋狹也。

新編甲：寰，音環，天子封畿內縣也。隘，烏懈切，陋也。

59舊編：粒，音立，米顆也。

60 舊編：惺，悟也。醒，醉解也。

新編甲：惺，音星，慧也，悟也。

61 新編甲：使酒，王氏曰：「因酒縱。」註曰：「使酒，卽醉酒也。乙丑四年，上召河東守季布，欲以為御史大夫，有言其勇，使酒難近者，至，留邸二（一）月，見罷，季布因進曰：『臣無功待罪河東，陛下無故召臣，此人必有以臣欺陛下者；今臣至，無所受事，罷去，此人必有毀臣者。陛下以一人之譽而召臣，以一人之毀而去臣，恐天下有以闚陛下之淺深也。』上良久曰：『河東吾股肱郡，故特召君耳！』」出西漢文帝紀。又漢武帝臣灌夫，為人剛直，使酒不好面諛。

62 新編甲：譴，怒〔也〕。訶，責也。

63 舊編：謫，音窄，責也，罰也。

64 舊編：愀，七小切，色變也。

新編甲：愀，七小切，色變也。

65 新編甲：重，平聲。

66 舊編：脫，或然之辭。

67 舊編：瓣，音下，片也。宋陳思道，字無己，號後山，詩云：「向來一瓣香，敬為南豐贈。」曾鞏，字子固，盱江人，學者稱為南豐先生。

新編甲：辨（瓣），音下。宋陳師□（道），字無己，彭城人，號後山，詩□（云）：「向來一辨（瓣）香，敬為南豐贈。」曾鞏，字子固，人稱為南豐先生。出尚友錄。

68 舊編：溜，力救切，義同流。

新編甲：溜，力救切，水溜下也。

69 舊編：賈誼疏云：「禍兮福所倚，福兮禍所伏；憂喜聚門，吉凶同域。」

新編甲：漢賈誼，洛陽人，疏云：「禍兮福所倚，福兮禍所伏；憂喜衆（聚）門，吉凶同域。」

70 舊編：珍，猶慎也。

舊編眉批：義果之味。

71 舊編：瘠，前歷切，瘦也。

72 舊編：宋人有曹商者，為宋王使秦。其往也，得車數乘；王説之，益車百乘。反於宋，見莊子曰：「夫處窮閭阨巷，困窘織屨，槁項黃馘者，周（商）之所短也。……」注云：「黃馘，耳無潤澤而黃薄也。」

新編甲：馘，呼昊切。黃馘：黃，老人頭髮黃也；夫處貧窮閭□（阨）巷，困窘織屨，槁項黃馘。並出莊子〔列禦寇〕篇。

73 舊編：奕葉，猶累世也。漢長吏受祿至二千石，所乘之車，左右各執一朱幡。

新編甲：轓，符山切，車之蔽也。應劭曰：「車耳反出，所以為藩，罪（屏）□（翳）塵泥，以箄為之，或用革。」漢景帝紀：「命二千石：車朱、雨（兩）轓；千石至六百石：車朱、左轓。」出正字通。

74 舊編：詩木瓜篇：「投我以木李，報之以瓊璲。」

新編甲：「投我以木李，報之以瓊玖。」出詩衛風木瓜章。

75 舊編：種瓜得瓜，種豆得豆；天網恢恢，疏而不漏。

新編甲：「種瓜得瓜，種豆得豆。」出明心寶鑑天理篇。

76 舊編：滋，多也。蔓，莫半切，枝長也。
新編甲：滋，多也。蔓，莫半切，枝長也。
77 舊編：障，隔也；梵書有二障：一曰理障，二曰事障。
新編甲：障，界也；楚（梵）書有二障：一曰埋（理）障，二曰事障。
78 舊編：錠，徒鼎切，義見金華。
79 舊編：贐，慈忍切，送行財幣也。
80 新編甲：田錫為知制誥，因歲旱，言事忤旨，出知陳州。出宋紀。
81 舊編：裔，表也。
82 新編甲：海口，海門。在奇華縣秉禮社。
83 舊編：莊子：「白波如山，海外震蕩。」又楊廷秀過石硊渡詩：「中流風作浪如山，前進不得後進難。」
新編甲：莊子云：「白波如山，海外震蕩。」又楊廷秀過石硊渡詩云：「中流風作浪如山，前進不得後進難。」
84 舊編：篙，音高，進船器也；篙師，卽舟長，掌舟楫也。
新編：篙師，卽船舵尾梢子也。
85 舊編：軿，蒲眠切，輜車也；重曰輜，輕曰軿。
新編甲：軿，音緶，重曰輜，輕曰軿；雲軿，仙人所乘車也。
86 舊編：駐，立馬也。
87 舊編：芥蔕，鯁刺也。

88 新編甲：芥蔕，小鯁也。

89 舊編：邀，音腰，求也。

90 舊編：盼，邪視也。

舊編：晴，日出雨止也。帖，定也。

新編甲：晴，音情，雲枚（敉）日出雨止也。

91 新編甲：陳平對文帝曰：「宰相上佐天子，理陰陽，順四時。」出西漢紀。

92 舊編：詩大雅云：「白圭之玷，尚可磨也。」

新編甲：玷，都念切，玉病也；又鈌（缺）也。「白圭之玷，尚可磨也。斯言之玷，不可為也。」出詩經大雅抑章。

西垣奇遇記

天長士子何仁者❶，紹平間客遊長安㈠❷，從抑齋先生受業㈡❸。每朝聽講❹，途經曲江坊，坊有陳太師故宅，常見二女子㈢，日乘西垣敗壁中，讙譁笑謔㈣，或以佳菓投之❺，或以好花擲之。積之日久，生殊不能定情㈤，遂致慇懃焉❻。女卽回顏一哂❼，謂生曰：「妾一姓柳字柔娘，一姓桃字紅娘，舊時太師婢女㈥❽。自公卽世，久秘芳踪。今日逢春，願作向陽花草㈦❾，庶不負風光佳節也❿。」乃携歸寓所，敍其歡愛。採摘間⓫，二人羞花懇曰：「妾等春事未諳，芳心正怯，祇恐花情顫掉⓬，柳絮顛狂⓭，怨綠羞紅，減了風流一段也。」生曰：「姑試可爾，不敢以雲雨見困。」已而翦燈就寢，則偎金倚玉⓮，纔欹枕間⓯，已擺碎桃花浪矣⓰。生於臥次索吟。柳先吟曰：

翳塵涼汗濕羅衣，翠黛輕顰八字眉⓱；報道東風寬釋綠⓲，纖腰擺亂不勝吹。

桃續吟曰⓳：

天高禁籞漏聲遲⓴，燈擁銀釭出絳帷㉑；分付才郎攀折去，新紅認取小桃枝。

生撫掌大笑曰：「春閨情狀，曲盡其妙，艷辭綺句，吾不及也㉒。」亦續吟曰㈧：

倦掩書齋客夢慵㉓，誤隨雲雨到巫峯㉔；交飛蝶弄參差白㉕，連蒂花開次第紅㉖。並宿任敎鶯上下㉗，分流忍禁水西東㈨；絕聯均是風流種，興到風流自不同。

此後朝去而夕來，日以爲常。生自謂平生奇遇，未之有過，可以伯仲裴航而尋常僧孺也㉘。又一夕，風疎雨驟㉙，二人冒冷而至，低聲語曰：「妾等恐負佳期，勉尋舊約，身如燕子，不耐寒色矣(二〇)[30]。生卽以袖擁柳，因戲曰：「柳嬌艷態，當今獨步，可謂『美人顏色嬌如花』者矣(二一)[31]。」桃卽斂容俯首，若含羞之狀。後，數日不至，生問柳曰：「桃娘安否？」曰：「彼固無恙[32]，但郎君以形跡見拘，故不敢來也。」因出桃所寄詩一首，詩曰(二二)：

晴霞骨骼雪精神[33]，露蘂煙條兩樣新[34]；可恨東皇偏著力(二三)[35]，一枝憔悴一枝春[36]。

生讀訖，懊惱移時[37]，再賡前韻以答，詩曰：

相思一度一勞神(二四)，底事纔成別恨新；憑仗封姨煩寄語(二五)[38]，為誰憔悴為誰春[39]？

桃得詩，始往復如初。

時及元夕(二六)[40]，京城士女，觀遊四出[41]，二人請曰：「密邇蓬門(二七)[42]，君子未嘗信步[43]，每以爲恨。今乘令節，願暫相邀，幸勿以婢子爲羞[44]，以敝居爲遠也。」生喜，與之偕往。步入西垣，踰重籬、度曲墻，約數十丈，復經芙蓉沼[45]，沼窮而琪園出(二八)，錦樹交加[46]，奇葩馥郁[47]；但夜色朦朧[48]，不辨其爲某花某樹(二九)，只聞淸香萬斛，時時逆鼻而來耳[49]。二人相顧曰：「我家冷淡，風味酸寒[50]，止於園中促席可也(三〇)[51]。」於是鋪以竹編之席，燃以松膏之燈[52]；酒則宿釀杏蟓(三一)[53]，餅則冷淘槐葉[54]，登盤盛供，盡一時佳品[55]。繼有美人自稱韋氏、李氏、楊氏、梅氏、石家娘子、金氏兒郎，同來參賀[56]。天色將曉，各各散去；二人亦送生出墻。比至書房[57]，則紅日東生矣[58]。

數月後，生鄉信至長安，言父母欲爲生奠鴈[59]，且責歸來之早，生徬徨不忍[60]。二人揣知之[61]，謂曰：「妾等率以蒲柳之姿[62]，難主蘋蘩之事(三二)[63]。鳳占之選[64]，必屬高門；宋子、齊姜，非賤質所敢望也[65]。但歸來後，倘深情未斷，厚意有加，割懷土之思[66]，決尋芳之計[67]，則韓翃之柳，迎舞長條[68]；崔護之桃，依舊笑春風矣[69]！兄善圖之，無以新婚之樂，而忘舊日之情，徒使妾等爲江南無主花也(70)。」因携觴餞別(71)，各歌一曲。柳先歌曰：

帝城東邊蕃草木(72)，破屋數間曲江曲。銀凫絲盞事梳粧(73)，霧閣雲窗苦幽獨(74)。粤從二八惜芳容，蝶使蜂媒未肯通(75)。晝日對依紅杏塢(76)，窺春羞向少年叢。挾書何處佳公子(77)？學博才奢貫經史㉓。草草墻頭一見間(78)，良緣未許心先許。便將凡卉向陽栽(79)，分付東皇好好開。絮暫迎風香落泊㉔，影初試暖綠徘徊。穠花露滴檀心吐(80)，消得從前春恨苦。歌笙軟度小蠻腰(81)，脂粉膩勻西子乳(82)。會來屈指未周星(83)，滿目山河旅夢驚。淚落枌鄉魚遞信(84)，魂消梅驛馬諳程(85)。長亭又趁車聲早(86)，使妾長憂來祖道(87)。西垣雨暗泣黃梅(88)，南浦波寒愁綠草(89)。梅黃草綠暗傷神，妾在君歸影暫分。鄭重爲君歌此曲(90)，臨岐應有斷腸人(91)。

桃亦歌曰：

秋霄抹碧兮，秋葉棲丹(92)。千戶萬戶兮，寒砧聲乾(93)。孤鴈南飛兮，征鴻度關(94)。暮烟慘淡兮，新愁一般。我公不留兮，我心盤桓(95)。竟捐舊愛兮，暫結新歡。河汾嘆菊兮，楚畹羞蘭(96)。泛我瓊觴兮，羞我銀盤(97)。別時容易兮，見時良難(98)。嗚呼一歌兮，鬱陶長嘆(99)。恨不遊絲兮，纏挽歸鞍(100)。恨不長坡兮，障杜回轅㉕(101)。恨不鶯簧兮㉖，喚客縉巒(102)。咄嗟此別兮，何時當還(103)？花留洞口兮，水到人間(104)。忍令小妾兮，抱此生寃。嗚呼再歌兮，珠淚汍瀾(105)。

歌竟，生欷歔泣下(106)，分手而歸。

比至家，則婚期定矣(107)。生謂其父母曰㉗：「竊聞：『男子生而願之有室，女子生而願之有家(108)。』此父母之至情，門庭之深慶。但小子長於簪紳之族(109)，業於詩禮之傳(110)，學未成名，志猶願仕，縱有妻孥之樂(28)[111]，恐妨燈火之功。莫若緩花燭之程期，假螢窗之歲月(29)[112]，使平生志遂，則針線之求未晚也[113]。」父母重違其志[114]，事爲中止；然生亦以思娘之故(30)，居常悶悶，復命駕爲長安之遊。

纔到西垣(31)，已見二女迎笑曰：「星期在邇[115]，新寵方妍[116]，胡不伸宴爾之情[117]，副歸歟之願[118]，而乃早覓來程也？」生語以故。二人稱曰：「兄可謂『亘信人[119]』，不負尋芳之約(32)[120]。」乃再爲生具禮，使就饘堂肄業焉[121]。生雖以遊學爲名，然屬意在美人，佔畢之期疎[122]，講歡之意密。

歲華冉冉，時再更冬(33)[123]。一日，生自外來，見二人流涕，怪問之，皆忍淚言曰：「妾等不幸，偶罹霜露之疾[124]，惟恐雪侵病骨，春去寒荄，風恙難醫[125]，花顏易謝，香魂一片，更向誰家漂泊也？」生驚曰：「我與子等，初非良媒之求，偶諧羅帶之結[126]，何忍遽言睽隔，使人驚怖如傷弓之鳥耶(34)[127]？」柳曰：「貪歡綦愛，誰無是心[128]？然在天之數難逃，歸盡之期又迫，會將翠鈿委地[129]，紅粉塡泥，不知此後三春行樂處，竟屬誰邊也[130]？」生惆悵終不能捨。桃曰：「人生如樹花(35)，榮瘁有期[131]，非短景所能留住[132]。願郎君强力加飡，及時進業[133]，使緝柳成功[134]，看花得力[135]，雖小妾終塡溝壑不恨也。」生曰：「子言零謝，尙得幾多時耶[136]？」曰：「只在今夕，如有狂風一陣括地而來[137]，是妾等捨命之秋。兄如有伉儷舊情[138]，可就西垣一訪，妾且含笑入地矣[139]！」生泣曰：「事勢旣迫，情亦無奈；但我他鄉旅寓，資貺全無(36)[140]，何以相報？」二人曰：「妾等命薄遊絲，身輕落葉，奄棄後，不過以雲爲翣[141]，以飈爲御[142]；草茵其席，露珠其釧(37)；殘鶯當鼓吹，倦蝶護郊坰[143]；封妾者綠徑之苔[144]，送妾者長溝之水，烟消風化，不煩葬也。」因各留所服結珠鞋，囑生曰：「人亡物在，別思何堪[145]？區區憑此，爲死生契闊之贈[146]。倘步武所及，常如妾之在足下也[147]。」是夕果不來。

夜將半，風雨暴至，生倚欄悽愴[148]，徬徨之狀可掬[149]。乃就鄰居老叟，始吐實言之。叟曰：「吁！子誕矣。此地自太師歿後，二十餘年，華聲久歇[150]，半間祠宇，無人洒掃，安有姓氏甚繁，若彼所言哉㊳？此必懷春遊女，不然則陰精滯魄，假體爲妖耳！」天既明，與生俱造西垣[151]，只見廢院荒涼，數株桃柳，葉碎枝摧[152]，地糝殘蕤[153]，籬橫敗絮矣[154]。叟指謂生曰：「此非子所狎遊者乎？所謂金氏兒郎，金錢花也。石家娘子，石榴樹也。其如李氏、韋氏、梅氏、楊氏，皆因花冒姓。不意芳株，乃能變幻如此[155]！」於是生大感悟㊴，歎其半生浮浪，全是對花眠也㊵。歸取所留鞋覗之，則應手飛揚，片片成嫩葉矣㊶[156]。明日，典衣一領，以酒殽致奠，自爲文祭之㊷。其辭曰：

維二人冰凝奇骨，露滴妍芳。雅負天然之質[157]，恥爲時世之粧㊸[158]。均是名姝第一[159]，信乎絕代無雙。閬苑英華㊹，厭看富貴[160]；糊窗燈火，好伴清光[161]。盆長雙頭茉莉[162]，池棲交頸鴛鴦[163]。惟願久霑於恩海，如何遽返於仙鄉？冉冉穠花頓改[164]，悠悠別恨空將[165]。風乘我，我乘風，片時撩亂[166]。色是空，空是色，半夜淒涼[167]。慘淡紅稀院落[168]，低迷綠暗池塘[169]。深深兮瘞玉，鬱鬱兮埋香㊺[170]。身世逐秋風之客[171]，繁花驚春夢之場[172]。噫㊻！一朝離別，萬古悲傷。魂欲招兮不返[173]，踪擬訪兮無方。縱有靈兮未泯，尚來舉兮吾觴㊼[174]。嗚呼哀哉！尚享㊽！

其夜夢二人來謝曰：「昨蒙哀奠，聲價倍增，重感此情，虔來伸拜。」生欲留之[175]，則騰空而逝，不知所矣。

嗚呼！清心莫若寡欲，欲誠不行，則心虛而善入，氣平而理勝[176]，邪魅豈能干乎[177]？何氏童心多欲，物誘牽之，故彼得以乘機伺隙；不然，則花月之妖，何以能惑憸小之承嗣，而不能蹈蹤履跡於正大之梁公哉㊾(178)？士之負笈來長安者(179)，當精專其業，正大其見；雖不敢望於無欲之境，亦勉進馬於寡欲之地，則善矣！

【校】

㊀紹平間客遊長安　甲、丙本「客遊」作「寓居」。

㊁從抑齋先生受業　丙本「抑」作「柳」。

㊂常見二女子　甲、丙本無「子」字。

㊃讙譁笑謔　甲、丙本「讙」作「諠」。

㊄生殊不能定情　「殊」，甲本作「殆」，舊編亦注云：「一作殆」。

㊅舊時太師婢女　甲、丙本作「舊是太師婢妾」。

㊆願作向陽花草　丙本「花」作「栢」。

㊇亦續吟曰　甲、丙本「亦」作「再」。

㊈分流忍禁水西東　「忍」，舊編注云：「一作不」。

㊉不耐寒色矣　丙本「矣」作「也」。

⑪可謂「美人顏色嬌如花」者矣　「人」字原無，據盧仝有所思詩加；甲、丙本「嬌」上有「桃」字，與「柳嬌」對文。

⑫因出桃所寄詩一首，詩曰　原作「因出桃所寄詩云」，據甲、丙本改。

⑬可恨東皇偏著力　甲、丙本作「可恨東皇私著意」。

(一四)相思一度一勞神　「度」，甲、丙本作「段」，舊編亦注云：「一作段」。

(一五)憑仗封姨頻寄語　「封」原作「風」，據甲、丙本改。

(一六)時及元夕　甲、丙本「及」作「值」。

(一七)密邇蓬門　「邇」，舊編注云：「一作爾」。

(一八)沼窮而琪園出　「琪」，甲、丙本作「淇」，舊編亦注云：「一作淇」。

(一九)不辨其為某花某樹　甲、丙本無「其」字。

(二〇)止於園中促席可也　原作「只於園中從席可也」，據甲、丙本改。

(二一)酒則宿釀杏漿　甲、丙本「則」作「以」。

(二二)難主蘋蘩之事　甲、丙本「事」作「奉」。

(二三)學博才奢貫經史　「奢」，舊編注云：「一作華」。

(二四)絮暫迎風香落泊　甲、丙本「泊」作「漠」。

(二五)障杜回轅　甲、丙本「轅」作「欄」；甲本且注云：「欄，一本作轅。」

(二六)恨不鶯簧兮　甲、丙本作「恨不黃鶯兮」；「簧」，舊編注云：「一作黃」。

(二七)生謂其父母曰　甲、丙本無「其」字；舊編注云：「一作『生拜北堂，陳其父母』」。

(二八)妻孥之樂　舊編注云：「一云房奩之絆」。

(二九)假螢窗之歲月　「螢」，甲、丙本作「雲」，舊編亦注云：「一作雲」。

(三〇)然生亦以思娘之故　甲、丙本無「亦」、「之」二字。

(三一)纔到西垣　甲、丙本「纔」作「行」。

(三二)不負尋芳之約　「芳」，甲、丙本作「春」，舊編亦注云：「一作春」。

(三三)時再更冬　「再更」，舊編注云：「一云更來」。

㉞使人驚怖如傷弓之鳥耶　甲、丙本「怖」作「悼」。

㉟人生如樹花　「花」字原無，據甲、丙本加。

㊱資貺全無　「貺」，舊編注云：「一作贐」。

㊲露珠其釧　甲、丙本「露珠」作「珠露」。

㊳若彼所言哉　甲、丙本「若」作「如」。

㊴於是生大感悟　甲、丙本無「於是」二字。

㊵全是對花眠也　甲、丙本無「也」字。

㊶片片成嫩葉矣　甲、丙本「葉」作「蘂」。

㊷自為文祭之　甲、丙本無「自」字。

㊸恥為時世之粧　「世」，舊編注云：「一作女」。

㊹閬苑英華　「英華」，舊編注云：「一作鶯花」。

㊺鬱鬱兮埋香　「鬱鬱」原作「杳杳」，據甲、丙本改。

㊻噫　甲、丙本無。

㊼尚來舉兮吾觴　甲、丙本作「尚來享兮予觴」。

㊽尚享　甲、丙本無。

㊾不能蹈蹤履跡於正大之梁公哉　甲、丙本作「不能韜蹤屏跡於正人之梁公哉」；「大」，舊編亦注云：「一作人」。

【注】

❶舊編眉批：命名立意，愈出愈奇。

❷新編甲：紹平，黎朝太宗文皇帝年號。

❸舊編：濟文侯阮廌，號抑齋先生；凡稱師曰先生。

新編甲：濟文侯阮廌，號抑齋先生。

❹新編甲：朝，之遙切。

❺舊編：晉潘岳美丰姿，常出洛陽道，婦人遇者，皆投之以果，滿車而回。

新編甲：晉潘岳，字安仁，滎陽人，鄉邑號為奇童，才名冠世，藻思如江，濯錦綺而增絢，累官中書令，有西征、閒居等賦。美姿容，少時挾琴彈出洛陽道，婦人皆投之以果，滿車而歸。累官太常卿，封安昌公；常為河陽令，滿縣種桃李，故云：「河陽一縣花。」出尚友錄。

❻舊編眉批：道傍苦李何足奇？

❼舊編：慇懃，委曲貌。哂，式忍切，微笑也。

❽舊編：男曰奴，女曰婢。

❾舊編：范文正公知杭州，蘇麟為屬，時城中官兵往往皆獲薦，惟蘇在外，未見收錄；因公事入府，獻詩云：「近水樓臺先得月，向陽花草易為春。」文公薦之。

新編甲：宋范仲淹，字希文，謚文正公，吳縣人。知杭州，蘇麟為屬，時城中官往往皆獲薦，惟蘇在外，未見收錄；因公事入府，獻詩云：「近水樓臺先得月，向陽花草易為春。」出書言。

❿舊編：雨止，日出而風，草木有光，故謂風光。

新編甲：雨止，日出而風，草木有光，故曰風光。

⑪舊編：採，取也。摘，音窄，手取也。

⑫舊編：愬，情實也。諳，曉也。顫，音戰，四肢寒掉也。掉，徒了切，□（搖）動也。

新編甲：顫，音戰，四肢寒掉也。掉，動也。

⑬舊編：杜詩云：「顛狂柳絮隨風去。」絮，柳之棉也；作花，非。

新編甲：顛，先後失序；狂，妄也。杜詩云：「顛狂柳絮隨風去。」

⑭舊編：偎，烏魁切，愛也。倚，依也。

新編甲：偎，烏魁切，愛也。倚，依也，恃也。

⑮舊編：攲，音欺，不正也。

新編甲：攲，音溪，傾也。

⑯舊編：擺，補買切，持而搖振之也；又開撥也。

新編甲：擺，補買切，持而振之也；又兩手擊也。

⑰舊編：黛，音代，畫眉黑妝也。顰，皮賓切，眉蹙也。漢帝宮人畫八字眉。

新編甲：黛，度耐切，晝（畫）眉墨也，去眉毛以此黛其處。顰，皮賓切，眉蹙也。漢武帝宮人晝（畫）八字眉。

⑱舊編：報，告也。道，言也。東風，春風也。嚲，丁可切，垂下貌。

新編甲：嚲，下可切，厚也，垂下貌。

⑲舊編眉批：花月爭奇。

⑳舊編：禁籞者，禁苑之籞，折竹以懸繩連之，使人不得往來也；又池中編竹籬以養魚亦曰籞。漏，銅壺水也。

新編甲：籞與禦同，禁苑也；又折竹繩掛連之，使人不得往來。漏，銅壺水也。

㉑舊編：釭，音綱，燈盞也。

新編甲：釭，音江，燈具也；唐詩人有「銀釭」之語。絳，大赤色。

㉒新編甲：綺，音起，文繒也。

㉓舊編：書齋，讀講之所；取齋潔之義。

新編甲：慵，常中切，懶也。

㉔舊編：解見徐式。

新編甲：事跡已見快州義婦傳「幾年巫峽夢」句。

㉕舊編：參差，長短不齊之貌。

新編甲：參差，不齊貌。

㉖舊編：蔕，音帝，果蓏綴實也。

新編甲：蔕，丁計切，音帝。

㉗舊編：敎，居肴切，使之為也。

㉘舊編：伯仲，兄弟也。八尺曰尋，倍尋曰常。唐裴航佐舟於襄（湘）、漢，同舟樊夫人，國色也。航賄其婢晨（裊）烟達詩云：「同舟（按：當作「昔爲」，以鄰行「同舟」而誤。）吳（胡）越猶懷想，況遇天仙隔錦屏；倘若玉京相會去，願隨鸞鶴入青冥。」夫人曰：「幸無諧謔。與郎少有姻緣，他日必為配偶。」因答詩云：「一飲瓊漿百感生，玄霜搗盡見雲英；藍橋便有神仙窟，何必區區上玉京？」別舟去。後航經藍橋驛，忽見茅舍，有一老嫗績麻。揖之求漿，嫗呼：「雲英，擎一甌漿來。」航接飲，真玉液也。航憶夫人「雲英」之句，謂嫗曰：「小娘艷麗過

人，願娶之，可乎？」嫗答曰：「我老病，神仙遺藥，欲得玉杵臼擣之。人欲娶吾女，但得玉杵臼，其餘無所須。」後航得玉杵臼與之，嫗吞藥，曰：「吾入洞為裴郎具帷帳。」俄見一大第，仙童侍女引航相見媾婚。後夫婦超為上仙。僧孺，事見徐式。

新編甲：唐裴航因下第，維舟襄（湘）、漢，同舟樊夫人，國色也。航賂其婢裊烟達詩云：「昔為胡越猶懷想，況遇天仙隔錦屏；倘若玉京相會去，願隨鸞鶴入青冥。」夫人曰：「幸無諧謔。與郎少有因緣，他日必為配偶。」因答詩云：「一飲瓊漿百感生，玄霜擣盡見雲英；藍橋便是神仙路，何用區區上玉京？」別舟去。後航經藍橋驛，渴甚，見茅舍有一老嫗緝麻。航揖之求漿，嫗呼：「雲英，擎一甌漿來。」航接飲，乃玉液也。還甌揭薄（箔），見一女，光彩照人，因白嫗曰：「向覩小娘子，姿容絕世，願納禮娶之，可乎？」嫗曰：「昨有神仙與藥一刀圭，須得玉杵臼擣之。欲娶此女，必以此為聘。」航月餘果覔得杵臼于卞老處，携以納嫗。嫗曰：「有此信上（士）？」航夜窺之，見玉兎持杵擣藥，雪光耀室。嫗曰：「吾入洞為裴郎具帷帳。」俄見一大第，仙童侍女引航相見婚媾。後夫妻入玉峯洞中，餌絳雪瓊英丹，超為上仙。出尚友錄。僧孺，事跡已見快州義婦傳「命筆記周秦」句。

㉙新編甲：踈，稀也。

㉚舊編：耐，音奈，忍也。

㉛舊編：虞仝有所思詩：「當時我醉美人家，美人顏色嬌如花；今日美人棄我去，青樓朱箔天之涯。」

新編甲：盧仝有所思詩：「當時我醉美人家，美人顏色嬌如花；今日美人棄我去，青樓朱箔天之涯。」

㉜舊編：恙，餘亮切，憂也；訓為疾，非也。風俗通：「恙，噬人蟲，善食人心，故人相問勞曰：『無恙乎？』」

新編甲：恙，餘量切，憂也；又噬蟲，能食人心，古者草居露宿，多被此毒，故相問勞曰：「無恙乎？」又北方有獸曰獇，恙也，黃帝殺之，由是人無憂疾，謂之無恙。出字彙。

㉝舊編：骼，音格，與胳通，骨也。

新編甲：晴，史〔記〕天官書：「天精而景星見。」韋昭曰：「精，謂清明也。」霞，音遐，日旁形雲也。骼，音恪。

按：史記天官書曰：「天精而見景星。」韋昭注：「精，謂清朗。」

㉞新編甲：露，夜氣為露，陰之液也。煙，同烟，火□（鬱）氣。

㉟舊編：著，屬也。

㊱新編甲：左傳：「雖有姬、姜，無棄憔悴。」又國語：「日以憔悴。」

㊲舊編：懊，烏老切；惱，乃老切。悔恨也；又事物撓心也。

新編甲：懊，烏老切，悔恨也。惱，乃老切，有所恨痛也。

㊳舊編：姨，音夷，平也，與妻等也，妻之姊妹，母之姊妹，並曰姨。崔元徽（玄微）月夜見青衣女伴曰楊氏、李氏、桃氏，又有緋衣小女曰石氏，皆殊色。石氏曰：「苑中每被惡風相撓，常求封家十八姨相庇。煩處士每歲作一朱幡立苑東。」崔如其言。後值東風刮地，折木飛花，而苑中不動。崔乃悟女伴卽衆花精，封姨卽風神也。

新編甲：崔元（玄）□（微）月夜見青衣女伴曰楊氏、李氏、陶氏，又□（緋）衣小女曰石醋（措），皆殊色芳香。醋（措）曰：「苑中每彼（被）惡風相撓，當求封家十八姨相此（庇）。煩處士每歲旦作一幡，□□（上圖）日月五星，立苑東。崔為立幡。東風刮地，折木□（飛）

花，而苑中花不動。崔乃悟女伴卽衆花精，封姨乃風神也。後楊氏□（輩）各裹桃李花數斗來謝云：「服之却老。」事□□□（跡見傳）異記。出羣玉四支韻。

㊴舊編：樓穎西施石詩云：「岸傍桃李為誰春？」

新編甲：□（樓）穎西施石詩云：「岸傍桃李為誰春？」

㊵新編甲：正月十五夜曰元夕。

㊶新編甲：士女，男女也。

㊷舊編：禮記儒行篇云：「蓬戶。」編蓬為戶也。

新編甲：蓬門，編蓬為戶也。

㊸舊編：信，音申，不屈也。

新編甲：信，音申，易繫辭：「來者信也。」

㊹舊編：禮：「夫人自稱曰婢子。」

㊺舊編：芙蓉，荷花也。圓曰池，曲曰沼。

新編甲：生於水者曰水芙蓉，卽荷花也；生於土者曰木芙蓉，卽秋花也。

㊻舊編：石曼卿以泥裹桃核，施於山嶺，二歲間，滿山花爛如紅錦。交加，參錯貌。

新編甲：石曼卿以泥裹桃核，施於山嶺，二歲間，滿山花爛如紅錦。

㊼舊編：葩，普麻切，花也。

㊽新編甲：朦，音蒙；朧，音龍。月不明也。

㊾舊編眉批：天然奇趣。

㊿新編甲：酸，蘇官切，酢也；又寒酸。

51 新編甲：促，近也，催也。

52 舊編：唐昭宗民間取松樹，皮中聚脂，燃為燈。

新編甲：唐昭宗民間取松樹，皮中聚脂，燃為燈。

53 舊編：玉燭寶典：「寒食研杏仁為酩（酪）。」酊（酪），漿水也。

新編甲：宿，素也。醞酒為釀。杏，果名，東水（木）也。玉燭寶典：「寒食研杏仁為酪。」酪卽漿水也。出書學。

54 舊編：杜甫冷淘槐葉（槐葉冷淘）詩云：「青青高槐葉，采掇付中厨。新麵來近市，汁滓宛相俱。入鼎資方（愁過）熟，加飧（餐）愁欲無。」

新編甲：冷，清也。淘，淅也。唐杜甫槐葉冷淘詩：「青青高槐葉，采掇付中廚。新麵來近市，汁滓宛相俱。入鼎思（愁）過熟，加飧（餐）愁欲無。」□（出）類聚。

55 新編甲：佳，美也，好也。品，物件曰品。

56 舊編眉批：景晃（光）而（向）人來。

57 舊編：比，及也。

58 新編甲：紅日，日輪湧出，紅色騰起。

59 舊編：聘定儀物稱鴈奠；壻執鴈入，揖讓升堂，再拜奠鴈。程子曰：「奠鴈，取其不再偶也。」

新編甲：昏禮親迎奠鴈，鴈順陰陽往來，不再偶也。

60 舊編：徬徨，猶徘徊也。

61 舊編：揣，度也。

62 舊編：文帝與顧愷（悦）之同年，愷（悦）之先老，帝怪問之，愷（悦）曰：「松栢之姿，經霜猶茂；蒲柳之姿（按：當作「質」字，以鄰行「姿」字而誤。），望秋先零。」

新編甲：晉顧挩（悅）之與簡文帝同年，而髮早白，帝問其故，答曰：「松柏之姿，經霜猶茂；蒲柳之質，望秋先零。」仕至尚書左丞。出尚友錄。

63 舊編：蘋，大萍也，葉圓闊寸許，季春始生，可糝蒸為茹；蘩，蓬蒿也，似青蒿。詩召南云：「于以采蘋，南澗之濱。于以采蘩，于沼于沚。」采蘋，言大夫妻能奉祭祀；采蘩，言夫人能盡敬誠，以奉祭祀也。

新編甲：蘋，大萍也，葉方闊寸許，季春始生而葉麄，上有白毛，三月採之，可蒸為茹。蘩，蓬蒿也，似青蒿。「于以采蘋，南澗之濱。于以采蘩，于沼于沚。」采蘋，註：「大夫妻能奉祭祀。」采蘩，註：「諸侯大夫能盡誠敬，以奉祭祀。」出詩經召南。

64 舊編：懿氏卜妻敬仲，占之曰：「鳳凰于飛，和鳴鏘鏘。有嬀之後，將育于姜。五世其昌。」

新編甲：左傳：「陳敬仲奔齊，齊侯使為卿。初，陳大夫懿氏卜妻敬仲，其妻占之曰：『吉。是謂鳳凰于飛，和鳴鏘鏘。有嬀之後，將育于姜。五世其昌，並于正卿。八世之後，莫之與京。』」出幼學婚姻類。

65 舊編：詩陳風云：「豈其取妻，必宋之子？豈其取妻，必齊之姜？」宋，子姓；齊，姜〔國〕名。

新編甲：「豈其取妻，必齊之姜？豈其取妻，必宋之子？」出詩陳國風。

66 舊編：夫子云：「小人懷土。」謂溺其所處之安也。

新編甲：懷，說文：「念思也。」回也。子曰：「君子懷德，小人懷土。」出論語里仁篇。

67 舊編：尋芳，解見翠綃。

新編甲：徐玉泉詩：「尋芳忍負新春約，玩景無違舊日盟。」出詩學大成。

68 舊編：解見翠綃。

新編甲：翃，音横；韓翃，事跡已見快州義婦傳「遭吒利老拳」句。

69 舊編：唐崔護於清明節獨遊都城，渴酒求飲。有女以圩水至，獨倚小桃佇立，屬意殊厚。崔辭起，絕不復至。來歲清明，徑往尋之，因題詩于左扉云：「去年今日此門中，人面桃花相映紅；人面不知何處去？桃花依舊笑春風。」女見詩，遂病死。崔入哭，半日復活。老父大喜，因以女嫁之。

新編甲：唐崔護於清明節獨遊都城，渴，因求飲。有女以盂水至，獨倚小桃停（佇）立，屬意殊厚。崔辭起，絕不復至。來歲清明，徑往尋之，因題詩於左扉云：「去年今日此門中，人面桃花相映紅；人面不知何處去？桃花依舊笑春風。」女見詩，遂病死。崔入哭，半日復活。老父大喜，因以女歸之。出類聚。

70 舊編：無主花，即桃花也。杜詩云：「桃花一簇開無主，可愛深紅間淺紅。」

新編甲：無主花，野桃花也。杜詩：「桃花一簇開無主，可愛深江（紅）間淺紅。」出詩學。桃花詩云：「野桃無主滿山隈，每春顏色為誰開？」出合壁（璧）。

71 新編甲：携，音奚，提携也。觴，音商，酒巵之總名。餞，音賤，送行之燕。

72 新編甲：蕃，音煩，滋也，多也。

73 舊編：篦，邊迷切，櫛也，以竹為之，去髮垢也。盝，音六，匣也。梳，音疏，理髮也。粧，俗妝字，飾也。

74 舊編：韓愈華山女詩：「雲窗霧閣事慌惚，重重翠幔深金屏；仙梯難攀俗緣重，浪憑青鳥通丁寧。」

75 舊編：古詩：「寄花招蝶使。」又梅花詩：「遊蜂巧作媒。」

新編甲：古詩云：「寄花招蝶使。」又梅花詩：「遊蜂功（巧）作媒。」

76 舊編：塢，安古切，壘壁也。

77 舊編：史記：「平原君翩翩，濁世之佳公子也。」

新編：平原君傳：「平原君翩翩，濁世之佳公子也。」出韻瑞四紙韻。

78 舊編：苟簡曰草草；又雜亂不齊貌。

新編甲：苟簡曰草草；又憂也。詩小雅：「驕人好好，勞人草草。」又送別詩：「聞君適萬里，草草復草草。」出詩林。

79 舊編：卉，音毀，百草總名。

新編甲：卉，音毀。

80 舊編：穠，乃同切，花木盛貌。檀，香木也。

新編甲：穠，花木稠多貌。

81 舊編：軟，柔也。白樂天詩：「櫻桃樊素口，楊柳小蠻腰。」樊素、小蠻，樂天二妾名；樊素善歌，小蠻善舞。

新編甲：唐時人宋之問，字延清，詩云：「悠然小天下，歸路滿笙歌。」出韻瑞五歌韻。小蠻，人名，善舞，白樂天妾。

82 舊編：膩，乃計切，肥膩也。匀與均通，齊也。

新編甲：膩，乃計切，肥膩也。河豚腹中腴目為西子乳。

83 舊編：周，遍也；星一歲一周天；周星，一歲也。

84 舊編：遞，音第，更易也，驛遞也。漢高少時，祭枌榆社，及移新豐亦立馬，故後人用枌榆字為鄉曲。劉禹錫上武相公書：「一身主祀，萬里望枌榆之鄉。」按枌榆，木名，古人立社，必以樹馬。

新編甲：枌，音焚，白榆也，先生葉，後生莢。漢高祖少時祭枌榆之社，及移新豐亦立馬，故後火（人）角（用）枌榆為鄉曲。出文苑鄉里類。唐劉禹錫，字夢得，中山人，上武相公書：「一身主祀，萬里望枌榆之鄉。」

按：「枌榆之社」下又注云：「枌榆〔之木〕，各用以立軌（社）。」

85 舊編：驛，驛亭也。安撫詩：「千里長亭復短亭，梅花香裏送人行。」又陸凱與范曄相善，自江南寄梅花一枝，詣長安與曄，贈詩云：「折梅逢驛使，寄與隴頭人；江南無所有，聊贈一枝春。」

新編甲：驛，置驛，今遞馬也。官梅詩：「千里長亭復短亭，梅花香裏送人行。」出圓機。一註云：「梅驛，范曄詩曰：『折梅逢驛使，寄陡（與）隴頭人；江南無所有，聊贈一枝春』」出正宗。齊桓公伐林（孤）竹，春往冬還，迷惑失道，管仲曰：「老馬之智可用。」乃於（放）用（老）為（馬）而隨之，遂得此（路）。出圓機。

86 舊編：趁，丑慎切，逐也。

新編甲：丑慎〔切〕，密行也。早，勤之。（按：新編刻本作「趁，丑愼切，踐也，逐也。」）

87 舊編：黃帝子纍祖，好遠遊，死於道，後人以為行神，出行者祭之，故云祖道。

新編甲：餞之慎行（餞人遠行）曰祖道。黃帝子曰螺祖，好遠遊，死於道，故後世（人）得

（以）為行神，故出行者祭之，以保行程也。記（出）漢史。

88 舊編：風土記：「江浙四五月間，梅欲黃落，則水潤土溽，柱礎皆汗，蒸鬱成雨，謂之梅雨。」

新編甲：「長廊連紫殿，細雨應黃梅。」出韻瑞十灰韻。風土記：「江浙四五月間，梅欲黃落，則水潤土溽，柱礎皆汗，蒸鬱成雨，謂之梅雨。」

89 舊編：江淹別賦云：「春草碧色，春水綠波，送君南浦，傷如之何？」

新編甲：南浦、長亭，送別處也。江淹別賦云：「春草碧色，春水綠波，送君南浦，傷如之何？」出羣玉七虞韻。

90 舊編：王莽傳：「非皇天所以鄭重降符之意。」注：「鄭重，猶頻煩，言殷勤也。」

新編甲：王莽傳：「非皇天所鄭重降符之意。」註：「鄭重，猶類（頻）煩，言殷勤也。」

91 舊編眉批：陽關三疊，餘音響亮。

新編甲：岐，道旁出也，釋名：「物雨（兩）為岐。」應，平聲。

92 舊編：霄，雲霄，天氣也。抹，塗也。棲，遲息也。

新編甲：霄，音宵；雲霄，近天氣也。抹，音末，塗抹也。棲，音西，遲息也。丹，卽丹楓葉也，至秋其葉皆赤如錦。出圓機。

93 舊編：砧，音斟，擣繒石也。乾，音干，燥也。

新編甲：砧，音斟，擣繒石也。

94 舊編：鴈，陽鳥，性畏寒，秋至霜降則南飛。李白惜餘春賦云：「送行子之遠遊，看征鴻之稍滅。」注：「征，行也。」

新編甲：鴈，陽鳥，性畏寒，秋至霜降則南飛。李白惜餘春賦云：「送行子之遠遊，看征鴻之稍滅。」注：「征，行也。」

95 舊編：盤桓，難進貌。

新編甲：盤桓，難進貌。

96 舊編：漢武幸河東，祠后土於河汾，中流飲歡，作秋風辭曰：「秋風起兮白雲飛，草木黃落兮鴈南歸。蘭有秀兮菊有芳，懷佳人兮不能忘。」楚辭離騷云：「既滋蘭之九畹，又植蕙之百畝。」蓋屈原遭讒見棄，故怨而有是言也。

新編甲：畹，於遠切，田三十畝曰畹；又去聲，迂絹切，義同。按漢武帝祠后土於河汾，作秋風辭曰：「秋風起兮白雲飛，草木黃落兮鴈南歸。蘭有秀兮菊有芳，懷佳人兮不能忘。」出標英。楚畹蘭，香草也；蕙亦似蘭，而香不及。離騷曰：「既滋蘭之九畹，又植蕙之百畹。」蓋楚人賤蕙而貴蘭也。出合璧（壁）。

97 舊編：羞，進也。

新編甲：銀盤，月也。

98 舊編：鍾情詩云：「往日漸多來日少，別時容易見時難。」

新編甲：鍾倩（情）詩：「往日漸多來日少，別時容易見時難。」

99 舊編：鬱陶，哀思也。

新編甲：象往入舜宮，舜在牀琴，象曰：「鬱陶思君爾。」註：「鬱陶，是思之甚，而氣不得伸也。」出孟子萬章上。

100 舊編：李白惜餘春賦云：「恨不得掛長繩於青天，繫此西飛之白日。若有人兮情相親，去南國兮往西秦。見遊絲之橫路，網春暉以留人。」一說遊絲，乃大暑日，於空中結為白絲，俗曰遊絲。

新編甲：纏，束也，繳也。李白惜餘春賦云：「恨不得掛長繩於青天，繫此西飛之白日。若有人兮情相親，去南國兮往西秦。見遊絲之橫路，網春暉以留人。」又唐杜甫詩：「官章微微承委珮，爐煙裊裊駐遊絲。」

101 舊編：坡，坂也；山曰長坡。障杜，隔絕也。輳，卽車也，車前直木上勾衡曰輳。

新編甲：障，知亮切，塞也。

102 舊編：黃鶯，一名食庚（倉庚），週身黃色。古詩：「黃鶯相喚亦可聽，緡緡蠻蠻如有情。」

新編甲：黃鶯，一名倉庚，週身黃色。古詩：「黃鶯相喚亦可聽，緡緡蠻蠻如有情。」

103 舊編：咄，當沒切；咄嗟，咨歎語。左思詠史詩：「糢糊生榮華，咄嗟復彫枯。」

新編甲：咄，當沒切；嗟，咨邪切。咄嗟，咨語也。左思詠史詩：「糢糊生榮華，咄嗟復彫枯。」

104 舊編：仙人送劉阮詩：「花留洞口應長在，水到人間自不同。」

105 舊編：汍，音完，泣貌。鮫人水居，出寓人間，臨去索器，泣而出珠與主人，故曰珠淚。

舊編眉批：雙篇收拾勝絲點，結成千葩萬葩，種種奇艷。

新編甲：汍，音完；瀾，音闌。汍瀾，泣貌。鮫人水居，出寓人們（間）責綃，臨去索器，泣而出珠與主人。出韻瑞七虞韻。李白詩：「倚劍歌所思，曲終涕汍瀾。」出韻瑞十四寒韻。

106 新編甲：欷，音希；歔，音虛。悲泣氣咽而攏夏（抽息）也。

107 舊編：日入二刻半為昏，娶妻以昏為期，因名焉。

108 新編甲：丘氏曰：「人之所甚愛者，子也。男子生而願為之有室，女子生而願為之有家。為父母者，為之擇配，使必相當焉。」出西漢武帝紀。

109 舊編：士大夫之家曰簪紳族。

110 舊編：夫子教伯魚事。

111 新編甲：「宜爾室家，樂爾妻孥。是究是圖，亶其然乎？」註：「宜爾室家者，『兄弟具而後樂且孺』也；樂爾妻孥者，『兄弟翕而後樂且湛』也。兄弟於人，其重如此，誠以是究而圖之，豈不信然？」出詩小雅正常棣章。

112 新編甲：花燭，以金為蓮花形，為燈照之。出合璧。

113 舊編：線因針而入，如女因媒而成夫婦也。

114 新編甲：重，直衆切。孔叢子：「孔子高謂平原君曰：『重違公子盛旨。』」漢（漢）書孔光傳：「重違大臣正議。」註：「重，難也。」言難違其意，而勉從之。出正字通。

115 舊編：成昏日曰星期；星，心星也，心有夫婦之象，故嫁娶者以為候焉；一云報成昏日曰請星期。詩綢繆刺婚姻不得其時曰：「綢繆束薪，三星在天；今夕何夕？見此良人。」

新編甲：禮：成婚日曰星期；星，心星也，心有夫婦之象，嫁娶以為候。出合璧。

116 舊編：韋況棄婦詞云：「物情棄衰賤，新寵方姸好。」

新編甲：韋況棄婦詞云：「物情棄衰賤，新寵方姸好。」

117 舊編：詩谷風篇云：「宴爾新婚，以我御窮。」蓋婦人為夫所棄而作也。

新編甲：「宴爾新婚，如兄如弟。」註：「其夫方且宴樂其新昏，如兄如弟，而不見恤。蓋婦人從一而終，今唯見棄，猶有望夫之情厚之至也。」出詩經國風谷風章。

118 舊編：夫子在齊，不得行道，乃嘆曰：「歸歟！歸歟！」

119 舊編：昔有一人與范巨卿約三年後某日來會，至日，其人殺鷄以待，母曰：「久限之言，未必信。」其人曰：「巨，信人！」已而果至。

120 新編甲：唐進士會燕曲江，崔篆告假不赴，乃載妓遊觀，為團南所發，崔沇判曰：「紫陌尋春，便隔同年之面；青雲得路，可知異日之心。」出韻瑞十一真韻。

121 舊編：楊震客居於堂，有鶴雀嗡三十（大）鱣魚，飛集講堂，故云鱣堂。

新編甲：肄，習也。後漢楊震，字伯起，明經博覽，士徒千數，諸儒為之語曰：「關西夫子楊伯起。」嘗有鶴雀銜三大鱣魚，飛集於講堂前，都講進曰：「蛇鱣者，卿大夫之象也。其數三，三台也。先生自此升矣！」出尚友錄。

122 舊編：佔，視也。畢，簡也。學記云：「今之敎者，呻其佔畢。」蓋言但吟諷所視之簡，不能通其蘊奧也。

新編甲：佔，音覘。畢，簡也。禮經學記：「今之敎者，呻其佔畢，多其訊言。」

123 新編甲：歲花，卽正月歲首也。冉冉，行貌。

124 舊編：漢公孫弘病篤，上書乞骸骨，武帝報曰：「君不幸罹霜露之疾，何恙不已？今事少閒，君其存精神、止念慮、補醫藥以自持。」因賜牛酒雜帛。居數月後，又瘳，視事。

新編甲：漢公孫弘病篤，上書乞骸骨，武帝報曰：「君不幸罹霜露之疾，何恙不已？今事少閒，君其存精神、止念慮、補衣（醫）藥以自持。」因賜牛酒雜帛。居數月後，又瘳，視事。

125 舊編：謂風疾為風恙。

126 新編甲：隋李德林：「微風動羅帶，薄汗染紅粧。」出韻瑞九泰韻。

127 舊編：古語：「傷弓之鳥驚曲木。」

新編甲：「傷弓之鳥驚曲木。」註：「鳥被弓傷，見曲木疑是弓，以故驚飛。」出書言事物譬類。

128 舊編：綦，音奇，極也。古云：「目欲綦色。」

新編甲：綦，音奇，極也。

129 舊編：鈿，金華也；以金華為飾，田田然。

130 舊編：唐劉廷芝代悲白頭翁詩云：「一朝臥病無相識，三春行樂在誰邊？」

新編甲：唐宋之問有所思詩云：「此翁白頭真可憐，伊昔紅顏美小（少）年。公子王孫芳樹下，清歌妙舞落花前。光祿臺地文錦綉，將軍樓閣畫神仙。一朝臥病無相識，三春行樂在誰邊？」註：「謂公子王孫少年，享他臺閣之娛，一旦老病，無復三春之行樂矣！」出古文傳燈。

131 新編甲：榮，茂也。瘁與悴同，憂也；班孟堅賓戲賦：「朝為榮花，夕而憔悴。」又病也。

132 新編甲：景與影同。

133 新編甲：飧，音孫，古樂府：「浮雲蔽白日，遊子不顧反。思君令人老，歲月忽已晚。棄捐勿復道，弩（努）力加飧飯。」出圓機送別類。

134 舊編：孫敬到洛，在大學左有一小屋，安止母，然後入學；編柳為簡以寫經，睡則懸頭于梁。

新編甲：漢孫敬，信都人，在太學，緝柳為簡寫經，睡則懸頭於梁。出羣玉二十五有韻。楚國先賢傳。

135 舊編：孟郊登第詩云：「春風得意馬蹄疾，一日看盡長安花。」

新編甲：孟郊，唐武康人，登進士第，有詩云：「春風得意馬蹄疾，一日看盡長安花。」出

136 新編甲：零，離呈切，落也。
羣玉六麻韻。
137 舊編：括，包括也。
138 新編甲：伉儷，配偶也。
139 舊編：漢桓帝時，琅琊賊聚衆破壞，以韓韶為長時，有餘縣流民萬餘戶入界，韶開倉賑之。
主者爭謂不可，韶曰：「長活溝壑之人，而以此伏罪，含笑入地矣！」
新編甲：漢韓韶，長社人，就辟為泰山贏長，賊聞其賢，相戒不入境。流民入縣界者甚衆，
韶愍其饑，開倉賑之。王考（主者）爭〔謂〕不可，韶曰：「長活溝壑之人，而以此伏罪，含
（含）笑入地矣！」出尚友錄。
140 舊編：資，貨也。貺，賜也。
141 舊編：翣，巴合切，棺飾也，形如扇，柄長五尺，持之以障柳車。
新編甲：翣，色治切，形如扇，柄長五尺，持之。
142 舊編：颷，音標，暴風也。
新編甲：颷，音標，暴風從下而上也。
143 舊編：坰，音扃；邑外謂之郊，林外謂之坰。
新編甲：殘鶯，暮春鶯者也。倦蝶，暮春殘蝶也。坰，涓熒切，音扃；坰冂同，邑外謂之郊，
林外謂之冂。
144 舊編：苔，水土潤氣所生，在水傍曰水衣，在墻曰垣衣。
新編甲：封，培也；又築土為墳。苔，音臺，水土潤氣所生，在水曰陟釐，補空田曰垣衣。

145 舊編：夫子曰：「其物在，其人亡，以此見哀，哀無不在！」

新編甲：思，音四，情緒也。夫子曰：「其物在，其人亡，以此見哀，哀無不在！」

146 舊編：契闊，解見快州。

新編甲：契闊，事跡已見快州義婦傳「甫償契闊」句。

147 舊編：步，徐行也；武，迹也。一步曰步，再步曰武。

新編甲：武，迹也，足在體之下曰武。

148 新編甲：愴，齒良切；悽愴，悲惻貌。

149 舊編眉批：至是而猶未醒悟，仁者其木偶耳！

新編甲：徬徨，徘徊也。搊，攝也。

150 舊編：歇，消散也。

151 舊編：造，失（灾）到切，音操，至也。

新編甲：造，七到切。

152 新編甲：木根入土曰根，土上曰株。

153 舊編：蕤，儒追切，草木花垂也。

新編甲：糝，桑感切，雜也。蕤，儒追切，草木花□（垂）貌。

154 新編甲：絮，弊綿也。

155 舊編：幻，胡貫切，相詐惑也。

新編甲：幻，胡慣切，虛幻詭誕惑人也。

156 舊編：嫩，尼困切，少好貌。

157 舊編：天姿自然不施粧點曰天然。

158 舊編：崔樞夫人治家整肅，容儀端麗，不許群妾作時世粧。

新編甲：崔嫗（樞）夫人治家整肅，容儀端麗，不許羣妾作時世粧。

159 新編甲：姝，音樞，美色也。

160 舊編：閬苑，王母所居處。按崑崙山有閬苑，左帶瑤池，右環翠水。

新編甲：閬苑，仙苑也，在崑崙山閶闔中。富貴，言花之美。

161 舊編：唐楊炎於後閣用桃花紙糊〔窗〕。

162 舊編：茉莉，音末離，花名。

新編甲：茉，音末；莉，音離。茉莉，花名。

163 舊編：司馬相如以琴挑文君曰：「何緣交頸與鴛鴦？」按鴛鴦，鳥名，止則相偶，眠則交頸，飛則並翼。

新編甲：棲，先齊切，鳥宿曰棲。鴛，音淵；鴦，音央。鴛鴦，水鳥，雄曰鴛，雌曰鴦，止相偶，飛則雙。

164 新編甲：楚辭云：「冉冉其將至兮。」

165 新編甲：悠，於尤切；悠悠，渺貌。

166 舊編：列子乘風而歸，曰：「吾心疑釋，隨風東西，竟不知風乘我耶？我乘風耶？」

新編甲：列子乘風而歸，曰：「吾心疑釋，隨風東西，竟不知風乘我耶？我乘風耶？」

167 舊編：色，色身皮肉也；空，覺性如虛空也。觀空莫非見色，顏色莫不皆空，色空如有，無不異也。

新編甲：淒，音妻，寒也。涼，音良，輕寒為涼。心經曰：「色卽是空」，非無色之空，恐人執色為礙耳！「空卽是色」，非有色之色，恐人執空為礙耳！色空雙泯，心境一如，無纖塵可拂，方是了然曠達。出遵生清修妙論。

168 新編甲：稀，少也。院落，庭宇也。

169 新編甲：低，俯也，垂也。迷，遮也。塘，音堂，鑿地注水曰塘；又隄岸。

170 舊編：瘞，余祭切，藏也。孟蜀時，節度使王承儉築城，獲瓦棺，中有石刻曰：「渭州刺史張宗妻王氏」，銘曰：「深深瘞玉，鬱鬱埋香。」

新編甲：瘞，於計切，埋也，藏也。周時人沈亞之夢尚秦穆公公主名弄玉，後公主卒，公使亞之作墓誌銘，獨憶其銘曰：「白楊風哭兮石甃髯，沙雞滿地兮春色煙和，朱怨粉瘦兮不生綺羅，深深埋玉兮其恨如何？」出天下異紀。孟蜀時，節度使王承儉築城，獲瓦棺，中有石刻曰：「渭州刺史張宗妻王氏」，銘文云：「深深瘞玉，鬱鬱埋香。」出類聚。

171 舊編：秋風客，指歸燕也。漢張衡旅寓，顧梁燕曰：「秋風已至，想汝客興思，難久留也。」

新編甲：秋風客，指歸燕也。漢張衡旅寓洛汭，生計無聊，有命駕之意，顧梁燕曰：「秋風已至，想汝客興思，難久留也。」出圓機。

172 舊編：古詩：「春來何處不繁花，豈獨公侯富貴家。」又東坡在昌化，行歌田畝間，有老婦謂曰：「內翰，昔日富貴，一場春夢。」坡然之。里人呼為春夢婆。

新編甲：古詩：「春來何處不繁華，豈獨公侯富貴家。」又東坡在昌化，行歌田畝間，有老婦謂曰：「內翰，昔日富貴，一場春夢。」坡然之。里人呼為春夢婆。

⑰新編甲：古人流落他鄉，失意憔悴，則親故作詩文寄之，以慰其流落之意，曰招魂。見唐詩鼓吹春冬詩註。

⑰舊編：歐陽祭子美云：「哀哀子美，來舉予觴。」

新編甲：歐陽祭子美云：「哀哀子美，來享予觴。」

⑰舊編眉批：至是而再欲留，何子之心茅塞矣！

⑰新編甲：孟子曰：「養心莫善於寡欲。其為人也寡欲，雖有不存焉者，寡矣！其為人也多欲，雖有存焉者，寡矣！」出孟子盡心下。致堂胡氏曰：「是故人君莫大乎脩身，而脩身莫先於寡欲，欲誠不行，則心虛而善入，氣平而理勝，動無非禮，事無不善，唐虞之治，不越此矣！」

出西漢武帝紀。

⑰新編甲：邪魅，精怪之物。

⑰舊編：武三思妾，名素娥，有姿色，狄梁公請出之，忽失所在。於堂奧中聞蘭麝芬馥，附耳而聽，素娥語曰：「某花月之妖，帝遣奉公；梁公正人，不敢見也。」

新編甲：唐武三思妓素娥，有殊色，伙（狄）梁公請出，忽失所在。於堂奧中聞蘭麝芬馥，附耳而聽，即素娥，語曰：「某花月之妖，帝遣奉公言笑；梁公時之正人，不敢見也。」出合璧。

⑰新編甲：笈，音及，書箱也。前漢蘇章，負笈從師，不遠千里，仕至冀州刺史。出三註故事。

傳奇漫錄　卷之二

龍庭對訟錄

洪州永賴㈠，舊多水族❶，沿江而祠，凡十餘所❷，積年寖久㈡，間或爲妖；但祈晴禱雨，無不立應，故香火不絕，而人加敬憚焉。

陳明宗時，有鄭縣令㈢，任在洪州，其妻楊氏歸寧❸，舟次祠側。忽見二女童，捧粧金小匣❹，前致語曰㈣：「吾君奉此㈤，聊寓微情❺，早晚於水雲鄉，契乘龍之願矣❻。」言訖不見。拆匣，見同心紫帶，帶上題詩一絕句云❼：

佳人笑插碧瑤簪❽，勞我情懷屬望深❾；留待洞房花燭夜❿，水晶宮裡結同心⓫。

楊氏大懼，與小婢捨舟而途㈥，復投任所，備實以告。鄭驚曰：「淫祠水怪，將禍子矣。子宜避之，凡江津水次，愼無踪跡焉。」每風雨之宵，幽陰之夕㈦，則張燈設警⓬，如是者半載。纔值中秋之夜，是夕㈧，纖雲掃跡，一碧萬頃⓭，明河在天⓮，星宿如晝。鄭喜曰：「風月如此㈨，少寬吾懷。」遂夫妻對飲。飲酣而睡熟⓯，雷電隨作；及起，則門闢如故㈩，而楊氏不在矣。往觀祠所，則江寒月淡，惟衣裳在焉。其憐香惜玉、沉蘭散蕙之恨，情狀可掬(十一)⓰，但臨風哽咽⓱，時時無可奈何。

已而遂棄官歸，虛葬賴山之下(十二)。日居一小樓，樓瞰江津⓲，津之頭則沖淵也⓳。鄭每登樓縱目，常見老叟負淺紅囊，朝出而暮歸。鄭私念曰(十三)：「此乃江淵深處，那有村墟，而往來若是[20]？」至其所，則平沙莽漠，夐無人煙[21]，惟數叢蘆荻，搖動江波耳[22]。怪覓之，已於南市僦廛賣卜矣[23]。鄭見其人(十四)，顏矑而澤[24]，神清而淡，意其逃名隱士，否則得道眞人，又否則煙霞中仙客也，遂與之遊。日賫酒殽[25]，盡歡而罷，叟頗德之[26]；然問其姓名，則笑而不答，鄭疑甚。他日晨起，預匿於葦叢窺候，時宿露未洗，晨煙尚昏，見叟從水中娑婆而出(十五)[27]，鄭直前趨拜。叟大笑曰：「得無以形骸索我乎[28]？然子旣相知，今告子矣。我乃白龍侯，幸而歲旱，暫覓閑遊[29]，若玉皇勑至行雨，則不暇矣(十六)！豈能就人間賣卜乎？」鄭曰：「昔柳毅有洞庭之遊[30]，善文有龍宮之宴[31]，不知凡骨，果可追踪前輩乎？」侯曰：「何難之有！」即以杖端激水[32]，水路漸漸開朗，將及半里，則乾坤光霽，樓臺突兀[33]，所居之宇，所供之饌，非人世所有。侯又周旋禮接，極其隆重(十七)。鄭喜曰(十八)：「不圖寒寠，近挹光儀[34]，昔有非常之變，今有非常之遇，報復之舉，正在今日。」龍侯問故，即以楊氏事告之，「且望憑藉威靈(十九)，剪除凶醜[35]，使帆因風而得力(二〇)[36]，狐托虎以揚威[37]，不負此遭逢。」龍侯曰：「彼雖狡僞，自有王庭勑命；況彼此絕域，本非統攝[38]，安能遠涉波濤，擅興兵甲(二一)，犯不赦之誅乎[39]？」曰：「然則訟之王庭何如？」侯曰：「幽明自隔(二二)，事跡不彰(二三)，子欲以不根之言(二四)，攖莫强之敵[40]，恐未能即服。不若先期發問[41]，覘得事由[42]，則彼奸不足圖矣。然吾左右無足與計事者，介使之命，自謂缺然[43]。」傍有一綠衣娘子進曰[44]：「妾請當其選。」鄭即禮而遣之，且授以碧樣瑤釵，執以爲信[45]。

娘到洪州神蛟廟，果有姓楊，見封昌邑夫人，居以琉璃碧殿，環以芙蓉翠沼[46]，巾櫛之寵，冠絕房闈[47]，已於前年生一子矣。娘喜甚，但樓臺稠疊，無路可通[48]，且躊躇就門前停足(二五)[49]。時春色方媚[50]，薔薇盛開[51]，如紅霞萬點，連綴於墻角[52]，娘佯爲不識，且搖且折。閽者怒(二六)，娘即以瑤釵見賂[53]，且曰：「妾謂閑花凡卉，不足多惜，偶然驚觸，誠爲有罪，只恐幼質，不勝鞭楚[54]，願郎持此奉達主樓，使寬杖箠之憂，受賜無量矣[55]。」其人如言，持獻楊氏。諦視良久[56]，佯怒曰：「何物兒女，敢爾唐突[57]，拗碎我一欄紅錦[58]？」命繫在銀杏園中。乘間獨來，持瑤釵泣謂曰：「此吾夫鄭郎舊物，兒何從得？宜以情告[59]。」娘曰：「此誠鄭郎所授，且言今時見住白龍侯家矣[60]。以夫人故，忘飡廢寢[61]，遂因賤妾密寄遙情[62]，了此相思舊債也。」言未竟，小鬟已報神蛟促召矣[63]，乃狼狽趨出[64]。明朝又至，慇懃勞問，授以濤箋書子[65]，且戒之曰(二七)：「為我語鄭郎，天涯孽妾，尚有犬馬之情[66]，願百計求之，使鳳返雲中[67]，馬還塞上[68]，無徒老處於水雲鄉也(二八)[69]。」其書併錄于後，書曰：

盟山誓海，嗟往事之已非；撥霧撩雲(二九)，笑此生之多誤[70]。江天萬里，心事半箋。重念妾、跡甚睽孤[71]，質慚婉娩[72]。自天作合，幸聯兩姓之歡[73]；同穴相期，忍負百年之約[74]？誰料變生於一夜，翻教影落於重淵(三〇)。不能玉碎而珠沉，終見鶯狂而燕黠[75]。委衣裳於鱗介，飽見腥膻[76]；寄身世於蜉蝣，謾延喘息[77]。含愁似海，度日如年。誰知梗斷之蹤[78]，辱有魚書之訪[79]？撫瑤釵而淚落，對介使而心驚(三一)。一死幸偷，動野草閑花之感；三生為誓，如皇天后土之臨(三二)。白璧未完，黃金幸贖(三三)[80]。

娘既反命，龍侯謂鄭曰：「事濟矣。」乃偕就南溟[81]，至大城府，侯先入，命鄭在城門候旨。俄頃，見一人引至殿所，王方披猩紅之衣[82]，橫驪珠之帶[83]，群臣陪拱，不知其數。鄭長跪哀訴，辭極悽愴。王顧左廡一員，促行闕牒[84]，二卒騰空而去。半日許，押一丈夫，軀體甚壯[85]，朱冠鐵面，鬚髯如戟[86]，就庭間跧伏[87]。王責曰：「爵非濫得，必待勳勞；刑不妄加，欲懲奸宄(三四)。今以汝舊有勳勞，使司長一方，為民保護，胡乃縱其淫虐，豈禦災捍患之意乎[88]？」其人曰：「彼處人間，臣居水際，殊途異轍，何以相及(三五)[89]？而乃妄宣簧舌，構陷無辜[90]。使邪說得行，則朝廷有愚弄之侮，而小臣受曖昧之刑(91)，非所以安上而全下也。」言辭往反，終不能屈。王亦狐疑難決(92)。侯從旁附耳言曰㊱：「不如訴楊氏姓名謚號，一併勾勘(93)。」鄭如言奏請，王果命追取。日向晡(94)，復見二卒引一美人，婷婷嫋嫋，從東方來(95)。王問㊲：「汝夫何在？」曰：「青衣者夫也，朱冠者讐也。前者不幸，爲彼妖所掠，首尾三年(96)，向非太陽垂光㊳(97)，則殘魂朽質，終受汚衊(98)，安能復見天日哉？」王盛怒曰：「不意猾賊乃懷奸如是！處己則陰圖淫泆(99)，在公則面肆欺瞞㊴(100)，此尚忍爲，死何足惜？」時有綠袍人，號正刑曹錄事㊵，奏曰：

臣聞徇私而賞，賞也不公；當怒而刑，刑之必濫。屈伸異狀，斟酌為宜。彼以爪牙之才，任藩籬之寄，固是孽由己作，其如德在民何？有罪當刑，雖已甘於萬死；以功準過，尚可望於全生。願寬赤族之誅(101)，薄示黑都之謫(102)。

王稱善，乃判其罪曰：

蓋聞：人生如逆旅，然往者過而來者續(103)；天道無毫髮爽，福其善而禍其淫。條理甚明，古今一律。今汝猥由勳閥(104)，濫守方隅(105)，固宜揚赫赫之靈，普施龍德(106)，胡乃恣厭厭之欲(107)，自效蛇淫(108)？念妖邪愈日愈滋㊶，在典憲不容不舉㊷。嗚呼！攘非己之財㊸，淫非己之色，既逞昏迷，犯罔赦之罪，加罔赦之條，用懲奸惡。彼楊氏者，疵雖可指(109)，情亦甚憐(110)。身宜反於前夫，子合還於後父。判文既具，主者奉行。

聽命畢，神蛟俛首而逝(111)，左右亦目鄭使退。龍侯於是開筵命酒，贈以文犀玳瑁(112)。夫妻拜謝歸家，具道始末(113)，人皆喜其歸而奇其事也。

後鄭有事之洪州，再經其處，則頹垣壞壁㊹，殘碑斷蘚(114)，惟有木綿飛絮，撩亂斜陽耳(115)。訪於野老，皆云：「前一歲白晝間，忽無雲而雨㊺，江水漲溢(116)，前有十丈長蛇㊻，碧鱗朱幘

(117)，浮而北徙，脩蛇短蟒，從者百餘(118)。其祠自此無顯應焉。」屈指計之，則當勘訟日也。噫！異哉！

嗚呼！「能禦大災，則祀之；能捍大患，則祀之。」祭法也(119)。享是祭者，當顧名思義，烏有歆人之祀，而反為人之禍哉(四七)(120)？然則神蛟之罪，止於投竄(121)，廣利王猶失刑也(122)，必得許遜、佽飛，然後可以快其舉(四八)(123)。此仁傑巡撫河南，奏毀淫祠千七百所(124)，良有以哉(四九)！

【校】

(一)洪州永賴　甲、丙本「州」作「之」。

(二)積年寢久　甲、丙本「積」作「歲」。

(三)有鄭縣令　甲、丙本「縣令」作「太守」。

(四)前致語曰　甲、丙本「語」作「辭」。

(五)吾君奉此　舊編注云：「一作奉吾君旨」。

(六)捨舟而途　甲本作「舍舟而徒」，丙本作「舍而徒」。

(七)幽陰之夕　甲、丙本「夕」作「夜」。

(八)是夕　甲、丙本「夕」下有「也」字。

(九)風月如此　「此」，甲、丙本作「許」，舊編亦注云：「一作許」。

(一〇)則門關如故　「關」原與「閉」小字並列，蓋二字均可；因甲、丙本作「關」，故但取之。

(一一)情狀可掬　「狀」，舊編注云：「一作懷」。

(一二)虛葬賴山之下　「賴」，甲、丙本作「頼」，舊編亦注云：「一作頼」。

(一三)鄭私念曰　甲、丙本無「鄭」字。

(一四)鄭見其人　「其人」二字原無，據甲、丙本加。

(一五)見叟從水中娑婆而出　甲、丙本作「見老叟從水中婆娑而出」。

(一六)則不暇矣　甲、丙本「矣」作「耳」。

(一七)極其隆重　甲、丙本無，舊編亦注云：「一本無此句」。

(一八)鄭喜曰　甲、丙本無「喜」字。

(一九)且望憑藉威靈　甲、丙本「且」作「但」。

(二〇)使帆因風而得力　甲、丙本「力」作「便」，舊編亦注云：「力，一作便。」

(二一)擅興兵甲　甲、丙本「兵甲」作「甲兵」。

(二二)幽明自隔　甲、丙本「明」作「冥」。

(二三)事跡不彰　「不」，甲、丙本作「未」，舊編亦注云：「一作未」。

(二四)子欲以不根之言　甲、丙本「根」作「原」；「不」，舊編注云：「一作無」。

(二五)且躊躇就門前停足　甲、丙本「且」作「祇」。

(二六)閽者怒　丙本「閽」作「門」。

(二七)且戒之曰　甲、丙本「且」作「而」。

(二八)無徒老處於水雲鄉也　甲、丙本無「於」字。

(二九)撥霧撩雲　「霧」，甲、丙本作「雨」，舊編亦注云：「一作雨」。

(三〇)翻教影落於重淵　「重」，舊編注云：「一作沖」。

㉛對介使而心驚　甲、丙本「而」作「以」。

㉜如皇天后土之臨　「如」，舊編注云：「一作宛」。

㉝黃金幸贖　其下原有「今書」二字並列，甲、丙本無，姑且删之。

㉞欲懲奸宄　「宄」原作「冗」，據甲、丙本改。

㉟何以相及　丙本「相」作「將」。

㊱侯從傍附耳言曰　甲、丙本無「言」字。

㊲王問　甲、丙本「問」下有「曰」字。

㊳向非太陽垂光　甲、丙本「非」作「微」。

㊴在公則面肆欺瞞　甲、丙本「瞞」作「謾」。

㊵號正刑曹錄事　甲、丙本無「曹」字。

㊶念妖邪愈日愈滋　甲、丙本「日」下有「而」字。

㊷在典憲不容不舉　甲、丙本作「在憲典不容而不舉」。

㊸攘非己之財　「財」，甲、丙本作「有」，舊編亦注云：「一作有」。

㊹則頹垣壞壁　甲、丙本「垣」作「墻」。

㊺無雲而雨　舊編注云：「一作無雲雨而」。

㊻前有十丈長蛇　丙本作「前有長十丈蛇」。

㊼而反為人之禍哉　甲、丙本無「反」字。

㊽然後可以快其舉　甲、丙本無「然」字。

㊾良有以哉　舊編注云：「一本有『胡穎經略廣東，毀佛像而殺妖蛇』一句，在『良有』句

上。」

【注】

❶舊編：族，類也。水族，即龍蛟之屬。

❷舊編：沿，音緣，循也。

❸舊編：女子已出嫁於人而歸問父母安曰歸寧。詩周南云：「害澣害否？歸寧父母。」

新編甲：寧，謂問安也。詩周南：「害澣害否？歸寧父母。」

❹舊編：捧，兩手拱承也。粧，原妝字，俗作粧，飾也。匣，呼甲切，匱也。

舊編眉批：深淵大澤□（靈）生。

❺新編甲：聊，且也。

❻舊編：孫儁、元禮娶桓玄之女，人謂桓玄兩女乘龍，言得佳婿也。

新編甲：雲生於水，故水府曰水雲鄉。東坡詩：「高情尤愛水雲鄉。」出群玉七陽韻。女壻貴戚曰乘龍。魏黃尚與李元祐（禮）俱為司徒，俱娶太尉桓叔元女，時人謂桓叔元兩女俱乘龍，言得壻如龍也。杜詩：「門闌多喜色，女壻近乘龍。」出書言翁壻類。

按：「李元祐（禮）」下又注云：「名膺。」「太尉桓叔元」下又注云：「名玄。」

❼舊編：拆，音册，開也。

新編甲：絕，即詩絕句體也，句絕而意不絕，以第三句為主，而第四句發之。出文苑。

❽舊編：插，刺入也。碧，深青色也。瑤，玉也。簪，首笄也；又連也，所以連冠於髮也。

❾舊編：屬，音祝，注意也。

⑩舊編：洞，幽岩也；房，夾室也。洞房，取幽暗之義。花燭，插燭器，以金為蓮花形也。

新編甲：事跡已見西垣奇遇記「花燭之程期」句。

⑪舊編：水晶，水玉也，出哀牢國；大秦國宮室皆以水晶為柱。結同心者，謂以帶結為形，中圓如毬子，長垂末二條于下也。隋文帝夫人美姿貌，文帝寢疾，太子廣逼之，夫人拒之，得免。文帝崩，太子廣賜夫人盒，中有同心結數枚。其夜，太子蒸焉。

新編甲：盧杞嘗騰上碧霄，見宮闕皆水晶為墻，有女曰：「此水晶宮也。」出羣玉一東韻。結同心者，謂以帶結為形，中圓如毬子，長垂末二條于下也。隋文帝夫人美姿貌，文帝寢疾，太子廣逼之，夫人拒之，得免。文帝崩，太子廣賜夫人盒，中有同心結數枚。其夜，太子蒸焉。按太子卽煬帝，名廣，殺兄，謀為皇太子；仁壽末，弒父而自立；巡狩楊州，為宇文化及所弒。出隋紀。

⑫舊編：警，戒也，巡警也。

⑬舊編：田百畝曰頃。

⑭舊編：明河，銀河也。

新編甲：明河，銀河也。

⑮舊編：酣，何南切，洽也。

⑯舊編：發於中察而知之曰情，形於外見而知之曰狀。掬，撮也。

⑰舊編：哽咽，音綆謁，悲塞也。

新編甲：哽，古杏切；咽，於歇切，又音因，呑也。哽咽，悲塞也。

⑱舊編：瞰，音闞，俯視也。

新編甲：瞰，音闞，俯視曰瞰。

⑲舊編：沖，深也。

⑳舊編：村，聚落也。墟，大丘也；又商賈貨物輻湊處，亦謂之墟。

新編甲：墟，大丘也。

㉑舊編：莾，草深貌；漠，廣大貌。言沙磧廣大，望之漠然也。夐，呼郡切，冠絕也。

新編甲：莾，草深貌。漠，廣大貌。

㉒舊編：叢，連聚非一也。蘆荻，葦萑也。

㉓舊編：廛，市物邸舍也。司馬季〔主〕賣卜於長安市，嚴君平賣卜於成都市。

新編甲：司馬季主，漢楚人，海（遊）學長安。一日，與弟子賣卜東市，宋忠、賈誼過之，矍然曰：「竊觀于世久矣！未有如先生。何居之卑而行之污耶？」季主大笑曰：「騏驥不與罷驢為駟，鳳凰不與燕雀為羣，而賢者亦不與不肖者同列，故寧處卑以避衆。公等喁喁者也，何知長者之道乎？」二子爽然自失。出尚友錄。西漢時，嚴遵，字君平，避世不仕，常賣卜〔成〕都市，日得百錢卽閉肆。出三註故事。

㉔舊編：癯，音渠，瘠也。

新編甲：癯，音渠，瘠也。

㉕舊編：賫同齎，持遺也。

㉖舊編：感恩者曰德之。

新編甲：德，恩也。

㉗舊編：娑婆，衣揚貌。

新編甲：婆娑，舞貌。

㉘舊編：莊子：「申屠(徒)嘉，兀者也，與子產同師，後子產笑之，兀者曰：『吾與夫子遊十九年矣！而未嘗知吾兀者也。今子與我遊於形骸之內，而子索我於形骸之外，不亦過乎？』子產改容。」注：「形骸之內，德也；今子與我德遊耳，而索我外好，是失其所以取大於先生者矣！」

新編甲：申屠(徒)嘉謂子產曰：「今子與我遊於形骸之內，而索我於形骸之外。」蓋言非與我交，而索我於外好也。出南華經。

㉙舊編眉批：白龍侯非無事覓遊，畢竟是有意者。

㉚舊編：柳毅下第時，歸至涇陽，見婦人牧羊，謂曰：「妾乃洞庭君少女，嫁涇川次子，為婢所惑，得罪(舅姑)，投(毀)黜至此。聞君將還，敢寄尺牘於洞庭之陰。至某處，有大橘樹，君當擊三聲，自有應者。」毅如其言而往，果見千門萬戶，有臺曰虛靈臺，殿上一人，披紫袍，執圭。毅取書進之，洞庭君泣下，乃宴毅於碧雲宮，宴罷而去。後毅娶盧氏，貌類龍女，妻曰：「妾卽洞庭君女，涇川之辱，君能救之，茲奉閨房，永以為報。」後同歸洞庭。

新編甲：柳毅，唐中宗時人，下第，歸至涇陽，見一婦牧羊，前曰：「妾洞庭君少女，嫁涇川次子，為婢所惑，得罪舅姑，毀黜至此。聞君將還，敢寄尺牘於洞庭之陰。門有大橘樹，擊樹者三，當有應者。」毅如其言，忽見千門萬戶，有殿曰虛靈。一人取書進，君泣之曰：「老夫之罪，使孺弱羅(罹)害。」俄有赤龍萬丈，擘空而去。頃之，祥風卿雲，幢節玲瓏，粧數百，百中有一人，卽寄書者。乃宴毅於碧雲臺，宴罷辭去。其後毅娶盧氏，貌類龍女，曰：「予卽洞庭君女也，涇上(川)之辱，君能救之，茲奉閨房，永以為報。」同歸洞庭，莫知其迹。出尚友錄。

㉛舊編：余善文，潮州士人也，善屬文，南海廣利王構靈德殿，召善文入水府作上梁文。後殿成，請東、西、北三王赴宴，善文預焉。

新編甲：元至正甲申歲，潮州士人余善文，於所居白晝閒坐，忽有力士二人，黃巾繡襖，自外而入，致敬於前曰：「廣利王奉邀。」善文驚曰：「廣利，洋海之神；善文，塵世之士。幽顯路殊，安得相及？」二人曰：「君但請行，毋用辭阻！」遂與之偕出南門外，見大紅船泊于江滸。登船，有兩黃龍挾之而行，速如風雨，瞬息已至。止于門下，二人入報，頃之請入。廣利降階而接，曰：「久仰聲華，坐屈冠蓋，幸勿見訝。」遂延之上階，與之對坐。善文局蹐退遜，廣利王曰：「君居陽界，寡人處水府，不相統聶（攝），可無辭也！」善文曰：「大王貴重，僕乃一介寒儒，敢當威禮，固辭。」廣利左右有二臣曰黿參軍、鼈長史者，趨出奏曰：「客言是也。王可從其所請，不宜自損威德，有失觀瞻。」廣利乃居中而坐，別設一榻于右，命善文坐，乃言曰：「敝居僻陋，蛟鼉之與鄰，魚蟹之與居，無以昭示神威，闡揚帝命。構（今）欲別構一殿，命名靈德，工匠已舉，木石咸具，所乏者惟上梁文爾！側聞君子負不世之才，蘊濟時之略，故特奉邀至此，幸為寡人製之。」卽命近侍取白玉之硯，奉文犀之管，井（幷）鮫綃丈許，置善文前。善文俯首聽命，一揮而就，文不加點。其辭曰：「伏以天壤之間，海為最大；人物之內，神為最靈。旣屬香火之歸依，何乏廟堂之壯麗？是用重營寶殿，新揭革（華）名。掛龍骨以為梁，靈光曜日；緝魚鱗而作瓦，瑞氣蟠空。列明珠、白圭之簾櫳，接青雀、黃龍之舸艦。瑣窗啓，而海色在戶；繡闥開，而雲影臨軒。雨順風調，鎮南溟八千餘里；天高地厚，垂後世億萬斯年。通江漢之朝宗，受溪湖之獻納。天吳紫鳳，紛紛（紜）而到；鬼國羅剎，次第而來。巋然！若魯靈光；美哉！如漢景福。控鑾荊而引甌越，永壯宏規；叩閭闔而呈琅玕，宜興善頌。遂為矩（短）唱，助舉修梁：抛梁東，方丈、蓬萊指顧中，除（笑）看扶桑三百尺，金鷄啼罷日輪紅。抛梁西，黑水、流沙路不迷，後夜瑤池王母降，一□（雙）青鳥向人啼。抛梁南，巨浸茫茫萬族涵，要識封疆寬幾許？大鵬飛盡水如藍。抛梁北，衆星燦爛環宸極，遥瞻何處是中原？一髮青山浮翠色。抛梁上，乘龍夜去陪天仗，袖中奏罷一封書，盡與蒼生除禍瘴。抛梁下，水族紛綸承德化，清曉頻聞贊拜聲，江神河伯朝靈駕。伏願上梁之後，萬族歸仁，百靈仰德。珠宮貝闕，應天上之三光；袞衣繡裳，備人間之五福。」書罷進呈，廣利大喜。上（卜）日落成，發使詣東、西、北三海，請其王赴慶殿會。翌日，三神皆至，從者千乘萬騎。神蛟巨鰐，踴躍後先；長鯨大鯉，奔馳左右。魚頭鬼面之卒，執旌旄而操戈戟者，又不知其幾多也！是日，廣利頂通天之冠，御絳紗之袍，秉碧玉之圭，趨迎于門，其禮甚肅。三神各威其冠冕，儼其劍珮，威儀極恪，但所服之袍，則各隨其方而色不同焉。叙暄涼畢，揖讓而坐，善文亦白衣坐于殿角，方欲與三神叙禮；忽東海廣澤王座後，有一從臣，鐵冠而長鬚者，號赤鯶公，忿然作色，躍出廣利前而請曰：「今茲貴殿落成，特為三王而設斯會，雖江河之長、川澤之君，咸不得預席，其禮可謂嚴矣！彼白衣而末坐者為何人？斯乃敢于此搪揬也！」廣利曰：「此乃潮陽秀士余君善文也。吾構靈德殿成，請為上梁文，故留之在此爾！」廣澤遽言曰：「文士在座，汝烏得多言？姑退！」赤鯶公乃赧然而下。已而，進酒樂作，有美女二十人，搖明璫、曳輕裙于筵前，舞淩波之隊，歌淩波之辭，曰：「若有人兮波之中，折楊柳兮採芙蓉。振瑤環兮瓊珮，璆鏘嗚兮玲瓏。衣翩翩兮若驚鴻，身矯矯兮若游龍。輕塵生兮羅襪，斜日照兮芳容。蹇𪎈（獨）力（立）兮西復東，羌可遇兮不可從。忽飄然而長〔往〕，御冷冷之輕風。」舞竟，復有歌童四十輩，倚新粧、飄香袖于庭下，舞採蓮之隊，歌採蓮之曲，曰：「桂棹兮蘭舟，泛波光兮遠造（遊）。相（捐）予玦兮別浦，解予佩兮芳洲。波搖搖兮舟不定，折荷花兮斷荷柄。露何為兮沾裳？風向（何）為兮吹鬢？棹歌起兮彩袖揮，翡翠散兮鴛鴦飛。張蓮葉兮為蓋，緝藕絲兮為衣。日欲落兮風更急，微烟生兮淡月出。早歸來兮難久留，對芳草兮樂不可以終極。」二舞既畢，然後擊靈鼉之鼓，吹玉龍之笛。衆樂畢陳，觥籌交錯。于是東、西、北三神，共捧一觴，致示（于）善文前曰：「吾等僻處遐□（陬），不聞典禮；今日之會，獲覩威儀，而又幸遇大君子在座，光彩倍增。願吟一詩以紀之，使他時留傳于龍宮水府，抑亦一盛事也。不知可乎？」善文不敢辭，遂獻水宮慶會詩二十韻，曰：「帝德乾坤大，神功嶺海安。淵宮開棟宇，水路息波瀾。列爵王侯貴，分符地界寬。威靈聞赫奕，事業保全完。南極當通奏，炎方永授官。登堂朝玉帛，設宴會衣冠。鳳舞三簷蓋，龍馱七寶鞍。傳書雙鯉躍，扶輦六鰲蟠。王母調金鼎，天妃捧玉盤。杯凝紅琥珀，袖拂碧琅玕。座上湘靈舞，頻將錦瑟彈。曲終漢女至，忙把翠旗看。瑞霧迷珠箔，祥烟繞曲闌。屏開雲母瑩，簾捲水晶寒。共飲三危露，同飧九轉丹。良辰宜酩（酩）酊，樂事許盤桓。異味充喉舌，靈光照肺肝。渾如到兜率，又似夢邯鄲。獻酢陪高會，歌呼得盡歡。題詩傳勝事，春色滿毫端。」詩進，座間大悅。已而，日落西山，月生東谷，諸神大醉，傾扶而出，各歸其國，車馬駢闐之聲，猶逾時不絕。明日，廣利特設一宴，以謝善文。宴罷，以玻瓈盤盛照夜之珠十、通天之犀二，為潤筆之資，復命二使送之還郡。善文到家，攜所得于波斯鬻焉，獲財億萬計，遂篤（爲）富族。善文後亦不以功名為意，棄家求道，徧遊名山，不知所終。出天下異紀廣利海神傳。

㉜舊編：激，半遮也。

㉝新編甲：霽，音祭。突，卒（卒）相見。兀，高貌。

㉞舊編：挹與揖同。

新編甲：寠，音巨，貧無禮也。挹與揖同。

㉟新編甲：醜，類也，惡也。

㊱舊編：帆，音凡，乃舟上幔，所以泛舟也。

㊲舊編：楚宣王問群臣曰：「吾聞北方之民畏昭奚恤，亦誠何如？」江公（乙）對曰：「虎求百獸而食之，得一狐，狐曰：『天帝令我長百獸，今子食我，是逆天命也。子不以我為信，吾為子先行，子隨我後觀之，百獸見我而敢不走者乎！』虎以為然，遂與之行，獸見皆走，虎不知獸畏己，以為畏狐也。今北方非畏昭奚恤，實畏王甲兵之强也。」

新編甲：倚勢作威曰狐假虎威。楚王問群臣曰：「北方畏昭奚恤，何如？」江乙曰：「虎得一狐，狐曰：『予毋食我！天帝令我長百獸。不信，吾為子先行，子隨我後。』獸見虎皆走，虎不知獸畏己，以為畏狐也。今北方非畏昭奚恤，實畏王甲兵也。」出戰國策。

㊳新編甲：攝，總持也。

㊴新編甲：涉，徒行厲水。濤，海中大波。

㊵舊編：攖，音英，觸也。

新編甲：攖，音英，觸也，迫近也。

㊶舊編：間，音諫，細作也。

新編甲：間，音諫，謂細作也。

42 舊編：覘，於占切，窺視也。

43 舊編：介，助也；介使，副使也；正使不能對，則副使助之，故謂副曰介。

新編甲：介，音戒，助也。缺，音闕，少也。

44 新編甲：劉交居若耶溪，忽聞有人採蓮喧笑聲，交以溪左右無人居，甚訝之。乃斷柳枝蔽身潛視，忽見十餘女子，從一華林而出，皆衣青綠，年十六七，入叢蓮，相對而歌。交乃棹舟以逼之，諸女皆化為龜入水。出天中記。

45 舊編：釵，音差，婦人兩股笄也。

新編甲：釵，音差，婦人岐笄也。

46 新編甲：環，音還，回繞也。芙蓉，荷花也。

47 新編甲：寵姬曰巾櫛之寵。

48 舊編：稠，多也。疊，密也。

新編甲：稠疊，密重也。

49 舊編：躊，音儔；躇，音除。猶豫也，住足也。

新編甲：躊，音儔；躇，音除。躊躇，猶豫也。

50 新編甲：媚，嫵媚。

51 舊編：薔，音牀；薇，音為。花名，野生蔓延，柔靡依墻，莖有棘刺。

新編甲：薔，音牀。

52 舊編：綴，聯也。

新編甲：綴，音拙，又音贅，聯也。

53 舊編：賂，遺也。

新編甲：瑶，美玉也。賂，音路，遺也。

54 舊編：鞭，箠也。楚，木名，以為鞭也。

55 舊編：量，音良，概量多少也。

56 舊編：諦，音締，審也。

57 舊編：唐突，觸也，不遜也。

新編甲：搪揬，不遜也，觸也。

58 舊編：拗，烏狡切，手折也。

新編甲：拗，於巧切，手抵折也。欄，音闌，階除木勾欄也。

59 舊編：情，實也。

60 舊編：住，居也。

61 新編甲：飧，女（夕）食也，熟食也。

62 新編甲：遙，遠矣（也）。

63 舊編：鬟，音還，總髮也；小鬟，即童奴也。

新編甲：鬟，音還；小鬟，龍女也。出正宗。

64 新編甲：狼，音郎，獸名，似犬；狼，音□（輩）。事跡已見木綿樹傳「狼狽走出」句。

65 舊編：元和初，薛濤好製小詩，惜紙幅大，不欲長牋，故狹小之。蜀中才子乃以為便，後減諸箋亦如是，故號薛濤箋。

新編甲：濤，徒刀切，音陶；牋固（同）箋，鄭康成□（衍）毛氏詩，傳之未盡者，名曰箋。

唐憲宗元和初，蜀妓薛濤，字洪度，好製小詩，惜紙幅大，乃狹小之。蜀中才子既以為便，後減諸箋亦如是，號薛濤箋。出羣玉一先韻。

66 新編甲：涯，宜肯切，水際也。孽，妾隸之子曰孽。

67 舊編：西方衞羅國王有女曰配瑛，與鳳共處。後女有胎，王怪之，因斬鳳頭，埋于長林丘中。後生女名曰皇妃。配瑛思鳳不已，因命駕而臨丘中，為歌曰：「杳杳靈鳳，綿綿長歸。悠悠我思，永與願違。萬劫無期，何時來飛？」鳳勃然更生，抱女俱飛，逕入雲中。

新編甲：西方衞羅國王有女字配瑛，與鳳共處，鳳常以羽翼扇女面。後十二年，女忽有胎，王意怪之，因斬權(鳳)頭，埋於長林丘中。後生女，名曰皇妃。女思靈鳳之遊，車駕而臨之長林丘中，歌曰：「杳杳靈鳳，綿綿長錦(歸)。悠悠美(我)思，永與願違。萬刼無期，何時來飛？」是鳳鬱然而生，抱滿(瑛)俱飛，逕入雲中。出文苑。

68 舊編：塞上翁，馬無故亡入胡，後其馬將胡馬而歸。

新編甲：塞上之人，有馬亡入胡中，後數月，其馬將胡駿馬而歸。出類聚。

69 新編甲：事跡已見本傳前「早晚於水雲鄉」句。

70 舊編：撩，音僚，理亂謂之撩。

新篇甲：撩，音聊，理也；又攏取物也。

71 新編甲：易睽卦九四爻：「睽孤遇元夫，交孚厲，無咎。」

72 舊編：婉，於遠切，順也；娩，音晚，媚也。婉娩，總言婦容也。

新編甲：婉，於遠切，美也；娩，音晚，媚也。婉娩，總為婦容也。

73 舊編：詩云：「天作之合。」又朱、陳兩［姓］，世世結婚姻。

新編甲：事跡已見快州義婦傳「遂有朱陳之願」句。

74 舊編：詩云：「生則異室，死則同穴。」又云：「百年之後，歸于與居。」

新編甲：「穀則異室，死則同穴。」出詩王國風。

75 舊編：黠，胡扒切，慧也。

76 舊編：委，棄置也。鱗，龍屬；介，龜屬。漢楊終請罷邊兵，曰：「不以介鱗，易我衣裳。」

新編甲：介，蟲外殼（殼）也。楊終上疏諫伐匈奴，曰：「秦築長城，功役煩興；胡亥不革，卒亡四海。故孝元棄珠厓之郡，光武絕西域之國。不以介鱗，易我衣裳。」帝從之。出東漢章帝紀。

77 舊編：蜉蝣，音浮由，似蛣蜣，生糞土中，身狹而長，有角，有翅能飛，朝生暮死。

新編甲：蜉，音浮；蝣，音由。蜉蝣，朝生暮死，一日生覆水上，尋死隨流。謾，且也。喘，疾息也。

78 舊編：按戰國策，上（土）偶謂桃梗曰：「子東國桃木，刻子以為人，水至泆子而汎，汎將如何？」故古云：「浮斷梗。」舊解：「木斷漂流，不知何處？」意必取此，但恐未詳。

新編甲：梗，古杏切，撓害也，枝梗也；又梗概大略也。廣韻：「直也。」經：「誰生厲階？至今為梗。」註：「梗，病也。」錢氏曰：『梗，水上浮木壅水者，斷梗也。』」出詩大雅變桑柔章。

79 舊編：葛玄見人賣大魚，曰：「暫煩此魚到河伯。」其人曰：「魚已死。」玄曰：「無苦。」乃以丹書納魚口，擲水中。有頃而還，躍上岸，吐書青黑色，如木葉飛下。

新編甲：「客從遠方來，遺我雙鯉魚。呼童烹鯉魚，中有尺素書。長跪讀素書，書中意何如？

上有加餐飯，下有長相思。」出必讀古文。葛玄見人賣大魚，曰：「暫煩此魚到河伯。」其人曰：「魚已死。」玄曰：「無苦。」乃以丹書納魚口，擲水中。有頃而還，躍上岸，吐書青黑色，如木葉飛下。按葛玄，三國時，字孝先，吳人。出尚友錄。

80 舊編眉批：孟學士之詞宗。

81 舊編：莊子：「南溟，天池也。」

82 舊編：柳勝傳：「勝家老僕病，與黑犬同日死。後復甦，曰：『適登一所，若世之官府，兵衛森列，有王者帶（戴）平天冠，衣猩紅袍。』」猩猩，能言獸也，其血染毛罽，不黯。

新編甲：披，開也，荷衣曰披。猩，音星，能言獸也，西湖取其血染毛罽，不黯，刺血必箠而門（問）其數，至一斗乃已。出本草綱目獸部。柳勝傳：「勝家老僕病，與黑犬同日死。後復甦，曰：『適登一所，若世之官府，兵衛森列，有王者帶（戴）平天冠，衣猩紅袍。』」

83 舊編：驪龍頷下有明珠，可以飾帶。

新編甲：驪珠，劉晝妄暇（瑕）云：「荊岫之珠，必含纖瑕；驪龍之珠，亦必微類（纇）。」

84 舊編：關，白也，如今之關文也。牒，札也，如今之官府移文也。

新編甲：促，速也，催也。牒，官府移文曰牒；又訟辭曰牒。

85 新編甲：押，管押拘率也。

86 舊編：在頰曰髯。

新編甲：鬚，音須；髯，而占切。在頷（頤）曰鬚，在頰曰髯。謂鬚髯長勁如戟。南北時人吏部郎褚彥回，貌美，山陰公主夜就之，回不為移志，士（主）曰：「公髯如戟，何無丈夫氣？」答曰：「回雖不敏，不敢首為亂階。」出文苑鬚類。

87 新編甲：跧，阻頑切。

88 新編甲：捍，音翰，衞也。

89 新編甲：轍，直列切，車輪所輾跡。

90 舊編：簧，音黃，笙竽管中舌金葉也，笙竽皆以竹管植匏中，而竅其管底之側，以薄金葉障之，吹之則鼓而出聲，所謂簧也；又以言惑人，謂之簧鼓。

新編甲：簧，音黃，笙竽管中金葉也，吹則鼓之而出聲，所謂簧也。構，音姤，結也。辜，音姑，辠也；辠，罪本字。

91 舊編：曖，音愛，日不明貌。

新編甲：曖，音愛，日不明貌。

92 舊編：狐性多疑，故曰狐疑。

93 舊編：勾與鈎同，引來也，索尋也。勘，校也，鞫問也。

新編甲：勘，校也，鞫囚也。

94 舊編：晡，音逋，日申時也。

新編甲：晡，音逋，申時也。

95 舊編：婷，音亭，美好貌。曖（嫋），音裊，纖好貌。

新編甲：婷，音廷；婷婷，美好貌。嫋，尼了切，音鳥；嫋嫋，長弱貌。

96 新編甲：掠，刼奪也。

97 新編甲：微，無也。

98 舊編：蠛，彌列反，汚血也；凡毀人善行，非其實而橫誣之，曰汚蠛。

99 新編甲：𧈭，彌列切，汚血也。

100 新編甲：泆，過也。泆，淫放也。

101 新編甲：謾，滿平聲。

102 舊編：赤族，族類無人，如地空無物也。

新編甲：寬，緩也。赤，空盡無物曰赤。

103 舊編：黑都，即幽都也。

104 舊編：莊子云：「世人直為物逆旅耳！」注：「逆，迎也；旅，賓客館舍也。」

新編甲：莊子知北遊篇：「世人直為物逆旅耳！」出正字通。唐馬周，字賓王，桂平人，入關，舍新豐逆旅，命酒一斗入（八）升，悠然獨酌，衆異之。出尚友錄。

105 舊編：猥，鄙也，凡稱猥者，卑辭也。閥、閱，功狀也。

新編甲：猥，鄙也。

106 新編甲：隅，陬也。

107 舊編：易：「龍飛在天，德普施也。」

新編甲：易乾卦：「九二：見龍在田。象曰：見龍在田，德施普也。」

108 舊編：猒，音淹，不休也。

新編甲：猒，音淹，不休也。

新編甲：會稽郡吏鄮縣薛重，得假還家，夜至家，戶閉，聞婦牀上有丈夫眠聲。喚婦，久從牀上出，未開力（戶），持刀便逆問婦曰：「牀上醉人是誰！」婦大驚愕，自申無人。旣入索，了無所見，見一蛇隱在牀脚，重斫蛇寸斷，擲於後溝。經日而婦死，數日重又死。後忽然而生，説始死，有人桎梏之，將到一處，有官問曰：「何以殺人？」重曰：「實不行凶。」曰：「爾云不殺者，近寸斷，擲著後溝，此是何物？」重曰：「正殺蛇耳！」府君愕然曰：「我用為神，而敢婬人婦，又訟人！」勅左右持來一人，著平巾幘，具詰其婬妄之罪，命付獄。重為官司遣將出，倏忽而還。出太平廣記。

按：「鄖」下又注云：「音云。」

109 新編甲：疵，本（才）資切。

110 舊編眉批：龍蛇夭矯，千態萬狀。

111 舊編：俛，俯也。

新編甲：逝，音誓，去也。

112 舊編：犀，形似水牛，猪頭、象脚，頂有一角；或有文如魚子形，或文中有眼，或白中有黑花，或黑中有白花，其文不一。玳瑁，似龜，貝甲有十二片，黑白斑文相錯。

新編甲：贈，送、遺也。犀，形似水牛，猪頭、象脚，有名通天犀角：紋如魚子形，謂之粟紋；紋中有眼，謂之粟眼；黑中有黃花者，為正透；黃中有黑花者，為倒透；花中復有花者，為重透，竝名通犀，乃上品也。又名駭鷄犀、辟寒犀、辟暑犀、辟塵犀，皆希世之珍。其烏犀為下品。出本草綱目獸部。玳瑁，似龜，貝甲有十二片，黑白斑文相錯。出本草綱目介部。

113 新編甲：道，言也。

114 舊編：鮮，蘇典切，苫也。

新編甲：鮮，蘇典切，苫鮮也。

115 新編甲：絮，息據切，敝綿也。

116 新編甲：漲，大水貌。溢，滿也。

117 舊編：幘，音責，巾覆髻也。

新編甲：幘，音謫，覆髻謂之幘。

118 舊編：蟒，音莽，大蛇也。

新編甲：蟒，音莽，大蛇也。

119 舊編：見禮記。

新編甲：夫聖王之制祭祀也：法施於民，則祀之；以死勤事，則祀之；以勞定國，則祀之；能禦大菑，則祀之；能捍大患，則祀之。」出禮記祭法第二十三篇。

120 新編甲：歆，虛今切，鬼神饗氣也。

121 新編甲：投，擲也。竄，逃也；又驅逐也。

122 新編甲：廣利，龍王名。

123 舊編：許真君，名遜，汝南人。遊豫章，遇一少年，容儀修整，自稱慎郎。與之語，知非人類，謂門人曰：「適來少年，乃是蛟蜃之精，吾念江西累為洪水所害，若非剪戮，恐致逃遁。」蜃精知之，化為黃牛，真君以道眼遙觀，謂弟子施太王曰：「彼之精化作黃牛，我今化為黑牛，以手巾掛膊為記。汝見牛奔鬪，當以劍截(戮)彼。」真君乃化身而去。俄頃，見黑牛奔趁黃牛而來，太王以劍揮牛，中其左股，因投入城西井中，從此井徑歸潭州，化為人。荊有佽飛者，得寶劍于干，還涉江，中流有兩蛟夾繞其船，飛勃然曰：「此江中之腐肉朽骨，棄劍而已，余奚愛！」拔劍赴江刺蛟，殺之。王聞之，任以執圭。

新編甲：佽，七四切。晉時人許遜，字敬之，南昌人，母夢金鳳銜珠墮掌而生，從吳猛得神方秘法，修煉為事。晋木（太）康初，為旌陽令，大施濟利，尋棄官東歸，遇諶母傳以道術，遂斬蛇誅蛟，悉除民害。盧（慮）豫章為游州蛟螭所穴，乃於牙城南井，鑄錢為柱，下施入（八）索，鎮鎖地脈，自是水妖屏跡，城邑無虞。又周行江湖諸郡，殄滅毒害，乃歸舊隱精修。至康寧二年，一百三十歲，舉家同時昇天，鷄犬亦隨，遂飛去。宋封神功妙濟真君。出尚友錄。又有蛟蜃精，化為少年，以珍寶數萬，娶潭州刺吏（史）賈至女，敬之見賈曰：「聞君有貴婿慎郎，乃蛟蜃老魅焉。敢遁形？」蛟蜃遂變本形，為吏所殺。出羣玉十一軫韻。周勇士佽飛常得寶劍于干，遂涉汪（江），至中流，兩蛟繞其舟，飛謂舟人曰：「汝曾見兩蛟夾舟，而舟中之人有全活者乎？」舟人對曰：「未見。」飛曰：「若此，吾乃江中朽骨腐肉耳！復何愛？」乃攘臂拔劍，赴江刺殺蛟而上，衆賴以全。荊王聞之，官以執圭。孔子知而嘆曰：「腐肉朽骨，猶能除害。壯哉！」出尚友錄。

124 舊編：仁傑為江南巡撫使，吳、楚多淫祠，仁傑毀千七百房，止存夏禹、太伯、季札、伍員四祠而已。

新編甲：唐狄仁傑，字懷英，太原人，為河南巡撫，吳、楚多淫祠，公毀一千七百餘所，獨留夏禹、吳泰伯、季札、伍員四祠。中宗時，封梁國公，謚文惠。初為昌平令，時有老媼泣訴虎害其子，仁傑移文籲神，未幾，虎伏階下，乃告於衆而殺之。又為彭澤令，奏赦大辟三百餘，邑人德之，立望雲亭以祀。出尚友錄。

陶氏業冤記

慈山名妓陶氏，小字寒灘❶，曉音律，通文字。陳紹豐五年❷，選充宮籍，日以飲博入侍。一日，帝泛舟珥河，沿至東步頭❸，帝朗吟曰❹：

霧翳鐘聲小❺，沙平樹影長。

近臣未及屬和❻，陶應聲曰：

寒灘魚吸月❼，古壘鴈鳴霜❽。

帝稱賞者久之，因呼爲寒灘妓。裕宗崩，屏居都下，常往來行遣魏若眞家❾。其夫人無子而妬，意與若眞通，痛加箠楚❿。陶不勝恚恨⓫，捐珠玉首飾，募刺客入若眞家⓬，爲御子所得⓭，辭連寒灘。寒灘懼，乃落髮披緇，逃名佛跡寺㈠⓮。講經說偈⓯，數月精通㈡⓰。常構居淨庵⓱，會客屬求榜文。

時有村中小童年十四五，寒灘欺其少，戲曰：「彼豎子亦能文乎⓲？試爲我綴之⓳。」生全無怒色，退而廉得寒灘事跡㈢⓴，爲文曰：

蓋聞：佛本慈悲，其名曰覺㉑。人能清淨㉒，卽僞成眞；能脩法界津梁㉓，便是叢林宗主㉔。敬惟佛跡山庵主陶氏，名逃樂籍㉕，頂禮梵王㉖。桃口柳腰㉗，掉舌際纔按閱梁州幾曲㉘；慈雲慧日㉙，擡頭間已皈依兜率諸天㉚。裙抛湘水層層㉛，鬢落楚雲段段㉜。夢裡無端觸景㈣，半枕遊仙㉝；風前何處撩人㉞，數腔短笛㉟。歌院不如僧院靜㊱，衲衣絕勝舞衣涼㊲。水掬曹溪㈤，猶分窺鏡影㊳；夜宣貝葉，尚作遶梁聲㊴。雖云禪定忘機㊵，巨奈狂心被酒㊅(41)。足不向潯陽送客(42)，身却來杭郡參禪(43)。五陵兒拋錦纏頭，追隨未已(44)；三生客結蓮花社，招引何頻(45)！鐘殘茶歇無餘事，好向山房一打眠(46)。

文成，大揭寺門(47)，遠近傳寫。寒灘乃挺身宵遯。

聞海陽麗奇山寺㊆(48)，山幽水清，仙景絕勝，寺有老宿法雲(49)，及小僧無已，因投謁焉。法雲不納，且謂僧曰：「此女行非謹愼㊇(50)，性涉輕儇，年屬妙齡，色幾傾國(51)。竊恐禪心匪石(52)，尤物移人(53)，雖紅蓮不染黑泥(54)，然尺霧易籠皎月。汝善拒之，無貽後悔。」僧不聽，竟受之。法雲卽日移居鳳凰絕頂(55)。

陶雖居淨境㊈，然故態猶昨，每上堂講㊉，披鮫綃之衣(56)，曳砑羅之裙(57)，施宮樣之粧(58)，欲界既親(59)，禪機易觸，遂與之私焉。二人既相得，放情肆慾，不啻如經旱之霖(60)，逢春之蝶，禪窗象教㊁(61)，不暇留念(62)。但昏迷任意，日與陶氏聯句㊂，凡山間景物可供吟詠者，無不揮毫紀勝(63)。不能徧錄，姑述其一二于左(64)：

其一　山雲

遙睇濃還淡(65)，天邊濕未晞(66)；曉隨疎雨去，暮帶落霞歸。靉靆因風捲(67)，悠揚到處飛；
僧慵童亦懶，誰為掩岩扉(68)？

其二　山雨

一雨千岩暝(69)，瀟瀟作意鳴(70)；珠璣堆地色(71)，星斗落天聲。溜奪泉流急(72)，涼回客夢
清；山房無箇事，入夜幾殘更。

其三　山風

靈籟噓幽澗㊂[73]，終宵淅淅聲㊃[74]；翻花紅意亂[75]，捲樹綠陰鶯㊄[76]。僧衲含涼淺[77]，鐘樓送響清；茫茫天地內[78]，非為不平鳴[79]。

其四　山月

隱隱林梢迴[80]，連空灝氣浮[81]；銜山銀鏡缺[82]，隔霧玉盤收[83]。影落松關靜[84]，涼回竹院幽[85]；清光隨處有[86]，何必上南樓[87]？

其五　山寺

一簇輝金碧[88]，岩腰隱夕陽[89]；風高松洶浪[90]，天近桂飄香[91]。洞小禽聲鬧[92]，峯斜塔影長[93]；塵間名利客，望此幾徬徨[94]。

其六　山童

生長樵蘇地[95]，寧知淺草原[96]？狂歌雲黑暗，短笛日黃昏[97]。麋鹿麑鷖侶[98]，煙霞水石村；歸來深洞裡，雲閉小乾坤。

其七　山猿

隱約巢南侶[99]，緣崖日幾回[100]？愁將巴淚落[101]，聲入楚雲哀[102]。飲澗呼朋去[103]，聞經喚伴來㈥[104]；雲深何處覓？山色正崔嵬[105]。

其八　山鳥

身世雲煙外，依依盡日閑；一聲山色瞑[106]，數箇夕陽還[107]。僧供銜來果[108]，巢棲到處山；啁啾誰會意[109]？飛繞薜蘿間[110]。

其九　山花

暖入高低樹，枝枝火欲燃[111]；東西霞世界，遠近錦山川。紅雨林腰墮[112]，香風洞口傳；自開還自落，今古幾春天。

其十　山葉

一碧天無際[113]，叢條人望迷；秋來黃被逕[114]，春到綠盈蹊[115]。晝倦無人掃㈦，煙深有鳥啼；蒼然看不盡，千里夕陽西[116]。

夫何昏迷不返，取快目前[117]，樂極生哀㈧，理無足怪。己丑年果得胎病，自春徂夏[118]，動止須人[119]。僧素不善醫，又不諳方顯治，蓐間抱犢[120]，輾轉而亡[121]。僧哀痛殊甚，殯在西廊盡處[122]，旦夕撫棺泣曰㈨：「汝銜冤老草[123]，爲我而終，脫得相從，甘心瞑目[124]，誠不使佳人獨死；況娘子平生聰敏，特異凡流[125]，死若有知，早求我於黃間之境[126]，不願與法雲相見也。」數月後，亦因思致病，纏綿半載，饘粥不刺㈩[127]。一夕見寒灘就曰：「妾前者以桑榆之景[128]，陪蘭蕙之遊㈢[129]；笑塵慮之難抛，恨障根之未滅[130]。瑤臺命涙[131]，遂致分飛。生前未足於深歡，歿後何妨於再合？

所望悟六如之法偈(132)，拋四大之禪床(133)，誓棄招提(134)，屈臨泉壤㉒，使妾仰憑佛力，驟假冥胎(135)，了別一段寃家債也。」言終不見，疾遂加劇㉓(136)。法雲聞之，下山相省(137)，至則疾不可爲矣。相覷流涕，頃然而逝(138)。

是夜風雨晦冥(139)，都下飛沙折屋。前行遣若眞夫人夢兩蛇交嚙，穿脇傍左腋(140)，遂覺胎孕。生兩男，乃命名長曰龍叔，次曰龍季。周歲能言，八歲能屬文(141)，甚爲父母所鍾愛(142)。時方盛夏，若眞一日於飛樓避暑(143)，樓瞰街衢，有丐僧經其下，躊躇眺望(144)，欲捨不能，俄嘆曰：「異哉如此樓臺！會見爲蛟龍淵窟(145)，可惜！可惜！」若眞駭愕失色，遽追而叩之(146)。初不肯言，但曰：「適間恍惚，非有異聞，幸勿深訝(147)。」公强請不置(148)，乃言：「君家上積妖氣甚濃(149)，非前身業報，則今世寃家(150)，其人已在室中，不出數月㉔，闔門無遺類矣(151)。」若眞哀懇求救，僧曰：「僕本以相人之術顯(152)，請一一諦覷(153)，若見其人㉕，卽扣盆爲識(154)；誠泄一言，禍今作矣(155)。」若眞命家人一時參拜(156)，僧搖首曰：「若無其人，未必遽形變象㉖。」索之再三(157)，乃召兩男於學府中。旣至，僧卽以手扣盆，漠然嘆曰：「美哉二丈夫(158)！信能立奇事業，興造君家，駭世觀瞻，未必非此人也。」二人怒曰：「僧來何從？妄爾饒舌(159)！」各拂衣而去。若眞不懌，僧亦辭去(160)。是夕，龍季泣謂龍叔曰：「日間妖僧，言多不類(161)，似有覬覦之心㉗，縱彼知之，吾曹無地矣！」龍叔笑曰：「能除去我，惟老宿法雲，其餘諸子，唾手掠符耳(162)！況彼以骨肉之親，必不嫌於我，可保無虞矣！」一時若眞寢不成寐(163)，獨步徘徊，適於窗隙間聞之(164)，驚怖駭愕，計不知所出。

明日，托以他事㉘，廣訪名藍，求法雲姓名(165)。月餘，至麗奇山寺，有童言少時聞有是名，已移入深山若干年矣(166)。因指鳳凰絕巘曰：「是矣(167)。」乃褰裳而往，又四五里，始達其境。僧方隱几而臥(168)，鼾聲如雷(169)，左右有二童子侍立。若眞傴僂步進(170)，二童呵止(171)。僧睡尋覺(172)，若眞致拜，具告以來意。僧笑曰：「先生何誤耶？老生身不棲寺觀㉙，足不躡城市(173)，已多時矣。秖能於構草庵中(174)，掃地焚香，誦楞嚴數遍(175)，飛符走籙，非分內事(176)！」拒之甚嚴。二童從傍贊曰：「我佛以慈悲爲筏(177)，濟渡爲門，憫苦海之沉淪，救迷川之陷溺(178)，蓋欲同登彼岸，共沐善緣(179)；若復牢辭，豈能宏大(180)？」僧始欣然聽納。仍卽其地，設法壇，四面張燈，以朱書符籙。一更許，有黑雲十丈，周匝壇邊(181)，寒風颯來，冷不可犯(182)。僧持鐵如意(183)，指揮左右，時或離壇，若訴駡之狀(184)。若眞遙於別所，開簾竊覘，寂無所見(185)，但於空中聞哭聲縷縷(186)。俄而聲止，雲漸散去。明日，僧以雄黃塗石，書墨其上㉚，授若眞曰：「公歸時見妖祟變爲甚物㉛(187)，急以石投之，禍根自絕矣。」既到家，見家人環泣(188)，言：「於某夜三鼓，二子相攜，入井而死，井水大漲，幾沒庭階。妾已謹殯在南園㉜，俟卿還葬耳。」若眞曰：「死亦何言？」家人曰：「但相悔曰：『遲數箇月，吾事畢矣，重爲狂僧所誤(189)。』」因復大慟(190)。若眞止之，共卽南園剖棺而驗(191)，已化爲兩蛇㉝。投之以石，旋朽爛成灰。

夫婦厚賫金帛，往謝法雲(192)。至則苔鎖草庵，無復行跡，竟悄然而返(193)。

嗚呼！「攻乎異端，斯害也已(194)。」況既治其敎而反不依其敎，流害豈勝言哉？彼無己以奸人之雄㉞，肆奸淫之態㉟，不徒欺人，又欺其所謂佛者㊱，律以魏主沙門之誅，有餘辜矣(195)。然則若眞果無失乎？曰：「為達宦而若是㊲，正家奚其得哉？禍胎果釀，幾陷不測(196)，『出乎爾者反乎爾』，何足多怪！」㊳

【校】

㊀逃名佛跡寺 甲、丙本「名」作「居」。

(二)數月精通　甲、丙本「通」作「進」。

(三)退而廉得寒灘事跡　「廉」原作「賺」，據甲、丙本改。

(四)夢裡無端觸景　「景」，舊編注云：「一作影」。

(五)水掬曹溪　「曹」原作「漕」，據甲、丙本改。按曹溪源出廣東省曲江縣東南，典見傳燈錄。

(六)叵奈狂心被酒　舊編注云：「酒，一作汩。」

(七)聞海陽麗奇山寺　甲、丙本無「山」字。

(八)此女行非謹慎　「慎」，甲、丙本作「愿」；舊編則注云：「一作願」。

(九)陶雖居淨境　甲、丙本「陶」作「寒灘」。

(一〇)每上堂講　甲、丙本無「講」字。

(一一)禪窗象教　甲、丙本「禪」作「蜂」。

(一二)日與陶氏聯句　甲、丙本無「氏」字。

(一三)靈籟噓幽澗　甲、丙本「澗」作「洞」。

(一四)終宵淅淅聲　甲、丙本「淅淅」作「策策」。

(一五)捲樹綠陰驚　「陰」原與「心」小字並列，蓋二字均可；因甲、丙本作「陰」，故但取之。

(一六)聞經喚伴來　「喚」，甲、丙本作「作」，舊編亦注云：「一云作」。

(一七)晝倦無人掃　舊編注云：「倦，一作永。」

(一八)極樂生哀　甲、丙本「生」作「而」。

(一九)旦夕撫棺泣曰　甲、丙本「泣」作「哭」。

(二〇)饘粥不刺　甲、丙本「刺」作「利」。

㉑陪蘭蕙之遊　甲、丙本「蕙」作「若」。

㉒暫棄招提，屈臨泉壤　丙本二句倒置。

㉓疾遂加劇　甲、丙本「疾」作「病」。下同。

㉔不出數月　甲、丙本「數」作「五」。

㉕若見其人　甲、丙本無「若」字。

㉖若無其人，未必遽形變象　甲本作「若非其人，未必遽變形象」，丙本同甲本，唯無「必」字。

㉗似有覬覦之心　甲、丙本「覬」作「窺」。

㉘托以他事　「事」，舊編注云：「一作務」。

㉙老生身不棲寺觀　「生」，甲、丙本作「夫」，舊編亦注云：「一作夫」。

㉚書墨其上　甲、丙本「書墨」作「墨書」。

㉛見妖祟變為甚物　甲、丙本「甚」作「某」。

㉜妾已謹殯在南園　「已謹」原作「謹已」，據甲、丙本改。

㉝已化為兩蛇　甲、丙本「兩」下有「黃」字。

㉞彼無己以奸人之雄　甲、丙本「人」作「民」。

㉟肆奸淫之態　甲、丙本「奸」作「邪」。

㊱不徒欺人，又欺其所謂佛者　舊編注云：「一作『不徒欺人，又欺其法，又欺其所謂佛者』。」

㊲為達宦而若是　甲、丙本「宦」作「官」。

㉘甲本文末有「終畢」二字。

【注】

❶舊編：妓，女樂也。
新編甲：妓，女樂也。
❷舊編：裕宗年號。
新編甲：紹豐，陳裕宗年號。
❸新編甲：水際渡頭曰步，又水津為步。陳太宗天應政平六年二月，移造靈光殿於東步頭，號風水殿，凡車駕所幸，駐蹕於此，百官迎送，必獻檳榔及茶，故俗呼茶殿。出國史。
❹新編甲：朗，明也。
❺舊編：翳，蔽也。
新編甲：翳，蔽也。
❻舊編：屬，音祝，續也。和，音畫，聲相應也。
新編甲：和，應和也。
❼舊編：灘，他丹切，瀨也。
新編甲：灘，水灘也。吸，氣入為吸。
❽舊編：鴈畏寒，秋北來，鳴則霜降。
❾舊編：行遣，官名。
❿新編甲：箠，杖也。楚，叢木。

⓫舊編：恚，音惠，怒恨也。

⓬舊編：募，廣求也。刺，音戚，殺也；為人而殺人報讐者曰刺客。

新編甲：募，招也。

⓭舊編：御，扞也；御子乃執御之人，家臣之長也。

新編甲：御，扞也；御子乃執御車之人，家臣之長也。

⓮舊編：緇，黑紺色。

舊編眉批：髮雖短而心甚長。

新編甲：緇，音（旨）而切，黑紺色。佛跡山寺，在石室縣柴溪社。

⓯舊編：偈，音忌，釋氏語。

⓰新編甲：梵語云：「精進」，了知也。

⓱舊編：圓屋結草木為小廬曰庵，今釋流寺內別室皆曰庵。

新編甲：庵，草舍也。

⓲新編甲：豎子，童僕未冠之稱。

⓳舊編：綴，拙、贅二音，聯也。

新編甲：綴，音拙，又音贅，聯也。

⓴新編甲：廉，察也。

㉑舊編：佛者覺也，中華人謂佛為覺，以其能覺悟群生。

新編甲：佛者覺也，中華之人言佛為覺，以其覺悟羣生也。出書言。

㉒新編甲：六祖謂知性也，通曰清淨法身。

㉓舊編：法，佛法也；界，十八界也。如眼見處、耳聞處、鼻臭處、舌味處、身能處、意思處之類。一切皆空，則真心藹（蕩）然清淨。金剛經。

新編甲：界，十八界也。津，水渡也。梁，水橋也。法界，如眼見處、耳聞處、臭鼻臭處、舌味處、身〔能處〕、意思處之類。一切皆空，則真心蕩然清淨。出金綱（剛）經。

㉔舊編：叢林，僧設法聚處也。

新編甲：叢，徂紅切，聚也；僧聚處曰叢林。出合壁。

㉕舊編：樂籍，即敎坊司。

㉖舊編：梵，音飯，佛也。

新編甲：梵，音飯，天竺國淨梵王也。

㉗舊編：白樂天詩：「櫻桃樊素口，楊柳小蠻腰。」

新編甲：白樂天二妾：一名樊素，口似櫻桃而紅，善歌；一名小蠻，腰似楊柳而軟，善舞。白有詩云：「櫻桃樊素口，楊柳小蠻腰。」出書言。

㉘舊編：掉，搖動也。梁州，曲名，唐明皇製。

新編甲：漢酈食其已說下齊，辨士蒯徹（通）言於韓信曰：「酈生一士，伏軾掉三寸之舌，下齊七十餘城。」出西漢史。唐天寶樂章多以邊地名曲，若梁州、甘州、伊州之類。出羣玉十一尤韻。

㉙舊編：鷄跖集云：「如來慈心，如彼大雲，蔭注世界。」又頭陀寺碑云：「慧日，即佛日也。故禪家偈有云：『蔭慈雲于真際，則火宅晨涼；曜慧日于康衢，則重昏夜曉。』」

新編甲：「如來慈心，如彼大雲，蔭注世界。」出羣玉十三文韻。頭陀寺碑云：「蔭慈雲于真際，則火宅晨涼；曜慧日于康衢，則重昏夜曉。慧日普照，智目（月）常圓，法雷頻響，慈雲遍覆。」出事類捷錄佛類。

㉚舊編：擡，音苔，舉也。法苑云：「兜率天雨摩尼珠。」又菩薩云：「大安和尚，心在兜率彌勒宮聽法。」按佛家謂天為兜率宮。

新編甲：擡，音臺，舉也，摁動也。唐張彖為華陰主簿，為守令所抑，歎曰：「大丈夫有凌雲蓋世之志，而拘於下位，如立身矮屋之下，使人擡頭不得。」遂棄官而去。時楊國忠專權，公卿以下，莫不諂事，或勸彖謁之，曰：「一是（見），富貴可立圖。」彖曰：「君輩倚楊右相如泰山，吾以為冰山耳！若皎日一出，君輩得無失所恃乎？」遂隱嵩山。出尚友錄。兜率三十三天之上曰兜率天，乃佛境界。出天下異紀廣利海神傳。

㉛新編甲：抛，擲棄也。湘水，湘江之水，到底澄清。

㉜舊編：楚巫山美人詩：「裙拖六幅瀟湘水，鬢擁巫山一段雲。」今日抛曰落，是指披緇削髮時也。

新編甲：楚雲，楚巫山美人詩：「裙抛（拖）六幅瀟湘水，鬢擁巫山一段雲。」出類聚。

㉝舊編：開元遺事：「龜茲國進枕，其色若瑪瑙，溫潤如玉，製作甚工。枕而寐者，則十洲、三島盡在夢中。帝因號遊仙枕。」

新編甲：唐（五代）（王仁裕）開元遺事：「龜茲國薦枕，其色若馬（瑪）瑙，溫潤看（若）玉，製伯（作）甚工。枕之而寐，凡十州、三島盡在夢中。帝因號為遊仙枕。後賜楊國忠。」出詩學大成。

㉞新編甲：嫽（撩），理也，山（挑）昇（弄）也。

㉟舊編：腔，曲江切，俗謂歌曲調曰腔。笛，以竹一節長尺餘為之，七孔或三孔。古詩：「月下誰人短笛橫？」

新編甲：短笛，秋聲也。秋聲詩：「風前何處寒砧切？月下誰人短笛秋（橫）？」出正宗。

㊱新編甲：靜，寂也。

㊲舊編：衲，音納，補也。比丘白佛：「當著何衣？」曰：「應著衲衣。」

新編甲：衲，音納，補也。比丘白佛：「常（當）著何衣？」曰：「□（應）著衲衣。」

舊編眉批：珍般淨供，門雜爭奇，幼婦云云。

㊳舊編：兩手所捧曰掬。梁天監元年，有天竺僧智藥自西土來，泛舟溪上，尋流至韶州漕（曹）溪水口，聞其香，掬而嘗其味，曰：「此水上流有勝地。」尋得之，遂開山，立寶林。

新編甲：掬，兩手所奉為一掬。梁天監初，天竺僧智藥自西土來，泛船至韶州曹溪水曰（口），聞其香，掬其水嘗味，曰：「此水上流有勝地。」尋之，遂開山立〔寺〕，名寶林，之（乃）北（云）。出圓機。

㊴舊編：貝葉，即蕉葉，長六七尺，隆冬不彫，西域寫經多用此，故名經為貝葉。韓娥東之齊，過雍門，匱糧，鬻歌而假食，既去而餘音遶梁〔欐〕，三日不絕。

新編甲：貝葉，即蕉葉，長六七尺，冬不彫，西域寫經多用此，故名經為貝葉。出唐詩。韓俄（娥）東之齊，過雍門，糧匱，鬻歌假食，既去而餘響（音）遶梁〔欐〕，三日不絕。出圓機。

㊵舊編：禪定，言守靜也。智湟問：「六祖以何為禪定？」玄策曰：「我師妙湛圓寂，五陰本空，六塵非有。」

新編甲：禪定，以守靜也。智隍（湟）問：「六祖以何為禪定？」玄策曰：「我師妙湛圓寂，體用如如，五陰本空，六塞（塵）非有。」出合璧。

㊶舊編：叵，音頗，不可也。

新編甲：叵，音頗，不可也。

㊷舊編：唐長安娼女善琵琶，年長色衰，委身為賈人婦，從夫商，泊船潯陽江頭。時白樂天送客下船到此，忽聞琵琶聲，徧尋得之，遂請移船來彈以送客。

新編甲：尋（潯）陽，江州郡名。唐長安娼女善彈琵琶，年長委身為賈婦，從夫行商，泊船尋（潯）陽江頭。時江州司馬白樂天送客下船到此，忽聞琵琶聲，徧尋得之，即請移船來彈以送客。出標英。

㊸舊編：杭妓名琴操，善問答，東坡善之。後因在西湖戲琴曰：「我作長老，爾試參禪。」問琴（琴問）云：「何謂湖中景？」答云：「落霞與孤鶩齊飛，秋水共長天一色。」又問：「何謂景中人？」答云：「裙拖六幅瀟湘水，鬢擁巫山一段雲。」又問：「何謂意中人？」答云：「隨他楊學士，鼈殺鮑參軍。」「如此究竟如何？」坡云：「門前冷落鞍馬稀，老大嫁作商人婦。」琴大悟，遂削髮為尼。

新編甲：宋蘇軾，字子瞻，號東坡，在杭西湖有妓曰琴操，公携之游。一日戲謂琴操曰：「我作長老，你來參禪。」琴問曰：「何謂湖中景？」公答曰：「落霞與孤鶩齊飛，秋水共長天一色。」「何謂景中人？」曰：「裙拖六幅瀟湘水，鬢掃（擁）吳江（巫山）一段雲。」「何謂人中景？」曰：「隨化（他）楊學士，鼈殺鮑參軍。」「如此究竟何如？」坡曰：「門外冷落鞍馬稀，老大妓（嫁）作商人婦。」琴大悟，悉（遂）削髮為尼。出尚友錄。

㊹舊編：五陵，富豪者所居，後之言富者曰五陵兒，五陵謂長陵、安陵、陽陵、茂陵、平陵。舊俗賞歌舞人，以錦綵置頭上，謂之拋錦纏頭，蓋本唐時魚朝恩出錦為郭子儀纏頭之費。

新編甲：西都賦：「漢高帝長陵，惠帝安陵，景帝陽陵，武帝茂陵，昭帝平陵。」出羣玉十魚韻。又五陵，豪富者□（所）居，後之言富者曰五陵兒。唐舊俗賞歌舞人，以錦綵置之頭上，謂之拋錦纏頭。杜詩：「百寶粧腰帶，珍珠絡臂講（韝）；笑時花近眼，舞罷錦纏頭。」出圓機。

㊺舊編：有一省郎遊南花寺，夢至碧岩下一老僧前，煙穗甚微，云：「此是檀越結願，香煙存而檀越已三生矣！第一生，玄宗時為劍南安撫巡官；第二生，憲皇時為西蜀書記；第三〔生〕，卽今生也。」省郎恍然方悟。晉僧惠遠居廬山東林寺，有白蓮花，與陶潛十八人同修淨土，號白蓮社。

新編甲：有一省郎遊〔南〕花寺，夢至碧巖下，見一老僧前，煙穗甚微，僧曰：「此是檀越結願，香煙有（存）而檀越已三生矣！第一生，玄宗時劍南安巡撫官；第二生，憲宗時西蜀書記；第三生，卽今生也。」省郎恍然方悟。出羣玉八庚韻。招侶修行曰結蓮花社。普（晉）惠遠出廬山，與劉遺氏等十八人修靜（淨）土，號白蓮社，以書招淵明，淵明曰：「若許飲卽往。」遠許之。淵明既至，因無酒，故不悅，攢眉而去。出書言。

㊻舊編眉批：全篇句句深中寒灘之病，結句尤深。

㊼舊編：揭，舉而豎之也。

新編甲：揭，舉而豎之也。

㊽新編甲：麗奇寺，今在至靈縣。

㊾舊編：老宿，高年僧也。

㊿新編甲：行，去聲。愿，善也。儇，呼關切；輕儇，輕薄巧慧之子。

51舊編：李延年妹絕美，延年侍上，酒酣歌曰：「北方有佳人，絕世而獨立。一笑傾人城，再笑傾人國。不惜傾城國，佳人難再得。」武帝聞之，乃召入宮。

新編甲：妙齡，年幼也。漢李延年妹姿色殊美，延年侍于武帝，酒甜（酣）歌曰：「北方有佳人，絕世而獨立。一笑傾人城，再笑傾人國。不惜傾城國，佳人難再得。」帝聞，乃召入宮。出幼學女子□（類）註。

52 舊編：詩云：「我心匪石，不可轉也。」言石猶可轉，我心不可轉也。

新編甲：詩邶國風：「我心匪石，不可轉也。」言石可轉，而我心不可轉。

53 舊編：左傳：晋叔向〔欲〕娶申公巫臣氏女，其母曰：「汝何用此為哉？吾聞：『甚美必有甚惡。』夏姬已殺三夫，其女雖美，種類不好。夫有尤物，足以移人；苟非德義，則必有禍。」

新編甲：光（尤），怪也；謂美婦人為尤物。左傳昭公二十八年：白（申）公巫臣娶夏姬，有技□（術），老而復壯，諺曰：「夏姬得道，□（鷄）皮三少。」生女而貌美。晋叔向□（欲）娶其女，母曰：「汝何以為哉？夫有尤物，足以移人；苟非德義，則必有禍。」叔向懼不敢，平公强使娶之，生伯石，伯石娘（狼）子野心，竟滅羊舌氏。出書言。

54 新編甲：宋周敦頤，字茂叔，愛蓮說云：「草木之花，可愛者甚繁；予獨愛蓮之出于(汙)泥而不染，濯清漣而不妖，中通外直，不□（蔓）不枝，香遠益清，亭亭淨植，可遠觀而不可褻玩焉！誠花之君子也。」出尚友錄。

55 新編甲：卽，便也。

56 舊編：博物志：「南海外有鮫人，水底居，不廢緝績。嘗從水中出，寄寓人家，積日賣綃。綃者，竹乎俞也。臨去，從主人索器，泣而出珠滿盤，以與主人。」

舊編眉批：□拘羅、薄拘羅。

按：薄拘羅者，佛弟子也，又作薄矩羅、薄俱羅、婆拘羅、縛矩羅、波鳩羅，譯曰「善容」或「偉形」，壽長百六十歲，後得阿羅漢果，佛典中有薄拘羅經。此處眉批不知何指？姑存疑。

新編甲：鮫，音交。綃，音宵。鮫人，泉客也，織綃於水堂，賣於人間，夏天展之，一室凜然。出羣玉二蕭韻。

57 舊編：研，碾也。按李珣夢王母宴群仙，舞者帶「研光帽」，則研字為是；作牙，非。方目紗綺曰羅，取象也。

新編甲：研，音迓，碾也。羅，綺帛之美也。崔懷寶贈薛瓊瓊箏詩：「平生無所願，願作樂中箏；得近玉人纖手子，研羅裙上放嬌聲。」出圓機。

58 舊編：劉禹錫詩：「高髻雲鬟宮樣粧，春風一曲杜韋娘。」

新編甲：劉禹錫詩：「高髻雲鬟宮樣粧，春風一曲杜韋娘。」

59 新編甲：欲界有四種，如迷暗、邪心、惡念、望想之類是也。出金剛經。

60 舊編：雨三日為霖。

61 舊編：如來既化，諸弟子想慕不已，刻木為象貼敬之，謂之象教，言以形象教人也。

新編甲：古靈行脚回參受業師，師窗下看經，有蜂子投窗求出，靈曰：「世界如許闊，不肯出，鑽它故紙。」出羣玉三江韻。「正法既沒，象教陵夷。」頭陀寺碑謂刻木為佛，以形象教人也。出羣玉十九效韻。

62 舊編眉批：超生極樂。

63 舊編：毫，筆也。

舊編眉批：雖無絲竹之音，而一唱一和，亦足以敘暢幽情。

新編甲：供，具也。毫，筆也。

64 新編甲：題詩十首，每詩僧二句、陶二句。

65 舊編：睇，小視也。

新編甲：睇，音第，小視也。

66 舊編：晞，音希，乾也。

新編甲：晞，明、不明之際。

67 舊編：靉靆，雲盛貌。

新編甲：靉，音愛；靆，音代。靉靆，雲盛貌；一曰雲暗。

68 舊編：扉，戶扇也，以木為之。

新編甲：扉，戶扇也，以木為之。

69 舊編：暝，眉病切，晦也。

新編甲：暝，眉病切，晦也。

70 舊編：瀟瀟，風雨暴疾貌。

新編甲：瀟，音宵；瀟瀟，風雨暴疾貌。

71 新編甲：珠，珍珠也。璣，大珠有光。

72 舊編：溜，力救切，水流下也。

新編甲：溜，力救切，留去聲，水溜下也。

73 舊編：籟，風也。嘘，吹也。

新編甲：籟，音賴，凡孔竅機括皆曰籟，風吹萬物有聲曰籟。

74 舊編：淅，音昔；淅瀝，雨聲也。

新編甲：策策，落葉聲。韓愈詩：「秋風一披拂，策策鳴不已。」出正字通。

75 新編甲：花，草木之葩也。

76 新編甲：綠，青黃間色也。

77 新編甲：衲，百衲衣也。

78 新編甲：茫茫，廣大貌。

79 舊編：韓愈送孟東野序云：「大凡物不得其平則鳴：草木之無聲，風撓之，鳴；水之無聲，風蕩之，鳴。」、「人之於言也，亦然，有不得已〔者〕而後言。」

新編甲：鳴，凡出聲皆曰鳴。韓文：「凡物不得其平則鳴：草木之無聲，風撓之，鳴；水之無聲，風蕩之，鳴。其躍也，或擊（激）之；其趨也，或梗之；其沸也，或炙之；金石之無聲，或擊之，鳴。人之于言也，亦然，有不得已〔者〕而後言：其歌也，有思；其哭也，有懷。凡出乎口而為聲者，其皆有弗平者乎！」出幼學訟獄類。

80 舊編：梢，音筲，木枝也。迴，戶頂切，寥遠也；作迥，非。

新編甲：梢，所交切，木枝也。迴，戶頂切。

81 舊編：灝，夷曠也。

新編甲：空，天也。灝，胡老切，夷曠也。

82 舊編：銀鏡，月也。

新編甲：銜山，山銜半邊月也。銀鏡，月也。

83舊編：「少時不識月，呼作白玉盤；又疑瑤臺鏡，飛上青雲端。」
新編甲：玉盤，月也。李白詩：「少時不識月，呼作白玉盤；又擬（疑）瑤臺鏡，飛上青雲端。」出詩學大成。

84新編甲：松關，古寺松門也。徐玉泉詩：「古寺松關不亂開，高僧盡日遣幽懷。」出詩學大成。

85新編甲：「因過竹院逢僧話。」出唐詩。

86新編甲：清光，謂秋月清光，無處無之也。

87舊編：庚亮：「乘月登南樓。」
新編甲：庚亮，明穆皇后兄，風格峻整，動內（由）亂（禮）節，隋（時）人方之夏侯大（太）初，事東晉為司空。因蘇峻為亂，后亮避禍，求鎮於外，受江、荊等州督（都）督軍事。逞（建）高樓，每日政事罷，登樓望四方，風景殊異，或空閑，竟日不下，以候風信。嘗與殷浩及諸參佐等，登南樓玩月、飲宴、坐胡牀，待月盡而後已。出七寶故事。
按：「明穆」下原衍「元」字，據晉書庚亮傳刪。

88舊編：簇，音促，小竹叢生也；寺言一簇者，取叢生之義。
新編甲：簇，千玉切，音促，聚也。宋太宗作開寶塔，塔成，田錫曰：「衆以為金碧輝煌，臣以為塗膏釁血。」帝亦不之恣（怒）。

89舊編：日入山之西為夕陽。
新編甲：日〔入〕山西曰夕陽。

90舊編：洶，許拱切，水涌聲也；此言風動松鳴，其聲洶洶，如波浪然。
新編甲：洶，許拱切，水涌聲。松風詩：「一颯風生十里聲，波濤疑在樹間鳴。」出詩學大成。

91 新編甲：唐宋之問，字廷（延）清，詩：「桂子日中落，天香雲外飄。」出詩學大成。

92 舊編：鬧，由（內）教切，擾也。

新編甲：鬧，奴教切，擾也。

93 新編甲：楊淙詩：「青山影裡塔重重，一逕斜穿十里松；日出扶桑僧未起，箇中閑散勝三公。」出圓機。

94 舊編眉批：山以「麗奇」名，而景也奇，物也奇，春水奇，詩多奇，儘囊括，端的無雙。

新編甲：幾，音几。徬徨，徘徊也。

95 舊編：樵，取新也；蘇，取草也。

新編甲：取新曰樵，取草曰蘇。

96 新編甲：原，壙野也。

97 新編甲：牧童詩：「草鋪橫野里，笛弄晚風聲；歸來黃昏後，蓑衣臥月明。」出圓機。

98 舊編：麋，鹿之大者。麋，陰獸，冬至解角；鹿，陽獸，夏至解角。鳧，鴨也；鷺，鷗也，皆水鳥。

新編甲：麋，音糜。鳧，音符。鷺，于欺切。侶，徒也。

99 新編甲：侶，伴也，朋也。聲（謦）隅子，或曰：「孔子何其隱約也！」曰：「孔子者，宅天下而不足言廣，居一室而自以為綽；壽萬歲而人不以為夭，去千古而身亦如在。奚其隱約哉？」出韻瑞十樂韻。唐王縉讀書嵩山，有四人攜榼來訪，自稱巢南、林大節、孫文□（蔚）、石乩，高談劇論，化為猿而去。出天下異紀聽經猿傳袁遜喝（偈）註。

按：「乩」下又注云：「音鷄。」「石乩」，或作「石虬」，或作「石媚虬」。

100 舊編：崖，涯、牙二音，山邊也。

新編甲：崖，山遠地有垠崿〔也〕。

101 舊編：荊州記：「巴東三峽猿長鳴，至三更，聞者流涕，語云：『猿有離群。』巴峽供愁思。」

新編甲：巴，卽巴東也。荊州記：「巴東三峽猿長鳴，至三更，聞者流淚。」出圓機。

102 舊編：楚王使養由基射猿，始調弓，猿抱樹哭。

新編甲：楚庭有神白猿，善射者皆莫能中。莊王使養由基射之，矯弓操矢而往，未之發，猿擁柱而號；旣發，則應矢而下。王大悅。出幼學技藝類。

103 舊編：宋王裕養一猿號「野賓」，久而放歸。後裕入蜀，有群猿連臂下飲澗，一猿捨群而前，後者指曰：「野賓！」呼之卽應，哀吟呼侶而去。

新編甲：宋王裕養一猿，名曰「野賓」，久而放歸山。後裕入蜀，有羣猿聯臂而下，飲澗清水，一猿捨羣猿而前，從者指曰：「野賓！」呼之而應，哀吟叫侶而去。出合璧。

104 舊編：孫恪白猿事。

新編甲：廬陵之屬邑吉水有東山焉，根盤百里，作鎮一方，秀麗清奇，望之如畫。後唐天成間，有修禪師者，結卉菴于山之絕處，樹木蒙密，路徑崎嶇，曠歲彌年，人跡罕至。惟樵夫深入，時見師坐松下，輒有羣鳥銜果集于前，師一一取食，食訖飛去。樵夫〔間〕以語人，好事者相率造菴訪之。師方鼾睡，樸握暖足，伊尼□（衞）牀，衆異之，競為除地集林，建大蘭若。棟宇粧嚴，不日而就。旣落成，名曰龍濟寺。菴前樹下，磐石坦平，師每據誦經，日以為常，有老猿樹間潛聽。一日師出，猿下，著袈裟，取經百（石）上閱之。師還望見，猿踉蹌走去，師不問，亦不以告諸僧，但心識之，曰：「此已解悟矣！」明日，果有峽州袁秀才求謁，白師曰：「遜，姓袁，字文順，峽中人也。族大以蕃，不樂住（仕）進。尋山望水，謝擾擾于各（名）場；問道參禪，談空空于釋部。側聞尊宿建大法幢，不憚遠來，求依淨社。如蒙不棄，夫復何求？」卽取書一幅呈師，乃贄啓也，其詞曰：「竊以生一拳夢幻之身，蓋出（由）惡業；熟三峽煙霞之路，亦自善緣。凡居覆載之間，悉在輪迴之內。恭惟龍濟山主、修公大禪師座下，性融朗月，目泯空花。衍衕□（數），則允過於圖澄；逞神通，則端逾於杯渡。菩提本無樹，機鋒肯讓於同胞；松栢摧為薪，泡影等觀於浮世。十方瞻仰，四衆皈依。如遜者，天地毫毛，山林蹤跡。悲來抱樹，誰憐懷（悽）側（惻）其傷弓？窮則投林，疇暇從容于擇木。無家可返，有佛堪依。痛茲妻子之淪亡，坐此功名之汩沒。逢人舞拙（袖），素非通臂之才；過寺題詩，忽動歸山之興。乾旋坤轉，無端變化幾湮沈；春去秋來，管得繁華有枯槁。伊欲出類而拔萃，除非捨妄以歸真。指示迷途，使入涅槃之路；引登覺岸，過（湍）依般若之舟。惟言（願）慈悲，和南攝受。」師覽畢，卽唱猖（偈）示之曰：「萬法千門總是空，莫思嘯月更吟風；這遭打箇翻筋斗，跳入毘盧覺海中。」遜大悟，亦作二偈以答，曰：「泉石烟霞水木中，皮毛雖異性靈同；勞師為說無生偈，悟到無生始是空。」、「萬種嘍囉林大節，千般伎倆（倆）木巢南；儂今踏破三生路，有甚禪機更妄（要）參？」唱訖，端坐而化，則一猿也。師始為說前事，衆皆嗟異。舉火荼毘之際，師親摩其頂，曰：「二百年後，還汝愛（受）用。」至宋南渡，有民妊婦，夢猿入室，誕生一男，貌與猿肖。及長，入龍濟為僧，名宗鎜。出天下異紀聽經猿傳。

按：「修」下又注云：「姓也。」「樸握」下又注云：「樸握，兎也。」「伊尼□（衞）牀」下又注云：「伊尼，鹿也。」「善緣」下又注云：「猿通臂，善緣。」「杯渡」下又注云：「高僧以木杯渡河，因名焉。」「涅槃之路」下又注云：「猶言無為，乃不生不死之境。」「般若之舟」下又注云：「猶言智慧；渡人使登彼岸，故曰舟。」「有甚禪機更妄(要)參」下又注云：「偈註已見『隱約巢南侶』句下。」

105 舊編：崔嵬，山高貌。

新編甲：崔嵬，高山（山高）貌。

106 新編甲：暝，音明，晦也；又去聲，眉病切，義同。

107 新編甲：數箇，幾枚也。言鳥飛倦怠，則知日暮，還休（林）而宿。出書言。

108 舊編：天竺沙門智伽，禪學深明，嘗坐禪，念欲虛齋，有群鳥銜果飛來投之，乃以供佛。

新編甲：僧智伯達，嘗坐禪虛齋，有羣鳥銜果飛來投之。出文苑。

109 舊編：啁，音周；啾，卽由切。小鳥群飛迫急之聲。

新編甲：啁，職流切，音周；啁唯（噍），小鳥羣沸（飛）急迫之聲。啾，卽由切；又韻府尤韻，歐詩：「桑枝生椹鳥啁啾。」

110 舊編：薜，音備，草名；蘿，女蘿也。皆緣木蔓生。

111 新編甲：燃，燒也。

112 舊編：李賀詩：「桃花亂落如紅雨。」

新編甲：言春日將暮，花亂落如紅雨。出標英。

113 舊編：際，畔也。

新編甲：際，畔也，極也。言木葉連天殺翠色也。

114 舊編：逕，小路也。

115 舊編：蹊，音溪，徑路也。

新編甲：蹊，音溪，徑路也。

116 舊編眉批：□（十）景中描寫絕奇，山間生色。

117 新編甲：快，稱意也。

118 舊編：徂，往也。

119 舊編：須，資也。

新編甲：須，資也。

120 舊編：蓐，音肉，薦也，以交蒲為薦席曰蓐。按醫書：婦人臨產有坐蓐。

新編甲：蓐，音辱，薦也，以交蒲為薦席曰蓐。按醫書：。婦人臨產有坐蓐。

121 舊編：輾轉，臥不安也。

新編甲：輾轉，反側也。

122 新編甲：殯，必慎切。

123 舊編：老老草草，雜亂之意。

新編甲：老草，事跡亦有關疑。

124 舊編：瞑，音明，閉目也。

新編甲：瞑，音明。

125 新編甲：持（特），坦（但）也。

126 舊編：黃間，黃泉也。

新編甲：天曰玄間，地曰黃間。

127 舊編：饘，音旃，厚粥也。刺，音次，次也。

新編甲：饘，音旃。粥，之六切。

(128) 舊編：桑榆，木名，謂晚也；或謂日入處也。淮南子曰：「西日垂影在樹端，謂之桑榆。」
新編甲：桑榆，晚也。景與影同。
(129) 舊編：寺曰蘭蕙。見書言。
新編甲：陪，隨也。若，音惹；寺曰蘭若，寂靜處也。出書言。
(130) 新編甲：塵，六塵也，如色、聲、香、味、觸、法之類。出合璧。障者，如生死迴輪之苦。
出金剛經。
(131) 舊編：瑤臺，佛寺名。
新編甲：泯，沒也，盡也。瑤臺露氣清。出羣玉十灰韻。
(132) 舊編：六如，謂一切有為法，如夢、如幻、如泡、如影、如雷（露）、如電，應作如是觀。金剛經。
新編甲：六如，謂二（一）切有為法，如夢、如幻、如泡、如影、如露、如電，應作亦如是。世稱為六如偈。出金剛經。
(133) 舊編：東坡與佛印禪遊，一日入見，師云：「內翰何來？此間無坐處！」公戲：「借和尚四大作禪床。」師曰：「山僧有一轉語，內翰言（下）卽答，當從所請；否則願留所繫玉帶，以鎮山門。」公許之。師云：「山僧四大本空，五蘊非有，內翰欲於何處坐？」公擬議未卽答，師急呼侍者收玉帶鎮山門。「四大，謂此身四大和合，毛髮、爪齒、皮肉、筋骨、腦髓、垢色皆歸於地，唾涕、膿血、涎沫、津液、精氣、大小便皆歸於水，煖氣歸火，動轉歸風，四大各離妄，身當在何處？」
新編甲：東坡借佛印四大作禪林（床）。「此身四大和合，毛髮、爪齒、皮肉、筋骨、腦髓、□（垢）色皆歸於地，唾涕、膿血、涎沫、津液、痰淚、精氣、大小便利皆歸於水，煖氣歸火，動轉歸風，四大各離，今者安身，常（當）在何處？」出羣玉七陽韻。

134 舊編：釋典記云：「梵語拓鬪提奢，猶華言四方僧佛也。訛拓為招，去鬪、奢，留提，故稱招提。」

新編甲：招提，古佛號，故寺名招提。出羣玉八齊韻。

135 新編甲：驟，與救切，疾速曰驟。

136 舊編：劇，增甚也。

新編甲：劇，竭戟切。

137 新編甲：省，視也。

138 新編甲：頃，俄頃也。

139 新編甲：冥，昏也。

140 新編甲：脇，身左右腋下也。

141 舊編：屬，音祝，著也。

新編甲：屬，音祝，著也；屬文，作文章也。

142 新編甲：鍾，聚也。

143 新編甲：飛樓，樓之高者故言飛。

144 舊編：眺，他吊切，望也。

新編甲：眺，他吊切，音糶，視也。

145 舊編：蛟，龍屬，似蛇，四脚，細頸。窟，苦骨切，孔也。

新編甲：窟，苦骨切，孔穴也。

146 舊編：叩，問也。

新編甲：遽，急卒也。扣與叩同。

147 新編甲：訝，音研。

148 舊編：置，赦也。

新編甲：强，上聲。置，赦也。

149 舊編：濃，乃同切，厚也，淡之對也。

新編甲：濃，厚也。

150 新編甲：業，業障也。一切衆生，皆自業緣中現，故為人之業緣，則生為人；作畜生之業緣，則生畜生，皆隨業受報也。出金剛經。

151 新編甲：闔，音合，總合（也）。

152 新編甲：相，視也。

153 新編甲：諦，音帝，審也。

154 舊編：扣，擊也。識，音至，記也。

新編甲：識，音至，記也。

155 新編甲：作，起也。

156 新編甲：參，謂（謁）也。

157 新編甲：索，求也。

158 新編甲：漠，澹靜貌。丈夫，男子也。

159 舊編：多言曰鐃舌。

新編甲：指多言曰鐃舌。豐干禪師居天台國清寺，初，閭丘公牧丹陽，忽頭痛，豐干咒水噴之，立瘥，閭丘異之，乞一言，示曰：「到任謁文殊普賢在國清寺，寒山、捨(拾)得是也。」閭丘訪之，見二人團(圍)爐笑語，閭丘致拜，寒山執丘手曰：「豐干饒舌！」出羣玉九屑韻。

160 新編甲：懌，音亦，悅也。

161 舊編：類，善也。
新編甲：類，善也，似也。

162 舊編：唾，吐臥切，口液也。
新編甲：掠，刼奪也。

163 新編甲：寐，彌計切，目閉神藏也。

164 新編甲：隙，空間也。

165 舊編：浮屠所居謂之伽藍。
新編甲：名藍，浮屠所居謂之伽藍。

166 舊編：若干，數未定之辭，猶言幾許也。
新編甲：若干，自一從十，故言若干，未定之辭也。

167 舊編：巘，語蹇切，山形如覆甑也。
新編甲：巘，語蹇切，山峰也。

168 舊編：隱，音印，倚也，凭也。

169 舊編：鼾，音汗，臥息粗也。
新編甲：鼾，音汗；鼾，臥息粗也。

170 舊編：傴僂，不伸也。

新編甲：傴，弋渚切，僂也；僂，音樓，尫也，又音呂。傴僂，不伸也。

171 舊編：呵，虎何切，責也。

新編甲：呵，虎何切，責也。

172 舊編：尋，俄也。

173 舊編：躡，尼輒切，蹈也。

174 新編甲：秖同祇。

175 舊編：楞同棱，楞嚴，佛經名。註：「楞者名一切事竟，嚴者名堅，即一切事究竟堅固也。」

新編甲：楞同棱；楞嚴，經名。佛家有楞嚴經，云：「迦棱（陵）仙言徧十萬界。」註：「迦陵，仙禽，在卵殼中鳴音已壓衆鳥，佛法音亦如之。」出韻瑞十蒸韻。

176 舊編：書著于竹，故符字從竹。

新編甲：走，叱使者曰走。籙，寶籙也；書著於竹，故從竹。

177 舊編：筏，音伐，編竹以渡水也。

178 舊編：苦海、迷川，謂衆生輪迴作業之地，即塵俗也。佛氏謂人生世間如沉淪於苦海，陷溺於迷川，須皈依佛法，後可以脱。李詩：「金繩開覺路，寶筏渡迷川。」

新編甲：閔與愍同。沉淪，沒也。僧詩：「金繩開覺路，寶筏渡迷川。」出圓機。

179 舊編：清涼禪師云：「般若者，苦海之慈航。航，船也。般若能渡化衆人，使之智慧，若海中之船渡人登於彼岸。」

新編甲：水涯高者為岸；彼岸者，西土也，俗以設喻諸佛地謂之彼岸。出合璧。清涼禪師云：「般若者，苦海之慈航。航，船也。般若能渡化衆人，使之智慧，若海中之船渡人登於彼岸。」出書言故事。緣，三緣也，一為了自己輪迴生死，二為納隆三寶，三為六道四生，皆令解脫。出合璧。

180 舊編眉批：盡法則傷恩，曲法則害於法，老僧蓋有不得已者，童子何知？

新編甲：牢，堅也。

181 舊編：匝，作答切，遍也。

182 舊編：颯，桑轄切，風聲。

新編甲：颯，悉合切，朔風也。

183 舊編：如意，以供指揮，今三清殿道君所執是也。

新編甲：鐵如意，謂如意之為用，執之所以供指揮，今三清殿道君所執，其遺像也。出晉史。

184 舊編：詬，音構，詈也。

新編甲：詬，于候切，詈也。

185 新編甲：⿱宀赤，音寂。

按：「⿱宀赤」乃「寂」之譌字。

186 舊編：縷縷，不絕貌。

新編甲：縷，兩舉切，音呂；尤韻音樓。

187 舊編：祟，神禍也，凡物怪人妖皆曰祟。其猶何也。

188 新編甲：環，回繞也。

189 新編甲：重，多也。

190 新編甲：慟，音洞，哀過動心。

⑲新編甲：卽，就也。剖，音（普）偶切，破也。

⑲新編甲：賫同齎。

⑲舊編：惘然，失志貌。

新編甲：惘，音網；惘然，失志貌。

⑲新編甲：出論語為政篇。

⑲舊編：魏崔浩不喜佛法，每勸魏主除之。及魏主討蓋吳至長安，入佛寺，沙門飲從官酒。從官入室，見有兵器，出以白魏主，魏主怒白（曰）：「此非沙門所用，必與蓋吳通，欲為亂耳！」命有司按誅闔寺，閱其財產。又見為窟室，以處婦女，浩因說悉誅天下沙門，毀諸經像，魏主從之。

新編甲：魏崔浩不喜佛法。及魏帝討蓋吳至長安，入佛寺，從官入其室，見有兵器，出以白帝，帝怒，命按闔寺，閱其財產以萬計。又〔見〕為揜室，以處婦女，浩因說帝悉誅天下沙門，毀諸經像，帝從之。出合璧。

⑲新編甲：釀，魚向切，醖酒為釀。測，音側，度也。禍胎，謂人之禍生由先造惡，亦猶生人由先有胎也。出書言。

傘圓祠判事錄㊀

吳子文，名譔❶，諒江之安勇人也㊁。慷慨尚氣，直不容姦❷，北州月旦評亦以剛方許之❸。村有舊祠，稔著靈應㊂。胡氏末，吳兵侵掠，地為戰場，沐晟部將有崔百戶者㊃，陣亡于祠所，自是以來，轉作妖怪❹，民至傾貲破產，猶不足以供祈禱。子文不勝憤怒，沐浴齋戒，祝天而焚之。旁觀吐舌，無不危懼，子文攘臂弗顧也❺。焚訖歸家㊄，身覺不快，頭搖心顫，寒熱交作❻。見一魁梧傑相❼，冠冑而來❽，言語衣服，類燕臺人物❾，自稱居士，求復原祠❿，且曰：「子既業儒，讀聖賢經傳，豈不知鬼神之為德⓫？而乃輕相凌蔑，毀焚其像，煨燼其居⓬，使香火無所依，威靈無所闡，謂之何哉㊅⓭？為我重修，平復如故；不然，無故而毀廬山之廟，豈不增顧邵之禍乎⓮？」子文不應，危坐自若⓯。其人怒曰：「酆都非遠也⓰！我雖駑力，寧不能相致耶？不聽吾言，變今作矣。」遂拂袖徑去㊆⓱。

薄暮，又有老人，布衫烏帽㊇⓲，風度閑雅，徐徐向階前揖曰：「我居士也，聞君快舉，敢不伸賀。」子文驚曰：「向來冠冑，非土地之神耶？鳳兮鳳兮，何鳳之多耶⓳？」老人曰：「噫！彼乃北朝僨將⓴，南國羈魂㉑；竊據我殿堂，假冒我姓名；以詐妄為長策，以慘虐為良籌；上帝被其欺，下民受其害。凡興妖作孽，皆彼之為，其實則非我也。請為言之：我自李南帝時為御史大夫，以死勤王，受封於此，佑民護物，千有餘年，曷嘗扇構禍凶，邀求貪酹，如猾賊之所為哉㉒？近者失於預防，被彼攻驅，見依傘圓祠㊈，已數星霜矣㉓！」子文曰：「事至如此，何不伸理冥曹，上箋帝所，顧乃輕拋職位，為鄉人之布衣乎？」老人蹙然曰：「惡蔓繁滋，勢難搖動，欲從控訴，則又多方阻截㉔，傍祠近宇，利其貨賄，群而保之㉕，區區之誠，無由得達，故不得不隱忍投閑耳！」子文曰：「彼誠凶悍，能禍我乎㉖？」曰：「彼方甘心於子，掃衆而往，訟在陰司。我瞰其亡，間來報告㉗，得便爲計，免作無名之死也。」且戒之曰：「倘冥司鞫訊㉘，但以吾言實之，彼如不服，卽請關報傘圓祠(20)㉙，便當辭塞，否則我必終泯(21)，而子亦不起矣！」子文許諾㉚。

至夜，病遂加劇(22)㉛，有二鬼卒相持甚急，曳出東郊外。半日間，至大宮府，鐵城岌然㉜，高可數十丈。二卒就門前稟命，守門者入，有頃復出，宣旨曰：「罪深惡重，不在原例㉝。」揮之使北。北卽大江，江上架長橋，約千餘步，腥風黑浪，寒氣砭骨(23)㉞，橋左右有夜叉數萬，皆綠睛赤髮，形狀獰惡㉟。二卒以長枷大索疾驅之去㊱，子文呼曰(24)：「吳譔，人間直士，有何譴咎？乞賜顯責㊲，未應泯泯含寃也㊳。」俄聞殿上宣言曰：「此人狼抗㊴，自是心頭麄悍㊵，不經判斷，未必帖然誠服㊶。」乃引入殿門，已見冠冑者當庭哀訴(25)。王者責子文曰：「彼居士忠純激烈，有功前朝，皇天以血食酬勞，使歆其祀，汝寒士敢爾欺慢，孽由己作，尚可逃乎？」子文具陳履歷，一如老人指教㊷，辭極剛正，無少曲撓(26)㊸。其人曰：「王府前猶倔強如此(27)㊹，喧騰頰輔㊺，造立誣謗；況子餘祠宇，荒涼蕪沒於一炬(28)，何有哉㊻！」反覆辨詰(29)，終不能勝，王果疑之。子文曰：「既不信臣言，請關報傘圓祠，質其虛實；其言不驗，臣請受虛妄之辜有餘矣(30)！」其人始有懼色，卽跪奏曰：「彼書生誠爲愚戇㊼，無所逃刑，但既呵責，亦足懲戒㊽，願垂寬貸，昭示容德，不必連傳窮治，以傷好生之德也(31)。」王厲聲曰：「審如彼言(32)，汝當有嚴誅，欺罔之條，典章具在，汝何爲出入人罪哉！」卽差人詣傘圓祠，參詳取驗。及回報(33)，一一與子文辭合。王大怒，謂諸判官曰：「卿等各分曹局，各理職事㊾，秉至公之心，行至公之法，賞必當而不之私，罰必中而無所濫，猶有此等姦欺，售其詐妄㊿；況漢、唐賣官鬻獄，其弊可勝道哉㈣51？」卽命以鐵籠罩其頭52，木丸塞其口53，押赴九幽獄54。王以子文能除害，仍命本祠居士：凡歲時牲醴，分其半與之。且目甲士送子文還家㈤，則死已一日矣㈥55。因殫述所見56，人皆驚駭不信，遂就女巫附降㈦，其言若合符契57。鄉人乃掄材鳩工58，構祠宇而新之；而北軍墳塚，皆無故振盪，殘骸粉碎矣59。

後一月，見老人來謂曰：「老夫復廟，吾子之功，無以相厚；今見傘圓祠缺判事一員，難於注擬，吾與子有舊，極力推薦，王心甚允，願以此爲酬恩之地。人生自古，誰無有死？但有聲於後世足矣！若遲半月，恐爲他人所得，努力爲之，勿以尋常見視。」子文欣納，遂分置家事㈥，無病而終60。

甲午歲61，東關人有與子文面識者，晨出西門數里，當雪中望見騶騎雲從，如墻而進62，又聞喝道聲云63：「行人須避判事車㈨！」于前隔半畝㈩，乃子文也。但於車中叉手，不交一言，竟御風長往。至今子孫猶傳爲判事家云。

嗚呼！人有恒言：「太剛則折。」士患不剛耳！折不折，天也，烏可逆料其折，而揉剛為柔哉？吳子文一布衣耳！惟其剛之守，故能火煨淫祠，力折妖鬼，一舉而神人之憤俱雪64，以此顯名冥曹，尋受恩職，真無忝矣！為士者毋以剛為戒可也㈢。

【校】

㈠傘圓祠判事錄　丙本作「傘圓祠判事記」。

㈡諒江之安勇人也　甲、丙本無「也」字。

(三)村有舊祠，捻著靈應　甲、丙本作「村舊有祠，甚著靈應」。

(四)沐晟部將有崔百戶者　甲、丙本無「者」字。

(五)焚訖歸家　丙本無「焚訖」二字。

(六)謂之何哉　甲、丙本「哉」作「耶」。

(七)遂拂袖徑去　甲、丙本「袖」作「衣」。

(八)布袳烏帽　「袳」，舊編注云：「一作衫」。

(九)見依傘圓祠　「祠」原與「神」小字並列，蓋或作「傘圓神」，或作「傘圓祠」，或作「傘圓神祠」；然綜觀全文，以「傘圓祠」為佳，故但取之。甲、丙本則作「見依傘圓山神祠」。

(一〇)彼如不服，即請關報傘圓祠　甲、丙本作「彼即不承，請關報傘圓祠」。

(一一)否則我必終泯　甲、丙本無「必」字。

(一二)病遂加劇　甲、丙本作「疾轉加劇」。

(一三)寒氣砭骨　甲、丙本「氣」作「色」。

(一四)子文呼曰　甲、丙本「呼」上有「大」字。

(一五)已見冠冑者當庭哀訴　甲、丙本無「者」字。

(一六)無少曲撓　甲、丙本「曲」作「回」。

(一七)王府前猶倔强如此　甲、丙本「如此」作「若是」。

(一八)荒涼蕪沒於一炬　甲、丙本無「涼」字。

(一九)反覆辨詰　甲、丙本「辨詰」作「詰辨」。

(二〇)臣請受虛妄之辜有餘矣　甲、丙本「辜」作「罪」。

㉑以傷好生之德也　甲、丙本無「以」字。
㉒審如彼言　甲、丙本「如」作「若」。
㉓及回報　甲、丙本「報」作「奏」。
㉔其弊可勝道哉　甲、丙本「道」作「言」。
㉕且目甲士送子文還家　丙本「甲」作「押」。
㉖則死已一日矣　甲、丙本作「則死二日矣」。
㉗遂就女巫附降　「巫」原作「覡」，據甲、丙本與說文：「在男曰覡，在女曰巫。」改；「降」，舊編注云：「一作命」。
㉘遂分置家事　丙本無「分」字。
㉙行人須避判事車　原作「行人須避判官車子」，據甲、丙本改。
㉚于前隔半畝　「于」字原無，據甲、丙本加。
㉛為士者毋以剛為戒可也　甲、丙本無「可」字。

【注】

❶新編甲：譔與撰同。
❷新編甲：慷慨，憤激也。
❸舊編：漢許劭，與從兄清俱有高名，好共論鄉黨人物，每月朔，輒更其品題，故汝南俗有月旦評焉。註：人能改善，則亦逐月朔旦而改品題，以著善行。
新編甲：漢許劭，字子将，平輿人，少峻名節，好覈論鄉黨人物，每月朔，輒更品題，故汝

南俗有月旦評。出尚友錄。

❹舊編眉批：氣餒。

❺舊編眉批：死事風生，猛烈如火。

❻新編甲：顫，音戰，寒掉也。

❼舊編：魁梧，壯大貌。周勃贊：「聞張良之智勇，以為其貌魁梧奇偉，反若婦人女子。」

新編甲：魁梧，壯大貌。張良傳：「魁梧奇偉，而其狀貌乃如婦人女子。」出韻瑞七虞韻。

❽舊編：冑，兜鍪也。鍪首鎧，古用革，故謂之甲；後用鐵，故謂之鎧。

❾舊編：燕臺，北京也，明自永樂都燕京，故曰燕臺。

新編甲：燕臺，即北燕京臺省也。

❿舊編：居士者，神也。韓愈詩：「偶然題作木居士。」註：「以木刻神像，故曰木居士。」

新編甲：居士，廟中刻木神像號為居士。出文苑。唐韓愈詩云：「偶然題作木居士，便有無窮求福人。」

⓫新編甲：子曰：「鬼神之為德，其盛矣乎！」出中庸第十六章。

⓬舊編：蔑，輕易也。煨，烏魁切；煨燼，火餘也。

新編甲：蔑，眂（視）有如無。煨，烏魁切；煨燼，火餘也。

⓭新編甲：闡，顯也。

⓮舊編：顧邵為豫章太守，禁淫祠，毀諸廟。至廬山廟，一郡悉諫，不從。夜有人經前，狀若方相，云是廬山君。邵要之入坐，與談春秋；燈盡，燒左傳以續之。鬼欲凌邵，邵神氣湛然，鬼返和遜，求復廟，邵笑而不答。鬼怒曰：「三年內，君必衰，當此時相報。」如期，

邵果病，咸勸復廟，邵曰：「邪豈勝正？」終不聽，遂卒。

新編甲：盧山根盤數百里，其神稱盧君。顧邵，字孝則，三國時人，傳（博）覽書傳，為豫章守，禁淫祠，毀諸廟。至盧山廟，一郡悉諫，不從。後有人經前，自稱盧山君，邵要之入坐，與談。盧欲凌邵，邵神氣湛然，盧返和遜，求復廟，邵笑而不答。盧怒曰：「三年內，君必衰。」如期，邵果病，咸勸復廟，邵曰：「邪豈勝正？」終不聽，遂卒。出類聚。

⑮舊編：危，高也。

⑯舊編：酆都，陰司內臺也。

新編甲：酆都，陰司內臺也。

⑰舊編：拂，拭也。徑，直也。

新編甲：拂，擊也，矯也。

⑱舊編：薄暮，稍近暮也。袗，音軫，玄服也，單也。

新編甲：袗，音軫，玄服也。

⑲新編甲：此句出西漢史孝宣紀。

⑳舊編：僨，覆敗也。

新編甲：僨，音奮，敗也。

㉑新編甲：羈，堅溪切。

㉒新編甲：猾，音滑，亂也。

㉓舊編：雄王有女曰媚娘，美而艷，王擇配。日見二人求婚，王問之，對曰：「一為山精，一為水精。聞王有聖子，敢來請命。」王曰：「來日能具聘禮先到者，與之。」明日，山精先

至，王許之，山精迎回傘圓高峯居之。水精恨之，遂興雲作雨，率水族追之。王與山精張鐵網橫截慈廉上流以捍之，水精從喝江出擊之。世傳山精、水精是後世讐，每年大水常相攻云。傘圓，在明義縣。

新編甲：傘圓，在明義縣。雄王時〔屬〕季世，有女曰媚娘，美而艷，王欲求可配者。時見二人來拜求婚，王異而問之，對曰：「一為山精，一為水精。聞王有聖女，敢來請命。」王曰：「來日能具聘禮先來，即與。」明日，山精將等物來獻，王如約嫁之，山精迎回傘圓高峯居之。水精後至，悔恨不及，遂興雲作雨，率水族追之。王與山精張鐵網橫截慈廉上流以捍之，水精從喝江口出擊之。俗傳山精、水精是後世讐，每年大水常相攻云。出國史。

㉔舊編：控，持而告之也。

㉕舊編眉批：陰魔亦有此態邪？

㉖新編甲：悍，勇急也。

㉗新編甲：亡，音無。間，音澗，復白也。

㉘新編甲：訊，音信，問也。

㉙新編甲：關，關白也。

㉚新編甲：諾，奴各切，承領之辭也。

㉛新編甲：劇，增也，甚也。

㉜舊編：岌，音及，高貌。

新編甲：岌，音及，山高貌。

㉝新編甲：原，宥罪曰原。

㉞舊編：砭，悲廉切，以石刺病。
新編甲：砭，以石鍼刺病。

㉟舊編：獰，尼滕切，犬之惡也。
㊱新編甲：獰，奴登切，犬惡也。
㊲新編甲：枷，項械也。索，昔各切，繩索也。
㊳新編甲：譴，責也。
㊴舊編：泯，沒滅也。
新編甲：泯泯，猶芒芒也。
㊴舊編：狼抗，如豺狼抗扞也。
新編甲：晉元帝紀：「王敦狼抗無上。」註：「如豺狼抗扞也。」出正字通。

㊵新編甲：頭，音徒，獨也。
㊶新編甲：帖，妥帖，定也。
㊷新編甲：履，踐也。
㊸新編甲：撓，屈也。
㊹新編甲：倔强，梗戾貌。
㊺舊編：頰，古叶切，夾面兩旁也。輔，兩頰也。易咸卦：「上爻(六)：咸其輔頰舌。」
新編甲：頰，音㚷；頰是夾面兩傍，輔是口旁近牙皮膚，言舌動則輔應，而頰從之。喻佞人口給也。
㊻舊編：孑，音結，單也，餘也。炬，音巨，束草燒之也。何有，不難也。

新編甲：子，音結，單也，餘也。炬，束蘆燒之也。

47 舊編：跪，苦委切，屈膝也，蹔足也。戇，直降切，愚也。

新編甲：戇，直降切，愚也。

48 新編甲：呵，音訶，責也。

49 新編甲：曹，同事曰曹；局，曹也，部分也。

50 舊編：售，音酬，賣去手也。

新編甲：售，音壽，賣去手也。

51 新編甲：鬻，余六切，賣也。

52 舊編：罩，涉（陟）教反，捕魚也，鎖囚首也。

新編甲：罩，職教切；罩者，抑之。

53 新編甲：郝俊臨刑極罵，自是後世刑人，則先以木丸塞其口。出纂要。

54 新編甲：無間阿鼻地獄、刀山火輪地獄、劍樹入寒地獄、入熱火網地獄、屠割呻吟地獄、鐵索鐵城地獄、鐵車鐵丸地獄、鐵牀灰河地獄、斬斫黑闇地獄。出佛經。

55 舊編：目，呼也。

56 舊編：殫，盡也。

57 舊編：符，信也；契，合也。漢制以竹長六寸，分為二，左授郡守，右留京師，往回質之，以防其偽。

新編甲：符、契，合也，驗也。漢舊儀：銅虎符長六寸，與郡國各分一半，右留京師，此漢制也，後皆因之。出西漢紀。

❺❽舊編：掄，擇也。鳩，聚也。
新編甲：掄，擇也。鳩，聚也。
❺❾新編甲：振，裂也。蕩，動也。碎，破也。
❻⓪舊編眉批：德以香自添，□（暗）以明自消。
❻❶舊編：胡末未有正統，屬明永樂十二年。
新編甲：胡亡後、陳重光末，未有正統，屬明紀永樂十二年。
❻❷舊編：以馬駕車曰騶，又廄御也。跨馬曰騎，又軍馬亦曰騎。
新編甲：騶，音鄒，以馬駕車。
❻❸舊編：喝，呼葛切，叱聲也。
❻❹新編甲：雪，洗也。

徐式仙婚錄 (一)

陳光泰中❶，化州人徐式❷，以父蔭補仙遊縣宰。縣傍古刹❸，有牡丹一本，春期盛開(二)，每開時，輪蹄翕集❹，爲看花勝會。丙子年二月❺，見一美姝，年十五六，薄施粉黛，顏色絕整❻，前來看花，攀挽花枝，脆而偶折❼，爲護花人所執。日既暮，無人承認(三)❽，徐適見，憐之(四)，解所服白絹衣(五)❾，就僧房贖而遣之❿。人以是益稱賢宰。但性自嗜酒，耽琴，淫詩，溺景，簿書委積⓫，數爲長官所罵，曰：「你父作執政，你反不能作縣宰耶？」徐輒嘆曰：「我不以五斗紅腐，置身於名利之場⓬；一棹歸來，碧山不負吾矣(六)⓭！」卽解印綬去⓮。素愛宋山巖穴，因卜居焉⓯。常命小奚奴⓰，携酒一壺、琴一張，袖陶詩數卷⓱，會適意處，輒欣然引酌。凡奇山秀水，如隻箸山、綠雲洞、螽江、峩港之屬⓲，無不經品題⓳。

一日早作，望神符海口。數十里外，見五彩祥雲，鬱葱盤結⓴，如蓮花湧出。撐船徑抵，則佳山也。徐駭謂舟子曰：「吾長在江湖，東南勝景，皆飽經熟到，不知何等岩穴，乃眼前挺出，意者仙峯落下，神跡移來，何昔無而今有也？」乃維舟登岸，則晴嵐翠削㉑，壁立千丈，自非身具羽翼，未必梯此境也㉒。因題詩一律云(七)：

千章碧樹掛朝暾㉓，花草迎人入洞門㉔。遠澗已無僧採藥㉕，沿流剩有客尋源㉖。旅遊滋味琴三弄㉗，釣艇生涯酒一樽㉘。擬向武陵漁子問，前來遠近種桃村㉙。

題畢㉚，徘徊顧望，若有所候。忽見石壁間拆開一穴㉛，其圓徑丈，褰裳戲入㉜，未及數步，則穴隨閉矣。昏昏默默，如忽墮黑幽之境(八)㉝，倉皇失措(九)，度無生理㉞；但以手摩挲蒼蘚㉟，前覺有小蹊，如羊腸屈曲㊱。潛行里餘㈩，見飛磴懸崖，緣空而上㊲，步寬一步，漸漸軒豁。及山椒，則天日光霽㊳，四顧皆翬畫樓臺㊴。紅霞碧霧，棲泊於欄檻；琪花瑤草，交暎於遠近㊵。意非琳宮道觀(十一)㊶，則避世村墟，如鷲嶺、桃源之類㊷。俄見青衣二女(十二)，相謂曰：「吾家郎君至矣㊸！」卽翻身入報。頃間復出，曰：「夫人見召。」

生尾之而入，過錦墻，度朱門，門裏則銀宮對峙(十三)㊹，扁曰：「瓊虛之殿」、「瑤光之閣」㊺。閣上有縞袂仙娥㊻，據七寶雕床㊼，傍設檀香小榻，命徐就坐，語曰：「卿本好奇成癖㊽，玆遊快樂，足慰平生，奩緣契遇，獨不記之乎㊾？」徐曰：「僕乃宋山逸士，風一帆、葉一舟，放浪江湖，任意所適㊿，豈知此地有紫府、清都(51)？杖屐登臨(十四)(52)，不啻翰生羽化(53)；但塵心尚汩，未曉前途，願示其詳，得聞究竟(十五)(54)。」笑曰：「卿安得而識之耶？此所謂浮萊山三十六峒天之第六窟也(55)。周遭溟渤，下無根著，如羅、浮二嶽，以風雨合離；蓬萊諸峯，以波濤伸縮(56)。而妾卽南岳地仙魏夫人也(57)。以卿高義，能給人之困，故屈邀至此。」因目侍兒：「喚阿娘來(58)。」徐竊睨之(59)，乃前折花人也。仙娥指謂曰：「此我兒絳香(十六)，昨有看花之厄，蒙君救援，此意不忘，欲結佳婚，少報不貲之惠(60)。」遂於是夜，傳鳳膏之燈(61)，鋪龍紋之簟(62)，命行交拜禮。

次日，群仙來賀，有服綺衣、駕斑螭，從北來者(63)，有曳綃裳、按赤虬，從南來者(64)，或駐瑤裝，或乘風御，同時畢集(65)。乃設宴瑤光閣上層處，施鈎玉之簾，下勻黃之帳(66)，前置琉璃睃椅，而虛其位(67)。群仙相揖，皆班左而坐；右邊床則徐郞在焉。坐已定，有傳呼：「金仙至矣(68)！」皆下迎拜。既畢，乃命以瑪瑙盤(69)，盛瓔珞器(70)，具諸般異供。又有金漿玉醴，芬芳可愛(十七)(71)，非世味所能彷彿。綺衣者曰：「我曹遊此僅八萬年，南溟已三揚塵矣(72)。今郎君遠涉(十八)，不隔兩塵之限(73)，三生香火，想亦不負(74)，勿謂神仙之說爲荒唐也(75)。」已而淩波童子分班而舞(76)，夫人侑席[77]，絳香行酒。綃裳人戲曰：「娘子今日肌體舒膩[78]，不類曩時瘦削。人言玉女無夫，果足信哉[79]？」群仙皆笑，獨綠袍娘慘然不樂，曰：「家姬契合，誠是宿因[80]；但以雲邊冰玉之姿，而有世上裙襦之樂[81]。萬一聲落凡間，誚貽上界，譊譊騰謗，累及高眞[82]，只恐吾曹不免矣[九]！」金仙曰：「我棲天上樓城，侍帝左右[83]，茫茫塵海，未曾著脚[84]，好事者且謂瑤池觴周[85]，青鳥傳漢[86]，我且爾，於汝曹何有哉[87]？但新郎在坐，不必閑論他事，使人徒亂心曲[88]。」夫人曰：「妾聞仙可遇而難求，道不偹而自至，希奇之會，何代無之！如薄后之祠[89]，高唐之觀[90]，洛浦凌波之步[91]，江妃解佩之遊[92]，弄玉之嫁蕭史[93]，綵鸞之遇文蕭[94]，蘭香之逢張碩[95]，陳編歷歷，事有故聞[96]。若以此見譏，則彼於前頭，分誚有餘矣[十]！」衆始破顏回哂[十一][97]。

及斜陽西夕，各各東西分散，徐戲謂絳香曰：「欲界諸天，皆有配偶[98]，故織女嫁牽牛之夫[十二][99]，上元隨封陟而降[100]，僧儒者周秦之記[101]，群玉有黃陵之詩[102]，境異情同[十三]，千古一致[103]。今者群仙散去，寂寞無聊，抑逸欲之不生乎？將有之而强閉乎[104]？」娘愀然曰：「彼數人皆以玄元之氣[105]，眞一之精[106]，名在金臺，身陪絳闕[107]，所居者清虛之府[108]，所遊者沖漠之鄉[109]，不待澄而心自清[110]，不勞窒而慾無有；非若妾七情未洗[111]，百感易生[112]，跡紫府而累塵緣[十四]，身瓊臺而心濁世。兄勿以此例群仙也。」徐曰：「若是，則子不逮遠矣！」各撫掌大笑。絳香所居，有素屏風[113]，徐嘗題詩其上云[114]：

其一

眼底煙霞脚底雲，清光洒洒逼三神[115]；松花半老香風動，媒引滄浪釣艇人。

其二

秋風一夜月漫山，簾捲黃花人倚欄⑯；酒力困人詩思苦，吟毫醉閣碧琅玕⑰。

其三

寶鴨凝寒换宿香⑱，别裁新譜理霓裳⑲；辭成不敢高聲道，驚起陰來風雨長。

其四

紅霞對起赤城標㊁⑳，插漢宮墻鎖寂寥㉑；星斗繞欄天一握㉒，夜深秦女學吹簫㉓。

其五

蒼茫雲外短長洲㉔，閬桂乾坤日夜浮㉕；一鳥暮春飛不盡㉖，連空淡掃碧悠悠。

其六

却寒簾放月重重㉗，怯對衰顏把鏡慵；隔竹喚來仙枕夢㉘，五更無奈遠山鐘㉙。

其七

浮浮瑞靄繞金閨㉚，方丈携南弱水西㉛；唱罷鼉更天欲曙㉜，鄉心何處一聲鷄？

其八

煙嵐如髻柳如鈿133，瑣闥晴窺海舶船134；羽客去時無處覓135，步虛聲外碧連天136。

其九

四面波濤一髻山(三六)，夜來何處夢鄉關？茫茫塵界回頭遠，身在紅雲碧水間137。

其十

桃花繞澗接天台(三七)138，委地殘紅半綠苔139；却笑劉郎輕出洞，臨風幾把玉書開140。

然徐自去家，閒忙相逼141，匆匆冉冉142，星環一周，池蓮換綠矣(三八)。每風淒之夜，霜冷之晨，見涼月窺窗，寒潮落枕143，時時撫景，欲寐不能(三九)，一種清愁，數惺喚起(四〇)144。一日遙睇，見投南商舶，指謂絳香曰：「吾家從此處去，但天遠波長，不知所矣！」因乘間言曰：「我本草心遊子，花淚遠人145，笑塵慮之難拋，悵鄉情之易感(四一)，願垂體悉，暫賜歸來，未覺芳踪如何指示？」絳香悃悵不忍。徐郎曰：「但假以日月之期，使賓朋知會，前頭家計，商確既圓，當復相從，與子偕老於白雲鄉矣146。」絳香泣曰：「妾不敢以夫婦之情，而阻鄉關之念；但閻浮界小，短景匆忙147，縱使歸來，恐庭柳園花，不復往時顏色。」因白夫人。夫人曰：「不意子為塵樊所縶148，恓恓至此149！」因賜雲車一乘(四二)，命載之。娘以帛書一緘見授(四三)，且曰：「異日見此，無忘舊情。」因揮淚為別。

瞬息至家150，則物換星移，人民城郭，一一非舊151，只有溪山兩岸，不改舊時青碧矣。乃以己姓名質諸父老，皆曰：「我少時聞三代祖與君同字，落脚山間，八十餘年。今則黎朝三葉⑮²，延寧之第五年也⑮³。」徐方悵恨，欲再上雲車，已化爲翔鸞飛去。拆書觀之，有「結鳳侶於雲中，前緣已斷；訪仙山於海上，後會無由。」之句。方悟絳香以離別許之。乃輕裘短笠⑮⁴，入黃山㉞，不知所終矣⑮⁵。

嗚呼！語怪則亂常，聖賢不道也；然則徐式仙婚之事，以爲誠無耶？未果其無。以爲誠有耶？未必其有。有無荒唐，其辭若怪矣！但有陰德者，必有陽報，亦理之常⑮⁶。後之君子倘目焉，筆之削之，捨其怪而存其常，何害？㉟

【校】

㈠徐式仙婚錄　丙本作「徐式仙婚傳」。
㈡春期盛開　甲、丙本無。
㈢日既暮，無人承認　甲、丙本作「日將暮，無承認者」。
㈣徐適見，憐之　「適見」二字原無，據甲、丙本加。
㈤解所服白絹衣　甲、丙本「白絹衣」作「白錦裘」，甲本且注云：「一本白錦裘」（參注❾）；「絹」，舊編注云：「一作綿」。
㈥碧山不負吾矣　甲、丙本「碧山」作「碧水青山」。
㈦因題詩一律云　甲、丙本無「詩」字。
㈧如忽墮黑幽之境　甲、丙本無「忽」字。
㈨倉皇失措　甲、丙本無。

⑩滑行里餘　甲、丙本「里餘」作「餘里」。
⑪意非琳宮道觀　「琳」，舊編注云：「一作梵」。
⑫俄見青衣二女　甲、丙本作「俄見青衣童女二人」；「衣」，舊編注云：「一作童」。
⑬門裏則銀宮對峙　丙本「則」作「見」。
⑭杖屐登臨　甲、丙本「屐」作「屨」。
⑮得聞究竟　甲、丙本作「得聞窮竟矣」。
⑯此我兒絳香　甲、丙本作「此我家兒絳香也」。
⑰芬芳可愛　甲、丙本「芳」作「香」。
⑱今郎君遠涉　甲、丙本無「君」字。
⑲只恐吾曹不免矣　甲、丙本「矣」作「也」。
⑳則彼於前頭，分誚有餘矣　甲、丙本作「彼於前頭，分其誚有餘矣」。
㉑衆始破顔回哂　「始」原與「姫」小字並列，蓋二字均可；因甲、丙本作「始」，故但取之。
㉒故織女嫁牽牛之夫　「牽牛」原作「牛郎」，據甲、丙本改。
㉓境異情同　丙本「境」作「景」。
㉔跡紫府而累塵緣　「府」，舊編注云：「一作雲」。
㉕紅霞對起赤城標　甲、丙本「標」作「椒」。
㉖四面波濤一髻山　「髻」，舊編注云：「一作髮」。
㉗桃花繞澗接天台　甲、丙本「接」作「出」。
㉘池蓮換綠矣　甲、丙本「池蓮」作「蓮池」。

㊄欲寐不能　甲、丙本「寐」作「寢」。

㊅數悭喚起　甲、丙本「悭」下有「然」字。

㊆悵鄉情之易感　「感」，甲、丙本作「動」，舊編亦注云：「一作動」。

㊇因賜雲車一乘　「雲車」，甲、丙本作「錦雲車」；舊編則注云：「一作錦雲」。

㊈娘以帛書一緘見授　原作「娘又以白書一緘見授」，據甲、丙本刪改。

㊉入黃山　舊編注云：「一有『采藥』二字」。

㊊甲本文末有「終畢」二字。

【注】

❶舊編：順宗年號。

❷新編甲：光泰，陳順宗年號。化州，古清化州也。

❸舊編：刹，音察，釋家上立柱中藏舍利子曰刹；今謂之塔。

新編甲：刹，音察，旛柱也。沙門得一法，建旛告遠，曰刹竿。釋家上立柱中藏舍利子亦曰刹；今謂之塔。出正字通。

❹舊編：輪蹄，車馬也。

新編甲：輪，車輪。蹄，馬蹄。

❺舊編：光泰第九年。

新編甲：陳光泰第九年。

❻舊編：萼綠華女仙，上下青衣，顏色絕整。

❼舊編：脆，音翠，少（小）耎也。

新編甲：脆，奇（音）翠，小耎物易斷也。

❽舊編：承，受也。認，辨識也。

❾新編甲：裘，皮衣也；得狐之白毛皮為裘，以素錦為衣，故曰白錦裘。又一本白綿裘。蘇東坡，字子瞻，詩：「江東賈客白綿裘。」

❿舊編：遣，縱也。

⓫舊編：少曰委，多曰積。

新編甲：委，烏鬼切；多曰委，少曰積。

按：鄭玄周禮注曰：「少曰委，多曰積。」

⓬舊編：陶潛少懷高尚，嘗為彭澤令，素質簡，不私事。郡遣督郵至，縣吏白：「應束帶見之。」潛嘆曰：「吾不能以五斗米折腰，事鄉曲（里）小兒！」卽解印綬去。又唐子西箕踞軒云：「古之士大夫，矜名□(檢)，飾邊幅，皆鄙而不為；子今以五斗紅腐，置身於憂患之場。」

新編甲：腐，朽也，積粟陳腐成紅色，故曰紅腐。五斗，月俸也，言俸祿之微也。出書言。晉陶潛為彭澤令，督郵至，吏白：「應束帶見之。」潛嘆曰：「吾不能為五斗粟折腰于鄉里小兒！」卽解印休官而去。出文苑。又唐子西箕踞軒云：「古之士大夫，矜名利，飾邊幅，皆鄙而不為；子今以五斗紅腐，置身於憂患之場。」

⓭舊編：張袞，梁天監中，不供學士職，御史欲彈劾，袞曰：「碧山不負吾。」乃焚章，長嘯而去。

舊編眉批：跌宕可奇。

⓮舊編：綬，組之長也。漢官儀：「綬長一丈二尺，法十二月；廣三尺，泆天地人。此佩印之

組也。」

新編甲：綬，組之長者，所用維繫也。漢官儀：「綬長一丈二尺，法十二月；廣三尺，法天地人。此佩印之組也。」梁天監中，張褒不供學士職，御史彈劾，褒曰：「碧山不負吾矣！」乃焚章解印綬，長嘯而去。杜詩云：「碧山學士焚銀魚。」出尚友錄。

⑮舊編：楚辭，屈原有卜居篇。

⑯舊編：「小奚奴」，李賀家僮名。按古者從坐，男女沒入官曰奴婢，其少而才智者，以為奚，今時侍史官奴婢也。

新編甲：古者男奴，少有才智者，以為奚。出文苑。

⑰舊編：陶潛有詩集傳于世。白居易醉吟先生傳云：「往往乘興肩輿適野，輿中置一琴、一枕、陶謝詩數卷，輿竿左右雙酒壺，尋水望山，率情便去。」

新編甲：陶潛有詩集傳于世。白居易醉吟先生傳云：「往往乘興肩輿適野，輿中置一琴、一枕、陶謝詩數卷，輿竿左右雙酒壺，尋山望水，率情便去。」

⑱舊編：港，音講，水分流也。

新編甲：蠡，又音例。

⑲舊編：題，書也；凡表志者，揭總而署其首，因引之為題，名題品。

舊編眉批：小神仙。

新編甲：正字通：「凡表志者，物揭而署其首，因引之為題，名題品。為題扁、題署。」又羣玉八齊韻：「『天下以君侯為文章之司命，一經品題，便作佳士。』李白與韓朝宗書。」

⑳舊編：鬱葱，茂盛貌。漢光武生時，赤光滿室，望氣者見舂陵城郭曰：「佳哉！鬱鬱葱葱。」

新編甲：鬱，茂盛貌；葱，氣通達也。漢光武生時，赤光滿室，望氣者見春陵城郭曰：「氣佳哉！鬱鬱葱葱。」又黃庭經：「五色雲氣紛青葱，閉目內眄自相望。」出正字通。

㉑舊編：嵐，音婪，山近大原也；又山氣蒸潤也。

新編甲：嵐，山氣也。

㉒舊編：梯，大低切，木階也，今俗用木為之，以次升高也。

㉓舊編：大材木曰章。貨殖傳：「木千章。」註：「株也。」暾，音呑，日始出，煦物貌。杜詩：「絕壁上朝暾。」

新編甲：大林(材)木曰章。貨殖傳：「木千章。」註：「章，株也。」朝，之遙切。暾，音呑，日始出，煦物貌。杜甫詩：「絕壁上朝暾。」出正字通。

㉔新編甲：事跡已見快州義婦傳「奇遇古劉神（晨）」句。

㉕舊編：採藥，劉、阮事，見快州。

新編甲：如劉璘之遊山採藥，至橫山，深入忘返，而見澗水之類。出合璧。

㉖舊編：剩，音盛，餘也。

㉗舊編：晉桓伊善笛，嘗泊舟清溪，據床三弄。

新編甲：孫承嘉賦：「弄琴明月，酌酒和風。」晉桓伊，字叔夏，性謙素，善音樂，得蔡伯皆(喈)、柯亭笛，嘗自吹之。王徽之赴召京師，泊舟清溪側，伊素不與徽之相識。時于岸上，過船中，客有識伊者，稱伊小字曰：「此桓野王也！」徽之便令人謂伊曰：「聞君善吹笛，試為我一奏。」伊是時已貴顯，素聞徽之名，便下船踞胡牀，為作三弄。調畢，便上車而去，客主不交一言。出尚友錄。

㉘舊編：艇，他頂切，小舟，形狹而長也。涯，水際也。莊子云：「吾生也有涯，而知也無涯。」

新編甲：艇，上聲庭（庭上聲），小船。杜詩：「爛醉是生涯。」出羣玉六麻韻。

㉙舊編：晉太康（元）中，有武陵人，以捕魚為業。緣溪行，忘路；忽逢桃花夾岸數百步，中無復雜樹，漁人異之。復前行，窮源得一山。山有小口，便捨舟，從口入。初極狹，纔通人；復行數十步，豁然開朗。土地平曠，屋舍儼然，鷄犬相聞；男女衣著，悉如外人。見漁人，大驚，問所從來；具答之。要還家，設酒，殺鷄，作食。村中聞有此人，咸來問訊。自云：先世避秦亂，率妻子來絕境，不復出焉；遂與外人間隔。問：「今是何世？」乃不知有漢，無論魏、晉！此人一一為具言，所聞者嘆。餘各延至家，出酒食。停數日，辭去。此中人語云：「不足為外人道也。」既出，得船，便歸，所向路處處誌之。及郡下，詣太守，說如此。太守卽遣人隨之往，尋向所誌，遂迷，不復得路。

新編甲：晉武陵人黃道真，太康（元）中，捕魚。緣（綠）溪行。忽逢桃花丈（夾）岸，異之。窮其林，得一山，有小日（口），掉（捨）舟試入。初狹通人，行數十里，豁然開明（朗）。土地平曠，屋舍、桑竹鷄犬，依然人間。問所從來，具鷄黍，村中咸來問訊。自言：先世避秦亂，率妻子邑人來此，不復出。問：「今何世？」不知有漢。漁人具言，各延至家，具酒食相待。數日辭去，舟腐步回，誌其路，歸家無復時人。言于郡守，郡守欲與再往，不復得路矣！出尚友錄。唐韓愈題桃源圖云：「種桃處處惟開花，用（川）源遠近蒸紅霞；初來猶自念鄉邑，歲久此地還成家。」出古文大全。

㉚舊編眉批：渙州獨步。

㉛舊編：拆，裂也。

新編甲：拆，開也。

㉜新編甲：褰，音牽。

㉝舊編：昏默，謂微而不可見也。黃帝問廣成子以至道，廣成子曰：「昏昏默默，至道之極。」

新編甲：昏默，謂微而不可見也。黃帝問廣成子以至道，廣成子曰：「昏昏默默，至道之極。」

㉞舊編：倉皇，急遽貌。

㉟舊編：挲，桑河切，摩挱也。

新編甲：挲，桑何切，摩沙（挱）也。鮮，先上聲，苔鮮。

㊱舊編：吳起對武侯曰：「羊腸在其北。」按狹小曲路曰羊腸，言如羊腸之□（盤）曲也。

㊲舊編：磴，登去聲。登陟之道也。嵩山詩：「更疑飛磴是仙梯。」崖，宜才切，山水邊地有垠堮也。

新編甲：磴，丁鄧切，登陟之道。崖，宜才切，山邊有垠堮也。東坡詩：「雲外濫飛磴。」

㊳新編甲：椒，山顛曰椒。

㊴舊編：罨，五合反，昔人歌詩多言罨畫，乃今之生色也。山詩：「罨畫樓臺名黛山。」

新編甲：罨，於撿切，畫家有罨畫，言雜采色為之也。詩云：「罨畫樓臺青粉黛。」

㊵新編甲：琪，玉屬。瑤草，仙境之物，如珊瑚之屬。出羣玉十九皓韻。

㊶舊編：琳館、道觀，並道士所居樓號。觀，樓也，言觀者於上觀望也。

新編甲：琳宮，仙宮也。道觀，道宮謂之觀。

㊷舊編：鷲，鳥名；西域耆闍窟，山中有山，形如鷲，佛常居於此，故名。桃源，見前。

新編甲：鷲，疾救切；西域有切靈山，其形如鷲，佛常居此，故名鷲嶺。出合璧。宋王安石，字介甫，作桃源行云：「望夷宮中鹿為馬，秦人半死長城下。避世不獨商山翁，亦有桃源種桃者。一來種桃不記春，採花食實枝為薪。兒孫生長與世隔，知有父子無君臣。漁郎放舟迷遠近，花間忽就鳥（驚）相問。世人空之古有秦，山中豈料今為晉。聞道長安吹戰塵，東風回首亦沾巾。重花一去寧復得？天下紛紛經幾秦！」出古文。

㊸舊編：昔建章齎府，命往渤海，遇風，忽見青衣泛一葉舟而至，謂曰：「余奉大仙命，請上天。」建章乃追至大島，見樓臺巋然，仙女甚盛，謂建章曰：「子不欺暗室，君子人也。恐患風濤，故令此青衣導之。」及還，風濤寂然，往來無所懼。婦稱夫曰郎、曰君。

新編甲：昔建章□（齎）府，命往渤海，遇風，忽見青衣泛一葉舟而至，謂曰：「余奉大仙命，請上天。」建章乃追至大島，見樓臺巋然，仙女甚盛，謂建章曰：「子不欺暗室，君子人也。恐患風濤，故令此青衣導之。」及還，風濤寂然，往來無所懼。

㊹舊編：峙，屹立也。

新編甲：峙，山屹立也。銀宮，仙人所居，皆以金銀為宮闕也，故曰銀宮。出書言。

㊺舊編：扁，門署板也。

新編甲：瓊虛殿、瑤光閣，仙人所居也。

㊻舊編：縞，古老切，繒之白者。袂，音寐，又音決，衣袖也。娥，好也。

新編甲：縞，白色。袂，彌計切，袖也。

㊼舊編：武帝為七寶床。

新編甲：七寶器，如金、玉、琉璃、車磲、珊瑚之類。後魏韓移（務）除龍驤將軍郢州刺史，務獻七寶牀。

㊽舊編：癖，音僻，嗜好之病也。

新編甲：癖，音僻。

㊾舊編：夤緣，連絡也。

㊿舊編：范希文贈釣者詩：「君看一葉舟，出沒煙波裡。」

新編甲：異聞實錄：陳季卿家江南，舉進士未第，訪青龍寺，東壁有寰□（瀛）圖，季卿指曰：「安得自渭達河至家？」旁有終南山翁笑曰：「此不難！」命折竹葉角舟，置圖上，令季卿熟視。久之，覺波浪起，葉漸巨，恍然若登舟，旬餘至家。出韻瑞十一尤韻。

51舊編：穆王及化人之宮，以為清都、紫府、鈞天、廣樂，帝君之所。按銀宮、金闕、紫府、清都，皆仙人所居。

新編甲：列〔子〕周穆王：王執化人之裾（祛），騰而上者，申（中）天〔迺止〕。王寶（實）以為清都、紫府、鈞天、廣樂，帝之所居。既寤，王問所從來，左右曰：「王默然（存）爾。」附：唐淩敬詩：「聊排靈墠閣（闥），徐步入清都。」出韻瑞七虞韻。

52舊編：屐，去逆切，木履也。謝靈運好登山，嘗著木屐，上山則去前齒，下山則去後齒。

新編甲：屨，音踞。謝靈運好登山，嘗著木屐，上山則去前齒，下山則去後齒。

53舊編：解見昌江。

新編甲：朱元□（晦）感興詩：「刀圭一入口，白日生羽翰。」按道士亡曰羽化，謂其生羽翼，飛升為仙也。出書言。

54舊編：竟，窮也。

55舊編：第一童山，名「霍林天」。……第六毒山，名「上帝司真之天」。……第三十六峒金華山，名

「金華洞元之天」。詳見文苑。

新編甲：第六窟毒山，名「上帝司真之天」。出文苑。

56 舊編：喬潭女媧陵記：「動靜如因其時，升降不失其則。羅浮二岳，以風雨合離；蓬萊五山，以波濤伸縮。」按羅、浮二山合體，故稱羅浮。羅山在會城、博羅二縣之境，高三千丈，有七十石室、七十長溪，名耀真天；浮山乃蓬萊之別島，堯時洪水浮至，依羅山而止，故曰羅浮。又列子湯問篇：「渤海之東有大壑，中有五山：一曰蓬萊，其山根無所連著，嘗隨潮波上下。」

新編甲：著，直略切。喬潭女媧陵記：「動靜如因其時，升降不失其則。羅浮二嶽，以風雨合離；蓬萊五山，以波濤伸縮。」又按羅、浮二山合體，故稱羅浮。羅山在會城、博羅二縣之境，高三千丈，有七十石室、七十長溪，名耀真天；浮山乃蓬萊之別島，堯時洪水浮至，依羅山而止，故曰羅浮。出圓機。

57 舊編：李白送女道士遊南岳詩：「倦尋向南岳，應見魏夫人。」又杜少陵望岳詩：「南岳配朱鳥，秩禮自百王。……恭聞魏夫人，群仙來翺翔。」按夫人，晋司徒魏舒女也，名華存。幼讀書，好神仙，嘗有四仙人降之，盡傳其秘術。年終日，以杖代屍而升天，封南岳夫人，治南岳。

新編甲：魏夫人，晉司徒魏舒之女，劉幼彥之妻，生二子。學道，服胡麻散、茯苓丸，忽有太極真人安度明、方諸青童、扶桑碧河陽(暘)谷神王、清虛真人王襃等來降，授以太上寶文、八素、隱身羽玄等書，三十一卷。位為緊(紫)虛元君、南嶽夫人，升天而去。事見顏魯公碑。出圓機。李白送女道士遊南嶽詩：「倦尋向南嶽，應見魏夫人。」又杜少陵望嶽詩云：「南嶽配朱鳥，秋(秩)禮自百王。」、「恭聞魏夫人，羣仙來翺翔。」

58 舊編：阿，音遏，發語辭也。古詩云：「家中有阿誰？」

新編甲：阿，音遏。
59 舊編：睨，邪視也。
60 舊編：貲，貨財也。
61 舊編：武帝嘗得白鳳之膏，磨青錫為屑，以淳酥油和之，照於神壇，風雨不滅。
新編甲：鳳膏燈，洞冥記：「武帝嘗得丹豹之髓、白鳳之膏，磨青錫為屑，以純酥油和之，照于神壇，夜暴雨，夜光不滅。」出詩學燈類。
62 舊編：紋，織文也。簟，音電，竹席也。
新編甲：紋，音文，織文也。簟，音電。
63 舊編：龍無角曰螭。
新編甲：螭，音鴟，無角似龍而黃。
64 舊編：虬，渠尤切，龍子有角者。
新編甲：虬，渠尤切，舊註：「龍有角者曰虬。」
65 舊編眉批：節節如雲，爛其盈門。
66 新編甲：鈎玉簾，詩：「小殿垂簾白玉鈎。」
67 舊編：椅，音倚，借高坐具，後有倚者，俗呼為椅子是也。
新編甲：琉璃，石名，凡十種色，為器者以自然灰治之，近世亦有火成者，光澤不滅。椅，奇（音）倚，俗呼坐登（凳）。
68 舊編：金仙，西王母金女也，姓緱氏，女子登仙者咸隸焉。
新編甲：金仙，王母西方金星之精也，何氏，一曰緣（緱）氏，凡女子之得道登仙者咸顥（隸）焉。出合璧。

69 舊編：瑪瑙，玉屬，其文理交錯似馬腦，因以名之。出北地、南番、西番，非石非玉，堅而且脆，其中有人物鳥獸形者。

新編甲：瑪瑙，美石類，文理交錯似馬腦，因以名之。曹昭格物論：「出北地、南番、西番，非石非玉，堅而且脆，其中有人物鳥獸形者。」

70 舊編：璎珞，音英洛，皆玉屬，取以為頸飾也。

新編甲：瑛，音英，玉，似名；珞，音落。瑛珞，頸飾也。

71 舊編：漿，水米汁相將也。醴，甘酒也。芬，花氣香也。凡物馨香謂之芳。玉醴、金漿、交梨、火棗，皆飛騰之藥。

新編甲：金漿，酒名；玉醴，玉泉也，味如酒。仙人所□（飲），皆飛騰之藥也。出圓機。

72 舊編：南溟，天池也。麻姑壇記：「王方平遊蔡經家，麻姑亦來。麻姑謂王方平曰：『自接待以來，見東海三變為桑田，向聞蓬萊水乃淺於往者會時略半也，豈將復還為陸陵乎？』方平笑曰：『聖人言海中行復揚塵也！』」出圓機。

新編甲：神仙傳：「麻姑謂王方平曰：『自接待以來，見東海三變為桑田，豈將復還為陵陸乎？』方平笑曰：『聖人皆言東海行復揚塵矣！』」出圓機。

73 舊編：韋子威師事丁約，一日辭去，謂子威曰：「郎君得道，尚隔兩塵。」注：「儒家謂之世，釋家謂之刼，道家謂之塵。威猶有兩世塵緣。」

新編甲：仙、凡隔兩塵。儒家謂之世，釋家謂之刼，道家謂之塵。兩世因緣謂之兩塵。出故事。

74 舊編：香火，解見陶氏。

新編甲：三生，事跡已見陶氏業寃記「三生客結蓮花社」句。

75 舊編：荒唐，廣大無畔也。陶潛桃源圖云：「神仙有無何渺茫，桃源之說成荒唐。」

新編甲：荒唐，廣大無畔也。陶潛桃源圖六（云）：「神仙有無何緲茫，桃源之說成荒唐。」

76 舊編：廣利王宴，有美女二十人，舞凌波之隊，歌凌波之詞。凌波，喻輕體也。

新編甲：事跡已見龍廷對訟錄「善文有龍宮之宴」句。

77 舊編：侑，音又，勸飲食也。

新編甲：侑，音又。

78 新編甲：膩，音滯。

79 舊編眉批：真仙反學作浪語邪？

80 舊編：宿因，舊緣也。

81 舊編：裙，下裳也。襦，短衣也。

新編甲：裙襦，民間婦女妓人之服。出月令。

82 舊編：誚，七妙切，以辭相責也。譊，乃陶切，恚呼也。累，玷也，事相緣坐也。

新編甲：譊，乃交切，恚呼也。真，謂仙人變形而登天也；高真，上仙也。

83 新編甲：唐李白詩：「天上白玉京，十二樓五城。」出羣玉八庚韻。

84 新編甲：著，□（黏）也。

85 舊編：瑤池，王母所居。周穆王好神仙，常欲使車轍馬跡徧於天下，乃乘八駿馬，觴王母於瑤池。

新編甲：瑤池，王母所居。周穆王好神仙，王母見於瑤池上。出類聚。

86 舊編：七月七日，漢武於承華殿，見一青鳥從西方來集殿前，上問〔東〕方朔，對曰：「此王母欲來。」有頃，王母至。

舊編眉批：鳥知真無。

新編甲：漢武坐承花殿，忽有二青鳥從西方來集于殿前，上問東方朔，朔曰：「此王母欲來。」有頃，王母果至。有二青衣侍女，卽前二青鳥，使先報帝也。出唐詩。

87 新編甲：何有，未免於有。

88 舊編：詩秦風小戎詩：「在其板屋，亂我心曲。」注：「心曲，心中委曲之處也。」

新編甲：詩秦風小戎章：「在其板屋，亂我心曲。」註：「心曲，心中委曲之處也。」

89 舊編：牛僧孺落第，歸宛葉間，將宿大安民舍，會暮失道。夜月始出，遠望火明，至一大宅，黃衣閽人曰：「有客！」入告。少時，出曰：「請郎君入！」至一大殿，蔽以珠簾。牛拜於簾下，簾中聞語曰：「妾漢文帝母薄太后，此是廟，郎何辱至，行役無苦乎？」因召入見。后遂呼左右曰：「今夜風月佳甚，爾可屈兩個娘子出見。」良久，二女從雲中至，后指一人曰：「此高帝戚夫人。」又指一人曰：「此元帝王嬙。」太后又使紫衣貴人迎楊家、潘家來。久之，五色雲中有二女子下，太后顧曰：「此唐朝太真妃與齊帝潘淑妃。」交拜禮畢，太后命進饌酒，各賦詩。別有善笛女子，太后曰：「識此否？此石家綠珠也。」因曰：「牛秀才來，今夕誰人與伴？」戚夫人、潘淑妃、綠珠皆辭。太后曰：「太真唐朝妃，固勿言也！」乃謂王嬙曰：「昭君嫁單于，胡鬼何能為？幸無辭！」昭君不對，低眉羞恨。俄命左右送牛秀才入昭君院。會將旦，竟辭去。太后使人送往行。少時，天始明，僧孺却望，有廟荒毀不可入，竟不知其如何。

新編甲：事跡已見快州義婦傳「命筆記周秦」句。

90 舊編：宋玉高唐賦云：「楚襄王嘗遊高唐，觀怠而晝寢，夢見一婦女曰：『妾本巫山之女，為高唐之客。朝為行雲，暮為行雨，朝朝暮暮，於陽臺之下。聞君遊此，願薦枕席。』王因幸之。」

新編甲：事跡已見快州義婦傳「幾年巫峽夢」句。

91 舊編：古詩：「洛浦有宓妃，飄飄雪爭飛。解佩欲西去，含情詎相違。陳王徒作賦，神女豈同歸？」按宓妃，宓義氏之女，溺于洛，後與陳思王曹植相遇，植因作洛神賦詠其事云：「願誠素之先達兮，解玉佩以要之。」又曰：「凌波微步，羅襪生塵。」

新編甲：洛浦，陳思王洛浦遇神女。出羣玉七虞韻。神女名宓妃，伏羲之女，即洛神女。出羣玉五微韻。宋玉神女賦：「凌波微步，羅襪生塵。」李白詩：「盈盈若水若可越，可惜凌波步羅襪。」出圓機。

92 舊編：列仙傳：「江妃二女，麗服華裝，佩兩珠，遊于江漢之濱。逢鄭交甫，交甫悅之，不知其神，遂與言曰：『請子之佩。』二女解與交甫。去數十步，二女忽然不見，珠亦失之。」

新編甲：列仙傳：「江妃二女，麗服華裝，佩兩明珠大如卵，遊于江漢之濱。鄭交甫逢而悅之，不知其神也，曰：『願請子之佩。』二女解而與之。鄭交甫去數十步，二女忽然不見，珠亦失之。」出圓機。

93 舊編：蕭史，秦穆公時人，善吹簫作鳳鳴，能致白鵠、孔雀，公以女弄玉妻之，遂教弄玉吹簫作鳳鳴。居數十年，有鳳凰來止其屋，公為作鳳臺與居。後皆乘鳳飛去。

新編甲：蕭史善吹簫作鳳鳴，秦穆公以女弄玉妻之，作鳳樓教弄玉吹簫，鳳凰來集。後夫妻乘鳳凰飛去。出類聚。

94 舊編：吳猛有道術，女子彩鸞亦得其法。一日，並乘白鹿車升天。太和末，有書生文蕭，中秋遊西山，見一女子甚麗，步月歌云：「若能相伴陟仙壇，應得文蕭嫁彩鸞。」蕭聞歌中有名，意其神仙，植足不去；女亦相盼。歌罷，穿入松徑而去，生躡其踪。女曰：「莫是文蕭耶？」相引至絕頂，設幃共坐。俄而風雨至，見一人持天判曰：「吳彩鸞以私欲洩天機，謫為民間妻一紀。」女乃與生下山，同歸鍾陵。生貧不能自給，彩鸞日寫孫愐唐韻，運筆如飛，日得一部，售之，得錢五十（千）以自用。後與蕭各跨一虎入越王山去。

新編甲：文蕭抵鍾陵西山，山有許真君上昇第。是歲中秋，士女櫛比，文生睹一姝歌曰：「若能相伴陟仙壇，應與文蕭駕彩鸞；自有綉襦并甲帳，瓊臺不怕雪霜寒。」歌罷，秉燭陟山捫石，生亦潛躡其蹤。姝顧曰：「非文蕭耶？」引至絕頂，侍衛甚嚴。後有天判云：「吳彩鸞以私慾洩天機，謫為民妻一紀。」遂同歸鍾陵。貧而不能贍，彩鸞日寫唐韻一部，運筆如飛，得錢五千，以自給用。後與蕭各乘一虎人（入）越王山。出天中記與香臺。

95 舊編：玉女杜蘭香，天資奇偉，真天人也。下嫁於人間張碩，後還天而去。張碩想之，有惆悵之懷。

新編甲：玉女杜蘭香，天姿奇偉，真天人也。下嫁於人間張碩，詩云：「來經玉樹三山遠，去隔銀河一水長。」後杜歸於天上。張碩想之，有惆悵之懷，重寄詩云：「靈妃不降三清駕，仙鶴空成萬古愁。」出唐詩鼓吹。

96 舊編：陳，故也。編，簡也。

97 舊編：顏，容也，列子云：「解顏而笑。」亦是。

新編甲：哂，始忍切。

98 舊編：后山詩話云：「宋玉高唐賦云：巫山神女遇楚王。蓋有所諷也！而文士多效之者，又為傳紀以實之，而天地百神舉無免者。余謂欲界諸天，當有配偶；其無偶者，則無欲者也。如唐人記后土事，亦以諷斥武后耳！」

新編甲：諸天，如黃會天、玉完天、何童天、平育天、文舉天、摩夷天，凡六天，皆為欲界也。出合璧。

99 舊編：織女，天孫女也，織女星在河之西；牛郎，牽牛星也，在河之東。按續齋諧記曰：「桂陽城武丁有仙道，謂其弟曰：『七月七日，織女當渡河，諸仙悉還宮。』弟問曰：『織女何事渡河？』答曰：『織女暫詣牽女（牛）。』世人至今云：織女嫁牽牛。」又見金華。

新編甲：織女，天孫女，織女星在河之西；牛郎星在河之東。桂陽城武丁有仙道，謂其弟曰：「七月七日，織女當渡河，諸仙悉還宮。」弟問曰：「織女何事渡河？」答曰：「織女暫諸（詣）牽牛。」世人至今云：織女嫁牛郎。出唐詩鼓吹。

100 舊編：舊註引李白詩：「西海宴王母，北宮邀上元。」又李白詠上元夫人詩云：「上元誰夫人？偏得王母嬌。」註云：「漢武元封元年七月七夕，西王命侍女邀上母降漢宮，元夫人同宴。俄而至。」按此獨詳，而封陟引於上元未見。今見於太平廣記云：「降封陟，謂陟下；元夫人曰：『我能令君壽倒三松』。」則其跡似是。但□（此）云隨降，又為下元事，未得其詳，姑兩存之。

新編甲：上元夫人是三天上元之官，統十萬王（玉）女名籙。王母既降武帝大殿，遣侍女郭密香與夫人相聞。俄而聞雲中簫鼓之聲，夫人至，帶（戴）九雲夜光之冠，曳六出火玉之佩；上殿，與王母同坐，北向，援（授）帝以靈飛十二事，王母遂與夫人同乘而去。出太平廣記。封陟讀書深山，上元夫人夜降求偶。出天下異紀令言傳。

101 舊編：牛僧孺宿薄后祠云云，乃著周秦記曰：「月地雲階漫一樽，王奴終不負東婚。……」。

新編甲：事跡已見快州義婦傳「命筆記周秦」句。

102 舊編：李群玉，字文山，豐州人也。大中八年，命校書作黃陵詩云：「不知精爽落何處？疑是行雲秋色中。」按黃陵，娥皇、女英廟，在長沙地。

新編甲：李羣玉歸涔陽，經二妃廟，題曰：「黃陵廟前春已空，子規滴血啼松風；不知精爽落何處？疑是行雲秋色中。」乃有二女郎見曰：「兒是娥皇、女英也。二年復（後），當與郎君為雲雨之遊。」李乃志其所陳。俄而影滅，遂禮其神像而去。出太平廣記。

103 新編甲：致，極也，使之至也；又趣也。

104 舊編眉批：徐子可謂善揣摩矣！

105 舊編：唐封老子為玄元皇帝。

新編甲：子華子曰：「元，太物（初）之中氣也。天帝得之。運乎無窮；后土得之，溥博無疆。人之有元，百骸統焉。」出字彙。

106 舊編：道士流有太女（玄）真一經

新編甲：鬼谷（子）陰符：「信心術，守真一。」附：真誥：「守真一者，頭不白，禿髮更生。」出韻瑞四質韻。東坡云：「予在白鶴新居遇偉人，如呂同（洞）賓，以真一酒法授之。」坡有真一酒，米、麥、水三一而已，故曰真一。出羣玉四質韻。

107 舊編：絳，大赤也。

新編甲：蓬萊海中有金臺，結構巧麗，窮盡神工，橫光巖渚，踈曜星漢。出文苑。

(108)舊編：明皇遊月宮，見一處榜曰：「廣寒清虛之府」。

新編甲：月宮：廣寒清虛之府。出羣玉六魚韻。

(109)舊編：沖漠，淡靜貌。

新編甲：沖漠，澹靜貌，太極沖漠無朕。

(110)舊編：澄，音懲，水靜而清也。

(111)舊編：七情，喜、怒、哀、樂、愛、惡、欲也。

新編甲：喜、怒、哀、樂、愛、惡、欲，謂之七情。

(112)舊編：歐陽〔修〕秋聲賦云：「百感攻其心。」又樊夫人與裴航詩：「一飲瓊漿百感生。」

新編甲：事跡已見西垣奇遇記「可以伯仲裴航」句小註。

(113)舊編：屏風，障風也，古之屏風隔人之形也。

新編甲：屏風，障風也，古之屏風隔人之形也。

(114)舊編眉批：卽事十詠，落落多奇，有李謫仙風骨。

(115)舊編：三神，山名，有不死藥，卽方丈、蓬萊、瀛洲也。

新編甲：三神，海中神山也，蓬萊、方丈、瀛洲。

(116)舊編：黃花，舊解：洞名。

(117)舊編：毫，筆也。閣，上下相乘也。詩：「約之閣閣。」琅玕，玉似珠，有光景。

新編甲：竹詩：「一碧琅玕。」又筆詩：「截玉銛錐各妙形，貯雲含霧到南溟。」竹有琅玕，以竹為管，故曰截玉。

按：「銛」下又注云：「音暹，刄利也。」「錐」下原衍「名」字，今刪。

(118) 舊編：寶鴨，香爐名。

新編甲：寶鴨，香爐名。

(119) 舊編：譜，籍錄也。羅公遠中秋夜侍玄宗玩月，公遠乃取杖向空擲之，化為長橋，請帝登之。至大城闕，公遠曰：「此月宮也。」見仙女數百，素練霓裳，舞于廣庭，帝問曰：「此何曲名？」曰：「此霓裳羽衣曲。」因記其聲。次旦，召伶官為之。

新編甲：譜，籍錄也。羅公遠，唐玄宗時方士。明皇賞中秋玩月，遠曰：「陛下欲至月中否？」以柱杖擲之，成大橋，如銀。行數里，精光奪目，至大城闕，遠曰：「此月宮也。」門榜曰：「廣寒清虛之府」。有素娥數十歌舞於大桂下，白鸞舞其上，上問，曰：「霓裳羽衣曲也。」帝因記其調，遂回。却顧其後，隨步而滅。乃召梨園子弟，作霓裳曲。出尚友錄。

(120) 舊編：赤城，天台山名，狀如雲霞。楊延秀雪巢賦云：「赤城兮霞外，天台兮雲表。」標，表也，立木為表，繫采于上，以為標記。

新編甲：赤城，天台山名，如色（色如）雲霞。出羣玉八庚韻。宋楊萬里，字延秀，吉水人，雪巢賦：「赤壁（城）兮霞外，天台兮雲表。」

(121) 新編甲：寀（寂），靜也。寥，廓也。

(122) 舊編：古諺云：「孤雲兩角，去天一握。」註：「興元、南山絕頂，謂之孤雲兩角。」

新編甲：興元、南山絕頂，諺云：「孤雲〔兩〕角，去天一握。」蘇東坡詩：「覺來五鼓日三竿，始信孤雲天一握。」出羣玉三覺韻。

(123) 舊編：唐陸暢詩：「粉面仙郎選正朝，偶逢秦女學吹簫。」事實見上。

新編甲：事跡已見本傳前「弄玉之嫁蕭史」句。

124 新編甲：茫，音忙；滄茫，水貌。洲，卽海上十洲，如瀛洲：地方四千里，上有仙宮；聚窟洲：地方三千里，上有大仙之類。出文林廣記。

125 舊編：閩、桂，指天南也。

新編甲：閩，百粵之地，接近東海鼇山；桂，卽桂洲，屬廣西。杜詩：「吳楚東南折，乾坤日夜浮。」出圓機。

126 新編甲：「嗟嗟保介，惟莫之春。」註：「莫春，斗柄建辰，夏正之三月也。」出詩周頌臣工章。

127 舊編：同昌公主堂設連珠之帳、却寒之簾。注云：「却寒簾，類玳瑁斑，有紫色。」云：「寒骨鳥所為。」不知何所出？

新編甲：同昌公主堂中設却寒簾，類玳瑁班，有紫色；名却簾（寒）寒（簾），祈寒鳥骨所為也。出合璧。

128 舊編：遊仙枕，見陶氏。

129 新編甲：唐詩云：「鍾聲杳杳隔前林。」言聞鐘響隔林，莫非增此離恨也。

130 舊編：靄，音愛，雲貌。

新編甲：閨宮門以金為飭（飾），故謂金閨。出五侯鯖。

131 舊編：方丈，山名。弱水，水名。弱水隔蓬萊三千里，其水至柔弱，不能負一芥，非飛仙不可到。

新編甲：蓬萊山在渤海中，環以弱水三千里，其水毛亦不能載。出古事必讀。

132 舊編：李斯諫逐客書云：「樹靈鼉之鼓。」注：「鼉，大魚也，皮可以冒鼓；今以鼓為更號，故云。」一云：「作鼓鳴，其數應更。」

新編甲：鼉，水蟲，似魚有足，長丈餘，皮堅厚，宜冒鼓；宵鳴如桴鼓，其數應更，如初更輒一鳴，二更再鳴，謂之鼉更。出犀玉八庚韻。

133 新編甲：髻，音計。鈿，金華飭（飾）也。

134 舊編：舶，音白，海中大船；又市船也。

135 舊編：羽客，道士也。廬山記：「（南）唐保太（大）中，道士紫霄，賜號金門羽客。」

新編甲：羽客，卽道士也。廬山記：「（南）唐道士紫霄，賜號金門羽客。」

136 舊編：異苑：「陳思王遊山，忽聞空中有誦經聲，側而聽之，知為神仙聲；道士乃效之，作步虛聲。」又麻姑壇記：「時聞步虛、鍾磬之音。」

新編甲：異苑曰：「魏陳思王遊山，忽聞空中有誦經聲，清遠道亮，解音者則（側）而寫之，為神仙聲；道士效之，作步虛聲。」又唐陳羽步虛詞曰：「漢武清齋讀鼎書，內官扶上畫雲車；壇上月明宮殿閉，仰看星斗禮玄虛。」出唐詩鼓吹項斯送宮人入道詩註。

137 新編甲：翼聖傳：「玉帝所居，常有紅雲擁之。」唐韓愈詩：「欲知花島處，水上覓紅雲。」出韻瑞十二文韻。蕭統歌：「桂楫蘭橈浮碧水，江花玉面兩相似。」出韻瑞四紙韻。

138 新編甲：事跡已見快州義婦（傳）「奇遇古劉晨」句。

139 舊編：委，音畏，多（少）曰委。

140 舊編：劉郎，解見快州。

新編甲：仙子送劉、阮出洞詩：「殷勤相送出天台，仙境那能却再來？雲液倦（旣）歸須强飲，玉書無事莫頻開。花當洞口應長在，水到人間定不迴；惆悵溪頭從此別，碧山明月照蒼苔。」

事跡已見快州義婦傳「奇遇古劉晨」句。

141 舊編：忙，心迫也。

新編甲：趙朱(宋)，日本國求本國神光寺記，舍人辭不工，令學士張君房代之，張潛飲市樓，舍人大窘；時神(种)放以司諫歸華山。楊大年為閒忙令云：「世上何人最號閒？司諫拂衣歸華山；世上何人最號忙？紫微失却張君房。」出羣玉七陽韻。

142 舊編：匆匆，急遽貌，本悤字，俗訛為匆。

新編甲：匆，或作忩。「擾擾匆匆，晨鷄暮鐘。」出羣玉二冬韻。

143 新編甲：潮，海潮也；每歲仲秋既望，潮水極大，故當秋之時，風涼帶潮聲落于枕也。又隱居詩云：「雲連海氣琴書潤，風帶潮聲枕簟涼。」言琴書則雲連海色而潤，枕潤(簟)則風帶潮聲而涼，真稱處士之居笑。出唐詩鼓吹。

144 舊編：惺，音星，慧也。

新編甲：一種相思兩處愁。惺，思令切，悟也。

145 新編甲：唐孟郊，字東野，遊子吟云：「慈母手中線，遊子身上衣。臨行密密縫，意恐遲遲歸。難將寸草心，報得三春暉。」出古文。花淚遠人，言與故人相別于東風之下，淚與花並落，蓋別易而見難也。出唐詩。

146 舊編：華封人祝堯云：「乘彼白雲，遊于帝鄉。」

新編甲：華封人祝帝堯曰：「千歲獻世，去而上仙，乘彼白雲，至于帝鄉。」出史記世家。

147 舊編：匀，聚也。忙，冗也。

新編甲：景與影同。事跡已見茶童降誕錄「閻浮之樂，不減天曹」句。

148 舊編：縶，籠也。縶，音執，維馬足也。

新編甲：縶，籠也。縶，音執。

149 舊編：恓，音西，同悽，煩惱貌。

舊編眉批：衆人旣以絳香名其子，縱徐郎不思歸，亦無容於久任矣！乃陽作好語，可發一笑。

新編甲：栖，音西；又栖栖，猶皇皇也；皇皇，如有求而不得之意。出正字通。微生畝謂孔子曰：「丘何為是栖栖者與？」出論語憲問。

150 新編甲：瞬者，開闔目數搖也。息，一呼一吸為一息。

151 新編甲：滕王閣序詩：「閑雲潭影日悠悠，物換星移度幾秋？閣中帝子今何在？檻外長江空自流。」出古文序類。

152 舊編：仁宗宣皇帝。

153 舊編：即戊寅年。

新編甲：延寧，仁宗皇帝年號。

154 舊編：笠，音立，禦雨具。

155 新編甲：黃山，山名，在農貢縣黃山社。

156 新編甲：「夫有陰德者，必有陽報；有陰行者，必有昭名。」出淮南□（鴻）烈解人間訓篇。

范子虛遊天曹錄㈠

錦江范子虛，俊爽豪邁❶，不樂檢束❷。師事處士楊湛，湛常以驕爲戒，深自克抑，終爲成人。及湛死，諸生散去，惟子虛編廬墓所❸，三歲而後反。年四十未第。

陳明宗時㈡，遊學至京，寓西湖民舍。常晨出，於霧靄中❹，見瑤幢寶輦，騰空而上❺，繼有珠軿一乘❻，騶從亦整。從傍竊窺，乃其師楊湛。將前趨拜，湛揮止之，曰：「途間老草，談論非所❼，後此夕可詣北門眞武觀㈢❽，得便寒暄一敘也㈣❾。」

子虛如言㈤，具殽挈酒，依期而至。既見歡甚，因問曰：「先生甫棄函丈❿，華聲赫奕，非復疇昔，望以前由曉示，得伸喜慰之情也。」曰：「我平生在世，無一善可稱，止能篤信師友，愛重字紙，有所碎落，輒掇拾焚之⓫。帝君獎其用心，奏爲梓潼門直吏⓬。昨陪靈駕⓭，上謁天宮，與子相逢，蓋亦有緣師弟也。」子虛曰：「先生踐歷華要⓮，當途用事，某之生死壽夭，可得聞乎？」曰：「非吾所職㈥。」子虛曰：「然則先生所職何事㈦？」曰：「凡天下士人應舉文章，科名次第，吾皆得而關掌之矣。」子虛喜曰：「泱如此，則某之前程窮達，先生必識之矣！」曰：「若子之詞章才藝，當代無輩，加之以忠厚，重之以誠慤⓯；但少時以詞藻驕人⓰，故天晚其成，挫其驕誇之志。不然，奪蒙正之先籌⓱，拾夏侯之地芥⓲，於子何有哉？此古今論士，必先德行，良有以也。今之衣儒服、佩儒紳⓳，乃大不然㈧：往往變姓而從師，易名而應舉㈨。纔見黜則罪有司之失選，稍成名則欺前輩之不如。志氣驕盈，輕變所守。視窮師爲可恥，捨賤友而不親，不知平日所以誘掖切偲，大抵皆師友之力也⓴。且吾往日授徒數千，交遊徧京師，即世以後，聞有曳朱紫而登顯宦者矣㉑，有躡岩廊而據要津者矣㉒，未見持數盃薄酒，一酹新阡墳上(十)㉓，此吾所以拳拳於吾子也(十一)。」

子虛因舉當時居官者，一一問之曰：「某居清要，而貪濁無厭；某職師資，而表儀不足㉔；某居典禮，而禮多所缺；某居牧民，而民受其殃；某居校文，而私所舉之人㉕；某居理獄，而入不辜之罪。平居議論，脣舌如流，及籌國家之大策，決國家之大計(十二)，蒙然如坐雲霧㉖。甚者不循名撿實，不忠君上，大則爲劉豫之賣國㉗，小則爲延齡之欺君㉘。此曹歿後，固可以擬議之乎(十三)？抑終可以享尊榮乎？」湛笑曰：「酆都之設，正爲是人(十四)。『種瓜得瓜，種豆得豆；天網恢恢，疏而不漏㉙』，直須時至耳㉚！今爲吾子言之：天地間報應輪迴，善惡兩科而已㉛。勉於爲善者，雖猶在世，而名已簡於帝庭；厚於積惡者，不待亡時，而獄已成於地府。故顏回生前陋巷而死後修文㉜，王雱平日驕頑而死時汚地㉝。非若世人，可因勢而得官，可緣財而免禍；刑辟不中而濫(十五)，爵賞不公而私。俛眉承睫(十六)㉞，雖猥冗而必甄㉟；眛吏奸夫，以苞苴而幸脫㊱。子其勉之，勿種來生業報也。」子虛曰：「禍福之言，既聞其略；但今之士子，每就帝君祠，占夢將來事業，前期顯報，此事果信然否乎？」湛笑曰：「帝君吞吐元氣，周覽八極㊲，日閱箋書(十七)，夜朝帝所，豈暇隨人曉喻，爲此屑屑哉㊳？但其人齋祓一心㊴，清淨無雜，恍惚之間，若有所覩。世人不曉此意，遂謂誠然，甚可嗤也㊵。」曰：「然則天門放榜之事，亦傳訛乎㊶？」曰：「此則不誣也。」因出文書一束，緘封甚密，謂子虛曰：「此來年春榜，我方受命帝君，備查詳閱，付天門塡寫㊷，以子來，故遲遲未卽去耳！且言天曹之樂，絕勝凡間，子能勉身勵行，自然可到，如我亦希奇有幸也(十八)。」子虛曰：「塵容俗狀，何階及此㊸？但望追隨飇御，暫時觀遊㊹，未料凡踪，亦可夤緣否乎㊺？」曰：「何難之有？但當申稟帝君，以姓名塡入耳！」乃以朱書紙尾，約十餘字，仍命撤席。

時子虛御左驂直上[一九][46]，見銀堞層層[47]，貝闕雙峙，兩邊皆珠樓玉殿，通明如白晝[二〇]。天河星渚，縈抱前後，香風浮動，撲欄銜檻[48]。但覺清光奪目，高寒逼人[49]；下視塵寰，如積蘇累塊[50]。湛曰：「子識此乎？世人所謂天上白玉京，最中一朵紅雲，乃紫微帝座[51]。子可於城門候立，吾當奏請。」乃捧章而入，良久始出。俄聞城上喧呼：「明年冠榜，已得范狀元矣[52]！」乃引子虛歷諸曹省[53]。至一所，扁曰：「累德之門」，中有千餘人，花冠蕙佩，或坐或立。子虛叩問，則曰：「此仙衆皆生前惠愛，雖非傾貲施予，然能隨時賙給，既無恡心[54]，又無德色[55]。帝錄其仁，使躋清品，故得居此[56]。」又至一所，題曰：「順行之門」，中有千餘人，雲衣雨蓋[二一]，或歌或舞。子虛又問，則曰：「此仙衆皆生前孝友，或於流離相保，或以土地相移[二二]，或數世同居不忍分異[二三][57]。帝嘉其志，使隸雲宮，故得居此。」又至一所，題曰：「儒臣之門」，皆褒衣博帶[58]，亦不下千人。中有二人，着綠袍紗帽[59]。指謂子虛曰：「此卽李朝蘇憲誠[60]、陳朝朱文安也[61]。其餘皆漢、唐名臣，無官位、無職掌，但朔望參謁帝君，如今世散官之奉朝請也[62]。每至五百年，復許降生[63]，高者爲卿、爲相，次者不失爲士夫、爲校尹[二四]。」其他諸曹署尚百餘所，但天色向曙[64]，不暇徧觀，急御長風，冷然而下[65]。至北門，百官已趨朝矣。子虛辭歸。明年應舉，果領進士第[66]。凡子虛家內吉凶禍福，其師亦時時顯報焉。

嗚呼！齊諧好誕[67]，莊周寓言[68]，誠非君子所尚；設或事關彝倫，辭寓勸戒，筆而傳之，何傷乎？今子虛傳，一篇之中，有篤於從師者，既足以為之勸；薄於事師者，亦足以為之戒，其有關於民彝也大矣！若夫天曹之遊，其有其無[二五]，何必深辨？

【校】

㊀范子虛遊天曹錄　丙本作「范子虛遊天曹傳」。
㊁陳明宗時　甲、丙本作「陳時」。
㊂後此夕可詣北門真武觀　「此」、「夕」二字原是小字並列，今並取之；又丙本無「武」字。
㊃得便寒暄一叙也　甲、丙本無「也」字。
㊄子虛如言　甲、丙本無「如言」二字。
㊅非吾所職　「所職」，舊編注云：「一云所得識」。
㊆然則先生所職何事　甲、丙本「職」下有「者」字。
㊇乃大不然　「然」下，甲本有「矣」字，丙本有「也」字。
㊈易名而應舉　「名」，舊編注云：「一作經」。
㊉一酹新阡墳上　「一」字原無，「阡」原作「扦」，據甲、丙本加改。
⑪此吾所以拳拳於吾子也　「拳拳」，甲本作「惓惓」，丙本作「倦倦」。
⑫及籌國家之大策，決國家之大計　甲、丙本無兩「之」字。
⑬固可以擬議之乎　甲、丙本無「議」字。
⑭酆都之設，正是為人　甲、丙本無，舊編亦注云：「一本無此二句」。

㊄刑辟不中而濫　丙本「中」作「忠」。

㊅俛眉承睫　「眉」原與「首」小字並列，蓋二字均可，甲、丙本卽作「俛首承睫」，今則但取「眉」字。

㊆日閱箋書　甲、丙本「箋書」作「雲箋」。

㊇如我亦希奇有幸也　甲、丙本「奇」下有「之」字。

㊈時子虛御左驂直上　「直上」，甲、丙本上有「奔騰」二字，舊編亦注云：「一作奔騰直上」。

㊉通明如白晝　甲、丙本無「通」字。

㊀雲衣雨蓋　丙本「雨」原作「雨」，又改作「霧」。

㊁或以土地相移　甲、丙本「或」作「有」。

㊂或數世同居不忍分異　甲、丙本無此「或」字。

㊃為校尹　「校尹」原作「尹校」，據甲、丙本改。

㊄其有其無　下「其」字原無，據甲、丙本加。

【注】

❶舊編：爽，明也。邁，勇往力行也。

❷舊編：檢，束也，校也。

❸舊編：以繩聯物曰編。
新編甲：樂，魚敎切，欲也。

❹舊編：霧，地氣上升也。靄，雲集也。

❺舊編：幢，旌旂之屬；幢，容也，施之車蓋，童童然以隱蔽形容也。輦，輓車也，車用人輓曰輦。

❻舊編：軿，蒲眠切，輜車也；重曰輜，輕曰軿。

新編甲：軿，音緶。

❼舊編：老草，急遽之貌。

❽新編甲：覲，去聲。

❾舊編：暄，溫也；與人共談曰少叙寒暄。

新編甲：與人共話曰少叙寒暄。

❿舊編：禮記：「講問間曰函丈。」函，容也。左右席間，容一丈之地，欲其解說之便。

新編甲：函，左右講問，足容一丈之地，足以指畫。出禮學記篇。

⓫舊編眉批：公能保其徒輩之不用書文舊册糊房裹物者邪？

⓬舊編：梓潼帝君，本北朝，廟在梓潼縣。廟中有降筆亭，以金索懸金花佊（𢂁），筆墨皆具，每降筆訖，則有銅鐘自鳴，本官卽差官取書以覲報應。國朝真武覲及安山黃舍有祠，人多祈夢者。

新編甲：梓潼帝君，本北朝，廟在梓潼縣。廟中有降筆亭，以金索懸金花𢂁，筆墨皆具，每降筆訖，則有銅鐘自鳴，本官卽差官取書以覲報應。國朝真武覲及山西處安山縣黃舍社有祠，人多祈夢焉（焉）。

⓭舊編：陪，助也，隨也。

⓮舊編：華要，乃榮華清要之職。

新編甲：華，榮也。要，樞要也。

⑮舊編：慤，謹也，誠也。

新編甲：重，直隴切。

⑯舊編：藻，音早，藻橫陳水中，若自澡濯然，故名；又文辭曰藻，言其文采如藻之布列也。

⑰舊編：呂蒙正中舉，寄書胡旦曰：「渴睡漢狀元及第矣！」胡曰：「待我明年及第，輸君一籌耳！」次果中選。籌，投壺矢也。

新編甲：宋呂蒙正，字聖功，河南人，微時薄遊一縣，胡旦父宰是邑，遇之，客有舉呂詩云：「挑盡寒燈夢不成。」胡笑曰：「乃是一渴睡漢耳！」太平興國初，呂果中甲科，寄聲胡曰：「渴睡漢狀元及第矣！」胡曰：「待我明年第三（二）及第，輸君一籌耳！」次榜果中首選。出尚友錄卉書言故事。

⑱舊編：漢夏侯勝曰：「士患不明經術，經術苟明，取青紫如拾地芥耳！」

新編甲：漢夏侯勝讀尚書洪範傳，號稱名儒，嘗云：「士患不明經，經術苟明，取青紫如拾地芥。」出三註故事。

⑲舊編：帶之有垂者曰紳。

⑳舊編：誘，前道（導）也；掖，旁扶也，與輔翼義同。

新編甲：偲，音司；偲偲，相切責也，詳勉也。「朋友切切偲偲。」出論語子路第十三篇。

㉑舊編：曳，引也，牽也。宦，仕也。

㉒舊編：躡，蹈也。岩廊，峻廊也；殿下外屋為廊，岩者廡下宮墻疊砌也。

「朋友切切偲偲。」切切，懸倒也；偲偲，詳勉也。

新編甲：杜詩：「賓後雜沓實要津。」

㉓舊編：酹，音類，醊祭也，酒沃于地以降神也。扦，音千，葬也。

新編甲：南北曰阡，東西曰陌；又墓道。杜詩：「共誰論昔事？幾處有新阡？」出羣玉一先韻。

㉔舊編：善人者，不善人之師；不善人者，善人之資。

㉕舊編：校，考也，量也。

新編甲：晉陸機序云：「校文講藝之官，采遺于內。」

㉖舊編：顏氏家訓戒子弟不學文云：「或因家世餘緒，得一階半級，便自矜夸，全忘修學；及有吉凶大事，議論得失，蒙然張口，如坐雲霧。」

新編甲：顏氏家訓戒子弟不學文云：「或因家世餘緒，得一階半級，便自矜夸，全忘修學；及有吉凶大事，議論得失，蒙然張口，如坐雲霧。」

㉗舊編：豫為宋臣，降元，元人立為帝。

新編甲：劉豫為宋欽宗臣，降金，金立為齊帝。出宋史。

㉘舊編：延齡，唐德宗時臣，奸邪用事，每至上前，應對多用譎詐。

新編甲：延齡為唐德宗之臣，奸邪用事，每應對，恣為詭詐。出唐史。

㉙新編甲：此句出明心寶鑑天理篇。

㉚新編甲：直，當也。須，待也。

㉛舊編：輪，轉也；迴，反也。釋家語。

㉜舊編：顏回居陋巷，不改其樂，年三十二卒。後晉蘇韶既死而甦，弟節問地下事，韶云：

「顏回與卜商今為地下修文郎。」

新編甲：顏回居陋巷，不改其樂，年三十二卒。後晉蘇韶既死而甦，弟節問地下事，韶云：「顏回與□（卜）商今為下地修文郎。」出文宛（苑）。

㉝舊編：王雱，荊公之子。荊公在金陵時，白日見一人來拜，乃故吏，死已久矣。因問雱安在？吏因引荊公至一所，見獄卒枷一囚，身具桎梏，立庭下，血污地，乃王雱也。

新編甲：雱同滂。王雱，荊國公王安石之子。荊公在金陵時，白日見故吏，死已久矣。問雱安在？吏因引荊公至一所，見嶽卒枷一因（囚），身具桎梏，立庭下，血污地，乃王雱也。出類聚。

㉞舊編：□（睫），音□（婕），目□（旁）之毛也。

新編甲：「俛首係頸，委命下吏。」出韻瑞二十五有韻。

㉟舊編：甄，音堅，收用也。

㊱舊編：苞，音包，與包通；苴，音疽，藉也，包也。苞苴，囊貨也。孔叢子云：「吾子木瓜，見苞苴之禮行。」詩箋：「以果實相遺者，必苞苴之，或以葦，或以茅也。」

新編甲：苞，音包，草也；苴，音疽，履藉也，又包也。苞苴，囊貨也。管子宙合篇：「天地苴萬物，故曰萬物之橐。」孔叢子：「吾子木瓜，見苞苴之禮行。」詩箋：「以果實相遺者，必苞苴之，或以葦，或以茅。」出正字通。

按：「吾子」之「子」字下又注云：「音□（觸），小步也。」

㊲舊編：覽，視也。八極，八方極遠至盡之國也。

新編甲：「天地之間，九川（州）八極。」註：「方隅極處又人間周八極隱一筦。」出韻瑞十三職韻。

㊳舊編：屑屑，動作切切也。

㊴舊編：齋，潔也；祓，音拂，亦潔也。言洗濯塵穢，使之潔淨也。

新編甲：祓，音拂，除災求福也，潔也。

㊵新編甲：嗤，音鴟。

㊶舊編：仲淹判陳州時，郡守母病，召道士立壇祈禳，道士奉（奏）章，終夜不動，至五更，起謂守曰：「夫人壽有六年。」守因問：「伏奏何久？」答曰：「適遇天門放明年春榜，觀者塞途，以故稽留。」守問狀元姓名，答曰：「姓王，二字名，下一字黑塗，傍注，不可辨。」既而母愈。明年狀元乃王拱壽，御筆改為王拱辰。

新編甲：宋時范仲淹判陳州時，郡守母病，召道士奏章，道士秉簡伏壇，終夜不動，至五更，謂守曰：「夫人壽有六年。」守問：「伏奏何久？」曰：「方出天門，遇放明年進士春榜，觀者塞途，以故稽留。」守問狀〔元〕姓名，答曰：「姓王，二字名，下一亭（字）墨塗，傍註一字，遠不可辨。」既而守母愈。明年狀元乃王拱壽，仁宗御筆改為王拱辰。出文苑。

㊷舊編：塡，音田，塞也。

㊸舊編：階，陛也，梯也。北山移文：「抗塵容而走俗狀。」

㊹舊編：飈，音標，扶搖風也；飈御，即風車也，猶御風意。

新編甲：飈，卑遙切。

㊺新編甲：夤，音夷。

㊻舊編：驂，音參，車中兩馬曰服，兩馬驂其外小退曰驂；左驂，即車之左邊也。

新編甲：驂，音參，車中兩馬曰服，兩馬驂其外小退曰驂。師古曰：「乘車之法：尊者居左，御者居中，又一人處車右，以備傾側。取三人為名義也。」出正字通。

㊼舊編：堞，音牒，城上女垣也；以白堊，故曰銀堞，又曰粉堞。

新編甲：堞，音牒；雉堞，城上女垣。杜詩：「雉堞粉如銀貝海，介蟲有文彩似錦。」峙，山屹立也。貝闕，天宮以紫貝作闕。出合璧。

㊽舊編：撲，拂拭也。銜，以口含物也。軒窗下，為櫺曰欄，以版曰檻。

新編甲：撲，普十（卜）切，拂著也。

㊾新編甲：言翠色冷光相射，極寒不可留也。羅公遠侍唐玄宗玩月，請同登，行數里，清光奪目，寒氣侵人，遠曰：「此月宮也。」出類聚。

㊿舊編：周穆王執化人之袪，飛而上者，中天而止，化人宮下，視若累塊積蘇。采草曰蘇。

新編甲：列〔子〕：周穆王遊化人之宮，俯而視之，其宮榭若累塊積蘇焉。出韻瑞七虞韻。

(51)舊編：李賀夢人持板告之曰：「天上白玉樓成，命君為記。」賀遂卒。翼聖傳：「玉帝所居，常有紅雲擁之，雖真仙不得見其面。」

新編甲：王素待制，嘗夢至玉京黃闕，公晚歲作詩云：「碧虛中藏白玉京，夢魂飛入黃金城；何時再步烟霞外？皓齒青童已掃廳。」出圓機。玉帝殿常有紅雲擁之，是通明殿也。坡詩：「侍臣鵠立通明殿，一朵紅雲捧玉皇。」出圓機。

(52)新編甲：冠，去聲，衆之首曰冠。

(53)舊編：省，所景切，禁署也。

(54)舊編：悋，音吝，鄙也，慳也。

新編甲：悋，音吝，慳也。

55 舊編：自矜有恩曰德色。

56 舊編：蓋，覆也，今之雨油蓋其一也。

57 新編甲：太宗詔貸江州義門陳競粟。初，江州陳崇，數世未嘗分異，〔唐〕僖宗詔旗（旌）其門，南唐又為之立義門，免其徭役。崇子袞，袞子昉，三世同居，長幼凡七百日（口），不畜婢妾，人無間言，每食必羣坐廣堂，未成人者，別為一席；有犬百餘，共一牢食，一犬不至，羣犬亦皆不食。唐亡，州上其事，詔仍舊免其徭役。出宋史。

58 舊編：不疑冠、進賢冠，帶偪貝，劒佩環玦，褒衣博帶，以見暴勝之。

新編甲：褒，博毛切，大衣也；又褒衣，上所加賜之衣。

59 舊編：紗，輕繒也，署所服也。

60 舊編：憲誠，號飛鳶，為人忠誠。英宗臨崩時，輔高宗卽位，太后欲立故太子龍昶，賂憲誠妻呂氏。憲誠曰：「我為顧命大臣，今貪賂而改命，何面目見先帝於地下乎？」乃不聽。脫軒詠詩云：「大節堂堂可托孤，百端利誘寂如無；平生疾惡心如在，肯上陳家四輔圖。」

新編甲：李英宗朝蘇憲誠，號飛鳶。時太子龍昶有罪，廢為庶人，册龍翰為皇太子。帝疾大漸，遺詔蘇憲誠輔導太子，太后欲行廢立，恐憲誠不從，乃以金銀賂其妻呂氏。憲誠曰：「吾以大臣，受顧命，輔幼主，今受賂而廢立，何面目見先帝於地下乎？」太后又召憲誠，諭之百端，對曰：「不義而富且貴，豈忠臣義士之所樂為？況先帝言猶在耳，殿反（下）豈不聞□（伊）尹、霍光之事乎？臣不敢奉詔。」事遂寢。出國有（史）。詠史詩：「大節堂堂可托孤，百端利誘寂如無；平生疾惡心如在，肯上陳家四輔圖。」

61 舊編：文安，清潭縣人，為人清修苦節。明宗時，為國子監博士，授太子□經。及裕宗卽位，信任群小，文安上疏乞斬佞臣七人，號七斬疏。不報，乃告老歸。愛至靈山，往居之。裕宗每有賚與，悉以與人。藝宗卽位，詣闕入覲，又求還至靈山終老。謚文貞，許從祀文廟。脫軒詠詩云：「七斬章成便掛冠，至靈終老有餘閑；清修苦節高千古，士望岩岩仰泰山。」

新編甲：陳明宗朝朱文安，清潭人，性剛介，清修苦節，不求利達。明宗徵拜國子監司業，授太子經。裕宗隱豫怠于政，權臣多不法，安諫不聽，乃上疏乞斬佞臣七人，皆權幸者，時人號七斬疏。疏入不報，遂掛冠歸田里。愛至靈山，往居之。至裕宗崩，聞羣臣迎立藝宗，乃大喜，杖策上謁，旋乞還鄉，辭不受封拜，厚禮送還。未幾，壽終于家。命官諭祭，贈謚，尋有從祀之命。出國史。詠史詩：「七斬章成便掛冠，至靈終老有餘閑；清修苦節高千古，士望巖巖仰泰山。」

(62) 舊編：春曰朝，秋曰請；又大臣退位不落職曰奉朝請。

新編甲：請，音淨。漢律：春曰朝，秋曰請。

(63) 舊編：孟子言：「五百年必有王者興，其間必有名世。」

(64) 新編甲：曙，音樹。

(65) 新編甲：南中六月有東南長風，俗號黃雀風，時海魚變為雀，故名。出文苑風類。

(66) 舊編：士應舉見錄者曰第。

(67) 舊編：莊子逍遙〔遊〕篇：「齊諧者，志怪〔者〕也。」注：「齊諧，書名，所記皆怪異之事。」

新編甲：周齊諧，志怪者也。諧之言曰：「鵬之徙南溟也，水擊三千里，摶扶搖而上九萬里。」出尚友錄。

⑥⑧舊編：莊周，楚人，著書名南華，所言皆荒唐之辭。

新編甲：莊周，周戰國蒙人，著書十萬餘言，號南華經，大抵寓言，洸洋自恣，雖當世宿學不能解。出尚友錄。

傳奇漫錄　卷之三

昌江妖怪錄㈠

峯州人有姓胡名期望❶，胡朝末，販泊昌江城❷，因而病故，其妻貧不能歸葬，鬻其小女氏宜于富商范氏。女既長成㈡，頗有姿色，范氏悅而私焉❸。其妻揣知其意❹，托以他故，痛笞至死，瘞在村居之側㈢❺。既數月㈣，與妖作幻㈤❻，變態百出：或托形於賣漿之姝❼，或假體於沽酒之女；有頭目者則爲淫殺，有財貨者則被潛攘㈥❽。沿途十里，皆晏行早泊，以色爲戒。久之㈦，鄉人覺得，以骸散在江次，妖亦稍息焉。

黎朝混一，有諒江一員姓黃，赴長安領職，舟次江側❾。時月明星淡❿，萬籟俱寂⓫，忽聞東南沙觜⓬，一哭聲轉哀㈧。移船就之，見一女年可十七八，擁紅羅袖，茵草而坐⓭。問之曰：「夜深如許⓮，何故悲啼？令人攪碎鐵石心腸也⓯。」女歛容收淚曰：「妾峯州人，父母以販繒爲業，群盜利財，一時見害，魂埋魚腹，骨葬江心⓰；惟餘賤質惇惇，幸免虎口，投身沿岸，寄食村民。昨爲主婦採桑⓱，偶經故處，不覺悲哀至此。」黃曰：「兒既顛連孤苦，無所依投⓲，今我有長安之遊，縱欲歸來，可於船間寄足；況由京國直抵兒鄉，纔半餉間，一風帆力也⓳。」其女又泣曰：「隻影零丁，誠不足惜⓴。所恨者，先人骸骨不能還葬耳㈨！」黃曰：「我誠不愛捐數金之費㉑，爲兒收散骨返故鄉㉒，亦邂逅一因緣也㉓。」女喜曰：「天也！君誠能如此，所謂生死而肉骨也⑩㉔。妾雖孱質，願糜身以報㉕。」黃卽募善氽者⑪，於亂波中，淘沙收歛㉖，挈載南行㉗。時或以微辭挑謔㉘，細觀其意，女拒之甚確，黃尤變而畏之㉙。至京，遂不卽上官㉚，直趨白鶴江口，於江邊安葬。

他日，女謂黃曰：「妾與卿初非相期㉛，偶有良會，但昔日以先人塋兆未安⑫㉜，故殷勤見拒，今事既圓成，願侍巾櫛㉝；況君江湖遠宦，主饋無人㉞，蘋藻之供，妾請當其任矣㉟！」既成夫妻，情愛加密。女又能動必以禮，口必擇言，僚朋親族，稱之者如出一口㊱。

居官閱月㊲，黃因感疾，顛狂恍惚，昏昏不省，女亦旦夕涕泣，不離在側。但藥之則不飮，診之則不受㊳；有以符呪來者，輒遭侮罵㊴。醫工術士，皆疑其妖祟㊵，然無可奈何，但相環視而已。繼有一人，破巾穿履，襤褸步進㊶，一坐大笑。其人曰：「卿輩皆孱工，我神醫也，非徒能療疾，兼能使人翰生羽化⑬㊷。」問其術，則醫風、治氣；探其囊，則附子、陳皮⑭。黃卽笑以手示之⑮，使診其脉，其人曰：「無傷也，但臟腑不調，生此迷惑。宜飮以進食湯，兼多市酒殽，禱神禳鬼，自然無恙矣！」乃罄所需藥㊸，以粉磁瓶調劑㊹，一啜而盡㊺，嘔涎數斗⑯㊻，懵然如夢㊼。女大怒，以杖碎磁瓶，罵曰：「甚處幻人㊽，離間我夫妻，分析我家室⑰㊾！」其人以符投之，女應符驀然仆地㊿，乃一堆白骨。仍急以七香湯灌黃胸臆[51]，有頃甦醒，問從前事跡，皆不省也。衆人爭叩所以[52]，其人曰：「吾適覩其貌，妖氣甚濃[53]，而此女乃妖祟根原。使彼尋常吾語，始得以施吾巧；不然，其能進刀圭之餌乎[54]？」衆皆驚服。遂使人至白鶴江掘塚，止有數丸鮮血，而殘骸亡矣[55]。方欲收取，倏然已不見。其人嘆曰：「枝蔓雖除，而根荄未剪⑱，向非天兵將吏，猛鋤力剔⑲[56]，只恐更遭毒手，公其危哉！」

旬餘，黃於白晝閑臥，見兩卒牽提令去。至一處⑳，垣墻周繞，殿宇嚴邃[57]，但左廊頹弊傾圮

㉑[58]。上有一人垂冕[59]，厲聲言曰：「閻王有旨，命予追勘！」令左右授以筆紙，逼使供狀。黃曰：「僕本寒流㉒，幸登仕版[60]，處己絕憸邪之態㉓[61]，居官無賄賂之求，罪狀弗彰，非敢聞命。」言未畢，已見女從左廊步出。黃大悟，卽援筆供曰：

恭聞：春秋紀異，雖石言、神降而必書[62]；野史摭遺[63]，凡梅魄、蕖精而亦錄[64]。豈自古唱為怪說，欲使人得備神奸[65]？故太真燃照水之犀，龍宮請命[66]；馬亮寫入窗之手，鬼物祈哀[67]。或祛吹火之精[68]，或却移床之祟[69]。是歷代剛方之士，不怕邪妖[70]；況百年香火之祠，更容醜類。如某者，性慚守拙，仕幸逢辰[71]。一宦蕭條，忝竊代耕之祿[72]；半衾寂寞，翻含失偶之悲。誰知月下奇逢，便是生前業報[73]？蠱惑臣以妖姿丰態㉔，粉黛朱鉛[74]；耗損臣之元氣真精，什三四五㉕。匪遇上醫之手[75]，幾成泉下之塵。入江而曰非漁㉖，誰其信者？以德而行其罰，伏願矜之㉗[76]！

供已進呈，王大怒曰：「不圖幻質，遽爾生心，既逞淫風，又懷妄訴，可押赴犂舌獄！」仍大書判曰[77]：

蓋聞：猿鶴蟲沙之化㉘，周代曾聞[78]；狐狸華表之精，晉朝再見[79]。世運寖乎愈降[80]，邪魔概不勝妖[81]。故道家以三尺盪氛[82]，而地獄以尺符攝召[83]。二十四司之關掌，各有分曹；百千萬狀之鬼妖，舉皆遁跡。夫何穢濁，敢肆猖狂[84]！一生惟事於龜淫，貪婪殆甚[85]；再死猶懷於狙詐，假冒何多[86]！謂罪名可以力逃，謂冥府不能顯責。任之狐、崔之虎，變態愈滋[87]；劍為樹、刀為山，條章載舉[88]。至如黃某，亦有可言：志溺少剛，心牽多欲。不能效顏叔子，却鄰家之女[89]；顧乃攘武承嗣㉙，惑花月之妖[90]。罪不能無，薄云乎耳㉚！吾言止此，主者奉行。

又顧謂黃曰：「子少業儒，讀聖賢書傳，記古今事跡，豈不知在色之戒，而躬自蹈之91？」仍以筆批曰92：「去剛卽欲，減壽一紀93。」復命兩卒送之還家。欠伸一覺94，汗流浹背。

數年後，因幹事至三岐江㉛，憩峯州祠下95，見垣牆殿宇，頹廊塑像96，一如夢中所覩，乃知向日追勘者此處也。遂策馬疾驅，不敢回顧。時紹平二年八月丁巳日97。

嗚呼！瞰于室、嘯于梁，不已怪乎？曰：「未也98。」羽淵之熊、貝丘之豕，不已怪乎？曰：「未也99。」蓋昌黎原鬼，丘明釋經，此怪所以為常100；然則昌江之錄，非怪也。況觀妖女之惑人，則當謹在色之戒101；覽叢祠之判事㉜，則當起遠神之敬102。疑以傳疑，未足過也㉝；步進一步，則劉叉、干寶103。㉞

【校】

㈠昌江妖怪錄　丙本作「昌江妖怪傳」。

㈡女既長成　丙本無「女」字。

㈢瘗在村居之側　乙本「瘗」作「葬」。

㈣既數月　甲、乙、丙本（以下簡稱「諸本」）「月」下有「後」字。

㈤興妖作幻　乙本「幻」作「怪」。

㈥有財貨者則被滑攘　丙本「財貨」作「貨財」。

㈦久之　諸本無。

㈧一哭聲轉哀　諸本無「一」字。

㈨先人骸骨不能還葬耳　諸本「耳」作「也」。

⑩所謂生死而肉骨也　「肉骨」原作「骨肉」，據甲、丙本與左傳襄公二十二年改。

⑪黃卽慕善氽者　「氽」原作「水」，據諸本改，「入水」二字之合。

⑫但昔日以先人塋兆未安　丙本「塋」作「采」。

⑬兼能使人翰生羽化　「使人」二字原無，據諸本加。

⑭則附子、陳皮　諸本「附子」、「陳皮」倒置。

⑮黃卽笑以手示之　「示」，舊編注云：「一作視」。

⑯嘔涎數斗　舊編注云：「斗，一作升。」

⑰分析我家室　丙本「室」作「堂」。

⑱而根荄未剪　甲本「根」作「餘」。

⑲猛鋤力剔　丙本作「益鋤力」。

⑳至一處　諸本「處」作「所」。

㉑但左廊頹弊傾圮　諸本無「頹弊」二字。

㉒僕本寒流　丙本「寒」作「儒」。

㉓處己絕憸邪之態　諸本「憸邪」作「邪憸」。

㉔蠱惑臣以妖姿丰態　諸本「丰」作「艷」。

㉕什三四五　「三」原與「存」小字並列，蓋二字均可；因諸本作「三」，故但取之。

㉖入江而曰非漁　「漁」，舊編注云：「一作魚」。

㉗伏願矜之　諸本「願」作「望」。

㉘猿鶴蟲沙之化　乙本「蟲沙」作「沙蟲」。

㉙顧乃攘武承嗣　諸本「攘」作「携」。

㉚因幹事至三岐江　諸本無「岐」字。

㉛薄云乎耳　諸本「云乎」作「乎云」。

㉜覽叢祠之判事　諸本「事」作「斷」。

㉝未足過也　諸本「足」作「為」。

㉞甲本文末有「終畢」二字。

【注】

❶舊編：峯州，今白鶴縣。
新編甲：峯州，即今白鶴縣。
新編乙：同新編甲。
丙本：同新編甲。

❷舊編：泊，音薄，止息也，流寓也。昌江，屬安勇壽昌。
新編甲：昌江城，今在京北處安勇縣。
新編乙：同新編甲。
丙本：同新編甲。無「在」字。

❸舊編：私，奸淫也。

❹舊編：揣，所委切，捫而察之也；又度也，量也。
新編甲：揣，楚委切，度也，量也。

❺舊編：瘞，於計切，埋也。

❻舊編：幻，熒絹切，妖術也。

❼舊編：姝，音樞，美色也。

❽舊編：攘，竊也，引手取物也；又因其自來而取曰攘。

新編甲：攘，竊也。

❾舊編：次，止也。

❿舊編：淡，星之光彩也。

新編甲：子夜歌云：「秋夜涼風起，天高星月明。」

新編乙：同新編甲。

⓫新編甲：事跡已見木綿樹傳「萬籟俱寂」句。

⓬舊編：肯，遵威切，角也。

新編甲：肯，遵為切。

⓭舊編：茵，褥也，藉也。

⓮舊編：許，力舉切，助辭也。

⓯舊編：攪，古巧切，撓也，擾也。碎，細破也。鐵石，喻心之堅貞也。

新編甲：攪，古巧切，亂之也，撓也，擾也。鐵石，喻心之堅貞也。出文苑。

新編乙：同新編甲。

⓰舊編：昔吳十二有赴鎮江之行，被家人汪吉利婦用謀，乘醉推落江心，屍骨葬魚腹，後見出乞故人韓滿為伸冤。

新編甲：昔吳十二有赴鎮江之行，被家人江吉利婦用謀，乘醉推落江心，屍首已葬魚腹，現出乞故人韓滿為伸冤。出包公斷訟。

新編乙：同新編甲。無「斷訟」二字。

⑰新編甲：為，去聲。

⑱新編甲：顛，典平聲。

⑲舊編：餉，行饋也。

新編甲：餉，饋也。

⑳舊編：隻，鳥一枚也；凡物不兩皆曰隻。零丁，失志貌。李密傳：「零丁孤苦。」

㉑新編甲：愛，吝也。

㉒新編甲：為，去聲。

新編甲：邂，下戒切；逅，音候。邂逅（逅），不期而會也。

㉓舊編：解，音□（蟹）；逅，音候。行適相值也。

㉔舊編：宋祖解石守信等兵權，守信等謝曰：「所謂生死而骨肉也。」注：「謂使死者後生，而白骨再生肉也。」

新編甲：左傳襄公二十二年：楚使薳子馮為令尹，時有寵於薳子者入（八）人，皆無祿而多馬。他日朝，與申叔〔豫〕言，申叔弗應而退，子馮從之，曰：「吾過，子姑告我，何疾我也？」申叔曰：「昔觀起有寵於子南，子南得罪，觀起車裂，是以懼不敢告。」薳子歸，謂入（八）人者曰：「吾見申叔，夫子所謂生死而肉骨也。知我者如夫子則可；不然，請止。」遂辭入（八）人者。記（註）：「謂申叔欲薳子以子南為戒，薳子自謂得申叔匡之以義，茹

（如）已死復生，白骨更肉也。」

按：首「蘧」字下又注云：「音薦。」

新編乙：同新編甲。「入」作「八」，「肉骨」作「骨肉」。

㉕新編甲：孱，釖（鋤）連切，懦弱也。糜，音糜，爛也。

㉖舊編：淘，音陶，盪也。

㉗新編甲：挈，提挈也。

㉘舊編：挑，他彫切，戲弄也。

㉙舊編：嬖，音閉，寵也。

新編甲：嬖，音秘。

㉚舊編：卽，就也。上官，謂陞官赴任也。

㉛舊編：妾稱夫曰卿，以親愛意。

㉜舊編：塋，于焭切，墓也。兆，塋界也。

新編甲：兆，塋域也。

㉝新編甲：巾以拭手，櫛以理髮，蓋謙言陪侍巾櫛之賤役也。出書言。

新編乙：同新編甲。

㉞舊編：饋，餉也；稱人妻曰主饋；又進食於尊曰饋。

㉟新編甲：詩召南：「于以采蘋，南簡（澗）之濱。于以采藻，于彼行繚（潦）。」註：「大夫妻能奉祭祀，而其家人敍其事以美之。」

新編乙：詩召南：「于以采蘋，南澗之濱。于以采藻，于彼行潦。」

36 新編甲：衞侯言計非是，而羣臣和者，如出一口。出周顯王紀。

新編乙：同新編甲。

37 舊編：閱，歷也。

38 舊編：診，視也，察脈曰診。

39 舊編：呪，職救切，梵書妙語曰呪，卽真言意。

新編甲：呪，職救切。

40 舊編：祟，須銳切，謂孽鬼為厲也。

新編甲：崇（祟），神出以警人。

41 舊編：襤，盧咸切；褸，舉雨切。敝服也。

新編甲：藍縷，敝衣也。

42 舊編：朱元晦感興詩：「刀圭一入口，白日生羽翰。」又羽化，言生羽翼而化，以登仙境也。

新編甲：事跡已見徐式仙婚錄「不啻翰生羽化」句。

43 舊編：罄，盡也。需，音須，資也。

舊編眉批：方號，返魂丹加紫蘇、□（松）子。

44 舊編：粉磁，卽土鉢白色也。凡汲水器、酒器，皆曰瓶。劑，齊也，藥料曰劑。

45 舊編：啜，朱劣切，飲也。

新編甲：啜，朱劣切，歠歠也。

46 舊編：嘔，吐也。涎，音全，口中液也。

47 舊編：懵，音夢，暗也。

新編甲：懵，莫紅切，無知貌，心亂也，不明也。

新編乙：同新編甲。

㊽舊編：甚，何也。

㊾舊編：按析，音昔，破木也，折也；柝，音托，兩木相擊行夜者；折，音哲，斷也；拆，音冊，開也。

新編甲：閒，去聲。析，音昔。

㊿舊編：驀，莫白切，超越也。仆，音付，偃也。

新編甲：驀，莫白切，墜也。仆，音赴，偃也。

新編乙：同新編甲。

(51)新編甲：臆，胸臆也。

(52)舊編：叩，音扣，問也，以因也。

按：上「也」字疑衍文。

(53)舊編：濃，厚也。

新編甲：濃，奴冬切，淡之對也。

(54)舊編：古云：「戚丹雖(須)竹節，量藥必刀圭。」坡詩云：「促膝問道要，遂蒙分刀圭。」本草云：「刀圭者，十分方寸匕之一。」蓋量藥器也。餌，藥餌也。

新編甲：本草云：「刀桂（圭），十分方寸七（匕）之一，準如梧桐子大。」

新編乙：同新編甲。「桂」作「圭」。

(55)新編甲：鮮，音仙。

56 舊編：鋤與鉏同，墾土器；又誅也。剔，他歷切，解骨也。

新編甲：剔，他歷切，解骨也。

57 舊編：邃，須棁（銳）切；深遠也。

新編甲：邃，須銳切，深遠也。

58 舊編：圮，晉緝切，覆也，毀也。

新編甲：垸（圮），音（晉）弭切，覆、毀也。

59 舊編：垂冕，謂冕前有垂旒也。

60 舊編：仕版，官籍也。

61 新編甲：儉（憸），思廉切，詖也。

62 舊編：左傳：石言於晉，晉侯問於師曠曰：「石何故言？」曰：「石不能言，或憑焉。抑人（臣）聞曰：『作事不時，則有非言之物而言。』今宮室崇侈，石言，不亦宜乎？」時晉平公方築虎祈（虒祁）之宮，故云然。左傳：神降于莘，王問于內史，對曰：「國之將興，其君齋明精潔，神享而民聽，民神無怨，故神降之，觀其德政而布福焉；國之將亡，其君貪淫暴虐，民神怨憤，故神往焉，觀其苛慝而降之禍。」．

新編甲：左傳昭公丁卯八年春：石言于晉魏榆。晉侯問於師曠曰：「石何故言？」對曰：「石不能言，或馮焉；不然，民聽濫也。抑臣又聞之曰：『作事不時，怨讟動于民，則有非言之物而言。』今宮室崇侈，民力彫盡，怨讟並作，莫保其性，石言不亦宜乎？」於是（時），晉侯方築虒祈（祁）之宮，叔向曰：「子野之言君子哉！是宮也成，諸侯必叛，君必有咎，夫子知之矣！」左傳莊公三十一（二）年秋七月：有神降于莘。惠王問諸丙（內）史過口（曰）：

「是何故也？」對曰：「國之將興，明神降之，監其德也；將亡，神又降之，觀其惡也。故有得神以興，亦有以亡。」

按：「魏榆」下又注云：「榆，魏邑地名。」「虒」下又注云：「音沓。」「祈（祁）」又下注云：「虒祈（祁）」，地名。」

⑥③ 新編乙：同新編甲。「祈（祁）」下無注，「丙」作「內」，「口」作「日」。

新編甲：攄，之石切，拾也。

⑥④ 舊編：野史，野人之記事也。攄，之石切，拾也。檠，渠京切，燈架也。隋開皇中，趙師雄遊羅浮山。一日，天寒日暮，於松林酒肆傍舍，見一美人，淡粧素服。師雄與語，言極清麗，芳香襲人，因與至酒家飲。醉而就寢，東方已白。起視，在梅花樹下，方知梅之精也。宋滑為甘瘦（陵）巡檢，故人趙當訓其子弟，忽見美婦人立燈下，唱曰：「郎行久不歸，妾心傷亦苦。………」遂滅燈，趨趙就寢，曰：「妾本東方人，竄身於彭城郡。今郎觀光上國，孤眠暗室，故來相伴。」明夜又來。趙恍惚，〔諸生〕具告其父，滑往觀焉，因大呼遽入，以手抱之，甚細。視之，乃一燈檠，遂焚之。

新編甲：檠，渠京切，燈架也。隋趙師雄，睢陽人，開皇中，過廣川（州）南海縣羅浮山。一日，天寒日暮，見松林間酒肆傍茅舍一美人，淡粧靚色，素服出迎。時昏黑，殘雪未消，月色微明。師雄與語，言極清麗，芳香襲人，因與叩酒家門共飲。少頃，一綠衣童子，笑歌戲舞，師雄醉寢，但覺風寒相襲。久之，東方未明，熟視在大梅花樹下，有翠羽嘈卿（在）其上，月落參橫，但惆悵而已。出尚友錄。宋滑為甘陵巡檢，故人趙當訓其子弟，忽見美婦人立燈下，唱曰：「郎行久不歸，妾心傷亦苦；低迷羅箔風，泣盡西窗雨。」遂滅燈趨趙就寢，曰：「妾本東方人，羇身彭城郡。今郎觀光上國，孤眠暗室，故來相伴。」明夜又來，唱曰：「一自別來音信杳，相思瘦得肌膚小；秋夜迢迢更漏長，存盡寒燈天未曉。」又曰：「獨倚朱扉，翠黛顰傷。嗟良夜暫相親，如今日（日）伴才郎宿，應為才郎喪此身。」諸生怪趙精神恍惚，具告其父，潛往觀焉，見一婦人唱曰：「向曉臨鸞拂黛眉，紅妖艷能（態）照羅幃；不辭夜夜偷相訪，只恐傍人又得知。」宋大呼遽入，以手把之，甚細。視之，乃一燈檠耳！遂焚之。出圓機。

新編乙：同新編甲。「卿」作「在」，「趨」作「促」，「目」作「夜」。

65 舊編：備，防也。

66 舊編：晉溫嶠，字太真，過牛渚磯，世傳其下多水怪物，嶠遂燃犀角照之，須臾見水族奇形異狀，或乘車馬、著赤衣者。其夜夢人曰：「與君幽明道別，何意相及也？」犀，獸名，頭角能厭水精。

舊編眉批：□（鬼）吟神助。

新編甲：晉溫嶠，字太真，過牛渚磯，水深不可測，世傳其下多怪物，嶠遂燃犀角而照之，須臾見水族覆火，奇形異狀，或乘車馬、著赤衣者。至其夜夢人曰：「與君幽明道別，何意相照？」意甚惡之。出圓機。

新編乙：同新編甲。

67 舊編：少保馬公亮，少時臨窗，燭下閱書，忽有大手如扇，自窗前伸入。次夜又至，公以筆濡雄黃水大書草字，窗外大呼云：「速為我滌去，不然禍將及女！」公不聽而寢。將曉哀號，手不能縮，且曰：「公將大貴，我戲爾，何忍致我極地耶？公獨不見溫嶠燃犀事乎？」

公乃滌之，遜謝而去。

新編甲：宋馬公亮，少時臨窗，燭下閱書，忽有大手如扇，自窗前伸入。次夜又至，公以筆濡雄黃水大書花字，窗外大呼：「速為我滌去！」不應。將曉哀鳴，而手終不能縮，且曰：「公將大貴，我戲犯公，何忍致我極地也？公獨不見溫嶠燃犀之事乎？」公大悟，〔以〕水滌去花字，遜謝而去。出圓機。

新編乙：同新編甲。「水滌」上有「以」字。

(68)舊編：祛，丘於切，却也。管輅傳：「有一小物如獸，手持火，以口吹之。生舉刀斫斷腰，視之，乃狐精也。自此無火災焉。」

新編甲：三國時管輅，字明公，平原人。至唐，管辰撰管輅傳：「有一小物如獸，手持火，向口吹之，將度（焚）舍宇。輅命門生舉刀奮擊，斷妖，視之，狐也。自此里中無火災。」出圓機。

新編乙：同新編甲。「度」作「焚」。

(69)舊編：魏元忠為人公正寬厚，不信邪鬼。未達時，家中嘗有鬼作祟，如老猿看火，犬代人言，及羣鼠拱前，鴉鷗鳴屋，種種作妖，公未嘗少惑。又一夕夜半，有婦女數人立於床前，公曰：「能徙吾床於堂下乎？」婦人竟擡舁於堂下，公又曰：「可復移於堂中乎？」乃復移至舊所，公又曰：「能徙吾床至街市乎？」羣女皆再拜而去，曰：「此寬厚長者，可同常人玩之哉？」

新編甲：唐魏元忠，宋州人，一日揀（夜）半，有婦女數人立於床前，公曰：「能徙吾床於堂下乎？」婦人竟擡床於堂下，公曰：「可復徙堂中乎？」羣女乃復移床至舊所，公曰：「能徙吾床於街乎？」羣女垂（再）拜而去，曰：「此寬厚長者，可同常人翫之哉？」出圓機。

新編乙：同新編甲。「擡床」作「擡舁」。
(70)舊編：怕，普駕切，畏也。
(71)舊編：辰，猶時節也。
(72)舊編：蕭條，寂寥貌。下士與庶人在官者同祿，祿足以代其耕。孟子。
新編甲：大國地方百里，君十卿祿，卿祿四大夫，大夫倍上士，上士倍中士，中士倍下士，下士與庶人在官者同祿，祿足以代其耕也。出孟子萬章下。
(73)舊編：業亦祿也；業報者，言皆隨業受報也。金剛經。
新編甲：事跡已見陶是（氏）業寃記「非前身業報」句。
(74)舊編：蠱，音古，亂也。姿，色也。丰，音封，美也。粉，傅面也。黛，音大，畫眉墨也。朱，丹也，卽朱唇也。鉛，音沿，錫類，以其易沿流，故謂之鉛，今化為粉是也。
新編甲：蠱，公土切，亂也。鉛，音延。
(75)舊編：趙文子問醫和曰：「醫及國家乎？」曰：「上醫醫國，其次救人。」國語。
新編甲：趙文子問曰（醫）和日（曰）：「醫及國家乎？」曰：「上醫醫國，其次救人。」出國語。
新編乙：同舊編。
(76)新編甲：矜，憫也。
(77)舊編：判，斷也。
(78)舊編：周穆王南征，一軍盡化：君子為猿為鶴，小人為蟲為沙。
新編甲：周穆王南征，一軍盡化：君子化為猿為鶴，小人化為蟲為沙。出類聚。

新編乙：同新編甲。無出處。

79 舊編：見沱江。

新編甲：晉惠帝時，燕昭王墓有老狐精及華表柱，狐精一日欲變作書生詣張華聽講，因問華表曰：「以我才貌，可得見張華否？」華表曰：「張公智度，恐難葥（籠）絡，出必遇辱，非但喪子千歲之質，亦當謂（誤）及老表。」抵（狐）不從，乃謁華。論及文章，商略三史，探□（賾）百家，華無以應，嘆曰：「天下豈有此年少？若非鬼魅，則是狐狸。」使人防禦其嚴。時豐城令雷煥，博物士也，適來訪華，華以書生白之，煥曰：「若疑，何不呼獵犬試之？」華命犬試之，全無憚色，華怒曰：「此真妖也！惟得千年枯木，照之，則形立見。」煥曰：「千年神木，何由可得？」〔華曰〕：「世傳昭王墓前華表木，已經千年。」乃遣人伐華表木，燃以照書生，書生因化為斑狐，命烹之。出葥燈。

新編乙：同新編甲。「葥絡」作「籠絡」，「抵」作「狐」，缺文作「賾」，「呼」作「疑」後人又改作「以」，「葥燈」作「前燈」。

80 舊編：三十年為一世，亦為一運。

新編甲：一元，天地之數，自子至亥，總十二萬九千六百年。一元統十二會，一會計一萬八百年。一會統三十運，一運統十二世。一世統三十年。出字彙。

81 舊編：邪魔，狂鬼能迷人也。

新編甲：勝，平聲。

82 舊編：盪同蕩，推盪也。氛，音分，氣穢也。

83 舊編：擟，音帖，俗字。法家云：「擟性。」

新編甲：擟，音迷。

新編乙：同新編甲。

(84)舊編：猖狂，自肆也。

新編甲：狂狂，自肆也。出五侯鯖。

(85)舊編：隋開皇中，掖庭宮每夜有人來挑宮女，宮司以聞，帝曰：「門衞甚嚴，人何從入？當是妖精耳！」因戒宮人以劍斫之；若中枯骨，落床而走，宮人逐之，入池而沒。明日，帝令涸池，得一龜，介有刀迹。殺之，遂絕。婪，音藍，貪也。

新編甲：龜性妬而與蛇淫，采（探）弱（溺）時，取灘（雄）龜置小盤中，於龜前以鏡照之，既見鏡中龜，卽淫發而失弱（溺）。出類聚。隋開皇中，㤥（掖）庭宮每夜有人來挑宮人，宮司以聞，帝曰：「門衞甚嚴，人何從入？當是妖精耳！」因戒宮人以劍斬之；若中枯骨，落床而走，宮人逐之，入池而沒。明日，帝令涸池，得一龜，上有刀迹。殺之，遂絕。出文苑。

新編乙：同新編甲。「弱」均作「溺」，「灘」作「雄」，「㤥庭宮」作「掖庭中宮」，「斬」作「斫」，「沒」上有「走」字。

新編甲：婪，音嵐，貪也。

(86)舊編：宋有狙公，善養猿猴，故號。狙公愛狙，養而成羣，將欲限其食，先誑之曰：「與若芧，朝三而暮四，足乎？」衆狙皆起而怒；又曰：「與若芧，朝四而暮三，足乎？」衆狙皆笑。物之以能鄙相籠，皆由此也。故人之顛倒者，必曰狙詐。

新編甲：狙，音疽，猴之別名。列子云：「宋有狙公，愛畜猿且（狙），家匱，將限其食，曰：『與若芧，朝三而暮四。』衆狙皆怒；曰：『然則朝四而暮三。』衆狙皆悦。」出詩學大成猿猴類。

按：「芧」下又注云：「音序。」

新編乙：同新編甲。「疽」作「書」，「且」作「狙」。

87 舊編：任氏，妖狐也，色絕美，有鄭生者，得之為婦。數月，生携出郊，任氏忽墜馬，化為狐，為犬所咬而死。崔韜行役至孝義館，見一婦，頭枕虎皮而熟睡，韜取虎皮投井中，婦驚覺，失皮不能復變，韜納為妻。後婦問皮安在？韜曰：「井中。」婦取以被體，復化為猛虎，咆哮而去。

舊編眉批：□□（鬼態）夜哭。

新編甲：任氏，女妖也，色絕美，有鄭生者，得之為婦。數月，生携出郊，遇獵人牽犬，任氏忽墜馬，化狐，為犬所咬而死。出香臺。崔韜行至孝義館，見一婦，頭枕虎皮而熟睡，韜取虎皮投井中，婦驚覺，失皮不能復變，韜納為妻。後三年，婦問虎皮安在？韜曰：「在井中。」婦取以皮被體，化為猛虎，咆哮而去。出香臺。

新編乙：同新編甲。

88 舊編：南漢劉鋹作燒煮、剝剔、刀山、劍樹等刑。

新編甲：宋攻南漢郴州克之，既得南漢內侍餘延業，宋主訪其國政，延業具言其主作燒煮、剝剔、刀山、劍樹之刑，或今（令）罪人鬪虎、抵象。宋主驚駭曰：「吾當救此一方民。」出剛（綱）目。

新編乙：同新編甲。「郴」作「彬」，「今」作「令」，無「駭」字。

89 舊編：魯人顏叔子，獨處於室，鄰之嫠婦亦獨處於室。一夜，暴風雨至，嫠婦室壞，趨而投之。

顏叔子納之，使秉燭達旦，燭盡，以束薪繼之。

新編甲：周顏叔子，魯人，獨處一室。夜大雨，北舍屋崩，一女子趨而投之。叔子使執燭于手，燭盡，焚燎以繼；至明，不二其志，其篤行如此。出尚友錄。

新編乙：同新編甲。「如」作「若」。

90 舊編：解見西垣。

新編甲：承嗣惑妖，事跡已見西垣奇遇記「惑憸小之承嗣」句。

91 舊編：夫子：「君子有三戒：血氣方剛（少之時，血氣未定），戒之在色。」

新編甲：子曰：「少之時，血氣未定，戒之在色。」出論語季氏篇。

新編乙：同新編甲。

92 舊編：批，音披，手擧也，示也。

93 舊編：十二年為一紀。

94 舊編：心疲則欠，體疲則伸。

95 舊編：幹，能事也。憩，音契，息也。

96 舊編：塑，音素，埏土像形也。

97 新編甲：紹平，黎太宗年號。

新編乙：同新編甲。

98 舊編：楊雄傳云：「高明之家，鬼瞰其室。」韓昌黎作原鬼文云：「有嘯于梁，從而燭之，無見也，『斯鬼乎？』曰：『非也！鬼無聲。』有立於堂，從而視之，無見也，『斯鬼乎？』曰：『非也！鬼無形。』蓋無聲與無形者，鬼神是也。」

新編甲：漢揚雄解嘲篇：「炎炎者滅，隆隆者絕。觀雷觀火，為盈為寔。天收其聲，地藏其熱。高明之家，鬼瞰其室。」出幼學鬼神類。又曰：「若所有嘯于梁、觸于胸，此則邪暗，或有或無。」出正字通。

新編乙：同新編甲。「熱」作「勢」。無「又曰」以下諸字。

99 舊編：左丘明作春秋傳以釋經。昭公七年：鄭子產聘於晉，晉侯有疾，韓宣子送（逆）客，私焉，曰：「寡君寢疾，於今三月矣！今夢黃熊入於寢門，其何厲鬼也？」子產曰：「昔堯殛鯀於羽山，其神化為黃熊，以入於羽淵，實為夏郊，三代祀之；晉為盟主，其或者未之祀乎？」遂使祀之，晉侯有間。莊公八年：齊侯遊姑棼，遂畋于貝丘，見大豕。從者曰：「公子彭生也。」公怒曰：「彭生敢見！」乃射之。豕因立而啼，公懼，墜于車，傷足，喪屨，乃還。遇賊于門，賊遂殺之，而立無知。

新編甲：述異記曰：「陸居曰熊，水居曰能。」晉侯有疾，韓宣子曰：「寡君寢疾，已三月矣！今夢熊入於窗門，其何勵（厲）鬼也？」子產曰：「昔堯殛鯀於羽山，其神化為黃熊，以入於羽濁（淵），實為夏郊，三代祀之；晉為盟主，未之祀乎？」遂使祀之。出類聚。左傳莊公乙未八年冬十二月：齊侯游于姑棼，遂田于貝丘，見大豕。從者曰：「公子彭生也。」公怒曰：「彭生敢見！」射之，豕人立而啼，公懼，墜于車，傷足，喪屨。

新編乙：同新編甲。「勵」作「厲」，「濁」作「淵」，「墜」作「升」。

100 新編甲：韓愈原鬼文云：「有嘯于梁，從而燭之，無見也，曰：『斯鬼乎？』曰：『非也！鬼無聲。』有立於堂，從而視之，無見也，〔曰〕：『斯鬼乎？』曰：『非也！鬼無形。』蓋無聲與無形者，鬼神是也。」出類聚。周左丘明因春秋作傳，杜預云：「仲尼為素王，丘明為素臣。」宋元豐中，詔從祀封瑕丘伯。出尚友錄。

新編乙：同新編甲。「斯鬼乎」上均有「曰」字，「元豐」作「元封」。

101 新編甲：謹在色，事跡已見本傳前「豈不知在色之戒」句。

102 舊編：叢，聚也；叢祠亦如叢臺，取連聚非一之義。

新編甲：義（叢），示紅切，族平聲，說文：「叢（聚）也，从業（丵）取聲。」叢，草叢生貌；又臺名，漢書：「光武拔邯鄲，與馬武登叢臺。」師古曰：「連聚非一，故名。」出正字通。陳勝傳「叢祠中」註：「謂草木岑蔚神祠也。」出韻瑞四支韻。樊遲問知，子曰：「務民之義，敬鬼〔神而〕遠之，可謂知矣！」出論語雍也篇。

103 舊編：劉叉少任俠，晚折節讀書，聞韓愈接天下士，徒步歸之。作雪車、冰柱二詩，詩出盧仝、孟郊之右。後韓愈有金數斤，劉叉持去，曰：「此諛墓中人所得耳！不若與劉君為壽。」愈不能止。諛墓，謂作碑褒死人。晉干寶死而復甦，見天地間鬼神事，遂撰集古今神祇靈異，名搜神記，以示劉惔，惔曰：「卿可謂鬼之董狐。」

新編甲：唐劉叉少任俠，晚折節讀書，聞韓愈接天下士，徒步歸之。作雪車、冰柱二詩，出盧仝、孟郊〔……〕」。「與劉君為壽。」出尚友錄。晉干寶，字令升。〔父〕諱名瑩（瑩），有嬖妾，妻至妬，葬瑩時，推于穴中。後十年，寶母喪，開草（墓），其婢伏棺上，視之猶煖，漸有氣息，輿再（載）以歸，終日而蘇。說瑩嘗至（取）飲食與之，接寢，恩情如生。家中吉凶輒語之，校之悉驗。數年後方卒。寶因作按搜神記，請序于劉真長。既序，曰：「卿可謂鬼之董狐。」董狐，晉靈公時史官，孔子嘗稱其為古之良史。出幼學。

按：「作按搜神記」下又注云：「按神多誕不經。」「劉真長」下又注云：「劉惔，字真長。」

新編乙：劉叉，唐時人。干寶，晉時人。

那山樵對錄㈠

清化路，其地皆山也❶，周遭盤亘❷，直數千里。其中崒然而峻拔者❸，名曰那山❹。山有洞焉，阻而脩、湫而杳❺，塵囂之所不接❻，人迹之所罕到。日有樵夫負薪，從洞中出，換魚易酒❼，纔取醉飽㈡，一錢不問也。每遇村翁野豎，輒欣然話桑麻事㈢❽，問其姓名庄册，則笑而不答❾。及西日銜山，復從洞中去。時人以晨門、接輿許之❿，采和以下不足論也⓫。

後胡開大中㈣，漢蒼出獵，適遇諸途，行且歌曰：

那之山，有石巑岏⓬。樹蒼蒼、煙漠漠、水潺潺⓭。朝兮吾出㈤⓮，暮兮吾還。有衣兮製芰，有佩兮紉蘭⓯。闥排青兮屏曉嶂，田護綠兮枕晴灘⓰。任他朝市、任他車馬，緇塵不到此江山⓱。幽草宋朝弓劍，古丘晉代衣冠⓲。王謝風流、蕭曹事業㈥⓳，算往古來今卿相㈦，石篆苔漫⓴。爭如我，掉頭一覺，紅日三竿㉑。

歌竟㉒，拂衣長往。漢蒼意其有道隱者，遂命侍臣張公追請焉㈧。比至，則已趨蹌入洞矣㉓。忙呼不應，只見乘雲劈霧，踐躡於松梢竹杪間㉔。知非常人，尾其踪而追之，披茆取徑㈨，約二三里㉕，但見山程艱甚，轉入深峻，步不能前，轉盼間，忽不知所適㉖。仰見斜陽在嶺㉗，煙草向暝，徬徨欲返，已無及矣。俄聞鷄聲㈩，縹緲於孤篁絕頂㉘，喜曰：「人家不遠也！」携筇獨上㉙，見一草庵㉚，左右植金錢數本㉛，雜以碧桃紅杏㉜，皆扶疏可愛㉝。內設藤床一具㉞，床上置絲竹隱囊㉟。東西壁面，各以粉膏塗抹㊱，題歌兩闋㊲：一曰愛眠，二曰愛棋。其辭云㈠：

吾何愛？愛惟眠。愛為安舒適性天㈢㊳。淺墨帳添新富貴㊴，矮藤床結舊因緣㊵。梅之軒、竹之園，幽居趣味有林泉[41]。青奴擁後[42]，紅友羅前[43]；媒引黑甜勝景，涼思輕便[44]。雙掩耳，紅塵世上[45]；小曲肱，白石雲邊⑬[46]。寄傲草廬，南陽閑日月[47]；欠伸雲觀，趙宋窄山川[48]。北窗吟魂易促⑭[49]，西堂春夢常圓⑮[50]。書樓初捲夕⑯[51]，酒店欲晴天[52]。玄鶴黃州夜夜⑰[53]，美人湘水年年[54]。有時向醉鄉打臥[55]，草鋪茵、花鋪幄、地鋪氈[56]。彭澤夜深，半簾殘月[57]；濂溪院靜，一枕啼鵑[58]。任人道為懶夫士、為渴睡漢、為隱神仙[59]。

右愛眠歌[60]

吾何愛？愛惟棋。愛為風雲變態奇⑱[61]。劣處類龍蛇失勢，勝邊如熊虎揚威⑲。車雙馳、馬雙飛，渡河一卒靠重圍⑳[62]。北南相界，形勢相依；默運方圓動靜，妙算無遺[63]。春寂寂，乍敲殘夢[64]；手搖搖，擺碎香泥㉑[65]。獨樂園中，賓朋初定候[66]；黃州樓曉，酩酊半醒時[67]。晝永天留客久[68]，庵高子落聲遲[69]。院教慵妾掃㉒[70]，簾許小童窺㉓[71]。贏輸賭江山半局[72]，功名消得失閑機。渾不覺一天向夕，月斜窗、烟斜篆、竹斜枝[73]。閬苑神仙，閑中度日[74]；長安公子，醉裡忘歸。相對處兼些琴、兼些畫、兼些壁題詩[75]。

右愛棋歌[76]

時樵夫方踞石軒㉔[77]，調鸚鵡語[78]，傍有兒童對局，見張至，驚曰：「此間寥闃㉕[79]，林深地遠，山鳥之嚶其鳴[80]，岩獸之交其迹㉖，子奚爲遠涉吾境，曾不憚勞乎[81]？」曰：「僕當朝之供奉臣也[82]，以君高蹈，辱奉弓旌之命[83]，鑾輿在此，願少回顧[84]。」樵夫笑曰：「我乃遯世逸民，避塵老叟[85]。頤性命於衡門茅屋[86]，足生涯於月斧風斤[87]。日有醉鄉之遊[88]，門無俗客之到。友我者魚鰕麋鹿[89]，牽我者雪月風花[90]。但知夏葛而冬裘[91]，霞棲而雲臥[92]；斸山而食，汲泉而飲[93]。寧知外間是何朝代(二七)？是何君相也？」因留之宿，設雕胡之飯，薦錦帶之羹[94]，錯雜登盤，兼有澗毛數味[95]。更闌對話[96]，皆歷歷可聽，但無一言及時事者。

明日，張又請曰：「古之君子，非不欲濟時行道，所以深藏不市，待價者也[97]。故必有肖象之求(二八)，而後商霖之澤溥[98]；必有後車之載(二九)，而後牧野之功成[99]。今夫子以金玉之軀，袖經綸之手[100]，逃聲名於榮利之場，蘊致澤於漁樵之樂，迹泯山澗，名聞九重，裂芰焚荷，今其時也(三〇)[101]。願早脫傅岩之築[102]，投渭水之竿[103]，無徒渴蒼生望也[104]。」樵夫曰：「士各有志，何必乃爾？所以嚴子陵不以東都諫議，易桐江之煙波(三一)[105]；姜伯淮不以天子畫圖(三二)，涴彭城之山水[106]。吾才雖薄，視古有間[107]，幸而富於黔婁[108]、壽於顏回[109]、健於衞玠(三三)[110]、飽於爰旌目[111]、達於荀奉倩(三四)[112]，靜算所以得於天地亦多矣(三五)[113]！若分外求嬴(三六)，更規仕進[114]，非惟愧於前賢，仰亦負故山猿鶴[115]。子往矣！幸勿復言。」張曰：「君以時不足有爲耶？今聖人端拱，四海仰治[116]，占人獻地而稱藩[117]，明師納款以求退[118]，老撾、大理，臣妾恐後[119]，所乏者林壑逸人爲之輔佐，使主上勳德遠輩堯、舜[120]。君若終焉鏟彩[121]，斂務光、涓子，遠引不妨[122]；如少有意於斯民，捨今不出，吾恐與草木俱腐，無時可際遇也(三七)[123]。」樵夫變色曰：「若子之言，無乃鋪張過甚[124]，聽之令人面赧而心怍(三八)[125]。且當今臨御，非胡氏耶(三九)？」曰：「然。」曰：「此非捨龍肚之區，而歸重於安孫之地耶(四〇)[126]？」曰：「然。」曰：「吾雖足不城市，身不軒墀[127]，然嘗聞其爲人也：言多詭譎[128]，性多貪欲，殫力役而興金甌之宮[129]，窮侈靡而敞花街之廟[130]。糞壤繒帛[131]，醯醢珠玉[132]，用金如草芥，使錢如泥沙。獄因賄而成，官以財而敍。獻忠者未言而已戮，進諂者有賞而無刑。民心搖則疲底江之師(133)，邊釁啓則喪古樓之地(134)。而在廷之臣，上下波隨，先後旅進〔四一〕，無能出一七强劑，以起其生者〔四二〕(135)。惟阮鵬舉有度而遲〔四三〕(136)，黃晦卿雖學而蔽(137)，黎景奇善謀焉而不斷〔四四〕(138)，劉叔儉君子焉而未仁(139)。其餘非溺於財，則耽於酒；非以宴安而自逸，則以勢位而相傾〔四五〕，未有奇計深謀，爲斯民慮者(140)。吾方泯跡山林，避地不暇(141)，豈可褰裳而就之乎(142)？子幸歸來，煩爲居士謝之，我不能以崑山之玉，併烈於崑山之火矣(143)！」張曰：「賢人出處固如是其執乎？」樵夫曰：「吾非執也，直惡夫佞者失身於濁亂之朝，而援人以偕溺也。」

張默然無對，力求反命，具以其言白主。漢蒼心不能平〔四六〕，然猶欲以安車强致(144)，命張再往，至則苔漫洞口(145)，荆棘彌山(146)，蔓草叢條，已斷來時路矣〔四七〕(147)。但見石壁間有垂膏削膩(148)，題詩兩句云〔四八〕：

奇羅海口吟魂斷(149)，高望山頭客思愁(150)。

其語意類元、白嘲放〔四九〕(151)，其字體倣籀、斯篆隸〔五〇〕(152)，然竟不曉所謂。漢蒼大怒，命赭其山(153)，山窮而無所覩，只見玄鶴翔空，婆娑而舞(154)。後二胡得禍，皆如詩語。若樵夫者，眞得道之士歟〔五一〕(155)？

嗚呼！神以知來，知以藏往，聖人事也(156)；樵夫雖賢，何足與此〔五二〕？然言胡氏喪敗，殆若蓍龜〔五三〕(157)，是不過徵於天理〔五四〕，卜諸人心，多言或中，理固然也。為人主者，願正心以為正朝廷、正百官、正萬民之本(158)，無使處士之橫議，斯善矣(159)！

【校】

(一)那山樵對錄　乙、丙本作「那山樵對記」。

(二)纔取醉飽　諸本「醉飽」作「飽醉」。

(三)輙欣然話桑麻事　乙本「輙」作「每」。

(四)後胡開大中　舊編注云：「大，作泰非。」

(五)朝兮吾出　「出」，舊編注云：「一作去」。

(六)蕭曹事業　「蕭」，諸本作「趙」；舊編則注云：「作趙，非。」

(七)算往古來今卿相　「算往古來今」，舊編注云：「一云算古來」。

(八)遂命侍臣張公追請焉　諸本「遂」作「乃」。

(九)披茆取徑　諸本「茆」作「茅」，舊編注云：「茆與茅同」。

(一〇)俄聞鷄聲　諸本「聲」作「鳴」。

(一一)其辭云　諸本於兩歌前各言「一曰愛眠歌，其辭曰」、「一曰愛棋歌，其辭曰」，而無「右愛眠歌」、「右愛棋歌」二語。

(一二)愛為安舒適性天　諸本「天」作「然」。

(一三)白石雲邊　「石」，諸本作「屋」，舊編亦注云：「一作屋」。

(一四)北窗吟魂易促　舊編注云：「促，一作足。」

(一五)西堂春夢常圓　舊編注云：「圓，一作纏。」

(一六)書樓初捲夕　「捲」，舊編注云：「一作倦」。

(一七)玄鶴黃州夜夜　「黃州」原作「黃川」，舊編注云：「川，一作州。」今據諸本改。

(一八)愛為風雲變態奇　「雲」，舊編注云：「一作流」。

⑲勝邊如熊虎揚威　「邊」，舊編注云：「一作迹」。

⑳渡河一卒靠重圍　「靠」，舊編注云：「增岸字，非。」

㉑擺碎香泥　甲、乙本「擺」作「攏（攏）」。

㉒院教慵妾掃　舊編注云：「慵妾，有曰東風。」

㉓簾許小童窺　舊編注云：「小童，有曰日影。」

㉔時樵夫方踞石軒　諸本「踞」作「據」。

㉕此間寥闃　丙本「闃」作「門」。

㉖岩獸之交其迹　丙本「岩」作「野」。

㉗寧知外間是何朝代　諸本「知」作「識」。

㉘故必有肖象之求　諸本無「之」字。

㉙必有後車之載　諸本無「之」字。

㉚今其時也　甲、丙本「也」作「矣」。

㉛易桐江之煙波　「桐江」，甲、乙本作「桐瀨」，丙本作「洞瀨」。

㉜姜伯淮不以天子畫圖　「姜伯淮」原作「姜伯維」，據諸本與後漢書卷五十三姜肱傳改。

㉝壽於顏回、健於衞玠　舊編注云：「一云壽於衞玠，無顏回、健於等字。」諸本如其所說。

㉞飽於爰旌目、達於荀奉倩　諸本無「目」、「荀」二字。

㉟靜算所以得於天地亦多矣　諸本「靜算」作「算來」。

㊱若分外求嬴　乙本「嬴」作「營」。

㊲無時可際遇也　諸本「可」作「得」。

(三八) 聽之令人面赧而心怍　丙本「怍」作「熱」。

(三九) 非胡氏耶　諸本「耶」作「歟」。

(四〇) 而歸重於安孫之地耶　諸本作「而歸重安孫之地歟」。

(四一) 先後旅進　甲、丙本「先後」作「後先」。

(四二) 無能出一匕强劑，以起其生者　諸本無此二句。

(四三) 惟阮鵬舉有度而遲　丙本「有」作「百」。

(四四) 黎景奇善謀馬而不斷　「黎景奇」，甲本作「黎璟琦」（注則作「黎景琦」），乙、丙本作「黎景琦」。

(四五) 非以宴安而自逸，則以勢位而相傾　諸本無兩「而」字。

(四六) 漢蒼心不能平　諸本「平」上有「自」字。

(四七) 已斷來時路矣　諸本「路」上有「歸」字。

(四八) 題詩兩句云　諸本「云」作「曰」。

(四九) 其語意類元、白嘲放　諸本「白」下有「之」字。

(五〇) 其字體倣籀、斯篆隸　諸本「斯」下有「之」字。

(五一) 真得道之士歟　諸本「歟」上有「也」字。

(五二) 何足與此　諸本「與」作「預」。

(五三) 殆若蓍龜　諸本作「若蓍龜然」。

(五四) 是不過徵於天理　諸本作「不過徵之天理」。

【注】

❶新編甲：清化路，師地清華處也。

❷舊編：周，匝也；遭亦猶匝也。劉禹錫石頭城詩云：「山圍故國周遭在。」盤，屈曲也。亘，延袤也。

新編甲：盤，曲也。

❸新編甲：崒，亡（七）經切，音崒。危，高也。

❹舊編：崒，七醉切。危，峻貌。拔，挺也。那山，在農貢縣。

新編甲：那山，在毒（清）華處農貢縣古定社。

新編乙：同新編甲。「毒華」作「清化」。

❺舊編：洞，空谷也。阻，險也。脩，長也。湫，音剿，沮洳也。杳，伊鳥切，深寂也。

新編甲：脩，音毒（羞），長也。湫，音啾，水名；又音剿。主（左）傳：晏子之宅湫陪（隘）。註：「洵（狹）如偓（拘）囚也。」香（杳），肝（伊）鳥切，寂也。

❻舊編：囂，塵埃也。

新編：囂，喧也。

❼舊編：換，貿易也。

新編甲：換，音喚，易也；易，物相貿易也。

❽新編甲：輒，即也。杜詩：「雖為尚書郎，不及林（村）野人；藹藹桑麻交，公侯為等倫。」言公侯則為仕宦之交，在田野則有桑麻之交，豈非相並而等倫也。出言書（書言）隱逸類。

新編乙：同新編甲。「林」作「村」，「言書」作「書言」，無「輒，卽也」、「隱逸類」諸字。

❾舊編：庄同莊，田舍也。册通作柵，藩落也。

❿舊編：晨門，掌晨啓門，蓋賢而隱於抱關者。孟子。接輿，姓陸名通，昭王時隱居不仕，時人謂之楚狂。論語。又列仙傳云：「楚有接輿，好養生，食木實，在蜀峨眉山，世世見之，數百年矣。」

新編甲：晨門，掌晨啓門，蓋賢而隱於抱關者。出論語憲問篇。接輿，姓陸名通，楚昭王時佯狂不仕，時人謂之是（楚）狂。出論語敚（微）子篇。註：又列仙傳：「好養生，食木實，在蜀讀（積）□（香）山，世世見之，數百年矣。」出對琪書。

新編乙：同新編甲。「是狂」作「楚狂」，「敚子」作「微子」，「讀□山」作「積香山」，無「註」、「出對琪書」諸字。

⓫舊編：唐末有逸士，一足靴、一足跣，夏服絮衫，冬臥冰雪，自號藍采和。後至濠州飛昇，遺下靴，世傳為登仙。

新編甲：藍采和，不知何許人？又云唐末時逸士，常衣破襴衫、綠袴、黑木腰帶闊三寸餘，一足著難（鞋）、一脚跣足，夏則紗內加絮，多（冬）常臥雪中，氣出如蒸。每於城市乞索，持大拍板長三尺餘。醉而嘗歌踏踏歌曰：「踏踏歌，藍采和，世界能幾何？紅顏三春樹，流光一擲梭。古人混混去不返，今人紛紛來更多。朝騎鸞鳳到碧落，暮見桒（桑）田生白波。長景明輝（暉）在空際，金銀宮闕在差（嵯）峨。」若得錢，則用長繩穿之，拖之而行，卽散失亦不枚（收），或與貧者，或與酒家。周遊天下，人有自兒童見之，及斑白見之，顏狀如故。後於濠梁酒樓上飲酒，聞有笙簫聲，忽然乘鶴而上，擲下難（鞋）、彩（衫）、腰帶、拍板，冉冉而去。其鞋、衫、拍板，旋亦失亡。藍采和降乩有詩云：「浪跡蓬萊江月曉，等閑笑傲乾坤小；蟠桃宴罷賦歸來，長笛一聲天際渺。」出天下異紀仙類。

新編乙：同新編甲。「難」均作「鞋」，「多常」作「冬則」，「棄」作「桑」，「輝」作「暉」，「差」作「嗟」，「枚」作「收」，「彩」作「衫」。

⑫舊編：巑，齊桓切；屼，吾桓切。山上銳竦列貌。

新編甲：巑，徂官切；屼，吾官切。巑屼，銳上（山）也。

⑬舊編：蒼，深遠青色也。漠，昏黑也。潺，鉏山切，水流聲也。

新編甲：莫，末各切；莫莫，茂密貌。湲（潺），鉏連切，潺潺，湲水流聲也。

⑭新編甲：朝，之遙切。

⑮舊編：芰，音忌，蔆也；兩角者謂之蔆，三四角而小者謂之芰；蔆花開背日，芡花開向日，故蔆寒芡暖。紉，音刃，繟繩也；又以線串針也。蘭，香草。楚詞（辭）：「製芰荷以為衣，紉秋蘭以為佩。」

新編甲：芰，音忌，水菓（草）也，四角為芰。楚難（辭）：「製芰荷以為衣，集芙蓉以為裳。」出詩學大成衣服類。佩，服之于身曰佩。紉，尼鄰切，以線貫針為紉。離騷賦：「紉秋蘭以為佩。」出羣玉十四寒韻。

新編乙：同新編甲。「菓」作「草」，「楚難」作「楚辭」，無「曰佩」、「以線貫針為紉」諸字，亦無二出處。

⑯舊編：排，列也。青，山色也。屛，音平，蔽也，即屛封也；嶂與障同，山峯列如屛障也。

護，衛也。綠，水色也。灘，他丹切，瀨也。王介甫書湖陰先生壁詩：「茅簷長掃淨無苔，花木成蹊手自栽；一水護田相（將）綠遶，兩山排闥送青來。」

新編甲：闥，門也；排，列也，兩山之列當門，如□（送）草水青色而來也。屏，音平；嶂與障通，山峯如屛嶂者。千家詩選云：「兩山排闥送青來。」田護綠，護田水在田畔色之綠。千家詩選云：「一水護田將綠繞。」

⑰舊編：任，縱意也。朝市，卽所謂「爭名者於朝，爭利者於市」也。車馬，言為名利者奔走于車輪馬足之下也。緇，黑也。

新編甲：任，如禁切。按「朝市」，見羣玉四紙韻。「大隱隱朝市」，見羣玉二蕭韻。市朝，「爭名者於朝，爭利者於市。」車馬，言為名利者奔走于車輪馬足之下。出唐詩。緇，旨而切，黑也。裴度詩曰：「緇塵飛不到，時有水琴鳴。」出詩林正宗。

新編乙：裴度詩：「緇塵飛不到，時有水琴鳴。」

⑱舊編：李白題金陵鳳凰臺詩云：「晉代衣冠成古丘，吳宮花中（草）埋幽徑。」

按：二詩句倒置，新編為是。

新編甲：丘，阜也，高也。李白詩云：「吳宮花草埋幽徑，晉代衣冠成古丘。」出唐詩選登金陵鳳凰臺詩。

新編乙：同新編甲。無「丘，阜也，高也」諸字，亦無出處。

⑲舊編：漢書：「列其風流，區而載之。」注：言高士清潔之風，各有條流也。一曰：風流，名價也。

新編甲：王導、謝安，皆晉辰（時）人；趙普、曹彬，皆宋辰（時）人。

⑳舊編：篆，引書也；石篆，卽石碑刻字也。漫，水廣大貌。

新編甲：石篆，石紀（鼓）文也。

㉑舊編：竿，音干，竹梃也。日出三竿，言其晏也。又南齊志云：「日出三竿，謂朱黃赤色暈也。」

新編甲：日出三竿，謂朱黃色赤暈也。出羣玉十四寒韻。又以竹竿植於地，其影照三竿，乃辰時也。

新編乙：日出三竿，謂朱黃赤彙（暈）也。

㉒舊編眉批：南風逸調。

㉓舊編：比，及也。蹌，千羊切，行動貌。

新編甲：蹌，千羊切，行動貌。

新編乙：同新編甲。

㉔舊編：劈，披昔切，割也，裂也。梢，所交切，木枝也。杪，音藐，木末也。

新編甲：乘，平聲。劈，音僻，割也，裂也。躡，尼輒切，登也，復（履）也。杪，音藐，木末。

㉕舊編：茆與茅同。

㉖舊編：前，進也。盼，邪視。

新編甲：盼，胡計切，恨（斜）視貌。

㉗舊編：山頭曰嶺。

㉘舊編：縹，匹沼切，色輕也。緲，音藐，微也。篁，音黃，竹苗也。嶺，山嶺也。

新編甲：縹，批招切，輕舉貌。緲，音貌（藐），微也。篁，音黃，竹苗也。

㉙舊編：笻，音窮，竹名，可為杖。

新編甲：笻，音窮，竹各（名），可為杖。

㉚舊編：庵，草舍也，編茅為之。

㉛舊編：金錢，花名，言形似金錢也。

㉜舊編：桃，仙桃也，其色青，故云碧桃。杏，花色微紅，故云紅杏。

㉝舊編：陶潛讀山海經詩：「孟夏草木長，遶屋樹扶疎。」注：「疎通作疏，枝葉盛貌。」

新編甲：扶疏，枝葉盛也。韓非子：「木枝扶疏，將塞公閭。」出正字通。

㉞舊編：解見木綿。

新編甲：藤，〔草〕蔓延如藟為藤。

㉟舊編：隱囊，以青白布為之，高一尺許，以綿花粧實縫之完，置于跟上，兩肘倚坐，自覺安逸。

新編甲：隱囊，榻上置二墩，以布青白開花為之，高一尺許，內以錦裝實縫完，傍繫二帶，以作提手；榻花（牀）上睡起，以兩肘倚墩少坐，似覺安逸，古之製也。出遵生起居安樂牋。

㊱舊編：抹，音末，摩也；亂曰塗，長曰抹。

新編甲：抹，音末，摩也；塗抹，亂曰塗，長曰抹。

㊲舊編：闋，丘月切，止也；樂終曰闋。兩闋猶兩章也。

新編甲：闋，音缺，樂終曰闋。

新編乙：闋，音缺，樂曲終也。

㊳新編甲：為，去聲。適，自得也，安便也。

㊴舊編：淺，薄也。墨與默通，陰也。言帳連雲而離陰合也。見唐詩。

新編甲：宋范仲淹子純仁，字堯夫，少時晝夜肄業，置燈帳中，夜分不寢。後貴，夫人收其帳，頂如墨色，以示子孫曰：「爾父少時勤學，燈烟迹也。」公自布衣至宰相，常戒子弟曰：「吾平生所學，得之『忠恕』二字而已，一生用不盡也。」出尚友錄。

新編乙：同新編甲。

㊵舊編：矮，鴉楷切，短也。藤、滕通用。

新編甲：矮，鴉楷切，短也。坡詩：「暫借藤床與石枕，莫教辜負竹風涼。」出詩學大成。

新編乙：引坡詩，與新編甲同。

㊶舊編：幽居，隱居也。言隱者所居，有林泉之勝，殊為幽絕也。

新編甲：幽居，隱居也。言隱者所居，有林泉之勝景，殊為幽絕也。出類聚。

㊷舊編：陳師道書堂詩云：「醉臥擁青奴。」按青奴，竹几也，一名竹夫人，蓋竹冬夏長青，奴以伴君子，故名几曰青奴。

新編甲：青奴，竹之冬夏長青，故曰青奴。黃魯直以竹為夫人，夫人者，几也，憩臂休息，非夫人之職，改曰竹奴。出圖機。

新編乙：青奴，竹名。

㊸舊編：紅友，酒也。

新編甲：紅友，酒名。出羣玉二十五有韻。又酒紅者曰醍。又東坡與單君錫步月（田）于黃土，有餉紅友酒者，紅友也，東坡曰：「彼知有紅友，不知有黃封，真快活也！」因命為東坡酒。劉跋又命酒為玉友。出天中記。

新編乙：紅友，酒名。

㊹舊編：甜，徒燕切；北人以晝寢為黑甜，故東坡發廣川（州）詩云：「三盃飽軟（軟飽）後，一枕黑甜餘。」思，音四。便，蒲眠切，安便也。

新編甲：甜，亭年切，音田，說文：「美也。」廣韻：「甘也。」便，蒲眠切。蘇軾發廣州詩：「三杯輕（軟）飽後，一枕黑甜餘。」註：「腒（軟）飽，謂飲酒也；黑甜，謂臥輕（睡）也。」出正字通。

新編乙：甜，亭年切，音田，說文：「美也。」

㊺舊編：紅塵，喻名利也。

㊻舊編：夫子曰：「飯蔬（疏）〔食〕，飲水，曲肱而枕之，樂在其中矣！」白石，言處士遠離世俗，結草廬于白石雲邊以自處也。

新編甲：子曰：「飯疏食，飲水，曲肱而枕之，樂在其中矣！」出論語述而篇。白屋，註：「賤人所居也。」出韻瑞一屋韻。

㊼舊編：傲，踞也。諸葛亮隱居南陽，結草廬閑臥，號臥龍先生。

新編甲：傲，樂也。孔明高臥隆中，在草廬詩曰：「大夢誰完覺？平生我自知；草堂春睡足，窗外日遲遲。」出三國。

新編乙：同新編甲。

㊽舊編：窄，音責，狹也。陳摶隱華山雲臺觀，每寢處，多百餘日不起，嘗作〔愛〕睡歌云：「臣愛睡，臣愛睡；不覆氈，不蓋被。」

新編甲：欠伸，氣乏則欠，體疲則伸。窅，側格切。陳摶，五代時，字圖南，真原（源）人，自號扶搖子。方四歲，戲渦水側，有青衣媪抱置懷中乳之，聰悟日益。入武當山辟穀鍊氣，二十餘年。徙居華山雲臺觀。周世宗召至禁中，賜號白雲先生。宋太祖再召，辭曰：「九重仙詔，休教丹鳳銜來；一片野心，已被白雲留住。」隱居華山，每寢處，百餘日不起。太宗召見，賜號希夷先生。端拱初，命弟子〔賈德昇於〕張超〔谷〕鑿石為室，化形蓮花峯下。摶嘗曰：「優游之地勿久戀，得志之地勿再往。」聞者以為至言。出尚友錄。

新編乙：引陳摶事，與新編甲同。「真原」作「真源」，「銜」下又衍「銜」字。

㊾舊編：陶淵明夏日（月）虛閑，高臥北窗之下，清風颯至，自謂羲皇上人。吟魂，詩思也。

新編甲：東坡詩云：「不如三伏日，高睡北窗涼。」出韻學（瑞）七陽韻。

新編乙：同新編甲。無出處。

㊿舊編：靈運與惠連為刎頸交，嘗於西堂思詩不就，怠而寢，忽夢惠連，即得「池塘生春草」之句，以為有神助。

新編甲：謝靈運與族弟惠連為刎頸交，嘗於西堂思詩不就，忽夢惠連，即得「池塘生春草」之句，嘗云：「此語有神助。」出氏族。

新編乙：同新編甲。

51 新編甲：唐田弘正，字安道，北平盧龍人，起樓聚書，生（至）萬餘卷，為魏博節度使，封沂國公。出尚友錄。

新編乙：同新編甲。「生」作「至」。

52 舊編：店，肆也，旅舍也。

㊼舊編：一說玄鶴指道士言。黃川，地名，在赤壁。東坡遊赤壁賦云：「夜將半，四顧寂寥；適有孤鶴橫來，玄裳縞衣，遠樹長鳴。須臾客去，予亦就睡。夢一道士，羽衣翩遷（蹁躚），揖予言曰：『赤壁之遊樂乎？』問其姓名，不答。曰：『我知之矣！昔夜飛鳴，非子也耶？』道士顧笑，予亦驚悟（寤）。」一說昔有人夜得一玄鶴，遊於黃州。二說未知孰是？此兩存之。

新編甲：宋蘇軾，字子瞻，號東坡，眉山人。謫黃州，與客登舟遊赤壁之下。夜將半，適有孤鶴橫江東來，玄裳縞衣，戛然長鳴，掠舟而西。須叟（臾）就睡，夢一道士，羽衣翻躚（蹁躚），揖而言曰：「赤壁之遊樂乎？」問其姓名，俛而不答。子瞻曰：「疇昔之夜，飛鳴而迴（過），非子也耶？」道士顧笑，子瞻乃警悟（寤）。出古文必讀。

新編乙：同新編甲。「叟」作「叟」，「翻躚」作「蹁躚」，「迴」作「過」，無「必讀」二字。

㊽舊編：一說美人指賢人言。六國時，張敏與高惠二人為友，每憶不得見，便於夢中往尋，半道迷路，遂回；覺，詩云：「洞房昨夜春風起，遙憶美人湘江水；枕上片時春夢中，行盡江南數千里。」一說有人得一枕，每夜枕見與美人遊湘水，岑參作春夢詩云云，如前詩。二說亦未知孰是？

新編甲：有人得一枕，每夜枕見與美人遊湘水，岑參作春夢詩云：「洞房昨夜春風起，遙憶美人湘江水；枕上片時春夢中，行盡江南數千里。」出古文。

新編乙：同新編甲。

㊾舊編：唐王勣（績）作醉鄉記云：「乞取南園作醉鄉。」又：「醉鄉之宜十有二。」見文苑。

新編甲：廣陵人劉虛白，擢進上（士）第，嗜酒，有詩云：「知道醉鄉無力（戸）稅，任他荒却下丹田。」出書言故事。又唐王績作醉鄉記：「乞取南園作醉鄉。」

新編乙：同新編甲。「劉虛白」作「張虛白」，「上」作「士」，「力」作「戸」。

(56)舊編：鋪，陳設也。茵，褥也。幄，帳也，上下四旁悉周曰幄。氈，毛席也。

(57)舊編：陶潛親老家貧，執事聞之，起為彭澤令，後解印綬而去。貴賤及親朋造之者，有酒輒設，若先醉，語客曰：「我醉欲眠，卿且去！」

新編甲：陶潛親老家貧，執事聞之，起為彭澤令，後解印綬公（去）。常謂客曰：「我醉欲眠。」及至夏月虛閑，高臥北窗之下，清風颯至，自謂羲皇世上人。出氏族。

新編乙：同新編甲。「公」作「去」，「常」作「嘗」。

(58)舊編：周子知南康軍時，築室於蓮花峯下，峯前有溪，合于湓江，公因取營道所居濂溪以名之，學者稱為濂溪先生。邵子行至洛陽，聞杜鵑聲，嘆之，後其言果驗。按杜鵑，杜宇也，名怨鳥，三四月間苦啼，自夜達旦，田家候之以興農事。

新編甲：鵑，音鐲。周濂溪有枕，枕之則聞杜鵑之聲耳，因名之曰啼鵑枕。

新編乙：鵑，音涓。周濂溪有一枕，枕之則聞杜鵑之聲耳，因名啼鵑枕。

(59)舊編：邊韶，字孝先，教授數百，嘗晝臥，弟子嘲曰：「邊孝先，腹便便；懶讀書，只愛眠。」後桓帝徵為太中大夫。漢，乃男子之稱。呂蒙正薄遊一縣，胡旦隨父宰是邑，遇呂甚薄，客有誦呂詩：「挑盡寒燈夢不成。」胡笑曰：「乃是渴睡漢耳！」呂含恨而去。明年，呂中甲科，寄書曰：「渴睡漢狀元及第矣！」胡曰：「待我明年及第，輸君一籌耳！」次年，果中首選。魏野隱居不仕，好彈琴詩賦，宋太宗召，不至。一日，方教鶴舞，俄報使至，踰牆而走。有詩云：「有名閑富貴，無事小神仙。」

新編甲：漢邊韶，字孝先，陳留浚儀人，教授數百人，才思敏絕，應曰（口）成章。嘗晝日假寐，弟子私嘲之曰：「邊孝先，腹便便；懶讀書，但欲眠。」韶潛聞之，應時對曰：「邊為姓，孝先字。腹便便，五經笥。但欲眠，思經〔事〕。寐與周公同夢，靜與孔子同意。師而可嘲，出何典記？」嘲事（者）大慙。官至尚書令，著作東觀，著書（詩）、頌、碑、絡（銘）、書、策月（凡）十五篇。出尚友錄。渴睡漢，事跡已見〔范〕子虛遊天曹錄「奪蒙正之先籌」句。魏野，字仲先，隱居不仕，好瑟（琴）彈詩賦，宋太宗召，辭不至。一日，方教鶴舞，俄報使至，抅琴踰牆而走。常（嘗）有詩云：「有名閑富貴，無事小神仙。」出氏族。

新編乙：同新編甲。「應曰」作「應口」，「思經」下有「事」字，「出何典記」上未行「寐」字（新編甲已刪），「嘲事」作「嘲者」，「瑟」作「琴」。

⑥⓪舊編眉批：陳圖南愛睡歌當避出一頭地。

⑥①新編甲：為，去聲。

⑥②舊編：雙馳，如行車出兩邊之類。雙飛，如鴛鴦馬上攻之類。見萬事。靠，口到切，理相違也，久倚也。

新編甲：靠，倚靠。重，平聲。

⑥③舊編：李泌召見時，玄宗方與張說圍棋，因使說試其能，說請賦「方圓動靜」，泌曰：「願聞其略。」說曰：「方若棋局，圓若棋子，動若棋生，靜若棋死。」泌卽答曰：「方若行義，圓若用智，動若材藝，靜若得意。」說賀曰：「帝得奇童矣！」時泌年方七歲。

新編甲：唐玄宗與張說觀棋，說請賦「方圓動靜」，李泌曰：「請聞其略。」說曰：「方若棋局，圓若棋子，動若棋生，靜若棋死。」泌卽答曰：「方若行義，圓若用智，動若騁材，靜若得意。」說因賀帝得奇童。出圓機。

新編乙：同新編甲。無出處。

64 舊編：乍，助駕切，忽也。敲，橫擊也。此言春晝圍棋，棋子聲乾驚睡夢也。見圓機。

新編甲：乍，助駕切，忽也。敲，丘交切，叩也，擊也。

65 舊編：香，卽紫檀心也。泥，塵也。關中貴家以紫檀心為棋子。見金（合）壁。

新編甲：香，卽紫檀心也。關中貴家以紫檀心為棋子。出合璧。「香歸密（蜜）房盡，紅入燕泥香。」出詩學圓機（圓機詩學）落花詩。

新編乙：同新編甲。「密」作「蜜」。

66 舊編：溫公居洛，營地創園，以其逍遙徜徉，惟意所適，明月時至，清風徐來，天壤之間，復有何樂可以代此？因名曰獨樂園。為記有曰：「樽酒樂餘春，棋局消長夏。」

新編甲：司馬溫公創獨樂園，記有曰：「樽酒樂餘春，棋局消長夏。」出古文。

新編乙：同新編甲。

67 舊編：王元之於黃州西北隅，以竹代瓦，作小樓一間，因為記說樓之景物，有云：「夏宜急雨，有瀑布聲；冬宜密雪，有碎玉聲；宜圍棋子，聲丁丁然；宜投壺矢，聲錚錚然。皆竹樓之所勝也。」酩，音茗；音洛，非。酊，音頂。醉貌。

新編甲：酩，莫迥切，音茗。酊，音頂。酩酊，醉甚貌。王元之作黃州竹樓記云：「夏宜急雨，有瀑布聲；冬宜密雪，有碎玉聲；宜圍棋子，聲丁〔丁〕然；宜沿（投）壺矢，聲錚錚然。皆竹樓之所助也。待其酒力醒、茶煙歇，送夕陽、迎素月，亦謫居之勝概也。」出古文。

新編乙：引黃州竹樓記，與新編甲同。「丁」下未遺「丁」字，「沿」作「投」。

68 舊編：仲夏日永，留客閑敲棋局。圓機。

新編甲：夏日卽事書懷聯句云：「圍棋消永日，搖片（扇）引春風。」又云：「枕簟入山僻，茶瓜留客遲。」出圓機詩學。

新編乙：夏日卽事書懷聯句云：「圍棋消永日，搖扇引清風。」

69 舊編：山上對局時，聞下子聲遲。金（合）璧。

新編甲：山上對局時，聞下子聲遲。出合璧。春日卽事詩：「泉鳴茶鼎宿醒夕，子落棋枰春夢驚。」出圓機。

新編乙：引春日卽事詩，與新編甲同。

70 新編甲：教，音交。

71 新編甲：夫人自稱曰小童。出論語季氏篇。

72 舊編：贏輸，勝負也。「乾坤勝負一棋枰。」圓機。

73 舊編：篆通作瑑，鏤木為篆文以受香也。

74 舊編：閬，音浪；閬風仙苑也，在崑崙閶闔之中。度，音渡，過也。

新編甲：度，過也。

75 舊編：些，蘇箇切，語辭也。

76 舊編眉批：杌（棋）局高奇。

77 舊編：踞，箕踞，傲坐，伸兩足，以手據膝，形如箕也；又據物坐亦曰踞。

78 舊編：調，和也。鸚鵡，能言鳥。唐元微之寄薛淑詩云：「言語巧偷（調）鸚鵡舌。」

新編甲：鷓鴣，能言鳥。唐元徽（微）之寄薛淑詩：「言語巧偷（調）鷓鴣舌。」

新編乙：唐元徽（微）之寄薛淑詩云：「言語巧調鷓鴣舌。」

79 舊編：閒，本闃字，苦臭切，傾入聲，靜也。

新編甲：閒，傾入聲，寂靜也。易豐上〔六〕爻：「閒其無人。」

80 舊編：嚶，音英，鳥聲和也。

新編甲：嚶，鳥聲之和也。

81 舊編：涉，徒行也。

82 舊編：自稱為僕，卑辭也。唐制：未命以官，則令居通事舍人供奉。

新編甲：唐制：未命以官，則令居通事舍人供奉。出唐史。

83 舊編：高蹈，幽隱也。禮記：「招士以弓，招大夫以旌。」

新編甲：左傳定公：「魯人之皐，數年不覺，使我高蹈。」註：「猶遠行。」又韓愈詩：「子昂始高蹈。」出韻瑞二十號韻。禮記：「招士以弓，招大夫以旌。」

新編乙：同新編甲。無「出韻瑞二十號韻」諸字。

84 舊編：鑾，鈴也；御駕曰鑾輿，蓋車有鑾鈴以正威儀，行舒疾。

85 舊編：遯，逃也。逸民，謂節行超逸也；逸乃俊逸之義，非隱逸也。出〔□〕史。又有德而隱者曰逸民。見論語。

新編甲：「天〔下有〕山遯。」卦傳：「遯者，陰長陽消，君子退藏之辰也。」出周易。有德而隱者曰逸民。出論語堯曰篇註。

86 舊編：頤，養也。衡，橫也；衡門，橫一木為門楣也。詩陳風：「衡門之下，可以棲遲。」

此言樂其園林之趣，不貪榮利，自養天真於衡門茅屋之下也。

新編甲：衡門，橫木為門也。詩陳國風云：「衡門之下，可以棲遲。」

87 舊編：生涯，猶產業也。太和中，鄭仁本〔表弟〕與王秀才遊嵩山，迷歸路，忽聞叢中鼾睡聲，見一人枕一幞物，方眠，因就問之。其人曰：「君知月乃七寶合成乎？常有八萬二千戶以玉斧修之，予其一也。」言已不見。莊子送葬，過惠子墓，謂從者曰：「郢人堊（堊）污其鼻端，若蠅翼。使匠石斲之，匠石運斤成風，斲之，盡堊（堊）而鼻不傷，郢人立不失容。」莊子。

新編甲：草木焦枯，日月所經，風雨所搖，不用刀斧。酉陽雜俎：「鄭本仁（仁本）表弟遊嵩山，見一人枕幞，呼之。其人曰：『君知月乃七寶合成乎？常有八萬二千戶修之，予卽□數也。』因開幞，有斤斧鑿數字。」出韻瑞七虞韻。莊子送葬，過惠子墓，謂從者曰：「郢人堊（堊）污其鼻端，若□（蠅）翼。使匠石斲之，匠石運斤成風，斲之，盡堊（堊）而鼻不傷，郢人立不失容。」出莊子〔徐无鬼〕篇。

88 新編甲：醉鄉記：「醉之鄉，去中國不知其幾千里也。具（其）王（土）曠然無涯，無丘陵王績（阪險）。其氣和平一揆，無晦朔（明）寒暑。其俗大同，無邑居聚落。其人甚清，無愛增（憎）喜怒，吸風飲露，不食五穀。其寢于于，其行徐徐，與鳥獸魚鼈（魚鱉鳥獸）雜處，不知有舟車器械之用。昔者黃帝氏嘗獲濟（遊）箕（其）都，歸而香（杳）然，喪其天下，以為結繩之政已薄（薄）矣！降及堯、舜，作為千鍾百壺（榼）之飲（獻），因姑射神人以假道，蓋至其邊鄙，終身太平。禹、湯立法，禮繁樂雜，數十代與醉鄉隔，其臣羲、和棄甲子而逃，冀臻其鄉，失路而道夭，天下遂不寧。至乎末孫桀、紂，怒而昇糟丘，階級千初（仞），南何（向）而望，卒不見醉鄉。武王得志于世，乃命公旦立酒人氏之職，典司五齊，拓士〔土〕七千里，僅與醉鄉達焉，〔故〕三〔四〕十年刑措不用。下逮幽、厲，迄乎秦、漢，中國多〔喪〕亂，遂與醉鄉絕，而臣下之愛道者，往往竊至焉，阮嗣宗、陶淵明等十數人，並游于醉鄉，沒身不返，死葬其壤，中國以為酒仙云。差〔嗟〕乎！醉鄉氏之俗，豈古華胥氏之國乎？何其淳寐〔寂〕也如是！余將游焉，故為之記。」出古今事文類聚續集。按：「天下遂不寧」上原有「故」字、「糟丘」上原有「其」字，今據四部叢刊廣編王績東皋子集刪，又「其人甚清」、「余將游焉」，本集作「其人甚精」、「予得遊焉」。

89 舊編：鰕，虛加切，水蟲，可食，溪澤江海皆有之，磔鬚鐵鼻，背有節，多足好躍。古文：「樵與漁者，侶魚鰕而友麋鹿。」

新編甲：樵與漁者，侶魚鰕而友麋鹿。出古文。

90 舊編：醉鄉之宜，有雪月風花，如雪宜夜、月宜樓、風宜窗、花宜晝之類。

新編甲：醉鄉之宜，有雪月風花，如雪宜夜、月宜樓、風宜窗、花宜晝之類。出文苑。

91 舊編：葛，草名，蔓生可為絺綌，盛夏時葛成，治以為布服之。裘，合衆皮而成之，取其溫也。善卷曰：「冬衣皮毛，夏衣絺葛。逍遙於天地之間，而心意自得。」莊子。

新編甲：葛，藤葛可作布。葛，草名，蔓生，可為絺綌，盛夏時葛成，治以為布服之。裘，合□〔衆〕皮而成之，取其溫也。善卷曰：「冬衣皮毛，夏衣絺葛。逍遙於天地之間，而心意自得。」出莊子〔讓王〕篇。

92 舊編：此言愛山水之深，慕煙霞以□隱也。

93 舊編：斸，之六切，鋤，去穢助苗也。引水於井曰汲。

新編甲：斸，之六切，鋤屬，去穢助苗。汲，引水於井。

94 舊編：菰之有米者謂之雕胡，九月開花如葦，結實長寸許，霜後采之如茅針，皮黑米白而滑，可作飯。一云菱□□□□□□黑□也。又荆、湖間有錦帶，春末開花，紅白如錦，可以為茹，故杜詩云：「滑憶雕胡飯，香聞錦帶羹。」

新編甲：雕，丁聊切。菰米，釋名：雕胡。時珍曰：雕胡，九月抽□開花如葦芀，結實長寸許，霜後采之，大如茅針，皮黑褐色，其米甚白而滑膩，作飯香脆。杜甫詩：「波漂菰米沈雲黑」者，卽此。周禮供御，乃六穀、九穀之數。出本草綱目穀部。荆、胡（湖）間有錦帶，春末開花，紅白如錦帶，苗嫩脆。杜詩云：「滑憶雕胡飯，香聞錦帶羹。」出羣玉入（八）庚韻。

按：「有」下原衍「之」字，今刪。

新編乙：同新編甲。「時珍」下「曰」字起至「作飯香脆」、「周禮供御，乃六穀、九穀之數」缺，未衍「之」字，無二出處。

95 舊編：錯，七約切，雜也，交也。詩註：「澗溪沼沚之毛，可薦於鬼神。」毛，草也，指蘋藻也。

新編甲：錯，雜也。左傳曰：「苟有明信，澗溪沼沚之毛、蘋蘩薀藻之菜、筐筥錡釜之器、潢汙行潦之水，可奈（薦）於鬼神，可羞於王公。風有采蘩、采蘋，雅有行葦、洞（泂）酌，昭忠信也。」出春秋隱公三年附錄。

96 舊編：漏刻曰更。闌，殘也。

新編甲：更，平聲。

97 舊編：價，物直也；待價，謂循乎天理也。言士之待禮，猶玉之待價，如伊尹、太公不遇，則終馬而已，必不枉道以從人，衒玉以求售也。

新編甲：士之待禮，猶玉之待賈也，若伊尹之耕於野，伯夷、太公之居於海濱，世無成湯、文王，則終馬而已，必不枉道以從人，衒玉而求售也。出論語子罕篇大註。

新編乙：同新編甲。「待賈也」作「待價」。

98 舊編：高宗夢上帝賚良弼，乃以形旁求，説惟肖，遂立為相，命曰：「若歲大旱，汝作霖雨。」

新編甲：溥，音普，廣也，徧也。商高宗夢上帝賚以良弼，乃審厥象，以形旁求，説築傳巖之野，惟肖，爰立作相，命之曰：「若歲大旱，用汝作霖雨。」出商書。

新編乙：同新編甲。無「溥，音普，廣也，徧也」諸字，「賚」作「賴」。

99 舊編：文王出獵，得呂望載後車以歸。後呂望涼武王師牧野伐商紂，不崇朝，天下清明。

新編甲：周文王將出獵，卜得「非熊」。後出磻溪，遇呂尚於渭水之陽，載之以歸，尊以為師。籌開入（八）陣，而功成於牧野。出世家。

新編乙：同新編甲。「磻」作「蟠」，「入」作「八」。

100 舊編：易：「君子以經綸時節。」注：「經、綸，皆治絲之事，言有為時也。」

新編甲：金玉，言貴重其身如金玉，然不可輕用也。出書經直解。經綸，象曰：「雲雷屯，君子以經綸。」注：「經、綸，治絲之事，先經以引之，後綸以理之也。」出易水雷屯卦。

101 舊編：君門九重，言天子有九門，如關門、郊門之類。北山移文云：「及其鳴騶入谷，鶴書赴隴，焚芰製而裂荷衣。」

102 舊編：傳岩，地名，在虞、虢間，傳説隱傳岩時，虞、虢〔之〕界，瀾水壞道，當役胥靡築之，説賢而隱，代築以供食。

新編甲：傳，音附，脫解也。傳虞（巖），地名，在虞、虢之間，傳説隱傳嚴（巖）時，虞、虢之界，瀾水壞道，當沒（役）胥靡築之，説賢而隱，代築以供食。出剛監（通鑑綱目）。

⑩ 舊編：呂望避紂，居東海之濱，坐于渭河蟠（磻）溪，垂竿以釣。

新編甲：呂望，年七十餘未遇，甘守清貧，不干仕進，見紂暴虐，乃挈定屬徒，居于東海之濱，坐于渭河蟠（磻）溪石磯，垂竿以釣。出列傳。

⑩ 舊編：謝安居山東，累徵不起，人言：「謝安不出，其如蒼生何？」

⑩ 舊編：嚴光，字子陵，少與光武同遊學。及卽位，訪得於齊國，累徵不至，拜諫議大夫不受，去，耕於富春山中，釣於桐江瀨。按富春山在桐廬縣，前臨大江，故江曰桐江，江上有子陵釣臺。

新編甲：瀨，音賴。嚴先（光），字子陵，光武累徵乃至，拜諫議大夫不屈，去，耕釣於富春山桐江瀨，後人名其釣處為嚴陵瀨焉。出東漢史。按富春山在桐盧（廬）縣，前臨大江，故江曰桐江，江上有子陵釣臺。

新編乙：同新編甲。「嚴先」作「嚴光」，無「瀨，音賴」諸字，亦無出處與按語。

⑩ 舊編：姜肱，字伯維（淮），彭城人，漢桓帝屢徵不至，詔圖其形狀。肱臥于闇室，以被韜面，言感眩疾畏風，工竟畫不得。涴，於卷切，泥著物也。

新編甲：涴，於卷切，泥著物也。姜肱，字伯淮，形（彭）城人，與二弟仲丑（海）、季江共破（被）臥起，以其孝友聞。桓帝命工圖其象，徵之不起，曰：「方今政在鬧（閹）豎，何等時耶？」竄伏青州界中，賣卜自給，年七十七乃還。出漢綱目。

新編乙：同新編甲。「形」作「彭」，「丑」作「海」，「破」作「被」，「鬧」作「宦」。

⑩ 新編甲：閒，音諫。

⑩ 舊編：黔婁家貧，臨終有一衣，覆頭則足見，覆足則頭見。時曾西來吊（弔），見之，曰：「斜其被則歛矣！」妻曰：「斜之有餘，不若正之不足。先生生而不斜，死而斜之，非意也。」

謚曰康。西又問曰：「先生食不充飢，衣不蓋形，何為謚康？」妻曰：「君欲用為相國而不為，是有餘貴；賜粟而不受，是有餘富。謚康，不亦宜乎！」高士傳。

新編甲：黔婁家貧，臨終有一衣，覆頭則足見，覆足則頭見。時曾西來吊（弔），見之，曰：「斜其被則斂矣！」妻曰：「斜之有餘，不若正之不足。先生生而不斜，死而斜之，非意也。」謚曰康。西又問曰：「先生食不充飢，衣不蓋形，何為謚康？」妻曰：「君欲用為相國而不為，是有餘貴；賜粟而不受，是有餘富。謚康，不亦宜乎！」出高士傳。

新編乙：同新編甲。「斂」上有「足」字，「斜之有餘，不若正之不足」兩「之」字作「而」。

109 舊編：顏回三十二歲卒。

110 舊編：衛玠，晉時人，二十七歲卒。

新編甲：玠，音戒。晉衛玠，字叔寶，風神秀異，好談玄理，能文，年二十七卒，出氏族。

新編乙：同新編甲。無「玠，音戒」諸字。

111 舊編：東方有士曰爰旌目，將有適，餓於道，狐父之盜人丘也，見而下壺飧以哺之，爰旌目三啜而後能視。曰：「子何為者也？」曰：「我狐父之人丘也。」爰旌目曰：「譆！汝非盜耶？何為食我？」兩手據地，而嘔吐不出，喀喀然遂死。出列子。

新編甲：東方有士曰爰旌目，餓于道，盜人丘狐父壺食以哺之，三啜而後能視。爰旌目曰：「汝非盜耶？胡為食我？」嘔之平（不）出，喀喀然遂伏而死。出白眉故事。

新編乙：同新編甲。「平」作「不」，無「伏而」二字。

112 舊編：魏荀粲，字奉倩，常以婦人才智不足，論宜色為主。聘曹紅（洪）女為妻，寵之專房。妻常冬月病熱，荀乃出臥庭中，自取冷還，以身熨之。後妻亡，傅嘏往吊（弔），荀不哭而傷神。

蝦曰：「子之娶也，遺才而好色，此自易遇，今何哀之甚？」笱曰：「佳人難再得！顧逝者有傾城之色，未可謂之易遇。」痛悼不已，歲餘亦卒。

新編甲：倩，千去聲。魏笱槩，字奉倩，妻有國色，倩愛婦篤。冬月婦病熱，乃出庭中，取冷以慰（熨）之。婦亡，倩亦卒。出氏族。

新編乙：同新編甲。無「倩，千去聲」諸字，「槩」作「燦」。

⑬ 舊編：白居易醉吟先生傳云：「仰面長呼太息曰：『吾生天地間，才與行不逮於古人遠矣！而富於黔婁、壽於顏回、飽於伯夷、樂於榮啓期、健於衞叔寶，幸甚！幸甚！予何求哉？』」

新編甲：白居易醉吟先生傳云：「仰面長呼大息曰：『吾生天地間，才與行不逮於古人遠矣！而富於黔婁、壽於顏回、飽於伯夷、樂於榮啓期、健於衞叔寶，幸甚！幸甚！予何求哉？』」

新編乙：同新編甲。「不逮於古人遠矣」作「不迨於古人亦遠矣」。

⑭ 舊編：馬援兄子少游曰：「士生一世，但取衣食僅（裁）足，鄉里稱為善人可矣。致求羸（盈）餘，苦耳！」

新編甲：分，去聲。馬援從弟少游，嘗謂援曰：「士生一世，但取衣食裁足，乘下澤車，御款段馬，鄉里稱善人，斯可矣。致求羸（盈）餘，苦耳！」出尚友錄。

⑮ 舊編：解見怏州。

⑯ 新編甲：拱，雨（兩）手合時曰拱。

⑰ 舊編：漢蒼伐占城，占人懼，遣布田進白象及獻占洞之地。

新編甲：漢蒼大舉擊占城，占主巴的吏懼，遣勇（舅）布田進白黑象二及諸方物，仍獻占洞之地。出國史。

新編乙：同新編甲。「勇」作「男」。

(118) 舊編：款，誠也。明遣韓觀等領兵來，假送添平還國。漢蒼命胡射等截支棱關，明師乃退，將添平來獻。

新編甲：明遣韓觀等領兵來侵，假送添平還國。漢蒼命胡射等截支棱關，明乃解送添平，遣軍醫高景照致降書云：「黃總兵官差小人，前來達官人知這事倩（情）：先為陳添平走到朝廷，奏他正是安南國王子，以此差大兵來招，不期彼處百姓，俱各不服，顯是虛誕。今退官軍回奏，遇關隘去處守把，路塞不通。今將添平來獻，放去幸甚！」胡射許之。出國史。

新編乙：同新編甲。「棱」作「菱」，「致降書云」作「致書降云」，「倩」作「情」，無出處。

按：卷之四南昌女子錄，各本「支棱關」作「支稜關」。

(119) 舊編：老撾，蠻名。由雲南經老撾直至占城。大理，府名，今屬雲南。

新編甲：撾，職瓜切。老撾、大理，今屬雲南省。

新編乙：老撾、大理，今屬雲南省。

(120) 舊編：輩，等類也。

(121) 舊編：鏟，音產，韜也。竇威贊：「埋光鏟彩。」

新編甲：鏟，音產，韜也。彩，此宰切。「理（埋）光鏟彩。」出唐史。

新編乙：鏟，音產，韜也。

(122) 舊編：務光，夏時人，湯伐桀，就光而謀，光曰：「非吾事也！」及得天下，又讓與光，光曰：「廢上非義，殺民非仁；人犯其難，我享其利，非廉也。無道之世，吾不忍久見。」乃負石自沈于江。涓子，齊人，餌木（朮）實，隱于岩（宕）山。

新編甲：務光，夏時人，湯伐桀，就光而謀，光曰：「非吾事也！」及得天下，又讓與光，光曰：「廢上非義，殺民非仁；人犯其難，我享其利，非廉也。無道之世，吾不忍久見。」乃負石自沈于江。出南華經。涓子，齊人，隱於巖（宕）山，孔珪北山移文云：「談空空於釋部，覈玄玄於道流，務光何足比？涓子不能儔（傳）。」出古文。

新編乙：同新編甲。「傳」作「儔」。

123 舊編：際，會也。

新編甲：際，會也，交也。

124 舊編：鋪張，陳設也。

125 舊編：赧，乃版切，面慚而赤也。怍，疾各切，愧也。

新編甲：赧，乃版切，面漸（慚）而赤也。怍，疾作切，漸（慚）也。

126 舊編：肚，音渡，腹也。龍肚，即昇龍城。安孫，即今永福縣安孫社。陳順宗時，季犛使杜省相度清化府安孫洞，築城鑿池，以徙都焉。時御史阮汝說諫，以為昔周、魏遷都，並見不祥；今龍肚之地，傘圓之山，瀘珥之河，高深平闊，自古帝王開基立國，皆以為深源（根）固祇。安孫境界狹僻，水尾山頭不可以立都。季犛不聽。後季犛逼順宗傳位於太子，遷都安孫洞，築城鑿池，開街巷，立廟社。

新編甲：龍肚，即昇龍城也。安孫，在永福縣，胡氏乘西都城在此。陳順宗時，丁丑春正月，季厘（犛）使杜省相度清化府安孫洞，築城鑿池，立廟社，開街巷，欲徙都焉。冬十一月，季厘（犛）逼帝徙都清化府。出國史。

新編乙：同新編甲。「季厘」均作「季犛」。

127 舊編：殿階曰軒墀。

新編甲：墀，音池。

128 新編甲：譎，居月切。

129 舊編：殫，盡也。金甌，今永福縣金甌社，胡立宮於此。按士人阮稟上書前胡云：「宜遜位，退居金甌。」季犛乃傳位漢蒼，築金甌宮以居之。

新編甲：殫，音單，盡也。金甌，金（今）在永福縣金甌社，胡立宮於此。出國史。

新編乙：引國史，與新編甲同。「金在」作「今在」。

130 舊編：廠，幽兩切，高也，豁也，與敞同。花街，今永福縣花街社，胡立庯於此。庯當作鋪，賈肆也。

新編甲：敞，昌雨（兩）切，豁也，高也，曠也。花街，今在永福縣花街社，胡立庯於此。出國史。

新編乙：花街庯，在永福縣花街社，胡立。

131 舊編：糞，穢也。壤，土也。

新編甲：糞，音奮，穢也。

132 舊編：醯，音希，醋也。醢，音海，肉醬也。

新編甲：醯，音希。醢，音海。

133 舊編：底江，在立石縣。季犛篡位，阮汝蓋竄鐵山，招誘良民，得衆萬餘，往來立石、底江，恣行侵掠，州縣不能制。胡命阮鵬舉討平之。

新編甲：底江，今從山西當道縣而下。陳少帝建新二年八月，盜阮汝蓋竄鐵山，僞造寶鈔行使。會順宗見弒，渴真被殺，遂招誘良民，得衆萬餘，往來立石、底江、瀝山、沱江、傘圓等處，恣行侵掠，州縣不能制。十二月，命東路安撫使阮鵬舉討阮汝蓋，平之。出國史。

新編乙：同新編甲。「被」作「見」。

134 舊編：思明土官黃廣成告謂：祿州係本府故地。明乃遣使求割諒山、祿州之地。漢蒼命黃晦卿為割地使，以古樓凡十五（五十九）村還之。

新編甲：明遣使求割諒山、祿州之地，季厘（犛）命行遣黃晦卿為割地使，晦卿以古樓等村，凡五十九村，還之。出國史。

新編乙：同新編甲。「季厘」作「季犛」。

135 舊編：七，補委切，匙也。劑，藥劑也。

136 舊編：舉，北江東岸人，仕陳為東路安撫使，又仕胡。「有度而遲」，漢劉曄稱玄德語。

新編甲：阮鵬舉，北江東岸人，仕陳為東路安撫使。出國史。

新編乙：同新編甲。無「阮鵬」、「出國史」諸字。

137 舊編：卿，中陳朝大學生第二名，胡末以侍郎兼領節度，後為明所〔執〕，俘歸金陵，至丹哈海口，自刎。

新編甲：黃晦卿，陳廢帝朝中〔大〕學生第二名，胡末以侍卿（郎）兼領節度。出國史。

新編乙：同新編甲。「朝」作「時」，「卿」作「郎」，無「黃」、「出國史」諸字。

138 舊編：景奇，初名仁統，仕陳，又仕胡。為人適己自便，竊取祿位，不能死節。後為明所執，俘歸金陵，不食而死。

新編甲：黎景琦，初名仁統，仕陳順宗，辰（時）及胡篡位，亦為行遣。出國史。

新編乙：琦，初名仁統，仕陳順宗，時胡篡，為行遣。

139 舊編：儉，中陳朝大學生第一名。

新編甲：劉叔儉，陳朝中大學生第一名。出國史。

新編乙：同新編甲。無「劉叔」、「出國史」諸字。

140 新編甲：為，去聲。

141 舊編：夫子云：「賢者辟世，其次辟地。」注：「去亂國，適治邦也。」

新編甲：子曰：「賢者辟世，其次辟地。」註：「辟地，指去亂國，適治邦言。」出論語憲問篇。

142 舊編：晉韋忠，張華辟不起，謂人曰：「我常恐其溺於深淵而餘波及我，況可褰裳而就之哉？」褰，摳衣也，作蹇非。

新編甲：晉張幸（華）辟處士韋忠，忠辭疾不起，人問其故，忠曰：「我常恐其絹（溺）於深淵，餘疲（波）及我，況可褰裳就之乎？」出晉史。

143 舊編：崑山，在荊山，其地產玉。書：「火炎崑崗，玉石俱焚。」

新編甲：事跡已見快州義婦傳「玉石損（俱）焚」句。

144 舊編：安車，安穩之車，以草裹輪，使輪與地不相抗，老人居中得安穩也。强，抑人使從我也。

145 舊編：漫，水廣大貌。

146 舊編：彌，滿也。

新編甲：彌，綿兮切，音迷，甚也，徧也。

⑭ 舊編：蔓，員（莫）半切，草延也。條，枝也。

⑱ 舊編：垂，放下也。削，亂也。膩，肥澤也。

⑲ 新編甲：奇羅海口，在奇華縣奇華社，有止止灘。丁亥年五月十一日，胡季厘（犛）被擒於此。出國史。

新編乙：同新編甲。「季厘」作「季犛」。

⑮ 舊編：奇羅、高望，在奇華縣。

新編甲：高望山，在奇華縣秉禮社。丁亥年五月十二日，胡漢蒼被擒於此山中。出國史。

新編乙：同新編甲。無「胡」、「山中」、「出國史」諸子。

⑮ 舊編：唐元微之、白居易二人俱善詩詞，多嘲怨放蕩。

新編甲：唐元稹，字徽（微）之，河南人，元和初，對策舉制科第一，拜左拾遺，長于詩。白居易，字樂天，太原人，元和進士，遷左拾遺。多酬咏，時號元白。出尚友錄。

⑮ 舊編：書有「八體」：一曰大篆，周宣王時太史籀所作；二曰小篆，秦時李斯所作；八曰隸書，秦時程邈所作。又漢明帝命蔡邕為古文篆隸。按籀書字畫煩密，如宣作[illegible]之類；篆書即今之印款識字，如宣作[illegible]之類；隸書，篆之捷也，秦時官獄繁多，欲趨簡易，程邈為獄吏，得罪繫獄，獄中作篆，始皇出之，使定書，世人以邈徒隸，故謂之隸書，即今之楷書字也，如宣字作宣之類。一云以其簡易，便通於民隸，故謂隸書。散見漢書、正字、群書。

新編甲：籀，音□（胄）。隸，着也。大篆者，周太史籀所作也；小篆者，秦丞相李斯所作也。出類聚。

153 舊編：赭，音者，赤上（土）也。按秦皇巡遊，至湘山，值風，不得渡，怒伐湘〔山〕樹，赭其山。

舊編眉批：玄德於孔明二顧未遇，而執禮愈恭，手下怒欲放火，公力止之；今漢蒼一不遇，便命赭其山，驕倨甚矣！其□（没）於睢刺也，固宜。

新編甲：赭，音者，赤色也，謂以火燒之也。始皇遂求遊海上，方士徐市等上書，請得與童男女，入海求三神山不死藥。浮江，至湘山祠，逢大風，幾不能渡。上問：「湘君何神？」對曰：「堯女，舜妻。」始皇大怒，使伐湘山樹，赭其山。出秦紀。

154 舊編：婆娑，舞者之容。

155 舊編：簡定帝丁亥年五月五日，明犯奇羅海口，十一日獲季犛於止止灘，十二日獲漢蒼於高望山，俘歸。

156 舊編：易繫辭：「神以知來，知以藏往，其孰能與於此哉？古之聰明叡知神武而不殺者矣（夫）。」

新編甲：「聖人洗心，退藏於密，吉凶與民同患，神以知來，知以藏往，其孰〔能〕與於此哉？」出易經繫辭上傳。

157 舊編：蓍所以筮，龜所以卜，皆理之先見也。按蓍，蒿屬，生少室山。七十年益一莖，莖可以筮，千歲則一本百莖。下有神龜守之，上有青雲覆之。論衡曰：「蓍之為言耆也，明狐疑之事，當問耆碩也。」龜不一，第一曰神龜，第二曰靈龜，皆可以卜，卜時以明火灼高骨處，以占其兆。

新編甲：蓍，蒿屬，本草曰：「蓍如蒿，叢生條植，高五六尺，異衆高（蒿）。秋後有花出枝端，紅紫色如菊，七十年益一莖。生少室山及上蔡縣。實入藥，莖可以筮，史龜市傳著，□（千）歲則一本百莖。下有神龜守之，上有青雲覆之。」易繫辭：「其（蓍）之德，圓而神。」說卦傳：「幽贊于神明而生著。」周官曰：「凡國之大事，先筮而後卜。」論行（衡）曰：「著之為喜（言）耆也，明狐疑之事，當問耆碩也。」龜，大戴禮：「甲蟲三百六十，龜為之長。玄文五色，似玉似金。向陽背陰。上隆象天，下平象地，昔（背）有槃□而穿象丘山，四趾轉運象四時，玄文交錯象列宿，左精象日，右精象月。千歲者通知存亡吉凶，易曰靈龜，書曰元龜。」出正字通。「探頤（賾）索隱，釣（鉤）深致遠，以定天下之吉凶，成天下之亹亹者，莫大乎著龜。」出易經繫辭上傳。

158 舊編：董子對策語。

新編甲：出西漢史董子對策語。

159 舊編：東漢申屠蟠曰：「戰國之世，處士橫議，列國之君，至為擁篲先驅。」

新編甲：「處士是不見用之士，橫議是倡為異說，與吾道不同。」出孟子藤（滕）文公下約解註。

新編乙：同新編甲。無「約」字。

東潮廢寺傳㈠

陳朝舊俗尚鬼，神祠佛舍，無處無有，如黃江、銅鼓、安生、安子、普明之寺，玉清之觀❶，皆蟬聯絡繹❷，僧尼祝髮，與齊民半㈡❸。東潮一縣，崇尚尤甚，創立院宇，大社多至十餘，小社不下五六，皆揷之以叢篁❹，繚之以金碧❺。凡有疾病㈢，舉皆聽命於虛無，歲時朔望，牲醴之奠、幡幢之供，靡靡不絕❻；神佛亦依憑得妥㈣❼，輒祈輒應，靈答如響❽，故敬信有加，而不敢慢也。

後陳簡定帝時，連年兵火，煨燼幾盡，見存者不能什一，然亦風撞雨撼❾，南北撐拄❿，粉軀胎骨⓫，縈沒於烟蘿蔓草間⓬。吳兵既退，民始復業，土官文斯立適尹其縣㈤⓭，閔其荒穢摧倒⓮，約丁夫葺茆編葦，稍稍修復⓯。居一歲，縣之傍苦盜，雞、豚、鵝、鴨及池魚、園菓⓰，凡可以充口腹者㈥，悉爲攘去，斯立嘆曰：「吾幸備員邑宰，不能明以破奸，剛以威惡，仁柔致咎，我實尸之⓱。」然猶意其奸人草竊，未足深慮，但分隸村氓，略加夜警⓲，旬日間雖無所覩，而財物傷耗猶昨也㈦。既久，益無所憚，至有越廚爨而發人之釀，冒房闥而摟人之妻⓳，急就攻圍，隨失所在，恍如捕風捉影㈧，了無一獲㈨⓴。斯立笑曰：「久矣，盜之被誣也。蓋是陰魔厲鬼㉑，呼朋作祟，凡昔紛擾，皆是物也。」於是徧訪名師，廣求法手，安鎭符籙㈩，假舟筏而遣之㉒，但禳送愈加㉓，而憑陵愈肆(十一)。斯立大懼，聚村人謀曰：「而輩平日事佛甚謹㉔，昨因兵燹㉕，香火弗歆，故妖孽橫行(十二)，而佛不之救。盍往愬乎㉖？亦權宜之一助也。」衆乃燃香歷祝曰(十三)：「我衆生瞻仰諸天，皈依有日㉗，所望於佛切矣！今者妖祟並興，扇動平民，禍及六畜，佛顧恬然坐視，無乃慈悲過甚乎[28]？伏望垂哀憫之心〔十四〕，假鞭除之力，使神人不揉〔十五〕[29]，民物咸寧〔十六〕，一切有情，均有酬恩之念。但搶攘甫定[30]，生理未復，寸材片瓦[31]，取辦全無，須來時富有，始一新殿宇，報此功德[32]。」是夕愈加昌熾[33]，斯立無可奈何。聞金城王先生善易，往筮之[34]，曰：「有馬而騎[35]，有褐而披[36]，皮囊錫箭[37]，的是神師[38]。」且戒之曰：「公欲了此，次早當縣門左，投南而去，見服是衣、持是器者，其人決能除害，宜強招力請，雖牢辭勿許也。」遂與父老如期往候，南來北去，道路如織，無人肖者〔十七〕[39]。

日向晡[40]，沉吟將退，忽一人自山中披褐掛弓，策鞭而至。衆爭前羅拜，其人驚問，則告以本來之故〔十八〕。其人笑曰：「諸公過聽矣！吾少時以從禽為業[41]，身不離鞍馬，手不釋弓箭。昨聞安阜多肥毚狡兔[42]，偶出遊獵。豈解結方丈之壇[43]，繳無形之鬼〔十九〕，為何等事哉？」斯立意謂必法壇老手，不欲以符籙顯名，為人所禍，故優游山澗，泯跡於弓箭之間，固邀弗置〔二十〕[44]。其人度不得脫，勉強聽從〔二一〕[45]。乃館之縣廡〔二二〕[46]，幄帟裀褥〔二三〕，皆極鮮楚[47]，周旋有恪[48]，殆若神明。

其人私計曰[49]：「凡彼所以恭迎優接者，為能驅鬼也〔二四〕；顧我辟除無狀，而彼供給有加〔二五〕[50]。豈古人食功之意乎[51]？不去，將有餅壘之恥[52]。」夜既半，乘衆人熟寢〔二六〕，輕裝徑出。行至版橋西，時天色朦朧[53]，淡月未出，見數人形貌充碩[54]，施施然來從野外[55]，即竄來屏處[56]，潛覘其所為[57]。良久，見攔手入洿池[58]，截捕鮮鱗，不問小大〔二七〕，皆橫吞直啖[59]，乃相顧笑曰〔二八〕：「子魚風味甚佳，只宜細嚼[60]，絕勝伊蒲淡供[61]，但恨口嘗較晚耳〔二九〕[62]！」一人笑曰：「我曹頭目虛大，久被世人欺誑[63]，安有以升合蒸米實千鈞之腹，為彼守門哉[64]？不有今日，幾為長齋所誤，浪度一生也[65]。」一人曰：「我平生血食，固與諸公異饌，但當日民貧物瘠，無人許賽[66]，渴喉饞腹[67]，飢不可忍，弗知肉味，若干年矣！豈但居齊三月哉〔三十〕[68]？然今夕天寒冰冽[69]，誠難久駐

[70]，少可寄步蔗園㉛，效虎頭將軍也[71]。」乃相攜而上㉜，曳倒銜之，噈啜蜜漿[72]，如吸茶之狀。其人彎弓注矢，乘高暗射[73]，連中之㉝，喑啞讙譁，盤跚走脫㉞[74]，將數十步，冉冉始滅；然猶大聲罵曰㉟：「日辰不利，固已却之，不聽吾言，今何如矣㊱！」

其人始喧呼遠近㊲，村人驚覺，爭傳以燭，各分途追躡㊳[75]，見血痕點點，迸地而西[76]。及半里餘，入從廢寺，見護法敗軀，腰間各著一箭，幾飲羽矣[77]。衆人嘖嘖吐舌[78]，以爲古今奇事㊴，遂踣壞其像[79]，土木傾殘，猶聞作語曰：「本圖實腹，終至糜身[80]，我則已矣！彼瀆神者[81]，首造此謀，竟能脫禍，我從之爾㊵，反當其殃[82]，誠可嗤也[83]。」乃使人之江瀆神廟㊶，見塑泥神像[84]，忽勃然變色㊷，面如藍靛[85]，魚鱗數片，宛然在口[86]，仍併其像碎之㊸。斯立罄其所有厚謝，其人重載而去，妖邪自此竟絕影響云。

嗚呼！甚矣！佛氏之說，無益而有害也。聽其言則慈悲廣大，求其報則茫然捉風㊹，民敬信之，至有破產而充施者[88]。今其頹廊餘孽，猶且張皇[89]；況平時崇奉，其害可勝道哉？然英君誼辟，每欲去而不能去者㊺[90]，以高明君子佐之者衆，如宋朝之蘇學士[91]、黎朝之梁狀元[92]，大抵皆是。安得百昌黎者出，群而攻之[93]，火其書、廬其居而後可[94]！

【校】

㊀東潮廢寺傳　甲本作「東潮廢寺錄」，乙、丙本作「東潮廢寺記」。

㊁與齊民半　丙本「齊」作「齋」。

㊂凡有疾病　丙本「疾病」作「病疾」。

㊃神佛亦依憑得妥　諸本作「神佛亦得依憑」。

(五)土官文斯立適尹其縣　諸本「土」作「士」。
(六)凡可以充口腹者　諸本無「以」字。
(七)而財物傷耗猶昨也　諸本「傷」作「復」。
(八)恍如捕風捉影　諸本「恍」作「茫」。
(九)了無一獲　乙本「一獲」作「所見」。
(一〇)安鎮符籙　諸本「安鎮」作「鎮安」。
(一一)而憑陵愈肆　諸本「而」作「則」。
(一二)故妖孽橫行　「行」原作「衡」，據諸本改。
(一三)衆乃爇香歷祝曰　乙本「香」作「燈」。
(一四)伏望垂哀憫之心　諸本作「伏願垂哀閔之仁」；「心」，舊編注云：「一作仁」。
(一五)使神人不揉　甲、乙本「人」作「民」。
(一六)民物咸寧　乙本「民」作「人」。
(一七)無人肖者　諸本「無」下有「一」字。
(一八)則告以本來之故　「故」，諸本作「意」，舊編亦注云：「一作意。」
(一九)徼無形之鬼　「徼」，舊編注云：「一作激」。
(二〇)固邀弗置　「固」原作「因」，據諸本改。
(二一)勉强聽從　乙本「聽從」作「從之」。
(二二)乃館之縣廡　舊編注云：「廡，字義未詳，一作寞。」（參注㊻）
(二三)幄帟裀褥　甲、乙本「帟」作「席」，諸本「裀」作「茵」。

㉔為能驅鬼也　乙本「為」下有「其」字。

㉕而彼供給有加　「彼」字原無，據諸本加。

㉖乘衆人熟寢　諸本「寢」作「睡」。

㉗不問小大　甲、丙本「小大」作「大小」。

㉘乃相顧笑曰　諸本「乃」作「仍」。

㉙但恨口嘗較晩耳　甲、乙本無「口」字。

㉚豈但居齊三月哉　乙、丙本「齊」作「齋」。

㉛乃相携而上　「乃」字原無，據諸本加。

㉜少可寄歩蔗園　「少可」，諸本作「不如」，舊編亦注云：「一作不如」。

㉝連中之　諸本作「連中二人」。

㉞盤跚走脱　諸本「盤」作「蹣」。

㉟然猶大聲罵曰　「猶」字原無，據諸本加。

㊱今何如矣　諸本「何如」作「如何」。

㊲其人始喧呼遠近　諸本「喧」作「宣」。

㊳各分途追躡　諸本無「各」字。

㊴以為古今奇事　諸本「古今」作「今古」。

㊵我從之爾　「爾」，甲、丙本作「耳」，乙本作「矣」。

㊶江瀆神廟　諸本無「神」字；舊編原作「江瀆神」，注云：「一有廟字」，今據之加。

㊷忽勃然變色　諸本無「勃」字。

㊸仍併其像碎之　諸本「仍」作「乃」，「像」下有「而」字。

㊹求其報則茫然捉風　「茫」，舊編注云：「一作恍」。

㊺每欲去而不能去者　諸本無下「去」字。

【注】

❶新編甲：觀，音貫。

❷舊編：蟬聯，相繼不絕也。絡繹，連屬不絕也。

新編甲：蟬，音禪。蟬聯，言相繼不絕也。絡釋（繹），言往來不絕也。

❸舊編：從浮屠教曰僧。女僧曰尼。僧削髮曰祝髮。民無貴賤，故曰齊民，猶言平民也。

新編甲：祝，斷也；又僧削髮曰祝髮。

❹舊編：篁，白竹也。

新編甲：插，刺入也。篁，音黃，竹苗也。

❺舊編：繚，音了，纏也。

新編甲：繚，繞也。

❻舊編：幡，符山切，幟也，今浮屠所豎是也。

新編甲：幡，音翻；幢，音牀。幡幢，旌旂之屬。

❼舊編：妥，他果切，安也。

❽新編甲：輒，質涉切，忽然也。祈，禱也。響，應聲也。

❾舊編：撞，音床，擊也。撼，戶敢切，搖動也。

新編甲：撞，音牀，擊也。摵，戶感切，搖動也。

❿舊編：拄，之與切，支也。

⓫舊編：胎，音移，大胎也。

⓬舊編：縈，于平切，繞也。

新編甲：縈，于平切，繞也。烟，音因；魯都賦：「曳髮編芒（氓），蔚若霧烟。」出正字通。

⓭舊編：尹，治也。

新編甲：尹，治也。

⓮新編甲：閔與愍同。

⓯舊編：葺，修補也，覆蓋也。茆，俗茅字。編，列也。葦，蘆屬，大葭也。

新編甲：約，率也。葺，修補也。葦，大度（葭）也，稍大為蘆，長成為葦。

按：「葦，大度（葭）也」上原有「茆」字，今刪。

⓰舊編：原果，俗作菓。

⓱舊編：尸，主也。詩召南：「誰其尸之？」又與屍同，身居位而無功可紀，與屍何異？

新編甲：尸，音詩，故世謂尸祿、尸位，言身任居（居位）而無功可紀，與屍何異？

⓲新編甲：警，巡警也。

⓳新編甲：爨，音竄。

⓴新編甲：神宗誤用王安石，俾甲兵鈍敝，國勢離落，謀國之效，茫然如捕風搏（捉）影，誰之過歟？出歷朝捷錄北宋紀。

新編乙：同新編甲。「鈍」作「雕」，「搏」作「捉」，無出處。

㉑舊編：大珠和尚云：「起心是天魔，不起心是陰魔，或起或不起是煩惱魔，我正法中，無〔如〕是事。」唐張巡曰：「死當為厲鬼以移賊。」按泰厲，乃古帝王之無後者；公厲，古諸侯之無後者；族厲，古大夫之無後者。

新編甲：傳燈錄：大珠和尚云：「起心是天魔，不起心是陰魔，或起或不起是煩惱魔，我正法中，無如是事。」出韻瑞五歌韻。論衡：宋公鮑〔之身〕有疾，祝曰：「夜姑掌將事于厲者，厲鬼杖楲而與之言曰：『何而粢盛之不膏也？何而芻勝（芻犧）之下（不）腮（肥）碩也？何而珪壁（璧）之不中度量也？而罪歟？其鰯（鮑）之罪歟？』夜姑順色而對曰：『鮑身尚幼，在襁褓，不預知焉。它（審）是掌之罪。』厲鬼舉楲而揞之，斃千墻（于壇）下。」出潛確居類書古外部四鬼神。

新編乙：傳燈錄：大珠和尚云：「起心是天魔，不起心是陰魔，或起或不起是煩惱魔，我正法中，無如是事。」宋公鮑有疾，祝曰：「夜姑掌將事千（于）厲者，厲鬼杖楲而與之言曰：『何而粢盛之不膏？何而芻犧之不肥？何而珪壁之不中度量？而罪歟？其鮑之罪歟？』夜姑順色而對曰：『鮑身尚幻（幼），在襁褓，不預知焉。審是掌之罪。』厲鬼舉楲而揞之，斃于壇下。」出潛確〔居〕類書。

㉒舊編：編竹木，大曰筏。

㉓舊編：□禳也，禳除厲殃也。

㉔舊編：而，汝也。

新編甲：而，汝也。

㉕舊編：燹，蘇典切，音銑，兵火曰燹。

新編甲：燹，蘇典切，又音戲，兵火也。

新編乙：同新編甲。

㉖舊編：盍，何不也。愬與□（訴）同。

新編甲：愬，音訴（訴），與訴（訴）同。

㉗新編甲：皈，音歸。

㉘舊編眉批：此身不度何身度？

㉙舊編：揉，□也，柔木而屈伸之也。

新編甲：鞭，音邊，說文：「驅也。」揉，忍九切。少昊之衰，九黎亂德，民神雜揉；顓頊（頊）革九黎之亂，神人不雜，萬物有序，民安其生馬。出外紀。

㉚舊編：賈誼曰：「國制搶攘。」注：「搶攘，亂貌。」

新編甲：搶，千羊切，掠也。攘，逐也。沛國朱氏曰：「使何與高帝，少有王天下之志。因丞相府，以收圖籍；因博士學官，以收遺書。用圖籍之形勢，以收效於百戰搶攘之日；用帝王之遺書，以保治於一定甫安之時。則漢之基業，當與商、周比隆矣！」出西漢史。

㉛舊編：木堪用曰材。

㉜新編甲：須，待也。

㉝新編甲：熾，火盛也。

㉞舊編：筮，音□（誓），著卜□（也）。

新編甲：龜曰卜，著曰筮。

35 舊編：騎，音岐，跨馬也。

36 舊編：褐，音曷，毛布，織毛為之，可禦寒。

新編甲：褐，音曷，毛布也。

37 舊編：櫜，音高，弓衣也。

新編甲：櫜，音高，弓衣也。

38 舊編眉批：語類易林。

39 舊編：肖，似也。

40 舊編：晡，音逋，申時也。

41 新編甲：禽，鳥獸總名，禽卽獸也。出字彙。易屯卦六三〔爻〕：「象曰：卽鹿無虞以從禽也。」

42 舊編：麞，音章，似小鹿而美。狡，古巧切，黠也。

新編甲：安阜，山名，在峽山縣。麞，音章，與獐（獐）同，如小鹿而美。狡，古功（巧）切，狂也。

新編乙：安阜，山名，在峽山縣。

43 舊編：解，音戒，曉也。

新編甲：解，音械，曉也。

44 舊編：置，赦也。

45 新編甲：度，料也。

46 舊編：館，宮（客）舍也。[广莫]，字義未詳，一作寞，寂寞處也。

47 舊編：帟，音奕，小幕置上以承塵也。裀通作茵，音因，褥也。褥，音肉，藉也。鮮，色艷也；楚鮮（鮮楚），整貌。

新編甲：席（帟），音繹，小幕置上以承屋（塵）也。茵，音因，裀（褥）也；□（又）曰虎皮。褥，音肉。鮮，音仙，色□（艷）曰鮮；楚鮮（鮮楚），整貌。

48 新編甲：恪，恭也。

49 新編甲：計，算也。

50 新編甲：辟，必歷切，法也，屏也。

51 舊編：食，音寺，以食食也；言有功者，則當食之。見孟子。

新編甲：食，章刑（音寺），以食食人。此句出孟子滕（滕）文公下彭更章。

52 舊編：詩小雅蓼莪篇曰：「缾之罄矣，維罍之恥。」註：「缾小罍大，皆酒器也。言缾資於罍，而罍資於缾，猶父母與子相依為命也。故缾罄矣，乃罍之恥，猶父母不得其所，乃子之責也。」

新編甲：鮮（缾），音平；罍，音雷。詩小雅蓼莪篇：「鮮（缾）之罄矣，維罍之恥。」註：「缾小罍大，皆酒器也。言缾資於罍，而罍資「於」缾，猶父母與子相依為命也。故缾罄也，乃罍之恥，猶父母不得某（其）所，乃子之責。」

新編乙：引詩小雅蓼莪篇及註，與新編甲同。「缾」均作「鮩」，無「於」字，「某」作「其」。

53 舊編：朦朧，月不明也。

新編甲：朦，春（音）蒙；朧，音龍。朦朧（朧），月不明貌。

54 舊編：碩，大也。

新編甲：碩，大也，充實也。

55舊編：施施，矜夸自得貌。孟子：「齊人有一妻一妾，……施施從外來。」
新編甲：施施，喜悅也。齊人有一妻一妾而處室者，其良人出，則必厭（饜）酒肉而後返，其妻問所與飲食者，則盡富貴也。其妻告其妾曰：「未嘗有顯者來，吾將瞯（瞷）良人之所之也。」其妻歸，與其妾調（訕）其良人，而相泣於庭中；而良人未知之也，施施從外來，驕其妻妾。出孟子離婁下。

56舊編：竄，藏匿也。
新編甲：竄，音爨，逃也，藏匿也。

57新編甲：凱（覬），音記。

58舊編：攔，遮也。洿，窳下之地，水所聚也。
新編甲：攔，音蘭。洿，居他切。

59舊編：唉，徒覽切，幷吞貌。
新編甲：唉，徒覽切，食也。

60舊編：嚼，疾約切，咀也；咀，含味也。
新編甲：嚼，疾約切，音嚼（爵），咀嚼也。

61舊編：佛語謂齋供食為伊蒲塞。按楚王英上紈縑贖罪，詔報云：「其還贖，以助伊蒲塞桑門之盛饌。」
新編甲：伊，乃伊蘭花，其花小如金粟，有異香；蒲，卽昌蒲花也。僧曰伊蒲塞。後漢楚王央（英）土（上）納（紈）縑續（贖）罪，詔報云：「楚王誦黃、老之言，尚浮屠之教，爍（絜）齋三月，與神為誓，何嫌何疑，當有悔吝！其還贖，以助伊蒲塞桑門之盛饌。」出幼學釋道鬼神類。又註：「伊蒲，即優婆，秦言善宿男，唐言近事男；又優婆再（塞）夷各（名）。」出韻瑞五歌韻。

新編乙：同新編甲。「楚王央土納縑續罪」作「楚王英納縑贖罪」，「縲」作「累」，「優婆再夷名」作「優婆塞夷名」。

(62)新編甲：較，相競也。

(63)新編甲：誑，古況切。

(64)舊編：十龠為合，十合為升。蒸，炊也。鈞，三十斤也。

新編甲：合，音閤，十龠為合，十合為升。蒸，炊也。鈞，三十斤也。

(65)舊編：梁武帝用釋氏法，長齋，斷魚肉。

新編甲：杜甫詩：「（蘇晉）長齋繡佛前。」出韻瑞九佳韻。梁武帝自天監中用釋氏去（法），長齋，斷魚肉，日止一食，惟菜羹糲飯而已。出梁紀。

(66)舊編：賽，先代切，禱祈也，報祭也。

新編甲：賽，先代切，禱祈也。

新編乙：賽，先代切，祈禱也。

(67)舊編：饞，音讒，貪饕也。

新編甲：饞，士咸切，饕食不廉也。

(68)舊編：夫子在齊聞韶，三月不知肉味。

新編甲：子在齋（齊）聞韶，三月不知肉味。出論語述而篇。

(69)舊編：洌，音列，寒氣也。

⑦⓪舊編：駐，音住，立馬也。

⑦①舊編：蔗，之夜切，甘蔗也，其汁為糖。顧愷之，號虎頭將軍，每食蔗，自尾至中，或問之，曰：「漸入佳境。」

按：「顧愷之」下原有「食蔗」二字，今刪。

新編甲：晉安帝時，顧愷之為虎頭將軍，人號顧虎頭，每食蔗，自末至本，或問之，曰：「漸入佳境。」出尚友錄。

新編乙：同新編甲。

⑦②舊編：嚥，俗咽字，呑也。啜，音拙，嘗也。

新編甲：燕（嚥），音宴，呑也。䕰（啜），音拙，嘗也。

⑦③舊編：彎持弓開矢也。注，水流射也；又注意也。

⑦④舊編：盤跚，解見茶童。

新編甲：喑，音蔭；啞，衣架切。喑啞，懷怒氣。讙，音歡；又音暄。譁，音華。蹣，音盤。跚，音姍。

⑦⑤新編甲：躡，尼□（輒）切，蹈也。

⑦⑥舊編：痕，亨人切，瘢也。迸，音卞，散走也。

新編甲：痕，胡恩切，瘕（瘢）也。迸，北孟切，走逸也。

⑦⑦舊編：飲猶隱也。

新編甲：軀，音區，體也。

⑦⑧舊編：嘖，倒（側）格切，爭言貌。

新編甲：嘖，側格切，鳴也；又爭言貌。

79 舊編：踣與仆同，仆尸于市曰踣。

舊編眉批：誰謂不壞身？

新編甲：踣與仆同，音赴，仆其尸于市曰踣。

80 舊編眉批：「本圖」二句，□□覺衆生痛切。

81 舊編：瀆，音讀，江、淮、河、濟為四瀆。

新編甲：瀆，音讀，江、淮、河、訓（濟）為四瀆。

82 新編甲：當，值也。

83 舊編：嗤，笑也。

新編甲：嗤，抽知切，笑也。

84 舊編：塑，音素，埏土像物也。

新編甲：塑，音索（素），挻（埏）土像物，今俗揑土肖鬼神貌曰塐，通作素，俗作塑。

85 舊編：藍，覽平聲，染草也，其色青。靛，音電，藍草青汁染繒帛也。

新編甲：靛，蕩練切，音電，以藍染也。

86 舊編：宛，於權切，宛然猶依然也。

新編甲：宛然猶依然也。

87 新編甲：罄，音慶，空也。

88 新編甲：施，音試，與也。

89 舊編：張，如張弓之張。皇，大也。

⑨⓪新編甲：辟，音壁，君也。

⑨①舊編：蘇東坡嘗讀傳燈錄，夕與佛印禪師名了元遊。

新編甲：佛印禪師，名了元，東坡與之遊。時住金山寺，公赴杭適見之，師云：「內翰何來？此間無坐處。」公戲云：「借和尚四大作禪牀。」師云：「十（山僧）有一轉語，內翰言下卽答，〔當從所請〕；不能，願留玉帶以鎮山門。」師云：「山僧四大本空，五蘊非有，內翰欲於何處坐？」公擬〔議〕未卽答，師急呼侍者云：「收此玉帶，永鎮山門。」公笑而與之，師取衲裙相報。出圓機。

按：「師急呼侍者」下原有「又」字，今刪。

新編乙：同新編甲。「擬」下有「議」字，未衍「又」字。

⑨②舊編：梁世榮，天本高香人，中狀元，性好詼諧，異端其道，釋佛教多所撰作。

新編甲：黎朝聖宗淳皇帝時，天本縣高香社人梁世榮，狀元及第，崇佛道，撰十誡。

新編乙：同新編甲。

⑨③新編甲：唐憲宗遣仲（中）使迎佛骨至京師，韓愈上表，請以此骨付有司投諸水火。出唐史。

新編乙：同新編甲。「仲」作「中」。

⑨④舊編：韓愈之說曰：「人其人，火其書，廬其居。」

新編甲：火，虎委切，音毀；火，毀也，物入中皆毀壞也。韓愈之說曰：「人其人，火其書，盧（廬）其書。」出總論。

新編乙：引總論，與新編甲同。

翠綃傳

建興余潤之，名造新，有詩聲，以歌詞鳴京國，每篇成，伶人携金厚贈❶，騷壇爲之增價❷。陳紹豐末，因事謫諒江鎭元帥阮公忠彥㈠❸，公聞其來，倒履迎接❹，乃設宴泛碧堂㈡，出歌姬十數，其中有名翠綃㈢，尤爲纖麗。公戲謂余生曰：「此曹任卿揀點，可意者，屬東風幹當❺。」已而樂作，生吟曰：

> 蓮花朵朵倚紅酣㈣❻，曾對仙家玉麈談㈤❼；醉挽綃衣呼得起，數聲好唱望江南❽。

吟罷㈥，公笑謂翠綃曰：「秀才屬汝矣❾！」生因暢飲沉醉，夜間始覺㈦，已見翠綃在側，感恩殊甚。明日，生拜謝贈㈧，公曰：「此子風流不惡，卿善視之。」即携歸建興。

翠綃性聰慧，每生讀書，暗記之，輒能成誦，因授古今詩話及詞山曲海❿，未期年，長篇短什，與生相埒⓫。戊戌歲，有大比之舉，生治裝赴省，不忍暫捨，與之偕往，乃於江口坊綵庯安頓焉㈨。適元日⓬，翠綃拉女伴數人⓭，就報天塔拈香禮佛⓮；時有中柱國，潛行寓目，見而悅之，掩爲己有⓯。生將訴于朝，則隨方勢軋㈩⓰，諸司省院，皆避權豪，閣筆無敢伸理⓱。生懷悽愴⓲，遂不果入省。

一日，生於天衢散步(十一)，見看花回騎，前呼後擁，揷紅張白(十二)⓳，遺簪墮珥，遠近狼藉⓴。繼見翠綃乘綵棚兜子(十三)㉑，從柳陰過㉒，欲一敍舊情(十四)，然其間皆主家戚畹，不敢唐突㉓，含情遙睇，淚下如雨，弗能以一辭相達。時翠綃有畜鸚鵡一雙，生指之曰：「汝微物尚得終日相隨(十五)，不如我孤眠獨宿。安得翻雲兩翅(十六)㉔，爲我達書娘子哉？」鸚鵡鳴躍，如請行之狀，生乃裁書繫其足⑰[25]，書曰：

昨者，柳陰一過，道達無由。寄雙眸於片時⑱，曾咫尺於千里⑲。始信侯門之似海[26]，剛嫌客思之如秋⑳[27]。備述舊由㉑，倍增深感。憶昔，我陪詩席[28]，子侑歌筵[29]。不勞綠綺之彈[30]，辱荷紫雲之惠[31]。笑未酬於繾綣[32]，恨已早於分飛。鴻別燕而秋聲，雲愁秦而瞑色[33]。一則暖流蘇之帳[34]，一則寒糊紙之衾[35]。但貪綉幕之歡[36]，豈念書樓之苦[37]？每聽短牆滯雨，廢壁寒螿[38]，長天霜鴈之征離[39]，寂宵風笛之唱晚；每有含情不語，掩卷長吁[40]，對景關懷，不能已已。噫！許虞侯之不作[41]，崑崙奴之已非[42]；應無反壁之期[43]，空負尋芳之約[44]。爰憑寸楮[45]，用寫離懷㉒[46]。

鸚鵡一時飛去，止翠綃帳中。娘既得書㉓，復伸薛濤之箋[47]，泚臨川之筆[48]，修書以復，書曰㉔：

妾翠綃，少倚市門，長投樂籍[49]。調歌按曲㉕，謾誇河右之風流㉖[50]；舉案齊眉，未識孟光之態度[51]。誰知好席，便是良媒？綠綺琴心，不假長卿之調[52]；華堂詩句，酷憐杜牧之才[53]。自喜針芥之有緣㉗[54]，深慶苧蘿之得托㉘[55]。天台客逢客，未洽深歡㉙[56]；章臺人送人，載將離恨[57]。佳偶翻成怨偶，好緣轉作惡緣㉚[58]。恥忍棲鴉㉛[59]，懼頻打鴨[60]。出入起居之際，未免從權；別離契闊之懷，不勝感舊。惟餘翠蛾倦掃[61]，綠鬢慵梳[62]。粉壁燈殘，傷春腸斷；香奩綉倦，別淚痕多[63]。昨承寄鴈之書[64]，倍切離鸞之想[65]。雖韓翃之柳，暫折長條[66]；然合浦之珠，當還故郡[67]。悠悠心緒，書不盡言。

娘遂因感疾㉜。柱國謂曰：「卿復憶賣詩奴否？」曰：「然！誠以情深伉儷[68]，念切睽離㉝[69]；同穴之盟未寒㉞，偕老之約已負[70]。今則燕晴楚雨，柳慘桃舒，離別悠悠，一恨千古。此昔人所以薄眼前富貴，而懷賣餅之師(71)；輕分外繁華，而甘墮樓之死(72)。」卽欲以羅巾自縊，柱國紿之曰(73)：「予方思之，子但頤神就養(74)，强力加飧，早晚召余郞，續子因緣舊債，何至輕生，草草爲無名之死乎(75)？」曰：「審如此，庶幾從命；不然，命盡於今日矣！」

柱國不得已(三五)，使人督召余生，諭以還珠之意(76)，且謂之曰：「吾位致上公(三六)，權尊祿重，館賓餽客，日費千鍾(77)。今日見招，欲相厚，非相薄也；況長安煯珠炊桂，難於自給(78)。卿勿以聲跡爲嫌(三七)，宜於此安泊，少舒薪米之費(三八)。」遂糞除小閣爲攻書之所(三九)(79)，日命小鬟侍側(80)。每宴見，必溫辭款接(81)；但翠綃之事(四〇)，絕口未嘗道及。生方欲啓齒(四一)，則拒之曰(四二)：「繾綣之私，誰無是心(四三)？想彼念卿，亦猶卿念彼。但風花有恙(82)，未卽相見，卿第遲之(四四)，可徐徐議也。」娘聞生至，亦欲擬情見訪，然姬妾衆多，彼又防閑過密(83)，未嘗於半餉間得乘便也。一日早朝未退，伺群姬睡着(84)，間至書房(85)，値生他出，見壁上題詩二絕云(四五)：

其一

小堦破履落苔衣，客舍淒涼獨掩扉；青鳥不來春信晚(86)，莎庭漠漠又斜暉(87)。

其二

月殿長寒鎖翠眉(88)，仙娥何日是歸期(89)？相思豈直無佳句？不把文章怨別離。

方欲屬和(90)，已聞玉珂聲將及門矣(91)，遂不果酬答。又一日，遣所厚婢嬌鸞就生房覓寢，生拒之，鸞曰(四六)：「娘意也(四七)。娘子以郞君無伴，使妾代薦枕席，如娘子之在左右也(92)。」生許之(四八)。自此信息稍通，而閨闥之情得達矣。

時將及除夕，生乘閒言於柱國曰[49]：「僕以恩情之故，遠來爲客，而咫尺巫峯，一信不到[93]，日月逾邁，歲又云暮[94]，還珠之事，非敢復言[95]。但望簾前一見，得片時敘別耳。」柱國領之曰：「更前數刻[50]，便是良宵。吾當放昌黎之柳枝[51][96]，縱宜城之琴客；斷不禁人情所欲，而私耳目之娛[97]。卿姑少待，勿嫌晚也！」生唯唯而退。至其夕，燃燈不寢[52]，懸望移時。一更許[53]，於竹邊蹬蹀，聞曳履聲[98]，開門迓之，則青衣婢子[54][99]；問其來也，則饋之茶。少頃，於花前剝啄，有叩門聲[100]，褰裳就之[55]，則赤脚蒼頭；問其來也，則饋之酒[101]。夜半將末，竟絕音耗[56]，大失所望。明旦[57]，謂嬌鶯曰：「爲我語翠綃：我牽於欲界之私，樂於甘言之紿，棲遲忍辱，倉卒投人[58]。安有於杯勺之前[102]，伸情敘話，尚不可得；況望能歸崔郊之婢[103]，開處仲之閤乎[104]？萬一狼忌生心[105]，黿涹見妬[106]；惡念易萌於芥蔕[59][107]，狂柯見贈於斧斤[108]；在我爲失圖，而彼爲得算矣[60]。歸歟！歸歟！豈可以求珠之故，而處於驪龍之頷下哉[61][109]？」翠綃更使嬌鶯謂曰：「妾所以淹留曠日，欠綠珠一死者[110]，第以郎君尚在。今朝言歸，何以爲約？妾聞本朝舊制，每於元夕在東津水次，盛張火樹，傾城士女[62]，觀者壁立[111]。兄如未忍遐棄，當如期覘候[112]。鸞分鳳合，在此一舉，妾姑忍死以待。」生意遂決。柱國幸其去也，厚加資遺[113]，金錢匹段，曾不靳費[114]。

生滿載而歸，道逢老奴，謂曰：「郎君得無憂乎？何瘦削不類疇昔？」生語其故，且告以翠綃之約。奴曰：「此事易耳！當爲郎君致力。」及元夕，偕往東津，果見翠綃從數車兩[63]，於水次縱觀。奴以所袖鐵椎，椎碎左右[64][115]，傘夫轎子，一時散走[65][116]，密於萬衆中掠去。彼此相覷，悲喜交集，然猶慮爲彼所覺，橫遭掩捕[117]。翠綃曰：「彼以孱瑣之資[118]，當衞、霍之選，誅求請託[119]，門如沸羹[120]。寶貝金銀之積，棟充而箱露[66][121]，向非鬼爐熛火[67]，只恐橫財無由爍破也[122]。罪盈惡貫，勢必不長；但火勢尚烘[123]，熏灼可畏[124]。莫若韜踪遁跡，屣脫鄉村[68][125]，使無耳目之虞，庶免門庭之禍。」生然其策，密就天長依友人何某(六九)。

大治七年(126)，柱國以侈汰伏罪(127)，生始至京，擢進士第，遂夫妻偕老焉。

嗚呼！不忠之人，中君羞以為臣；不正之女，中士羞以為婦(七〇)(128)。翠綃出自倡流，本非令德，潤之果何所取，而戀戀若是？以其賢耶？則張婦、李妻(129)；以其色耶？則陽城、下蔡(130)。顧乃輕於去就，忍辱投人，編虎頭、摩虎鬚，幾不免於虎口(七一)(131)。若潤之者，誠可謂愚矣(七二)！

【校】

(一)因事謁諒江鎮元帥阮公忠彥　諸本無「公」字。

(二)乃設宴泛碧堂　諸本無「乃」字。

(三)其中有名翠綃　諸本無「名」字。

(四)蓮花朵朵倚紅酣　舊編注云：「酣，一作衫。」

(五)曾對仙家玉麈談　「對仙」，舊編注云：「一作侍王」。

(六)吟罷　諸本無。

(七)夜間始覺　諸本無「間」字。

(八)生拜謝贈　「贈」字原無，據諸本加。

(九)乃於江口坊綵廂安頓焉　諸本無「乃」字。

(十)則隨方勢軋　「軋」，舊編注云：「一作遏」。

(十一)生於天衢散步　諸本無「生於」二字，「衢」作「街」。

⑫插紅張白　甲、乙本作「軟紅張陌」，丙本作「軟紅漲陌」。

⑬乘絲棚兜子　諸本「乘」作「坐」；「棚」原作「輣」，據甲、丙本改（乙本作「朋」）。

⑭欲一敍舊情　諸本「敍」作「致」。

⑮汝微物尚得終日相隨　諸本無「得」字。

⑯安得翻雲兩翅　甲、丙本「兩」作「雨」，蓋俗寫之故。

⑰生乃裁書繫其足　諸本無「生」字。

⑱寄雙眸於片時　「眸」，諸本作「眼」，舊編亦注云：「一作眼」。

⑲曾咫尺於千里　諸本「於」作「而」。

⑳剛嫌客思之如秋　諸本「剛」作「第」。

㉑備述舊由　「舊」，舊編注云：「一作前」。

㉒用寫離懷　諸本「離懷」作「哀篇」。

㉓娘既得書　舊編注云：「一有『乃知生之手筆』等字」。

㉔書曰　原作「其略曰」，據諸本改。

㉕調歌按曲　諸本「按」作「接」。

㉖謾誇河右之風流　諸本「謾」作「徒」。

㉗自喜針芥之有緣　「喜」原作「言」，據諸本改。

㉘深慶苧蘿之得托　諸本「苧」作「藤」。

㉙未洽深歡　諸本「洽」作「盡」。

㉚佳偶翻成怨偶，好緣轉作惡緣　諸本「成」下「作」下各有一「於」字。

㉛恥忍棲鴉　乙本「恥忍」作「忍恥」。

㉜娘遂因感疾　諸本無「娘」字，且乙本「遂因」作「因遂」。

㉝念切睽離　諸本「念」作「恨」。

㉞同穴之盟未寒　諸本「穴」作「室」。

㉟柱國不得已　諸本無「柱國」二字。

㊱吾位致上公　「位致」原作「致位」，據諸本改。

㊲卿勿以聲跡為嫌　諸本「勿」作「旣不」。

㊳少舒薪米之費　「薪米」原作「珠桂」，據諸本改。

㊴遂糞除小閣為攻書之所　諸本「攻」作「讀」。

㊵但翠綃之事　諸本「之」作「一」。

㊶生方欲啓齒　諸本無「生」字。

㊷則拒之曰　諸本「拒之」作「遽止」。

㊸誰無是心　諸本「是心」作「此情」。

㊹卿第遲之　諸本無「卿」字。

㊺見壁上題詩二絕云　諸本「絕」下有「句」字。

㊻驚曰　諸本作「其人曰」。

㊼娘意也　諸本「意」下有「屬」字。

㊽生許之　諸本「生」下有「自」字。

㊾生乘閒言於柱國曰　諸本無「於柱國」三字。

(五〇)更前數刻　諸本「刻」作「夕」。

(五一)吾當放昌黎之柳枝　「枝」原作「妓」，據諸本改。

(五二)燃燈不寢　諸本「寢」作「寐」。

(五三)一更許　諸本無「一」字。

(五四)則青衣婢子　「則」原作「見」，據諸本改。

(五五)褰裳就之　諸本「裳」作「衣」。

(五六)竟絕音耗　乙本「竟」作「更」。

(五七)明旦　諸本作「明日」。

(五八)棲遲忍辱，倉卒投人　諸本無此二句。

(五九)惡念易萌於芥蔕　甲、丙本「芥蔕」作「蔕芥」。

(六〇)而彼為得算矣　諸本「算」作「計」。

(六一)而處於驪龍之頷下哉　諸本無「下」字。

(六二)傾城士女　諸本「士女」作「人物」。

(六三)果見翠綃從數車兩　諸本無「兩」字。

(六四)椎碎左右　「椎」，甲、乙本作「推」，丙本作「摧」。

(六五)一時散走　乙、丙本「散走」作「走散」。

(六六)棟充而箱露　諸本「箱」作「外」。

(六七)向非鬼爐煠火　「向」，舊編注云：「一作自」。

(六八)屣脫鄉村　「屣脫」，甲本作「脫復」，乙本作「脫屣」，丙本作「脫履」。

(六九)密就天長依友人何某　諸本「依」作「倚」。

(七〇)中士羞以為婦　諸本「婦」作「妻」。

(七一)幾不免於虎口　諸本作「将不免虎口」。

(七二)誠可謂愚矣　「可」原作「所」，據諸本改。

【注】

❶舊編：伶，音令，樂工也。黃帝時，伶倫造律呂，故後世樂工稱伶人。

新編甲：伶人，樂工也。贈，送遺也。黃帝時，冷（伶）倫造律呂，故後世樂工稱冷（伶）人。

新編乙：同新編甲。「冷」均作「伶」。

❷舊編：騷，詩人也。壇猶場也。

新編甲：騷，今謂詩人為騷人。壇，封士（土）為壇，除地為場。

新編乙：同新編甲。「士」作「土」。

❸舊編：公陳英宗朝甲辰十二年中黃甲，時年十六。至裕宗朝紹豐乙未十五年，授諒江鎮經略使。後歷宥省，入政府。壽八十餘，號介軒先生。有詩云：「介軒先生廊廟器，妙齡已有呑牛志。年方十二大學士，纔登十八充廷試。二十有四入諫官，二十有六燕京使。」

新編甲：陳英宗興隆十二年甲辰科，天施縣土黃社人阮忠彥登進士第，年十六，辰（時）號為神童。後裕宗朝，為諒江鎮經略使。後歷宥省，入政府。壽八十餘，號介軒先生。有詩云：「介軒先生廊廟器，妙齡已有呑牛志。年方十二大學生，纔登十六充廷試。二十有四入諫官，二十有六燕京使。」出國史。

新編乙：同新編甲。「辰號」作「時號」，「宥」作「宸」，「入」均作「八」。

❹舊編：倒履，急遽顛倒其履也。漢蔡邕見王粲，奇之，嘗賓客盈坐，聞粲至門，倒屣迎之。屣同履。

新編甲：倒履，慌茫（忙）倒穿鞋也。出書言。後漢蔡邕常（嘗）大會賓客，王粲至，邕倒履以迎，曰：「此王公孫，有異才，故敬之。」出三註故事。

❺舊編：出物質錢，俗謂之當。范文正公守鄱陽郡，創慶朔堂，妓籍中有小鬟尚幼，公頗屬意；既去，以詩寄魏介曰：「慶朔堂前花自栽，便移官去未曾開；年年長有別離恨，已託東風幹當來。」介因鬻以惠公。

新編甲：屬，付也。當，去聲。俞文豹吹劍錄：「范文正公守饒，喜妓籍一小寰；既去，以詩寄魏介曰：『慶朔堂前花自栽，便移官去未會（曾）開；年年常有別離恨，為托春風幹當來。』」今（介）遂買送公。出滑確居類書人倫部十二妾媵妓女。

新編乙：同新編甲。無「屬，付也。當，去聲」、「俞文豹」、「居類書人倫部十二妾媵妓女」諸字，「會」作「曾」。

❻舊編：朵朵，花垂貌。荷花落沼曰紅酣。

新編甲：酣，洽也；倚（荷）花落〔沼〕曰紅酣。

新編乙：同新編甲。

❼舊編：陸佃曰：「麈（鹿）之大曰麈，群鹿隨之，視麈所往，以麈尾所揮為準；古之談者揮馬。」永叔送李留後知鄭州詩云：「玉麈高談四座□。」又晉王衍妙善玄言，雅（唯）談老、

莊，每執玉柄麈尾，而與手同色。

新編甲：麈，音主，獸名，似鹿而大，其尾辟塵。名苑曰：「鹿之大者曰麈，羣鹿隨之，皆視所往，麈尾所轉為準。」出本草剛（綱）目。古之談者渾（揮）馬，言談話有準而不妄，故曰麈設（談）。晉王衍推（唯）設（談）老、莊，每執玉柄麈尾。出書言故事。

新編乙：同新編甲。「剛」作「綱」，「渾」作「揮」，「設」均作「談」。

❽舊編：望江南，曲名，朱崖李太尉鎮關西，為亡姬謝秋娘而作，後入教坊。

新編甲：仁王寺僧喜唱望江南，後出山主一刹，未幾欲歸，詩云：「當初只欲轉頭銜，轉得頭銜轉不堪；何似仁王高閣上，椅闌（倚欄）閒唱望江南。」出羣玉十三覃韻。

新編乙：同新編甲。「椅闌」作「倚欄」。

❾新編甲：屬，音祝，注也。

❿舊編：古今詩話，有全書。詞，章也。曲，歌也。山、海，稱詞曲之富贍也。文苑。

新編甲：古今詩話，有全書。詞，章也。曲，歌也。山、海，稱詞曲之富贍也。出文苑。

新編乙：同新編甲。

⓫舊編：什，篇什也。朱子曰：「詩雅、頌無諸國之別，故什（十）篇為一卷，猶軍法十人為什也。」埒，音劣，平等也。

新編甲：埒，音劣，等也。雅、頌無諸國〔之〕別，故以十篇為一卷，而謂之什，猶軍法以什（十）人為什也。出詩小雅鹿鳴之什。

⓬舊編：正月初一日也。

新編甲：正月一日為元日。

⑬舊編：拉，音臘，邀人同行也。
新編甲：拉，立（音）蜡，招也。
⑭舊編：拈，尼占切，指取物也。
新編甲：枯（拈），魚占切，指取物也。
⑮新編甲：掩，襲取也。
⑯舊編：軋，乙札切，勢相傾也。
新編甲：軋，乙札切，文（交）輾也；又勢相傾也。
新編乙：軋，乙札切，相傾也。
⑰舊編：上下相乘曰閣，言置不行也。
舊編眉批：崔百戸奪人之祀而傍祠群保，中柱國奪人之妻而諸司閣筆。□（因）此可以驗人情、知世故。
新編甲：魏王粲才高，鍾繇、王郎等閣筆不敢措手。劉知幾傳：「每記事載言，閣筆相視。」出韻瑞四質韻。
新編乙：同新編甲。無出處。
⑱舊編：悽愴，音妻創，悲惻也。
⑲新編甲：士之入官，前呼後擁。出宋史。西□（湖）風月，不如東華軟紅香士（土）。註：「東華，百官出入之門。」出韻瑞一東韻。
⑳舊編：珥，耳璫也。草不編，離披雜亂曰狼藉，言其多也；又狼性貪，聚物不整，故曰狼藉。司馬遷滑稽傳：「淳于髡對齊威王曰：『前有墮珥，後有遺簪，髡竊樂此，可飲八斗；日暮酒

闌，杯盤狼藉，主人留髡而送客，此時能飲一石。』」

新編甲：狼藉，草不編，離被（披）離（雜）亂。齊威王置酒後宮，召髡腸（賜）之酒。問曰：「先生能飲幾何而醉？」對曰：「前有墮珥，後有遺簪，髡竊樂此，可飲八斗；日暮酒闌，杯盤狼藉，主人留髡而送客，此辰（時）能飲一石。」出尚友錄。

新編乙：同新編甲。「離被離亂」作「離披雜亂」，「腸」作「賜」，「辰」作「時」。

㉑舊編：輣，音彭；輣兕，車也。

新編甲：棚，音趁（彭）。開元遺事：「長安富人，夏月于林亭內植畫柱，以錦結為涼朋（棚），召名妹（姝）閒坐，遞請為避暑會。」出羣玉入（八）庚韻。兕子，轎子也。出書言。

㉒舊編：借崔郊立柳陰事，詳見後。

㉓舊編：戚畹，□（國）戚也。漢書：「寄肺腑于戚畹。」唐，觸也，突亦觸也，不遜貌。

新編甲：戚畹，國戚也。漢書：「寄肝（肺）腑于戚畹。」出類（韻）瑞十三阮韻。

新編乙：同新編甲。無出處。

㉔新編甲：翻，孚艱切，飛也。翅，丑至切，翼也。

㉕舊編：裁猶製也。

新編甲：裁，製也。

㉖舊編：見後。

㉗舊編：剛，強斷也。

㉘舊編：陪，助也。

新編甲：陪，助也，隨也。

㉙舊編：倩，配也。

新編甲：倩，配也。

㉚舊編：見後。

新編甲：綠綺，卓文君琴名。出博物志集。

㉛舊編：見後。

新編甲：事跡已見快州義婦傳「狎遊今杜牧」句。

㉜舊編：繾綣，不相離之貌。

㉝舊編：李白送友人王炎入蜀，賦劍閣賦云：「送佳人兮此去，復何時兮歸來？」、「鴻別燕兮秋聲，雲愁秦而暝色。」注：「秦雲如行人。」

新編甲：鴻，鴈屬；又蟲名蜚鴻，史周紀：「蜚鴻滿野。」孟浩然：「更聞楓葉下，淅瀝度秋聲。」出韻瑞八庚韻。韓雲如布，楚雲如日，周雲如輪，秦雲如美人。出圓機。李白送友人王炎入蜀，賦劍閣賦云：「送佳人兮此去，復何辰（時）兮歸來？」、「鴻別燕兮秋聲，雲愁秦而暝色。」

新編乙：引圓機及李白劍閣賦，與新編甲同。「辰」作「時」。

㉞舊編：流蘇，乃帳四角所繫，盤線繪繡之毬，五色同心，而下垂若流然，故名。

新編甲：蘇猶鬚也，今人謂絛頭蘂為蘇。海錄集：「雜綵為同心，垂若流蘇，卽盤線繡繪之毬。」出韻瑞七虞韻。

新編乙：同新編甲。無出處。

㉟新編甲：羊續為太守，惟臥布被，敗則糊紙。出文苑。按漢羊續，字興祖，平陽人。祖祲

（侵）司隸校尉，父儒累官至太常。續以功臣後，累官南陽、廬江二郡太守。討平諸寇，訪民疾苦，敝衣羸馬，清介自持。出尚友錄。

新編乙：同新編甲。

㊱新編甲：唐李賀詩云：「羅幃綉幕圍春風。」出詩學大成。

㊲舊編：田弘正造樓聚書萬餘卷，號「書樓」。

新編甲：事跡已見耶山樵對錄「書樓初捲夕」句。

㊳舊編：螿，音將，蟬屬；一曰小蟬。韓詩：「悲歌互答有寒螿。」

新編甲：寒螿，蟬屬。韓詩：「悲歌互答有寒螿。」出羣玉七陽韻。

㊴新編甲：王勃撰滕王閣序云：「秋水共長天一色。」劉畫托附霜鴈，托于秋風，以成輕擧之。出韻瑞十六諫韻。

㊵新編甲：唐李白：「片言茍會心，掩卷忽而笑。」出韻瑞十七霰韻。白居易：「女鶯朝不還，妻怪夜長吁。」出韻瑞七虞韻。

㊶舊編：韓翃少負才名，娶妻柳妓名色。來歲成名，淄青節度使侯希逸奏為從事。以世方擾，不敢以柳自隨，置之都下，三歲不果迓。韓乃寄詩云：「章臺柳，章臺柳，昔日青青今在否？縱使長條似舊垂，也應攀折他人手。」柳氏答云：「楊柳枝，芳菲節，可（所）恨年年贈離別。一葉隨風忽報秋，縱使君來豈堪折？」後為番將沙吒利所刼，寵之專房。翃隨希逸入覲，見柳氏在輜軿中，殆不勝情。虞候許俊曰：「當為足下立致之。」乃衣縵胡、佩雙鞬，從一騎，造沙吒利之第。伺其出，排闥大呼曰：「將軍急召夫人！」僕侍辟易，俊遂升堂挾柳氏馳馬而歸。時沙吒利恩寵殊等，翃懼禍，訴於希逸，逸以事聞于朝，詔還韓翃。

新編甲：事跡已見快州義婦傳「遭叱利老拳」句。

㊷舊編：唐大曆中有崔生者，其父為顯僚，與勳臣一臨（品）熟。時父使生往省一臨（品）疾，一臨（品）使紅綃妓以甘酪金甌與生食。至辭歸，命紅綃送出院。及返，生疑（凝）思不食。時家有崑崙姨（族）奴磨勒，問生何事？生具告。奴乃為生摘殺一臨（品）守院門吏（犬），夜至三更，與生衣青衣偷入歌妓院內；遂負生與妓飛出峻牆十餘里（重）。歸學院匿之。

新編甲：崑崙，地名。奴，僕隸通稱也。奴名磨勒。唐大歷中有崔角者，其父為顯僚，與蓋天（代）之勳臣一品者熟。生是時為千牛，其父使往省一品疾，一品命紅綃妓擎一金甌甘酪與生食。遂告辭去，命紅綃送出院。生歸返學院，阢（悅）然疑（凝）思，日不暇食。貼（時）家中有崑崙奴磨勒曰：「中心有何事？」生遂具告知。磨勒曰：「一品宅有猛犬守歌妓院門外，〔非〕常人不得輒〔入〕；今夕搵殺之。」至三更，携鍊（鏈）椎而往，回曰：「犬已斃！」卽令生衣青衣，遂負而逾十重垣，乃入歌妓院內；遂負生與姬而飛出峻垣十餘里（重）。歸學院而匿之。出天下異紀紅綃妓傳。

新編乙：引天下異紀紅綃妓傳，與新編甲同。「阢然疑思」作「呪然凝思」，無「貼」字，「輒」下有「入」字。

㊸舊編：晉重耳奔至曹，僖負羈妻饋盤飧，置璧。重耳受飧反璧。

新編甲：重耳至曹，僖負羈〔妻〕乃饋盤飧，寘璧焉。公子受飧反璧。出左傳魯僖公〔二十三年〕。

㊹舊編：杜牧詩：「自恨尋芳去較遲。」

新編甲：杜牧詩：「自恨尋芳去較遲。」

㊺舊編：楮木皮可為紙。

新編甲：楮，敝（敵）呂切，木名，皮可為紙。

㊻舊編：寫，除也。

㊼舊編：解見龍庭。

舊編眉批：聞之可為酸鼻。

新編甲：事跡已見龍庭對訟錄「授以濤殘（箋）書子」句。

㊽舊編：泚，此禮切，水清也；又汗出貌。王勃滕王閣記（序）云：「鄴水朱華，光照臨川之筆。」按王羲之善書，常（嘗）為臨川內史，故號臨川筆。

新編甲：泚，此禮切，妻上聲，又音此，水清也；又汗出貌。王羲之善書，常（嘗）為臨川內史，故曰臨川筆。王勃滕王閣序云：「鄴水朱華，光照臨川之筆。」其餘已見茶童降誕錄「遂有東床之願焉」句小註。

㊾舊編：古文：富而可求，則市門可得而倚矣！夫由貧求富，農不如工，工不如商，刺繡紋（文）不如倚市門。此言末業貧者之資也。

新編甲：富而可求，則市門可得而倚矣！夫以貧求富，刺繡紋（文）不如倚市門。此言末業貧者之資也。出書言。

新編乙：同新編甲。

㊿舊編：昔王豹處於淇，而河西善謳；綿駒處於〔高〕唐，而齊右善歌。出孟子。

新編甲：淳于髡曰：「昔王豹處於其（淇），而河西善驅（謳）；綿拘（駒）處〔於〕高唐，而齊有（右）善歌。」出孟子告子下篇。

新編乙：同新編甲。「驅」作「謳」，「拘」作「駒」，「有」作「右」。

51 舊編：漢梁鴻妻孟光，狀肥醜而黑，力舉石臼，德行甚高。年過三十，擇對不嫁，父母問其故，曰：「欲節操如梁鴻者。」鴻遂娶之。常荊釵布裙，每進食，舉案齊眉。

新編甲：梁鴻妻孟光，狀肥醜而黑，力能舉石臼，而德行甚高。擇對不嫁，年三十，父母問其故，曰：「欲節操如梁鴻者。」鴻遂娶之。荊家（釵）裙布（布裙），每薦具食，不敢於鴻前仰視，故舉按（案）齊眉。出尚友錄。

新編乙：同新編甲。「石臼」作「臼石」，「荊家裙布」作「荊釵布裙」。

52 舊編：相如，字長卿，臨邛時卓文君新寡，乃以綠綺琴心挑之，文君夜奔相如。

新編甲：綠綺，相如琴名。漢司馬相如，字長卿，成都有昇仙橋，將東行，題柱曰：「不乘車馬，不復過此橋！」後過蜀郡，臨邛富人卓王孫具宴，召及臨仰（邛）令；酒酬（酣），令前奏琴：「長卿好之，願以自娛。」時王孫有女文君新寡，好琴（音），相如以琴心挑之，文君夜奔相如。相如將聘茂陵女為妾，文君乃作白頭吟以自絕，相如乃感，遂止。楊子雲曰：「廟廊（廊廟）之下，朝廷之上，高文典册，則用相如。」出尚友錄。

新編乙：綺綠（綠綺），相如琴名。過蜀郡臨邛令，富人卓王孫設〔具〕，召及臨邛令；酒酣，長卿鼓琴。時王孫有女文君新寡，好琴（音），相如以琴心撓挑之，文君乃夜奔相如。出尚友錄。

53 舊編：杜牧為御史，久之，分司洛陽。時李聽罷鎮閑居，聲妓豪華，為當時第一。聽嘗宴客，女妓百餘人，皆殊色。牧澄（瞪）目注視。問李曰：「聞有紫雲者孰是？宜以見惠。」李俯而笑，諸妓皆回首破顏。牧乃自飲三爵，朗吟而起，曰：「華堂今日綺筵開，誰喚分司御史來？忽發狂言驚四座，兩行紅粉一時回。」李聽乃以紫雲與之。

新編甲：怜（憐），音零。事跡已目（見）快州義婦傳「狎遊今杜牧」句。

54 舊編：醫書：磁石引針，琥珀拾芥，同氣相感也。

新編甲：針芥，磁石迎針，琥珀拾芥。出本草剛（綱）目石木類。

新編乙：同新編甲。「剛」作「綱」，無「石木類」諸字。

55 舊編：苧，直呂切，草也，可以為繩。

新編甲：蘿，音羅，莪也，從草蘿（羅）聲。陸佃田（曰）：「在木為女蘿，在草為兔絲。」爾雅：「青而細長，無雜蔓。」君為女羅（蘿）草，妾作兔絲花；百丈托遠松，繼（纏）綿成一家。出圓機。范雲〔貽何秀才〕詩：「有嗚鷲蘋芰，綿蠻弄藤蘿。」出韻瑞五歌韻。

56 舊編：天台，解見快州。

新編甲：事跡已見快州義婦傳「奇遇古劉晨」句。

57 舊編：見上。

新編甲：事跡已見快州義婦傳「遣吒利老奉（拳）」句。

58 新編甲：宋陶穀使江南，贈妓秦若蘭詞云：「惡姻緣，好姻緣，纔得郵亭一夜眠，別神仙。琵琶撥盡相思調，知音少，待得鸞膠續斷絃，是何年？」出黃眉故事婚姻類。

新編乙：同新編甲。無「鸞膠」、「婚姻類」諸字。

59 舊編：鴉，於和（加）切，鳥名。純黑色，反哺〔者〕謂之烏；小而腹白，不反哺者謂之鴉。元微之貶江陵，過襄陽，召名妓劇飲。將別，作詩云：「花枝臨水復臨堤，也照清江也照泥；寄語東風好擡舉，夜來曾有鳳凰棲。」其後謝師厚作襄陽令，此妓乞書扇子，遂改下句云：「夜來應有老鵶棲。」一云梁元帝晚棲鵶詩曰：「日暮連翻起；阻（俱）向上林棲。……借問娼樓妾，何如蕩子啼？」

新編甲：梁元帝晚棲鵶詩云：「日暮連翻起，俱向上林棲。風多前鳥駛，雲暗後群迷。路遠聲難徹，飛斜行未齊。應從故鄉友，幾過入蘭閨。借問娼樓妾，何如蕩子啼？」出文苑。

新編乙：同新編甲。

60 舊編：解見木綿。

新編甲：事跡已見木綿樹傳「鴨打而鴛鴦」句。

61 舊編：古詩：「翠蛾紅粉嬋娟月。」注：「翠蛾，眉也。」

62 新編甲：髫，音鬚。

按：「髫」乃「鬚」之俗字。

63 舊編：奩，音廉，匣也。痕，胡恩切，瘡瘢也。

新編甲：奩，音簾，鑑匣也。痕，胡恩切，恨平聲，瘢也；又叶渠添切。

64 舊編：世傳蘇武使匈奴，居北海，以帛書繫鴈足，傳報于漢，後得還。按孔孫曰：「憑鴈寄書，真浪語！」注：「鴈無傳書之理。蓋秋來春去，如人寄書，有往來之義。」又云：「鴈乃陎（陰）陎（陽）鳥，春北秋南，先傳寒熱之信，故人有傳書者謂鴈書。」趙化成夢與友人張某坐庭中，忽一鴈自天而下，徘徊于庭，共掩得之。明日詣張，果有一鴈下于庭，因共逐而得之，相與驚駭，乃以帛為書繫其足而放之。

新編甲：漢蘇武使匈奴，匈奴留之，旣徙北海上，仗（杖）漢節牧羊，臥起操持，節旄盡落。及壺衍鞮單于立，國內乖離，於是衞律謀與漢和親。漢使至，求武等，匈奴詭言武死。常惠私教使者謂單于言：「天子射上林中，得雁，足有繫帛書，言武等在某澤中。」使者如惠語以讓單于，單于驚謝，乃歸武。出漢史昭帝紀。

新編乙：同新編甲。

65舊編：解見麗娘。

新編甲：西京雜記：「張安世，十五為成帝侍中，善鼓琴，能為雙鳳、離鸞之曲。」出圓機。又「上絃鶩別鶴，下絃離（操）孤鸞。」皆曲名。出羣玉十四寒韻。

新編乙：同新編甲。無「出羣玉十四寒韻」諸字。

66新編甲：事跡已見快州義婦傳「遭吒利老卷（拳）」句。

67舊編：孟嘗守合浦郡，舊無耕稼，海出珠，民採以易米。先守貪污，採珠自入，珠皆去，民飢死盈路。嘗到郡，悉革前弊，珠復還。

新編甲：合浦縣，在廣東廉州府。東漢上虞人孟嘗，字伯周，順帝朝為合浦太守，郡不產穀，而海多珠。前守貪穢，詭民探求，下不知紀極，珠暫徙於交趾界。及嘗到官，未逾歲，去珠復還，鄰邑慕其德，就棲止者百餘家。出上（尚）友錄。

新編乙：合浦縣，在廣東廉州。東漢上虞人孟嘗，字伯周，順帝朝為合浦太守，郡不產穀，而海多珠。前守貪穢，珠徙交趾。及嘗到官，去珠復還。出尚友錄。

68舊編：伉儷，配偶也。

69舊編：睽，違也。近曰離，遠曰別。

新編甲：近日（曰）離，遠曰別。

70新編甲：「死生契闊，與子成說。執子之手，與子偕老。」出詩耶（邶）風擊鼓章。

71 舊編：唐寧王猷宅左畔有賣餅者，妻甚美，王一見屬意，因厚遺其夫，取之，寵愛踰等。環（經）歲嘗問之曰：「汝復憶賣餅師否？」妻默然不對。王召餅師，使相見，妻注視，淚下如雨，王乃歸之。

新編甲：唐寧王宅畔有賣餅者，妻甚美，王取之。經歲問曰：「頗憶賣餅師否？」召之，使相見，淚不（下）如雨，王乃歸之。出本事集。

新編乙：同新編甲。

72 舊編：綠珠事，解見金華。

新編甲：晉石崇致富，有妾名綠珠，有美色。趙王倫使嬖人孫秀求之不得，乃勸倫珠（誅）崇。崇謂綠珠曰：「我為汝得罪。」綠珠曰：「當致死於君前。」遂自墮于樓而死。出文苑。

新編乙：同新編甲。「珠崇」作「誅崇」。

73 新編甲：紿，蕩海切，欺誑也。

74 新編甲：頤，音夷，養也。

75 舊編：苟簡曰草草。

76 新編甲：未（宋）南劍人林積，字公齊，少入京師，至蔡州息邸寓，得錦囊，有明珠數百夥（顆），詢主人曰：「前有何人宿此？」主人云：「潯陽周仲津。」積曰：「此人必復至，汝可具居（吾）姓名告之，令來相訪。」數日，仲津果至蔡邸尋珠，主人具以名姓（姓名）告之，乃趨訪積。積驗其珠，數皆相合，悉以還之。仲津欲分珠為謝，積固辭不受。仲津感恩不已，以數百貫錢就佛寺修齋，為積祈福。後積登第，官至太中大夫，子德新為吏部侍郎，其家世世纓簪不絕。出尚友錄。

按：「京師」上原有「京」字，今刪。

新編乙：引「尚友」自「宋」至「還之」，與新編甲同。「夥」作「顆」，「居」作「吾」，「具以名姓告之」作「具以姓名告之」，無「悉以」二字。

(77)舊編：鍾，量名，釜十為鍾，六斗四升也。

(78)舊編：蘇秦之楚，三日乃得見王，辭去，王曰：「曾不少留？」秦對曰：「楚國之食貴於玉，新貴於桂，謁者難見如鬼，王難見如天〔帝〕；〔今〕令臣食玉炊桂，因鬼見帝。」王曰：「聞命矣！」

新編甲：蘇秦之楚，三日不得見，遂驅甲馬歸趙，楚威王聞知，親自追請，秦對曰：「楚國之食貴如珠，新貴如桂，謁者難得見王，則猶小鬼不能見天帝也。」楚王曰：「噫！此宸(寡)人之過也。」遂延秦入朝賜坐而請教。出史記世家。

新編乙：同新編甲。「宸」作「寡」。

(79)舊編：糞，音奮，掃除也。攻，治也。

新編甲：糞，音奮，掃除也。

(80)新編甲：鬟，音還。小鬟雖醜巧粧梳。出羣玉十五刪韻。

(81)舊編眉批：□(何)造次新對舊？

新編甲：款，敬也。

(82)舊編：人生感霜露之疾，譬如樹花競發，遇風雨之撩，故古人問疾曰：「風花有恙乎？」

(83)新編甲：閑，防也。

(84)新編甲：伺，偵也。

85 新編甲：閒，音諫，徵（微）行也。

86 舊編：青鳥，漢武宴王母事。

新編甲：事跡已見徐式仙婚錄「青鳥傳漢」句。

87 舊編：莎，音梭，草名。

新編甲：莎，音俊（梭），草名。

88 新編甲：鎖，音瑣。

89 舊編：仙娥，指姮娥也，解見金華。

新編甲：后羿得不死之藥，其妻姮娥竊之，后羿遍尋不得。出天下異紀。〔袁郊〕詠史（月）詩云：「姮娥竊藥（藥）出人間，潛在蟾宮不昔（肯）還；后羿遍尋無處覓，誰知天上客（卻）亦（容）如（奸）。」

新編乙：引天下異紀，與新編甲同。

90 新編甲：和，應和也。

91 舊編：按說文：「珂，石次玉者。」爾雅翼：「貝大者謂之珂，黃黑色，其骨白，可飭（飾）馬勒。」故云玉珂。光義詩：「五陵貴公子，雙雙鳴玉珂。」

新編甲：珂，音軻，石似玉；一云瑪瑙，潔白如雪者；一云螺屬，生海中。光義詩：「五陵貴公子，雙雙鳴玉珂。」

92 舊編：景帝幸賈姬，是夜值浣濯，乃使唐兒薦枕，遂有娠，生長沙王發。

新編甲：漢景帝幸賈姬，是夜值浣濯，乃使唐兒薦就（枕），遂有娠，生長沙王發。

93 新編甲：事跡已見使（快）州義婦傳「幾年巠（巫）峽夢」句。

94新編甲：蟋蟀在堂，歲聿其莫。今我不樂，日月其除。蟋蟀在堂，歲聿其逝。今我不樂，日月其邁。出詩經（唐）國風蟋蟀章。

95新編甲：事跡已見本傳前「諭以還珠之意」句。

96舊編：解見木綿。

新編甲：事跡已見木綿樹傳「如昌黎之放柳枝」句。

97舊編：柳宜城有愛妾名琴客，善撫琴。宜城請老，許琴客出嫁。顧況為作歌，乃曰：「琴客，宜城之愛妾也。宜城請老，愛妾出嫁。不禁人之歡，而私耳目之娛，達者也！」

新編甲：琴客，柳宜城之愛妾也，善撫琴瑟。宜城請老，而琴客出嫁。顧況為作歌。出麗情集，在天中記。

新編乙：同新編甲。

98舊編：躞，蘇叶反；蹀，他叶反。行步聲也。

新編甲：躞，悉協切；牒（蹀），徒協切。躞蹀，行不穩也。

99新編甲：迓，五嫁切，迎也。婢稱曰青衣。

100舊編：剝，裂也。啄，竹角反，鳥食也。

新編甲：剝，音博。啄，音捉。

101舊編：韓愈寄盧仝詩：「玉川先生洛陽裏，破屋數間而已矣；一奴長鬚不裹頭，一婢赤脚老無齒。」注：赤脚，無穿鞋也；蒼頭，奴無著帽也。

新編甲：婢曰赤脚，謂不穿鞋也；蒼頭，奴無著帽也。韓愈寄盧仝詩：「玉川先生洛陽裏，破屋數間而已矣；一奴長鬚不裹頭，一婢赤脚無老（老無）齒。」

新編乙：引韓愈寄盧仝詩，與舊編同。

102 舊編：杯勺，飲器。

新編甲：沛公鴻門之會，不勝杯勺。出羣玉十藥韻。

103 舊編：崔郊寓居漢上，其姑有婢端麗，曉音律，郊嘗私之。姑貧，鬻婢於連帥于頔家，給錢四十萬，寵愛彌深。郊思慕不已。其婢因寒食來，值郊立於柳陰，馬上漣泣，誓若山河。崔贈以詩曰：「公子王孫逐後塵，綠珠垂淚濕羅巾；侯門一入深如海，從此蕭郎是路人。」或有疾郊者，寫詩于座，公見詩，令召崔生，左右莫測。及見郊，握手曰：「侯門云云，便是公作耶？遂命婢同歸。至於帷幔奩匣，悉贈遣（遺）之。

新編甲：崔郊秀才者，寓居於漢土（上），蘊積文藝，而物產罄懸。有婢端麗，能音律，鬻於連師（帥），師（帥）愛之，給錢四十萬，寵恥（眄）彌深。郊侈（後）思慕不已，即親就府署，願一見焉。郊立於柳陰，見其婢，贈以詩曰：「公子王孫逐後塵，得珠重滴羅柳巾（綠珠垂淚滴羅巾）；侯門一入深如海，從此蕭郎是路人。」或有疾郊者，寫其詩於□（座），師（帥）覩之，令召崔生，左右莫側（測）。郊深憂悔，無處潛遁。及至，握郊手曰：「此詩便是公製作也？四百千小哉！何惜一書，不早相示！」遂命婦同歸。出大（天）中記。

新編乙：引天中記，與新編甲同。「土」作「上」，「恥」作「幸」，「侈」作「後」，「得珠重滴羅柳巾」作「綠珠垂淚滴沾巾」，缺文作「座」，「側」作「測」。

104 舊編：王處仲，名敦，以高名自許。嘗荒恣於色，體為之弊，左右諫之，敦曰：「吾乃不覺耳！如此甚易。」乃開後閤，驅諸婢妾數十人出路，任其所之，時人嘆服。

新編甲：王處仲，世以高尚傳許。嘗荒恣於色，體為之弊，左右諫之，處仲曰：「吾乃不覺爾！如此甚異（易）耳！」乃開後閣，驅諸婢妾數十人出路，任其所之，時人□（美）焉。出天中記。

新編乙：同新編甲。「傳」作「自」，「異」作「易」，缺文作「美」。

(105)舊編：舊註：「狼性多猜忌，每行步，必顧其後，故謂狼忌。」

(106)舊編：龜性妬而與蛇通，採溺時，取雄龜置水（小）盤中，以鑑照之，見鏡中龜，卽淫發而失溺。

新編甲：龜淫見妬，事跡已見昌江妖怪錄「一生惟事於龜淫」句。

(107)舊編：芥蔕猶鯁刺也。

新編甲：望人□（豁）略，曰：「幸勿蔕芥！」蔕芥，刺鯁也。胸中極廣，能容細事，如雲夢舍（呑）容刺鯁也。出書言。司馬相如傳：「呑若雲夢者八九，其千（于）胸中會（曾）不蔕芥。」又賈誼傳：「細故蔕薊（蔕葪）兮，何足以疑！」出韻瑞十卦韻。

新編乙：司馬相如傳：「呑（若）雲夢者八九，其于胸中曾不芥蔕（蔕芥）。」

(108)舊編：韓公鎮中山，有門客夜踰牆出（宿）娼家，公作詩以警之，門生自愧，詩曰：「玉人若也憐高節，莫為狂枝贈斧斤。」

新編甲：宋韓魏公鎮中山，有門客夜踰牆宿娼家，公知，作種竹詩云：「殷懃洗條（滌）加培植，莫遣往技（狂枝）□（亂）出牆。」客詩云：「王（玉）人若也憐高節，莫為住（狂）枝贈斧斤。」公贈一女奴。出古事。

新編乙：同新編甲。「條」作「滌」，「往技」作「狂枝」，缺文作「亂」，「王」作「主」，

「住」作「狂」。

(109)舊編：人有見宋王者，得車千乘，以驕莊子，莊子曰：「河上有家貧特（恃）緯簫（蕭）而食者，其子沒于淵得千金之珠。其父謂其子曰：『取石來鍛之！夫珠必在驪龍頷下，子能得者，遭其睡也；使驪龍而寤，子當為虀粉耳，尚奚珠（微）之有哉？』今宋國之深，非直九重之淵也；宋王之猛，非直驪龍也。子能得車者，必遭其睡也；使宋王而寤，子亦為虀粉矣矣！」

新編甲：河上翁家貧，其子沒川得千金之珠。翁曰：「夫珠必在驪龍頷下，□（子）遭其睡也；使其寤，子當為驪（齏）粉，尚奚珠（微）（之）有哉？」出羣玉七虞韻。

新編乙：同新編甲。缺文作「子」，「驪粉」作「碎粉」，「有哉」上有「之」字，無出處。

(110)新編甲：事跡已見本傳前「而甘篁（墮）樓之死」句。

(111)舊編：唐人元夕詩云：「火樹銀花合，星橋鐵鎖開。」按火樹乃燈樹也，其樹高十丈，燃五萬盞，盛如花樹，乃唐時元夕飭（飾）以玩遊者。

新編甲：蘇味道詩：「火樹段（銀）華合，星橋鐵鎖開。暗塵隨馬去，明月逐人來。達（選）妓昔（皆）穠李，行歌盡落梅。金吾不禁夜，玉漏莫相催。」出圓機。

新編乙：同新編甲。「段」作「銀」，「達」作「選」，「昔」作「皆」。

(112)舊編：覘，職謙反，窺視也。

新編甲：覘，音詹，闚視也。

(113)舊編：遺，仄聲，餽贈也。

新編甲：遺，于貴切，贈也。

114 舊編：匹，偶也，合也，布帛長四丈為匹；段，片段也。帛二曰緉，分而未麗（儷）曰匹；既麗（儷）曰段。靳，吝也。

舊編眉批：吾未見好色而不貪財者。

新編甲：靳，貝（具）吝切，吝也。

115 舊編：椎，音錘，擊物具也，俗作槌。

116 舊編：傘，音散，禦雨蔽日，可以舒卷者。轎，古吊切，竹輿也。

117 舊編：横，戶孟切，不順理也。

新編甲：横，戶孟切，不順理也。

118 舊編：孱，鉏山切，愞（懦）弱也。瑣，蘇果反，細小也。

119 舊編：誅，責也。

120 舊編：唐王伾，言：「當其盛，門如沸羹。」謂黨惡之門，勢如沸羹也。

新編甲：唐王伾，當其盛，門若沸羹。「休言上國操神器，爭道豪門勝沸羹。」出文苑。

121 舊編：貝，介屬，種類不一，古以為貨。棟，屋正中上衡也；棟充，謂貯屋而充其棟也。箱，廩也，篋也，凡可藏物、有底蓋者，皆曰箱。

新編乙：同新編甲。

新編甲：貝，音輩，錦文加貝（背）謂之貝。

122 舊編：煠，初洽切，湯渫也。爍，燒也。

新編甲：楪（煠），牀甲切，湯渫也。爍，式灼切，銷金也。

123 舊編：烘，呼公切，燎也。

(124)舊編：熏，火煙上也。灼，爇也，炙也。

新編甲：灼，音酌，爇也。

(125)新編甲：鞱，藏也。

(126)舊編：大治，陳裕宗年號。

新編甲：大治，陳裕宗年號。

新編乙：同前。

(127)舊編：汰與汏同，自矜大也。

(128)舊編：二句溫公語。

新編甲：馮道之為相，歷五朝八姓。尊寵則冠三師，權任則首諸相。國存則依違拱默，竊位素餐；國亡則圖全苟免，迎謁勸進。君則興亡接踵，道則富貴自如。茲乃奸臣之尤！抑此非特道之愆也，時君亦有責焉。何則？不正之女，中士羞以為家；不忠之人，中君羞以為臣。故曰：非特道之愆，亦時君之責也。出五代後周紀溫公論。

新編乙：同新編甲。無「後周紀溫公論」諸字。

(129)舊編：愛卿自敘云：「張之婦，李之妻，本無真性。」李季好遠出，其妻有士。季還，士在內，妻患之，妾曰：「今令裸而解髮直出門，吾屬佯不見也。」士從之，疾走出門。季曰：「是何人也？」家室皆曰：「無有！」季曰：「吾見鬼，為之奈何？」婦曰：「取五姓之水浴之。」季曰：「諾！」

新編甲：羅愛卿自敘云：「東家食而西家宿，久習遺風。張郎婦而李郎妻，李（本）無定性。」按李季好遠出，其妻有士。季還，士在內，妻患之，妾曰：「今令裸而解髮直出門，吾屬佯不見也。」士從之，疾走出門。季曰：「是何人也？」家室皆曰：「無有！」季曰：「吾見鬼，為之奈何？」婦曰：「取五姓之水浴之。」季曰：「諾！」

新編乙：同新編甲。「李無定性」作「本無定性」。

(130)舊編：宋玉好色賦云：「大夫登徒子侍楚襄王，短宋玉曰：『玉為人體貌閑麗，又性好色，願王勿與出入後宮。』王以登徒子之言問玉，玉對曰：『天下之佳人，莫若臣東家之子：增之一分則太長，減之一分則太短；着粉太白，着朱太赤；眉如翠羽，肌如白雪，腰如束素，齒如含貝。嫣然一笑，惑陽城，迷下蔡。然此女登牆闚臣三年，至今未許也！登徒子則不然，其妻蓬頭攣耳，齞唇歷齒，又疥而痔，登徒〔子〕悅之，使有五子。王熟察之，誰為好色？』」

注：陽城、下蔡，皆地名。惑、迷，卽傾國傾城意。

新編甲：事跡已見快州義婦傳「靡曼宋東鄰」句。

(131)舊編：莊子盜跖篇云：夫子見盜跖後，歸見柳下惠，下惠問以故，夫子曰：「丘所謂無疾而自灸，疾走料虎頭，編虎鬚，幾不免虎口！」

新編甲：莊子盜跖篇：孔子說盜跖，跖不從；曰：「丘所謂無疾而自灸也，摩虎頭、編虎鬚，幾不免於虎口！」〔曹〕唐〔贈吳端公〕詩：「牡丹花下簾鉤外，獨凭紅肌捋虎鬚。」出韻瑞七虞韻。

按：「唐詩」上原有「出」字，今刪。

新編乙：同新編甲。「灸」作「災」，「幾」作「将」，未衍「出」字，「肌」作「膙」，無出處。

沱江夜飲記

丙寅歲，陳廢帝出獵❶，止沱江北岸❷，夜開帳飲㈠。有一狐由山脚投南而往，道逢老猿，謂曰：「昌符君將有事山間㈡❸，屬意於吾曹厚矣！飛潛之命，懸於羅繳❹。縱滕六之雪未降，巽二之風緩來，子其危矣❺！若非掉尾乞憐❻，必致犂庭掃穴❼。吾欲挺身徑往，以一言止之，子獨不樂從乎？」老猿曰：「吾子能持詞鋒說刄㈢，以言語解圍㈣，誠爲快舉；只恐言辭不應，彼以生疑㈤，將預林木池魚之禍㈥❽。獨不見華表狐精之事乎❾？」狐曰：「從王而獵㈦，多武人也，胸中欠張華博物❿，目下無溫嶠高見⓫，保無他也。」遂各化丈夫而去㈧，一稱袁秀才，一稱胡處士，夜叩行宮⓬。因內侍人附奏曰㈨：「臣聞㈩：聖人在御，乾坤清寧⓭；明王懋德，鳥獸咸若⓮。今主上當亨泰之時，爲民物之主，因宜布蒐賢之網⓯，張禮士之羅；當沐而握髮⓰，登車而虛左⓱；以蒲輪驅馬而獵兎罝之賢⓲，以厚幣卑辭而弋冥鴻之士⓳，使羽儀朝著⓴，潤澤生民，一切有生(十一)，驅而歸仁壽之域㉑。何至格熊伐兎，侵山虞之職乎㉒？」時帝方醉欲寢，命首相季犛延入(十二)，席于西階之下(十三)㉓，且諭以遊畋古制，何可廢也(十四)！

胡生曰(十五)：「夫犀象之驅以除害也㉔，蒐苗之閱以講武也㉕，渭陽之田爲非熊之叟也㉖。張耀戎卒，於是有于紅之蒐㉗；誇示胡人，於是有長楊之射㉘。今則不然，當夏而興勞民之役，非其時矣㉙；蹂轂而逞從禽之欲(十六)，非其所矣㉚；掩澤而圍，窮山而火，又非其禮矣(十七)㉛。公何不上啓聖明，暫還龍御(十八)㉜，使人物咸安其性哉！」季犛曰：「不可！」胡生曰：「吾哀微禽孱獸，爲之請命；若高材疾足，豈不能遐舉於南山之南、北山之北㉝？寧能效守株之兎乎(十九)㉞？」

季犛曰：「君王此舉，非淫原獸(35)，非縱禽荒(36)，第聞此處有千歲狐精，故欲一舉勦除(37)，使奸無所容，妖不妄作，其他非所預也。」袁目胡微笑，季犛問故，胡卒然應曰：「豺狼當道，安問狐狸(38)！」季犛曰：「何謂也？」曰(二〇)：「方今聖化未敷，疆場未靜(39)，蓬䝉狂猘(二一)，狺噬於東南(二二)(40)；李瑛餓虎，咆哮於西北(41)。吳陛之鴟張雖殄(42)，唐郎之鼠竊猶存(43)。何不挽聖人之弓，按天子之劍(44)；仁爲羈絆(45)，義爲干櫓；甲胄之以忠信(46)，爪牙之以豪傑；謹條籠以御難制之將(47)，厲弧矢以威不服之邦(48)，使角掎窮寇(49)，檻送兇渠(50)，一簇不遺(51)，隻輪不返(二三)(52)！舍此弗爲，顧乃區區於矰繳之末(二四)(53)，雖獲獸如丘山，僕不取也(54)。」季犛許之。二人暗喜曰：「吾得請矣！」因舉白浮鍾(55)，高談致理，言如湧泉(56)，終莫能屈。

季犛惱色曰(二五)：「吾嘗面折明人，口伐占寇，驚筵雄辨(57)，未少挫衄(58)；而今卒困於子(二六)。子非山妖野魅，何其談鋒犀銳(二七)，乃爾有力也(59)？」二人怒曰：「公爲首相，當薦引人物，以爲國家之器用(60)，而乃妒賢嫉能(61)，豈書所謂『人之有技，若己有之』乎(二八)(62)？」季犛改容致謝，且勞之曰：「吾籌當代(63)，無卿等人物，何不焚荷芰，謝魚鰕；起南陽之臥龍(64)，展士元之驥足(65)；脫跡而卿相，釋褐而軒裳(66)；功加當時，名垂後世！何至槁死岩穴(二九)，誰復知之？」二人笑曰：「我等寄跡烟梢，棲踪雲窟(67)；睡則草鋪茵簟(三〇)(68)，渴則泉供酒醴；烟霞絆吾脚，麋鹿群吾遊。山中赤吏，吾耐久之朋(69)；長髯主簿，吾忘年之友(70)。但知飡松而茹栢(71)，嘯月而吟風(三一)(72)，庶幾不落塵網，豈能爲當時拔一毛哉(73)？」因相謂曰：「吾曹放浪，本自不羈，舊以詩鳴，有聲岩穴。今夕陪飲，可無一言以記其實乎(三二)(74)？」胡卽吟曰：

飲了清泉又碧灘，悠悠名利不相干(75)；雲邊石窟跳身易(三三)(76)，世上塵籠著脚難(77)。日落
眠殘山塚迴(三四)(78)，更深聽倦夜冰寒(三五)(79)；煙霞此去無踪跡，子我相期久遠看。

袁亦吟曰：

萬壑千溪有逕通⑧⓪，悠然拂袖任西東；興來逐伴春山雨⑧①，愁去分携別浦風⑧②。湘嶺無聲啼落日㊱⑧③，楚天有淚泣彎弓⑧④；我投林木君岩穴，堪笑求安計不同。

吟罷辭去，季犛密令人踵後，將及林腰，各化爲狐猿而去㊲。

嗚呼！天地生物而獨厚於人㊳⑧⑤，故人為萬物之靈；雖鳳凰之靈鳥，麒麟之仁獸，亦物也。沱江之論㊴，胡以人而屈於物？噫！有由矣。蓋季犛心術不正㊵，故物中妖怪得以肆其侮弄；使正直如魏元忠、盡忠如張茂先，則彼將聽講守火之不暇㊶，又何爭辯之敢⑧⑥？吁！滄浪之水，清兮濯吾纓，濁兮濯吾足⑧⑦，君子無自取也㊷。

【校】

㊀夜開帳飲　「開」，舊編注云：「一作間」。

㊁昌符君將有事山間　「將」，甲本作「相」，旁注「將」字；乙本作「將」，下有「相」小字；丙本作「相」。

㊂吾子能持詞鋒說刄　諸本無「詞鋒」二字。

㊃以言語解圍　「語」，諸本作「話」，舊編亦注云：「一作話」。

㊄彼以生疑　「以」，甲、乙本作「又」，丙本作「有」；舊編則注云：「一作遽」。

(六)將預林木池魚之禍　諸本「禍」作「患」。

(七)從王而獵　「而」，舊編注云：「一作出」。

(八)遂各化丈夫而去　諸本「化」下有「二」字。

(九)因內侍人附奏曰　諸本無「侍」字。

(一〇)臣聞　丙本無。

(一一)一切有生　諸本作「一世蒼生」。

(一二)命首相季犛延入　諸本「入」下有「見」字，又甲本「季犛」或作「季氂」或作「季厘」。

(一三)席于西階之下　諸本「西」作「賓」。

(一四)何可廢也　諸本「何」作「胡」。

(一五)胡生曰　諸本作「胡曰」。下同。

(一六)蹂轂而逞從禽之欲　「逞」，諸本作「肆」，舊編亦注云：「一作肆」。

(一七)又非其禮矣　諸本無「又」字。

(一八)暫還龍御　「還」，舊編注云：「一作旋」。

(一九)寧能效守株之兎乎　諸本作「寧能效守株待兎耶」。

(二〇)曰　諸本作「胡曰」。

(二一)蓬戕狂猘　乙本「蓬戕」作「蓬義」。

(二二)狺噬於東南　諸本作「狺吠於南方」。

(二三)隻輪不返　諸本「不」作「無」。

(二四)顧乃區區於矰繳之末　「矰」，乙本作「繒」，丙本作「熷」。

㉕季犛愠色曰　諸本無「色」字。

㉖而今卒困於子　諸本無「今」字。

㉗何其談鋒犀銳　諸本「談」作「詞」。

㉘豈書所謂「人之有技，若己有之」乎　諸本作「豈書之所謂『人之有技，若己有之』之謂乎」。

㉙何至槁死岩穴　諸本「槁」作「枯」。

㉚睡則草鋪茵簟　乙本「簟」作「簮」。

㉛但知飧松而茹栢，嘯月而吟風　乙本無兩「而」字。

㉜可無一言以記其實乎　諸本無「其」字。

㉝雲邊石窟跳身易　乙本「跳」作「挑」。

㉞日落眠殘山塚迴　丙本「迴」作「泊」。

㉟更深聽倦夜冰寒　諸本「深」作「闌」，又丙本「冰」作「水」。

㊱湘嶺無聲啼落日　乙本「落日」作「日落」。

㊲各化為狐猿而去　甲、乙本無「為」字，丙本無「各」、「為」二字。

㊳天地生物而獨厚於人　諸本無「獨」字。

㊴沱江之論　諸本「論」上有「議」字。

㊵蓋季犛心術不正　諸本「心」上有「之」字。

㊶則彼將聽講之不暇　諸本無「則」字。

㊷滄浪之水，清兮濯吾纓，濁兮濯吾足，君子無自取也　諸本作「滄浪之水，清兮斯濯纓，濁兮斯濯足，皆自取之也」。

【注】

❶舊編：廢帝，藝宗之孫，睿宗之子。睿宗南征占城不返，藝宗因立為嗣。

新編甲：廢帝，藝宗之孫，睿宗之子。睿宗南征占城不返，藝宗因立為嗣。出國史。

❷舊編：岸，水涯高也。

❸舊編：昌符，廢帝年號。

新編甲：昌符，陳廢帝年號。

新編乙：同新編甲。

❹舊編：繳，音酌，生絲繫箭以射飛鳥也。

新編甲：繳，音酌，又音皎，弋箭着絲也。

❺舊編：滕六，雪神。巽二，風神。蕭至忠為晉州刺史，欲獵。有樵者於崔山見一長人，俄有虎、兕、鹿、豕、狐、兎雜駢而至，長人曰：「余九冥使者，奉北帝命：蕭君畋，汝輩若干合鷹死，若干合箭死。」有老麋屈膝求救，使者曰：「東谷嚴四善謀，試為求計。」群獸從行，樵者覘之，至深岩有茅堂，黃冠一人，老麋哀請，黃冠曰：「若令滕六降雪，巽二起風，卽蕭使君不出矣！」群獸散去，翌日未明，風雪大作竟日，蕭果不出。

新編甲：滕六，雪神。巽二，風神。蕭至忠為晉州刺史，將出臘（獵）。有樵者于霍山見一長人，向谷長嘯，俄而諸獸駢匝百許，長人曰：「余玄冥使者，奉北帝之命：明日蕭使君當畋，汝輩若干當死。」有老鹿角（屈）膝求救，使者曰：「可就東谷嚴四求解。」樵者竊覘之，有一黃冠曰：「蕭使君每役人，必恤其饑寒，若其滕六降雪，巽二起風，卽蕭使君不遊臘（獵）矣！」次日果大風雪，蕭不果行。出文苑。

新編乙：同新編甲。「臘」均作「獵」。

❻舊編：韓愈應科目時與人書：「若俛首帖耳，搖尾而乞憐者，非我〔之〕志也。」

新編甲：韓愈應科目時與人書：「若俛首帖耳，搖尾而乞憐者，非我〔之〕志也。」

新編乙：同前。

❼舊編：犂，耕具也。漢武帝征匈奴，窮兵黷武，犂庭掃穴。

新編甲：漢武帝征匈奴，窮兵黷武，犂庭掃穴。出西漢史。

新編乙：同新編甲。

❽舊編：梁杜弼見梁主納侯景，乃作檄移梁曰：「楚國亡猿，禍延林木；城門失火，殃及池魚。」言侯景凶狡，納之必後生亂也。按風俗通云：「城門失火，禍及池中魚。」舊說：「池中魚，人姓，家居近城，城門失火，延及其家，中魚燒死。」百家書則云：「宋城門失火，因汲池水以沃灌之，池中空竭，魚悉露死。」二說未知孰是？

新編甲：梁杜弼見梁主納侯景，乃作檄移梁曰：「楚國亡猿，禍延林木；城門失火，殃及池魚。」言侯景凶狡，納之必後生亂也。舊說：「池中漁（魚），人姓，家近居城，城門失火，延及其家，中魚燒死。」百家書云：「宋城門失火，因汲池水以沃灌之，池中空竭，魚悉露死。」二說姑從筆之耳！

新編乙：同新編甲。「漁」作「魚」，「姑從」下有「說」字。

❾舊編：燕昭王墓有老狐精及華表柱，狐精一日欲變作書生詣張華聽講，因問華表曰：「以我才貌，可得見張華否？」華表曰：「張公智度，恐難籠絡，出必遇辱，非但喪子千歲之質，

亦當誤及老表。」狐不從，乃謁華。論及文章，商略三史，探賾百家，華無以應，嘆曰：「天下豈有此年少？若非鬼魅，則是狐狸。」使人防禦甚嚴。時豐城令雷煥，博物士也，適來訪華，華以書生白之，煥曰：「若疑，何不呼獵犬試之？」華命犬試之，全無憚色，華怒曰：「此真妖也！惟得千年枯木，照之，則形立見。」煥曰：「千年神木，何由可得？」〔華曰〕：「世傳昭王墓前華表木，已經千年。」乃遣人伐華表木，燃以照書〔生〕，書生因化為斑狐，命烹之。

新編甲：事跡已見昌江妖怪錄「狐狸華表之精」句。

⑩舊編：華，晉時人，著博物志。

新編甲：晉張華，字茂先，苑陽方城人，學業優博，圖緯方技之書，無不詳覽。好樊（獎）人才，卽寒門下士，有片長者，莫不歎賞延譽。贊伐吳功成，豐（封）廣武侯。永熙末，少子題（韙）以中台星折（坼），勸華避（遜）位，不聽，竟為趙王倫所害。凡奇袐世所希覯者，皆華手識焉，所著有博物志。時人北（比）之子產。華嘗見斗間有紫氣，密召雷煥觀之，煥曰：「寶劍之精，當在豐城。」華補煥為豐城令。煥掘獄基，入地四丈，得石函，中有寶劍，題曰：「龍泉」、「太阿」，送一與華，華曰：「此『千（干）將』也！『莫邪』可復至否？雖然，天生神物，終當合耳！」及華被殺，失劍所在。煥卒，子華佩劍，經延平津，忽自腰間躍出墮水中。使人投（没）水求之，但見有二龍，各長數丈，光彩照水，華嘆曰：「張公復合之語，信不誣矣！」出尚友錄。

新編乙：同新編甲。「樊」作「獎」，「豐廣武侯」作「封廣武侯」，「題」作「韙」，「北」作「比」，「千將」作「干將」，「墮水」以下「華嘆」以上缺。

⑪舊編：解見昌江。

新編甲：事跡已見昌江妖怪錄「故太真燃照水之犀」句。

⑫舊編：凡天子臨幸之所曰行在，此云行宮，卽行所之宮也。

⑬舊編：莊子：「天得一以清，地得一以寧。」

新編甲：莊子：「天得一以清，地得一以寧。」出韻瑞九青韻。

⑭舊編：書：夏后方懋厥德，鳥獸魚鼈咸若。

新編甲：若，順也。古有夏先后，方懋厥德，罔有天災，山川鬼神亦莫不寧，曁鳥獸魚鼈咸若也。出商書□（伊）訓篇。

⑮舊編：蒐，音搜，求索也。

⑯舊編：伯禽受封於魯，周公戒之曰：「我文王之子，武王之弟，成王之叔父，我於天下亦不賤矣！然我一沐三握髮，一飯三吐哺，起以待士，猶恐失天下之賢人；爾之魯，戒無以國驕人。」

新編甲：周公大聖，急於見賢，一沐三握髮。出性罪（理）。

新編乙：引性理，與新編甲同。

⑰舊編：魏公子無忌愛人下士，食客三千人。時有隱者侯嬴，年七十，家貧，為夷門監者，公子置酒大會賓客，坐定，公子從車騎虛左，自迎侯生，侯生至，引坐上坐。注云：「凡乘車者，尊居左；虛左者，謂空左方一位，蓋尊之也。」

新編甲：初魏公子信陵君無志（忌）愛人下士，致食客三千人。魏有隱士曰侯嬴，年七十，家貧，為夷門監者，公子置酒大會賓客，坐定，公子從車騎虛左，自迎侯生，侯生至，引坐上坐，賓客皆驚。註：「凡乘車，尊者居左，御者居中，文（又）一處車之右，以備傾側；虛左者，坐（空）左方一位以迎之，蓋尊之也。」出周紀。

新編乙：引無忌之事，與新編甲同；註語則同舊編。亦云：「出周紀」。

⑱舊編：漢武帝以蒲輪迎枚生，以駟馬迎申公。按蒲輪，以蒲草裹車輪，使與地不相抗，示其安也；駟馬，駕以駟（四）馬也。詩：「肅肅兎罝，椓之丁丁。」言兎罝之野人，其才可用。

新編甲：蒲，水草，可為席也；蒲輪，以蒲草裹車輪，使輪與地不相抗，若人居中得安。駟馬，一乘駕四馬也。罩（罝），罟也。漢武帝欲用文武，求之如弗及，始以蒲輪迎枚生，又使使束帛加璧，安車駟馬，以迎申公。出西漢史。詩云：「肅肅兎罩（罝），椓之丁丁。」註：「雖罩（罝）兎之野人，而其才之可用猶如此，則其在官使者，從可知矣！」出詩周南兎罩（罝）章。

新編乙：同新編甲。「若」作「老」，「罩」均作「罝」。

⑲舊編：繳射曰弋。冥鴻，言鴻飛冥冥，如高士之肥遯也。范公題嚴光釣臺詩：「一個冥鴻惜羽毛。」

新編甲：昭王於破芸（燕）之後卽位，弔死問孤，與百姓同甘苦，卑身厚弊（幣），以昭賢者。出周紀。四皓隱商山，漢高召不至，歌曰：「丹朱其轂，實藏赤族。鴻飛冥冥，弋者何思？」出漢書。

新編乙：同新編甲。「芸」作「燕」，「弊」作「幣」。

⑳舊編：羽儀，卽羽翼儀表意。漢五行志：「朝內列位有定處，所謂表著也。」

新編甲：羽儀，風山漸卦上九爻：「鴻漸于逵（陸），其羽可用為儀。吉。」小註：「羽乃鴻所用以進者，而其進莫不有漸，可以為儀也。賢達力人處高絜，斯亦足以為天下之儀表也。」出周易。朝著，師古註：「漢五付（行）志曰：『朝內列位有定處，所謂表著也。』」古事云：「薛家三鳳皆羽儀主國之才，荀氏八龍書（盡）潤澤生靈之物。」

新編乙：羽儀，風山漸卦上九爻：「鴻漸于逵（陸），其羽可用為儀。」朝著，漢五傳（行）志曰：「朝內列位有定處，所謂表著也。」

㉑舊編：西域有一國，不寒不暑，無風無雨，其人逍遙快樂，故云壽域。

新編甲：古文類聚壽域碑云：「古聖人之營壽域也，非土木，非板桒（築）；不金乎城，不湯乎池；晝（畫）無門而闔，夜無析（柝）而擊。得非道為士大（土木），德為板章；仁乎城，義乎池？使風雨不能毀，矢石不能攻；高低佯老氏之臺，廣狹法華胥之國。崇崇焉！屹屹焉！入是域也，幼者蚩蚩，□（長）者恰恰，老者□□（熙熙），悉舉中間域躋上壽，故謂之壽域焉。」又唐杜甫詩云：「入荒開壽戍（域），一氣轉洪鈞。」

新編乙：同新編甲。「桒」作「築」，「晝」作「畫」，「闔」作「掩」，「析」作「柝」，「士大」作「土木」，「佯」作「年」，「□」作「長」，「恰恰」作「怡怡」，「□□」作「熙熙」，「戍」作「域」。

㉒舊編：格，以杙閣獸也。虞，官名，掌山林之政令者。

新編甲：格，拘執也。昔舜命伯益作虞，工（主）掌山澤。出書經舜典。

㉓舊編：曲禮：「主人就東階，客就西階。」

新編甲：主人就東階，客就西階。出禮記曲禮上。

按：「主人」上原有「賓一年西」四字，其義未詳，姑刪。

新編乙：禮記：「主人就東階，客就西階。」

㉔舊編：周公相武王，誅紂伐奄，驅虎豹犀象而遠之。

新編甲：周公驅虎豹犀象而百姓寧。出孟子離婁上。

新編乙：同新編甲。無「離婁上」諸字。

㉕舊編：古者四時之畋，皆於農隙，以講武事。春振旅以蒐，夏爰舍以苗，秋治兵以獮，冬大閱以狩。

新編甲：古者四時之畋，皆於農隙，以講武事。春拡（振）旅以蒐，夏春（爰）舍以苗，秋治兵以稱（獮），冬大閱以傳（狩）。出孟子梁惠王下小註。

新編乙：古者四時之畋，皆於農隙，以講武事。

㉖舊編：呂尚隱於渭濱，文王將獵，卜之，曰：「所獲非虎非熊，乃霸王之輔。」果遇太公，立以為師。

新編甲：為，去聲。景回（呂尚）隱於渭賓（濱），文王狩（將）獵，卜之，曰：「所獲非虎非熊，乃伯王之輔。」果遇太公，立以為師。出史記世家。

新編乙：同新編甲。「景回」作「呂尚」，「賓」作「濱」，「狩」作「將」。

㉗舊編：左傳昭公八年：「秋，大蒐于紅，革車千乘。」

新編甲：紅，曾（魯）地。左傳昭公八年：「大蒐于紅，革車千乘。」

按：「于紅」下原衍「于紅」，今刪。

新編乙：同舊編。無「秋」字。

㉘舊編：長楊宮，本秦舊宮，漢修飾之，以備行幸，有垂楊，因以名，宮門曰射熊觀，秦、漢

遊獵之所也。成帝行幸長楊宮，從胡客大獵校（校獵）。上將夸（誇）胡人以〔多〕禽獸，命張羅網罝罘，捕熊羆豪豬，載以檻車，輸長楊。

新編甲：漢平帝將大誇胡人以多禽獸，乃較獵長楊射熊館。出漢平帝剛（綱）目。又長楊宮，本秦舊宮，漢修之，以備行幸，宮中有垂楊蔭數畝，因以為名。出天中記。

新編乙：同新編甲。無「出漢平帝剛目」諸字。

㉙舊編：盛夏之時，草木方長，若舉田獵，則翦揉於禾穀，且害陽長之氣，非其時也。故兵法：夏不興師。

新編甲：盛夏之時，草木方長，若舉田臘（獵），則踐蹂於禾穀，且害陽長之氣，非其時也。武經司馬法仁本篇：「冬夏不興師，所以兼愛其民也。」

㉚舊編：蹂，音柔，往來蹙踐也。

新編甲：蹂，音柔，往來蹂踐。

㉛舊編：禮記月令：「毋竭川澤」、「毋焚山林」。又王制：「天子不合圍，諸侯不掩羣」、「昆蟲未蟄，不以火田」。

新編甲：「毋竭州（川）澤」、「毋焚山林」。又王制：「天子不合圍，諸侯不掩羣」、「昆蟲未蟄，不以火田」。出禮記月令。

新編乙：同新編甲。「州」作「川」，無「出禮記」三字。

㉜舊編：啓，開白也。史：山公啓事。御，凡天子所用之物皆謂之御，如曰御書、御服，蓋取統御四海之義。

㉝舊編：「秦失其鹿，天下共逐之，高材疾足者先得焉。」蒯通語。法正，字高卿，嘗幅巾見

扶風守，守曰：「哀公雖不尚，猶臣仲尼；柳下惠不去父母之邦。欲相屈為功曹，如何？」正曰：「以明府見待有禮，故四時朝覲；君若欲臣僕之，正將在北山之北、南山之南。」守遂不敢。又蕭大圜曰：「北山之北，棄絕人間；南山之南，超踰世網。」

新編甲：蒯徹（通）對漢高曰：「秦失其鹿，天下共逐之，高林（材）疾足者先得安（焉）。」出西漢史。南北時人蕭大園（圜），字仁顯，四歲能誦三都賦及論語、孝經；心安閒放，嘗云：「閭閻有優舜（遊）之美，朝廷有簪佩之累」、「北山之北，棄絕人間；南山之南，超踰世網（網）」。出尚友錄。

按：「超踰世網（網）」下原有「目」字，今刪。

新編乙：同新編甲。「林」作「村」，「安」作「馬」，無「出西漢史」諸字，「蕭大園」作「蕭大圍」，「網」作「網」，未衍「目」字。

㉞舊編：宋人耕者，田中有株，兎走觸株，折頸而死，因釋耕守株，復冀得之，為國人所笑。故後人凡言人守拙無能，必曰守株待兎。

新編甲：宋人有耕，田中有株，兎走觸株，斬頸而死，因釋耕守株，漢後（莫復）得之，卒無得，國人笑之。出幼學獸類。

新編乙：同新編甲。「漢後」作「莫復」，無上「之」、「獸類」諸字。

㉟舊編：史記：「后羿淫于原獸。」淫好原野也。

新編甲：羿持（恃）其善射，不修民事，淫于原獸。出外紀。

新編乙：同新編甲。「持」作「恃」。

㊱舊編：大禹訓曰：「外作禽荒，未或不亡。」

新編甲：皇祖有訓：內作色荒，外作禽荒，甘猶（酒）嗜音，峻宇雕墻，有一于此，未或不亡。出書經五子歌。

新編乙：引書，與新編甲同。「猶」作「酒」。

㊲舊編：勦，子小切，同剿，絕也。

㊳新編甲：漢順帝遣杜橋（喬）、張綱等分行州郡，橋（喬）等受命之部，張綱獨埋其車輪於洛陽都亭，曰：「豺狼當道，安問狐狸！」遂劾（奏）大將軍梁冀無君之心十五事。出東漢史。

新編乙：自「漢順帝」至「安問狐狸」，與新編甲同。「橋」均作「喬」，「受命之部」作「受命之郡」。

㊴舊編：疆埸，邊境也；疆大界，埸小界。

新編甲：疆埸，邊境也。

㊵舊編：蓬峩，占城主名，數為邊患，陳睿宗身征遇害。後陳順宗時，與陳渴真戰于海潮，蓬峩被銃射貫于船板而死。猘，音季，狂犬也。狺，音銀，犬吠聲。

新編甲：占城主制蓬峩與首相羅皚，引象陸行山脚，由廣威鎮㗛（哨）路，屯孔目册。出國史。

楚辭云：「猛犬狺狺而迎吠。」

新編乙：引國史，與新編甲同。「峩」作「義」。

㊶舊編：瑛，明將。史記：明太祖遣錦衣衛舍人李瑛等來，假道往占城，索象，遞送。事在陳廢帝昌符十年。咆哮，虎豹怒號聲也。

新編甲：咆哮，熊虎聲。明遣錦衣衛舍人李瑛等來，假道往占城，索象五十隻，自義安府設並

（站）驛給糧草，遞送至雲南。出國史。

新編乙：引國史，自「明遣」至「五十隻」，與新編甲同。

㊷舊編：吳陛，茶鄉人，陳裕宗時，聚衆於安阜山為盜，後差捕之，陛衆逃散，後又聚衆僭位。本路官俘獲，檻送京師，斬之。呂刑：「罔不寇賊，鴟義（姦宄）。」注：「鴟義者，以鴟張跋扈為義也。」

新編甲：鴟，音笞；鴟鴞，惡鳥也。陳裕宗戊戌大治元年秋八月，茶鄉人吳陛，再率衆聚安阜山，豎大旗於山上僭位，揭榜曰：「賑救貧民。」自天寥至至靈，盡為所有。後為本路所獲，檻送京師，斬之。出國史。唐乾符四年，詔：「狐假鴟張，自謂驍雄莫敵。」出韻瑞七陽韻。

新編乙：自「陳裕宗」至「檻送京師」，與新編甲同。無「豎大旗於山上」、「揭榜曰：賑救貧民」諸字。

㊸舊編：北江路人阮補，稱為唐郎紫衣，以法術僭號稱王，作亂伏誅。

新編甲：陳廢帝三年，北江路人阮補，稱為唐郎索（紫）衣，以法術僭號稱王，作亂伏誅。出國史。

新編乙：北江路阮補，稱為唐郎紫衣，以法術僭號稱王。

㊹舊編：按，正也。

新編甲：楚世家：楚人曰：「見鳥六雙，王何不以聖人為弓，以勇士為繳，時張而射之？此六雙者，可得而囊載也。」出韻瑞一東韻。「說劍，臣之所奉皆可，然且有三劍；惟王所用此劍，值之無前，舉之無上，案之無下，運之無旁，此劍一用，匡諸侯，天下服矣！此天子之劍也。」出韻瑞二十九晚韻。

㊺舊編：羈絆，音鷄半，檢制馬器，繫首曰羈，繫足曰絆。羈與羇別。

㊻舊編：櫓，音魯，大盾也。儒行篇云：「儒有忠信以為甲冑，禮義以為干櫓。」言忠信、禮義所以禦人之欺侮，猶甲冑、干櫓所以捍患也。

新編甲：禮儒行篇：「儒有忠信以為甲冑，禮義以為干櫓。」註：忠信、禮義所以禦人之欺悔（侮），猶甲冑、干櫓所以捍患也。

㊼舊編：絛，音叨，組紃之通名。籠，鳥檻也。慕容（權翼）曰：「彼猶鷹也，宜謹絛籠。」

新編甲：秦王堅欲以慕容里（垂）安集北鄙，權翼諫曰：「垂本勇略過人，世家（豪）東夏，顧以避禍而來，其心豈止欲作冠軍而已哉？譬如養鷹，饑則附人，每聞風飇之起，常有凌霄之志。正宜謹其絛籠，豈可解縱，任其所欲哉！」堅不聽。出晉史。

㊽舊編：易繫辭：「弦木為弧，剡木為矢，弧矢之利，以威天下，蓋取諸睽。」

新編甲：易繫辭下：「弧矢之利，以威天下，蓋取諸睽。」

㊾舊編：左傳襄公十四年：戎子曰：「譬如捕鹿，晉人角之，諸戎掎之。」注：「角謂『禦其上』，猶執鹿之角；掎謂『抗其下』，猶執鹿之足。」

新編甲：左傳襄公十四年：殽之師，晉禦其土（上），戎亢其下，譬如捕鹿，晉人角之，諸戎掎之。註云：「角謂『禦其土（上）』，猶執鹿之角；掎謂『抗其下』，猶執鹿之足。」

㊿舊編：檻，圈也，古有檻車，以陷送凶徒者。注：「車為檻形，以板四周，無所通見也。」渠，大也。

(51)舊編：簇，矢鏑也。賈誼云：「秦無遺簇。」

新編甲：杜牧：「捷書能應睿謀期，十里會無一鏃遺。」出韻瑞四支韻。

52 舊編：宋，契丹侵澶淵，寇準欲擊之，使隻輪不返，真宗厭兵許和。

新編甲：穀梁傳：「隻輪不返。」附晉潘岳〔西征〕賦：「會（曾）隻輪之不返，桀（緤）三師以齊（濟）河。」出韻瑞十一真韻。

53 舊編：矰，音曾，又去聲，弋射矢也。

54 新編甲：御者且羞與射者北（比），北（比）而得禽獸，雖若丘陵，弗為也。出孟子之滕文公下。

55 舊編：魏文侯使公乘為觴政，曰：「飲不盡者，浮以大白。」文侯飲不盡，公乘舉白浮之，不應，公乘云：「君已設令，令不行可乎？」文侯曰：「善！」因飲畢，遂以公乘為上客。舉白，言飲酒必滿觴而飲，飲訖，則舉觴告白盡否也。浮，罰也。鍾，壺屬，酒巵也。言飲不盡，則罰以別鍾也。

新編甲：飲器大者曰白，小者曰文。魏文侯與大夫飲酒，使公乘不仁為觸敢（觴政），曰：「飲不盡，浮以太白。」文侯飲不盡，公乘舉白浮之，不應，公乘曰：「君以（已）設令，令不行乎？」文侯曰：「善！」因飲畢，遂以公乘為上客。又唐李德裕□（丹）扆六箴，其納誨箴曰：「漢鶩（驁）流酒，舉白浮鍾。」出文苑。

按：「浮」下又注云：「罰也。」「鶩（驁）」下又注云：「牛刀反，成帝名。」

新編乙：自「飲器」至「因飲畢」，與新編甲同。「觸敢」作「觴政」，無注文。

56 舊編：湧，音勇，泉上溢也。唐戴胄為大理少卿，犯顏執法，言如湧泉。

新編甲：涌，泉上溢也。載（戴）胄前後犯顏執法，言如涌泉，上皆從之，天下無冤獄。出唐史。

57舊編：古文：「譚氏議論風生，驚四筵之雄辯。」又杜甫〔飲中〕八仙歌：「焦遂五斗方卓然，高談雄辨四筵驚（驚四筵）。」

新編甲：杜詩：「高談雄辯驚四筵。」出羣玉一先韻。又「譚氏議論風生，驚四筵之雄辯。」

58舊編：衂，女六切，戰敗北也。

新編甲：衂，女六切，敗北也。

59舊編：古有「詞鋒」、「說鋒」之語，謂言詞如刀鋒齊起，銳而難犯也。犀，堅也。

60新編甲：田蚡為丞相，招徠眉客，薦進人才，起家至二千石。又王褒作聖主得賢臣頌，其辭曰：「賢者，國家之器用。」出西漢史。

61新編甲：唐李林甫妒賢嫉能，肇成天寶之亂。出大學小註。

62新編甲：「有一介臣，斷斷兮，無他技；其心休休焉，其如有容焉。人之有技，若己有之。」出書秦誓篇。

63舊編：籌，算也。

64舊編：諸葛亮寓居南陽，徐庶見劉備而謂曰：「諸葛孔明，臥龍也。」備乃枉駕顧之，三顧方起。

新編甲：諸葛亮寓居南陽，徐庶見劉備而謂曰：「諸葛孔明，臥蜂（龍）也。」備也（乃）枉駕顧之，三顧方起。出後漢史。

新編乙：諸葛亮寓居南陽，徐庶見劉備而謂曰：「諸葛孔明，臥龍也。」備乃見之。

65舊編：劉備以龐統守耒陽令，在縣不治，免官。魯肅遺備書曰：「士元非百里才也，使處治中、別駕之任，始當展其驥足。」

新編甲：劉備以龐統宋（守）耒陽令，衆事不治，時又沉醉，深怒之，諸葛曰：「龐士元非百里才也，使處治中、別駕之在（任），便當展其驥足。」出後漢史。

新編乙：同新編甲。「宋」作「守」，「在」作「任」，無出處。

66 舊編：褐，音曷；士初入任曰釋褐。楊雄解嘲：「或釋褐而相。」按褐，毛布也，織毛為之，可禦寒；一云賤者所服。

新編甲：楊雄解嘲：「或解縛而相，或釋褐而傳。」又國家會要：「興國二年，始賜呂蒙正等釋褐，後遂為例。」出韻瑞七曷（陽）韻。

67 舊編：窟，苦骨切，穴也。

68 舊編：茵，俗作裀，褥也。簟，音電，竹席也；簟者，布之簟（覃）然平也。

新編甲：茵，褥也。簟，音電，竹席也。

69 舊編：赤吏，羊也。唐魏元（玄）同與裴炎締交，能保始終，時號「耐久朋」。

新編甲：赤吏，舊註：「猴也。」此跡闕疑。唐魏玄同，字和初，與裴炎締交，善保始終（終），時號「耐久朋」。則天朝，同鳳閣鸞臺一品。出尚友錄。

70 舊編：髯，如占切，在頰耳旁曰髯；長髯，羊也。偁（禰）衡有逸才，少與孔融交，時衡未二十，而融已五十，為忘年交，不計長幼。

新編甲：羊有美髯，名曰長髯玉（主）簿。又蜀王建以李景為眉山主簿，制曰：「旌其忠蓋之心，委以髯鬚之職。」出羣玉七虞韻。賢者之交，但以才德，而不計年之長幼。禰衡有逸才，少與孔融交，時衡未滿二十，而融已五十，為忘年交。出書言。

(71)舊編：飱同餐，食也。

(72)舊編：古詩：「山中最樂是玄猿，嘯風吟月雪霽天。」

新編甲：隋虞茂：「金溝低御道，王（玉）管正吟風。」出韻瑞一東韻。

(73)舊編：墨氏為我，拔一毛而利天下，不為。

新編甲：楊氏自愛，雖拔一毛以利天下，不為也。出孟子藤（滕）文公下小註。

(74)新編甲：〔陪〕，音〔裴〕，助也，益也，隨也。

(75)舊編：干，預也。

(76)舊編：跳，音迢，輕身獨走也。

新編甲：跳，音迢，輕身走出也。

(77)舊編：著，音灼，置也。

(78)舊編：迴，戶頂切，遼遠也。

新編甲：迴，戶頂切，遼遠也。

(79)舊編：述征記：北風動，河冰始合，要須狐行；此物善聽，堅冰下無水聲，然後過河。

新編甲：述征記日（曰）：河冰始合，要狐先行方得渡。言狐欲渡河冰，先聽無水聲，□（然）後過河。出圖機。

(80)舊編：逕，步道也。

(81)舊編：世說孫恪娶袁氏女，後從南海辟，挈家過端州，袁欲遊峽山寺，云：「舊袁。」門徒既至，熟其道，因持碧玉環獻僧。齋罷，有野猿數十，聯臂而下。袁氏惻然題云：「不如逐伴歸山去，長嘯一聲煙霧深。」擲筆，化猿而去。

新編甲：世說孫恪娶袁氏女，後從南海辭，揭家過瑞州，袁氏欲遊陝山寺，訪田老，門徒既至，熟視道徑，持碧玉環獻僧。及齋罷，野猿數十，聯臂而下。袁氏惻然題云：「不如逐伴歸山去，長嘯一聲烟霧深。」遂擲筆，化為猿而去。出詩學大成。

新編乙：同新編甲。「揭」作「謁」，「陝山寺」作「峽山寺」，「徑」作「經」，「云」作「曰」，無出處。

82 新編甲：攜，提攜也。周書：「左右攜僕。」謂攜持器物之僕也。浦，說文：「水濱也。」

新編乙：浦，說文：「水濱也。」

83 舊編：猿天氣清明則長嘯，霧雨昏暗則無聲，人當其昏暗之時而捕獲之，則亦不復生矣。

新編甲：「啼時莫近瀟湘岸，明月孤舟有旅人。」出圓機。陳後主：「思君如落日，無有暫還時。」出韻瑞四質韻。

84 舊編：彎，持弓開矢也。楚王使養由基射猿，始納弓，而猿已擁樹號哭。

新編甲：事跡已見陶氏業寃記「聲入楚雲哀」句。

85 新編甲：「天地生物而厚於人，天地生人而獨厚於聖。」出書經泰(秦)誓上大註。

新編乙：同新編甲。

86 舊編：元忠素强正，微時家貧，止一婢，厨中方爨，婢外出汲水，回見一老猿為之守火，婢驚以白忠，忠曰：「猿恐我乏，為我守爨，不亦善乎？」張華，字茂先，見前。

新編甲：廣異傳：「唐魏元忠素强正，其微時家貧，止一婢，因捨□(爨)出外汲水，回見一老猿為守其火，婢驚以白元忠，忠曰：「復(猿)恐我乏使，為我守爨，不亦善乎？」後亦無他。出文苑。晉張華，字茂先，為侍中，盡忠匡輔，名重一時，被馮紞所譖，出為幽州都督。華撫循夷夏，譽望益振，賈后雖兇險，猶敬重之。出尚友錄。聽講，事跡已見昌江妖怪錄「狐狸華表之精」。

新編乙：引文苑及尚友錄，與新編甲同。缺文作「爨」，「復恐」作「猿恐」，「循」作「巡」。

87 新編甲：有孺子歌曰：「滄浪之水清兮，可以濯我纓；滄浪之水濁兮，可以濯我足。」孔子曰：「小子聽之！清斯濯清（纓），濁斯濯足矣！自取之也。」出孟子離樓（婁）上。

新編乙：同新編甲。「清斯濯清」作「清斯濯纓」，無出處。

傳奇漫錄　卷之四

南昌女子錄㈠

武氏設，南昌女子也，幽閑貞淑，兼有殊姿❶。同邑張生，慕其容行，請諸母氏，用百兩黃金納聘。然生性自多疑㈡，防閑太過❷；娘亦動循禮法，未嘗以耳目見忤❸。

居無何，有占城之役，大發士卒。張雖豪族，但不業詩書，未離行伍，名編尺籍❹，次在前發。臨行，其母戒曰：「今汝暫寄軍中，遠離膝下❺。雖功名之會，自古罕逢；然兵革之間，守身為大❻。但當知難而退㈢，度力而攻；無貪芳餌之投，自取懸魚之禍❼。穹官厚爵，讓他少年❽，庶免為老母所憂也。」生長跪受教。娘且浮觴謂曰：「郎君此去，妾不願覓封侯之印❾，衣還鄉之錦❿；只願凱還之日⓫，帶得『平安』兩字歸來耳㈣！第所恐者，兵難遙度⓬，機未可乘；狂獠逋誅⓭，王師曠日⓮；破竹晚膚公之奏⓯，及瓜淹代戍之期⓰。使幼妾關懷，慈闈掛慮。望長安片月，則砧遠塞之寒衣⓱；見廢陌垂楊，則動戍樓之遐想⓲。縱有千行書信，只恐無計得鱗鴻便也。」言訖，左右無不欷歔泣下⓳。已而，離筵乍散，征袂纔分⓴，舉目依然，已是別關山意思。

時娘既有孕，別後浹旬而育㈤㉑，以誕命名其子。日往月邁㈥，倏已半載，每見園飛蝴蝶，嶺暗秦雲㉒，徒增海角天涯之恨。母亦以思生故，纏綿致病㉓；娘為迎醫禮佛，祈巫禱鬼㉔，且以好語百方開說；然奄奄羸疾，勢必不起[25]，囑娘曰：「榮瘁天也！脩短命也[26]！我非不欲樂待佳兒，強進饘粥[27]；然貪心無厭，厄運難逃。漏盡鍾鳴，數窮氣反[28]；殘軀衰謝，危在旦夕，不免以死生相累。吾兒契闊，死生何處，無地可酬恩也。異日天相其誠[29]，綏以福履[30]，宗枝茂盛〔七〕，子子孫孫〔八〕。願彼蒼不負新婚〔九〕，如新婚之不負老親也[31]！」言終而逝。娘轟然哀瘠[32]，凡葬祭儀式，一如所生父母。

及明年，頑占就縛，師旅始解。生至家，則老母辭堂，稚兒學語矣[33]。詢母塋所在[34]，携兒獨往，兒輒悲號不肯，生止之曰：「兒無苦啼，父心亦大傷感。」兒曰：「君亦父耶？君自能言，殊不若曩時父泯然緘默也[35]。」生怪問其詳，兒曰：「君不在時，常有丈夫，每夜輒來，母行亦行，母坐亦坐，然未嘗向誕兒携抱也。」生性本猜忌，及聞兒言，則束縕之惑，根著彌深，膠而不可解矣[36]。歸卽宣言泄怒〔一〇〕，娘泣曰：「妾猥以寒門[37]，幸歸華族。未足衾裯之樂，已勞鞍馬之征。隔別三年，周旋一節。香奩粉匣，久已灰心[38]；柳陌花街〔一一〕，未曾著脚。安有倖心薄態，如君之所言哉？願白此心，以釋疑惑〔一二〕。勿以玄妻見覗[39]，終教小玉含寃〔一三〕[40]。」生終不信，然叩其說所從來，則秘兒言不道〔一四〕，但以他辭實之〔一五〕，詆辱多方[41]，時時斥遣，雖村鄰之保、親族之言不入矣〔一六〕。娘不得已，請曰：「妾所以托於良人，以其有宜家之樂，有喬木之安[42]；豈期謗訕如山[43]，恩情似葉！今則瓶沈簪折[44]，雨散雲收[45]；落寒沼之芙蓉，墮西風之楊柳[46]；花辭枝而泣露，燕離幕而啼春〔一七〕。水遠帆孤，不堪重上望夫山矣[47]！」乃齋戒沐浴，就黃江仰天訴曰：「薄命妾，家室緣單，夫兒恨苦〔一八〕；枉受無根之誚[48]，翻蒙不潔之名[49]。江神有知，乞賜照鑒。妾若起居惟謹，純一無他〔一九〕，入水願爲媚娘之珠[50]，著地願爲虞姬之草[51]；倘或二三其德[52]，貞黷靡常[53]，下則充魚鼈之腸，上則飽鷹鳶之飼〔二〇〕[54]，無徒使傍人以河間見笑矣[55]！」言訖，自投于水。

生雖恨其失節，然幽明頓隔(56)，亦動哀情，百計搜求，終莫能得。獨處空房，夜夜挑點寒燈(57)，寢不成寐。兒忽言曰：「誕父又來矣！」生問何在？卽指壁間燈影曰：「是矣！」蓋娘平日獨居思夫㉑，常戲指示兒。生方悟其寃，終無可奈何。

時娘同里有潘郎者(58)，前此爲黃江渡長，常夢綠袍女子，哀號請命。迨曉，有漁子以綠殼龜馳獻，潘憶夢中所感㉒，乃生放之。胡開大末，僞陳添平還國，犯支稜關(59)，潘與鄉人航海避難㉓，爲飄風所破㉔，同時溺死(60)，屍沉海島(61)，適龜洞。靈妃見之，曰：「此活我主人也！」命拭之以紅綾暖扇㉕(62)，灌之以火籙神丹㉖(63)。俄頃復活，見錦宮瑤闕，但覺神覺目濵㉗(64)，不知身世已在水晶宮矣㉘。妃方御錦雲碎玉之袍，曳散霞蘗金之履㉙，笑謂潘郎曰：「妾乃龜洞靈妃，南海廣利王之夫人也(65)。記爲兒時，嘗遊江渚，爲漁人所獲，偶然托夢，遽爾蒙恩；今日相逢，豈非天假手於吾，而報君之德乎？」乃設宴朝陽閣，姬嬪咸在，拖輕裾而垂墮髻者㉚(66)，不知其數。中有一人，薄施朱粉，酷類武娘，潘時時竊視㉛，而不敢認也。宴罷，其人謂潘曰：「妾與君本同里閈(67)，甫爾隔面，何以路人相覷㉜，漠然無情(68)？」潘方省悟眞是武娘，因究問來由，曰：「妾前不幸，辱被重誣㉝，遂投身江水。水曹仙衆，哀妾無辜，激開水路，因得無死；不然已葬鼋鼉之腹，安得與君會遇于玆乎？」潘曰：「娘子義不曹娥，怨非精衞，而有赴海投江之恨(69)；今則舊縠既沒，新縠又登㉞(70)，寧無懷土之心乎(71)？」娘曰㉟：「妾既爲夫兒所不容㊱，寧終老於水雲鄉(72)，不願與良人相見也。」潘曰：「娘子之先人廬屋，桑柘成陰矣(73)！娘子之先人墳塚，松楸滿目矣(74)！縱子不憐，如先人之念子何？」娘泫然垂涕(75)，幡然改容(76)曰㊲：「妾不能竟泯蹤跡，久罹汙衊(77)；且胡馬嘶北風，越鳥巢南枝(78)，我感此情，言歸有日矣！」明日，妃以香羅紫袱(79)，緘明珠十顆(80)，遣赤鱓使者(81)，送潘出水。娘乃奉金鈿爲寄（三八）(82)，且曰：「爲妾道張郎（三九），如少有舊情，可就江邊設解寃清醮(83)，燃照水神燈，妾當自詣矣！」

潘既歸，詣張家道意，張初不信，及出金鈿，駭曰：「此的吾妻去時物也！」遂如言設醮黃江水滸（四〇）(84)，凡三晝夜。娘果乘綵輿，凝立水波間（四一）(85)，從之者，車子可五十餘兩，雲旌旖旎(86)，照耀江渚，隨見隨沒。生急喚之（四二），但於水中遙謂曰：「妾感靈妃之德，業以死許之(87)；多謝良人，不能更住人間矣（四三）！」竟冉冉而沒。

嗚呼！甚矣！疑似之嫌，難明而易惑也（四四）。故投杼之疑，雖大賢之母且不免(88)；竊鈇之惑，雖鄰人之子其奚解（四五）(89)？薏苡之車，光武頓疑老將(90)；縛殺之語，曹公至負恩人(91)。氏設之事，亦類是也（四六）。向非天鑒其誠，水不為害，則香骸玉骨已葬江魚之腹（四七），安能重通消息，使貞純之節一一暴白而明乎（四八）？為丈夫者，毋使佳人至是哉！（四九）

【校】

㊀南昌女子錄　諸本作「南昌女子傳」。

㊁然生性自多疑　「生」字原無，據諸本加。

㊂但當知難而退　諸本「但當」作「尚其」。

㊃帶得「平安」兩字歸來耳　諸本「耳」作「也」。

㊄別後浹旬而育　諸本「育」作「生」。

㊅日往月邁　丙本「往」原作「往」，又改作「征」。

㊆宗枝茂盛　諸本作「宗支盛茂」。

(八) 子子孫孫　舊編注云：「一作留慶子孫」。

(九) 願彼蒼不負新婚　諸本「蒼」下有「天」字。

(一〇) 歸卽宣言泄怒　諸本無「卽」字。

(一一) 柳陌花街　「街」，諸本作「衢」，舊編亦注云：「一作衢」。

(一二) 以釋疑惑　「惑」，諸本作「慮」，舊編亦注云：「一作慮」。

(一三) 終教小玉含寃　諸本「含」作「銜」。

(一四) 則秘兒言不道　諸本「不」作「勿」。

(一五) 但以他辭實之　「實」原作「責」，據諸本改。

(一六) 雖村鄰之保、親族之言不入矣　諸本「村」作「鄉」，又丙本「親族」作「諫止」。

(一七) 燕離幕而啼春　諸本「而」作「以」。

(一八) 夫兒恨苦　諸本「夫兒」作「兒夫」。

(一九) 純一無他　諸本「純」作「誠」。

(二〇) 上則飽鷹鸇之飼　諸本「鷹鸇」作「鸇鷹」。

(二一) 蓋娘平日獨居思夫　諸本無「思夫」二字。

(二二) 潘憶夢中所感　諸本「憶」作「意」。

(二三) 潘與鄉人航海避難　諸本「難」作「之」。

(二四) 為飄風所破　「飄風」，舊編注云：「一作風波」。

(二五) 命拭以紅綾暖扇　「紅綾」原作「綾紅」，據諸本改。

(二六) 灌以火籙神丹　諸本「籙」作「篆」。

㉗但覺神嵬目瞑　甲、丙本「瞑」作「傾」。

㉘不知身世已在水晶宮矣　諸本「矣」作「也」。

㉙曳散霞蘂金之履　甲、乙本「蘂」作「葉」。

㉚拖輕裾而垂墮髻者　諸本無「者」字。

㉛酷類武娘，潘時時竊視　二句原倒置，據諸本改。

㉜何以路人相視　「何以」，諸本作「以」無「何」字；舊編則注云：「一作已，無何字。」

㉝辱被重誣　諸本「重」作「厚」。

㉞新穀又登　諸本「又登」作「旣升」。

㉟娘曰　諸本無「娘」字。

㊱妾旣為夫兒所不容　諸本無「所」字。

㊲幡然改容曰　諸本無「容」字。

㊳娘乃奉金鈿為寄　諸本「乃奉」作「仍捧」；「奉」，舊編注云：「一作捧」。

㊴為妾道張郎　諸本「妾」作「我」。

㊵遂如言設醮黃江水滸　諸本無「遂」字。

㊶凝立水波間　諸本無「水」字。

㊷生急喚之　諸本無「之」字。

㊸不能更住人間矣　舊編注云：「更，一作便。」

㊹難明而易惑也　諸本無「也」字。

㊺雖鄰人之子其奚解　甲本「解」作「辭」。

㊻亦類是也　諸本「也」作「矣」。

㊼水不為害，則香骸玉骨已葬江魚之腹　「水不為害，則香骸」，舊編注云：「一作則水必為害，而香骸」。

㊽使貞純之節一一暴白而明乎　諸本無「而明」二字。

㊾甲、乙本文末有「終畢」二字。

【注】

❶舊編：幽閑，言幽深而閑靜也，卽窈窕意。淑，善也。姿，態也。

❷舊編：李益與李賀齊名，然少有癡病，多猜忌，防閑妻妾過為苛酷，而有散灰扃戶之譚，時謂妒癡。

舊編眉批：預為誕兒事伏案。

新編甲：魯莊公不能防閑文姜。小註：「防所以止水，閑所以行物，故防閑有禁制之意。」出詩齊風敝笱章。唐李益，少癡而忌刻，防閑妻妾甚嚴，闔門夜皆封鎖，以灰布地，世謂如（妒）為「李益疾」。出文苑。

新編乙：同新編甲。

❸舊編：忤，音誤，違戾也。

新編甲：忤，逆也。

新編乙：同新編甲。

❹舊編：漢制有尺籍五符。尺籍者，書其名于一尺之版也。

新編甲：漢制有尺籍五符。尺籍，書其名於一尺之板。
新編乙：同新編甲。
❺舊編：唐高祖使世民出居洛陽，世民涕泣，辭以不欲遠離膝下。
新編甲：唐高祖使世民行臺居洛陽，仍建天子旌旗，如漢梁王故事。世民涕泣，辭以不欲遠離膝下。出唐史。
新編乙：同新編甲。
❻舊編：孟子云：「事（守），孰為大？守身為大。」
新編甲：孟子曰：「守，孰為大？守身為大。」出孟子離婁上。
新編乙：同新編甲。
❼舊編：古語云：「重祿之下，必有死士；芳餌之下，必有懸魚。」
新編甲：「重祿之下，必有死士；芳餌之下，必有懸魚。」出武經文（六）韜註。
新編乙：同新編甲。
❽新編甲：穹，去弓切，高也。
新編乙：同新編甲。
❾舊編：王昌齡閨怨詩：「閨中少婦不知愁，春日凝妝上翠樓；忽見陌頭楊柳色，悔敎夫婿覓封侯。」蓋托為征婦言也。
❿舊編：柳慶遠，字文和，為雍州刺史，高祖餞於亭，曰：「卿衣錦還鄉，朕無西顧之憂。」又朱買臣事亦同。
新編甲：衣，去聲。唐王昌齡，字少伯，江寧人，閨怨詩：「閨中少婦不知愁，春日凝妝上

翠樓；忽見陌頭楊柳色，悔敎夫婿覔封侯。」按柳慶遠，字文和，為雍州刺史，梁武帝曰：「卿衣錦還鄉，朕無西顧矣！」出尚友錄。

新編乙：同新編甲。

⓫舊編：凱，和樂也。

⓬舊編：遙，遠也。度，料也。趙充國語。

新編甲：度，達各切，料也。先零與諸羌（羌）刼略，小種背畔，時趙充國年七十餘，上老之，使丙吉問誰可將者，充國對曰：「無踰於老臣者矣！」復問：「將軍度羌虜何如？當用幾人？」充國云：「兵難遙（隃）度，願至金城，圖上方略。」出西漢宣帝紀。

新編乙：同新編甲。「羌」作「羗」。

⓭舊編：獠，音老，西南夷名也。逋，逃也。

新編甲：獠，音了；獠人，古八蠻遺種。逋，奔謨切，逃也。

新編乙：同新編甲。

⓮舊編：曠，費也。

新編甲：曠，音纊；費日曰曠日。

新編乙：同新編甲。

⓯舊編：古語云：「王師所至，勢如破竹。」言其易也。六月詩：「以奏膚公。」膚，大也。公與功同。

新編甲：膚，大也。公，功也。奏，進也。詩云：「薄伐玁狁，以奏膚公。」出詩小雅六月章。

新編乙：同新編甲。

⑯舊編：齊侯襄公使連稱、管至父戍葵丘，瓜時而往，曰：「及瓜而代。」期戍，公問不至。請代，弗許。〔故〕謀作亂。

新編甲：戍，商遇切，守邊也。齊侯使連稱、管至父戍葵丘，瓜時而往，曰：「及瓜而代。」出左傳。

新編乙：同新編甲。

⑰舊編：砧，音斟，擣繒石也。韓（李）詩：「長安一片月，萬戶擣衣聲。秋風吹不盡，總是玉關情。」杜詩：「亦知戍不返，秋至試擣砧。已近苦寒月，況經長別心。寧辭擣衣倦，一寄塞垣深。」

新編甲：砧，音斟，擣□（繒）石也。李白詩：「長安一片月，萬戶搗衣聲。秋風吹不盡，繞（總）是玉關情。何日平胡虜，良人罷遠征？」出古文。

新編乙：同新編甲。缺文作「簑」。

⑱新編甲：唐杜甫，字子美，號少陵，有詩云：「岸上誰家□（遊）冶郎，三三五五秧（映）垂楊。」出韻瑞七陽韻。敘事說文云：「從人從戈曰戍，言人荷戈上邊，蓋邊上樓也。」出圓機詩學戍樓類。

按：「岸上誰家遊冶郎，三三五五映垂楊。」見於李白採蓮曲，疑非杜甫詩。

⑲舊編：欷歔，音希虛，悲泣氣咽而喘息也。

新編乙：同新編甲。缺文作「逆」，「冶」作「治」，「圓機」作「圖機」。

⑳舊編：袂，音決，衣袖也；又泣餘聲。

㉑舊編：浹，涵澤周遍也；十日幹一周曰浹日，十二日辰一周曰浹辰。

新編甲：浹，卽涉（協）切，周徧也；浹旬，十二日也。

新編乙：同新編甲。

㉒舊編：古文：「思邊詩：『去歲何時君別妾？南園綠水（草）飛蝴蝶。今歲何時妾憶君？西山白雲暗秦雲。玉關此去三千里，欲寄相思那得聞？』此戍婦思夫而作。」

新編甲：李太白作思邊詩：「去歲何時君別妾？南園綠（綠）草飛蝴蝶。今歲何時妾憶君？西山白雲暗秦雲。玉關此去三千里，欲寄音書那得聞？」出古文。

新編乙：同新編甲。

㉓舊編：纏綿，綢繆也。

㉔舊編：巫，祝也。民之精爽不攜貳者，則神明降之，在男曰覡，在女曰巫；廣韻、玉篇皆云：「男曰巫，女曰覡。」

新編甲：民為精爽不攜貳者，則神明降之，在男曰覡，在女曰巫；廣韻、玉篇皆云：「男曰巫，女曰覡。」

新編乙：同新編甲。

㉕舊編：奄，衣炎切，淹留也，精氣閉藏也。羸，音雷，瘦也。

新編甲：羸，音雷，瘦也。

新編乙：同新編甲。

㉖舊編：囑，之六切，託也，付也。瘁與悴同；「朝為榮華，夕為憔悴。」

㉗舊編：饘，諸延切，厚粥也。

新編甲：饘，諸延切，厚粥也。

新編乙：同前。

㉘舊編：魏田豫，年老遜位，曰：「漏盡鍾鳴，而夜行不休，是為罪人。」

新編甲：三國時人田豫，字國讓，武清人，仕魏，遷南陽守，盜賊屏迹，境內肅清。屢辭位，不聽，乃曰：「年高七十而居位，譬之鐘鳴漏盡，夜行不休，是罪人也！」遂引疾去。出尚友錄。

新編乙：同新編甲。

㉙舊編：相，息亮切，助也。

㉚新編甲：「南有樛木，葛藟纍之。樂只君子，福履綏之。」出詩經周南。

新編乙：同新編甲。

㉛舊編：彼蒼，天也，天色蒼蒼，故名。

㉜舊編：纍，音雷；纍纍，羸憊失意貌。禮記：「喪容纍纍。」瘠，前歷反，瘦也。

新編甲：纍，音雷。禮記玉藻篇：「喪容纍纍。」

新編乙：同新編甲。

㉝舊編：穉，音治，幼小也。

㉞舊編：塋，余傾切，墓也。

㉟舊編：緘默，不語也。

㊱舊編：縕同蘊，亂麻也。舊註引蒯通傳云：「曹參請通為客，有謂通曰：『先生知梁石君、東郭先生，何不通（進）於相國？』通曰：『臣里婦，與里諸母相善。里婦家夜亡肉，姑以

為盜而逐之。婦遇（過）所善諸母，語以事而謝之。里母卽束縕請於亡肉家，曰：「昨暮夜，犬得肉，爭移，請火治之。」亡肉家遂（遽）呼追其婦。故里母非談說之士，束縕乞火非還婦之道；〔然〕物有相類，事有適可。臣請乞火於曹相〔國〕。』迺見曰：『東郭先生、梁石君，齊之俊士也，隱居不仕，顧足下禮之。』相國皆以為上賓。」未知是否？

新編甲：漢書曰：「蒯□（通）曰：『臣之里婦，與諸母相善。夜亡肉，姑以為婦盜，遣之。里母卽束縕請火，囚（因）肉家曰：「昨夜，犬得肉，鬭相殺，請火以埋（治）之。」姑遽呼婦還。』」出圓機。

新編乙：同新編甲。「圓機」作「圖機」。

㊲舊編：猥，烏晦切，鄙也。

㊳舊編：奩，音廉，粧匣也。

㊴舊編：舊註：「昔有仍氏生女，黰黑而甚美，其光可鑑，名曰玄妻。后夔取之，生封，實有豕心，貪淫無厭，謂之封豕。后羿滅之，夔是以不祀。」未詳。

新編甲：昔有仍氏生夕（女），黰黑而甚美，光可以綿（鑑），名曰玄妻。樂正后瓌（夔）取之，生伯封，實有豕心，貪惏無饜，忿纇無期，謂之封豕。有窮后羿滅之，瓌（夔）是以不祀。出左傳。

按：「黰」下又注云：「音軫。」「實有豕心」下又注云：「其心似豬。」「纇」下又注云：「音類。」

新編乙：同新編甲。「夕」作「女」，「綿」作「錦」。

㊵舊編：霍女氏名曰小玉，嫁于李益。後益結婚大族，不復過門。小玉病久，聞生至，起責，

大慟而絕。

新編甲：小玉，霍王女也，姿質穠艷，嘗吟想「開簾風動竹，疑是故人來」，後知李益詩句，遂為配匹，極其歡愛。益又引諭出（山）河，與之盟約。益後娶盧氏，亦甲族，不與小玉相見。然雖益之書題竟絕，而小玉之想望不移，卒憤病銜冤，空窒（室）而沒。益為人，心懷疑給（妒），猜忌萬端。又後（後又）娶營十一娘者，容態媚潤（潤媚）。益每出，則以谷（浴）斛覆營於牀，周迴封署，歸必詳視，然後乃開。出太平廣記。

新編乙：同新編甲。「穠」作「濃」，「諭」作「論」，「給」作「始」後改作「妒」，「營」均作「管」，「媚潤」作「潤媚」。

㊶舊編：詆，典禮切，大言而怒也。

㊷舊編：楊素家妓紅拂，夜奔李靖，靖驚問之，告曰：「絲蘿願托喬木。」乃與俱適太原。

㊸舊編：謗，補曠切；訕，所宴切，讒毀也。

㊹舊編：白居易淫婦見棄詩：「井底引銀瓶，欲上絲繩絕；石上磨玉簪，欲成中央折。瓶沈簪折知奈何，似妾今朝與君別。」

按：「似」上原有「爭」字，今刪。

新編甲：白居易淫婦見棄詩：「井底引銀瓶，欲上絲繩絕；石上磨玉簪，欲成中央折。瓶沉簪折知奈何，爭似今朝與君別。」

新編乙：同新編甲。

㊺舊編：見後。

新編甲：杜甫詩：「路明殘月在，山靜宿雲收。」出韻瑞十一尤韻。

新編乙：同新編甲。

㊻舊編：顧況棄婦詞云：「空林對虛牖，不覺塵埃厚；寒水落芙蓉，西風墮楊柳。」按芙蓉有二，生於水者曰水芙蓉，卽荷也；生於木者曰木芙蓉，卽秋花也。

新編甲：唐顧況，字逋翁，海鹽人，棄婦詞云：「空林對虛牖，不覺塵埃厚；寒水落芙蓉，西風墜（墮）楊柳。」

新編乙：同新編甲。「逋翁」作「通翁」，「墜」作「墮」。

㊼舊編：嚴灌夫娶愼氏，十年無嗣，出之，妻別詩曰：「當時心事已相關，雨散雲收一餉間；便是孤帆從此去，不堪重上望夫山。」遂如初。武昌〔北〕山有石，狀如人，俗傳貞婦之夫從役遠征，婦携子送至此，立望其夫而死，化為石，故後人名其山曰望夫山。

新編甲：武昌北山有望夫石，狀若人立，古傳昔有貞婦，其夫從役，遠為問慰（遠赴國難），貞婦餞送於此山，立望夫，而化為石，因以名焉。詠史詩云：「一上青山便化身，不知何代怨離人？古來節婦皆銷朽，獨爾不為泉下塵。」出三註故事。嚴灌夫娶貴氏，十年無子，出之，妻乃為詩以別曰：「當時心事已相關，雨散雲收一餉間；便是孤帆從此去，不堪重上望夫山。」復還，遂如初。出圓機夫婦類。

新編乙：同新編甲。「其夫從役，遠」下緊接「為石」，其間諸字盡缺。

㊽舊編：誚，在笑切，以辭相責也。

㊾舊編：孟子云：「西子蒙不潔。」註：「蒙，冒也。不潔，汚穢之物也。」

新編甲：孟子曰：「西施（子）蒙不潔，則人皆掩鼻而過之。」註：「西子，卽西施，施其姓也，越之美女。不潔，汙穢之物。」出孟子離婁下。

新編乙：同新編甲。「西施蒙不潔」作「西子蒙不潔」。

⑩舊編：安陽王有女名媚珠，嫁與趙武帝子名仲始。初，王有龜爪神弩，媚珠有鵝毛衣；後，仲始潛換得弩機而歸，謂媚珠曰：「後有變，當以鵝毛為記。」及趙武發兵攻王，王不知弩機已換，不為備，遂敗走，坐媚珠於馬上南奔，仲始認鵝毛追。至海濱，途窮，忽見金龜湧出水上，叱曰：「馬後者，賊也！盍殺之？」王拔劍欲斬媚珠，媚珠祝曰：「忠信一節，為人所詐，願化為珠玉，雪此讐恥。」王竟斬之，血流水上，蚌蛤含入心，化成明珠。仲始追及之，抱尸歸葬螺城，仲始自投于井。世傳明珠有暗鳶（翳），則以螺城井水洗之，復光瑩。

新編甲：媚珠，蜀安陽王之女，仲始之妻。仲始誘媚珠竊覩靈光金爪神弩，潛毀其機，易之。其後仲始父趙佗攻王，王敗走，坐媚珠於馬上，南奔至海瀨，金龜湧出，叱曰：「乘馬後者，賊也！盍殺之？」王投劍欲斬媚珠，媚珠祝曰：「忠信一節，為人所詐，願化為珠玉，雪此讐恥。」王竟斬之，血流水上，蛤蚌含入心，化成明珠。出國史。

新編乙：同新編甲。

⑪舊編：虞姬自刎垓下，於墓上生草二株，晝夜綢繆，人以為異，號曰虞姬草。曾子宣（固）夫人魏氏作虞美人草行云：「香魂夜逐劍光飛，清（青）血化為原上草。」

新編甲：虞姬自刎於垓下，芳魂不泯，故於墓上生草二株，晝夜綢繆，人以為異，故謂虞姬之草。又詩云：「三軍散盡旌旗倒，玉帳佳人坐中老。香魂夜逐劍光寒，青血化為原上草。」出古文。

新編乙：同新編甲。

⑫舊編：詩衛風云：「士也罔極，二三其德。」蓋淫婦為人所棄，而自叙其事，以悔恨也。

新編甲：「士也罔極，二三其德。」出詩衛風國（衛國風）。

新編乙：同新編甲。「衛風國」作「衛國風」。

53 舊編：北山移文：「豈期終始參差，蒼黃翻覆？」、「乍迴（迴）迹以心染，或先貞而後黷。」

新編甲：「始終（終始）參差，蒼黃反從（翻覆）。」、「或先貞而後黷。」出北山移文。

新編乙：同新編甲。

54 舊編：飼，音寺，以食食人也。

新編甲：飼，音寺。

新編乙：同新編甲。

55 舊編：柳宗元作河間傳云：「河間，淫婦人也。戚里聞河間之名，則掩鼻蹙額，皆不欲道。不願言其姓，故以邑稱名。」

新編甲：唐柳宗元作河間傳云：「河間，淫婦人也。戚里聞河間之名，則掩鼻蹙額，皆不欲道。不欲言其性（姓），故以邑稱名。」

新編乙：同新編甲。「不欲言其性」作「不言其欲性」。

56 舊編：頓，遽也。

57 舊編：挑，他彫切，撥也。

新編甲：杜甫詩：「岸風翻夕浪，丹（舟）雪灑寒燈。」附江總歌：「寒燈作花羞夜短，霜鴈多情恒結伴。」出韻瑞十蒸韻。

新編乙：同新編甲。「丹」作「舟」。

58 舊編眉批：此段寫得婉委（委婉）曲折，若無而又有，若絕而又生，奇古幻化，有神出鬼沒之妙。

㊾舊編：胡開大四年，明人韓觀等假送偽陳添平還國，侵支稜關。先是，添平乃陳元輝家奴，名阮康，後從賊，有詔捕之。康北走明國，詐稱陳氏子孫，改名添平，偽稱安南國王子，為胡氏簒奪，投奔。

新編甲：添平，陳元輝家奴，即阮康也。事跡已見那山樵對錄「明師納款以求退」句。支稜關，在諒山處。

新編乙：同新編甲。無「添平，陳元輝」諸字。

⑥⓪新編甲：飄，批招切；飄飄，風貌。

新編乙：飄，批招切；飄，颯，颯貌。

⑥①舊編：海中有山可依曰島。

⑥②舊編：拭，施職切，以巾刷垢也。

⑥③新編甲：唐有文（聞）喜宴，僖宗賜進士名（各）紅綾餅〔餤〕一枚。徐寅（夤）詩曰：「莫欺老缺殘牙齒，曾喫紅綾餅餤來。」出韻瑞十蒸韻。陰長生得大（太）清神丹，經服半劑，為地仙，周行天下。出韻瑞十四寒韻。

新編乙：同新編甲。

⑥④舊編：嵬，音瑰，為狂險之行者謂之嵬。湏，胡孔切，流轉貌。

新編甲：嵬，吾回切，為狂險之行者謂之嵬。生（湏），胡孔切，流轉貌。

新編乙：同新編甲。

⑥⑤舊編：韓愈南海神廟碑云：「南海神在北、東、西三神河伯之上，號為祝融。天寶中，天子

以為古爵莫貴於公侯，故海嶽之祀（祝），倣而依之。今王亦爵也，而祀（禮）海嶽，尚循公侯之事，虛王儀而不用，非致崇極之意。由是册尊封南海神為廣利王。因其故廟，易而新之。常以立夏氣至，命廣州刺史行事祠下。」

新編甲：韓愈南海神廟碑云：「南海神在北、東、西三神河伯之上，號為祝融。天寶中，天子以為古爵莫貴於公侯，故海嶽之祀（祝），倣而依之。今王亦爵也，而祀（禮）海嶽，尚循公侯之事，虛王儀而不用，非致崇極之意。由是册尊封南海神為廣利王。因其故廟，易而新之。常以立夏氣至，命廣州刺史行事祠下。」

新編乙：同前。「倣」作「故」。

66 舊編：拕，音陀，引也，曳也。髻，古屑切，音結，又音計，綰髮也。

新編甲：拕，音沱，引曳也。

新編乙：同新編甲。

67 舊編：閈，侯幹切，鄉里也。

新編甲：閈，侯幹切，門也，里門也。

新編乙：同新編甲。

68 新編甲：漠，末各切，澹靜也。

新編乙：同新編甲。「澹」作「瘖」。

69 舊編：漢曹娥，父盱（盰）能絃歌，為巫祝，於五月迎神，江上溺死，不得屍。娥年十四，沿江號哭，七晝夜不絕聲。旬有七日，遂投江而死。三日後，抱父屍俱浮。鄉人以為神，立廟祀之。炎帝之女遊於東海，溺死，化為寃禽，名曰精衛，常銜西山木石以填海。

新編甲：漢曹娥，父旴（盱）為巫祝，五月迎五君，逆濤而上，溺死，不得屍。娥年十四，沿江號哭，晝夜不絕，旬有七日，遂投江死。三日後，抱父屍而出。鄉人以為神，立廟祀之。出文苑。山海經云：「發鳩之山，有鳥名精衛，乃炎帝之女，往遊東海，溺死，遂化此鳥，常銜西山之木石，以填東海。」出文苑。

新編乙：同新編甲。「旴」作「盱」。

⑳ 舊編：宰我問：「二年之喪期已久矣！」、「舊穀既沒，新穀既升，鑽燧改火，期已久矣！」言期年則天運一周，時物皆變，喪可止也。

新編甲：舊穀沒，新穀升，謂一年之周也。出論語陽貨篇。

新編乙：同新編甲。

⑪ 新編甲：事跡已見西垣奇遇記「割懷土之思」句。

新編乙：同新編甲。

⑫ 新編甲：事跡已見龍庭對訟錄「早晚於水雲鄉」句。

新編乙：同新編甲。

⑬ 新編甲：柘，音蔗；桑實曰甚（椹），柘實曰佳，言佳鳥性所食也。

新編乙：同新編甲。「食」作「貪」。

⑭ 新編甲：墳，符分切，高曰墳。塚，知隴切，平曰墓，封曰塚。楸，音秋，梓屬，梓與楸相似，以為一物，誤矣！楸之疏理白色而生子者為梓，梓與楸自異，生子不生角。

新編乙：同新編甲。「生子不生角」作「生子不角」。

⑮ 舊編：泫，胡犬切；泫然，流涕貌。

新編甲：泫，胡犬切；泫然，流涕貌。

新編乙：同前。

76 舊編：幡，孚難切，心變動貌。

新編甲：幡，孚難切，心變動貌。「幡然改曰」，此孟子引伊尹之辭以告萬章。

新編乙：同新編甲。

77 舊編：蠛，彌列切，污血也。

新編甲：蠛，彌列切，污血也。

新編乙：同前。

78 舊編：嘶，音西，馬聲。古詩：「道路阻且遠，會面安可知？胡馬依北風，越鳥巢南枝。」蓋忠臣去國，念不忘君，託婦人思其君子而譬之，物在異域，不能不念舊也。

新編甲：馬本北胡所生，故見朔風嘶鳴不已；鳥受南方鶉火之星而生，故必於南枝而巢。詩云：「馬嘶北吹猶懷土，鳥戀南枝也憶巢。」出圓機。

新編乙：同新編甲。「鳥戀」作「鴈戀」。

79 舊編：袱，音伏，袍（包）袱也。

新編甲：袱，音伏，包袱也。

新編乙：同新編甲。

80 舊編：顆，苦果切，小頭也，今言物一顆猶一頭也。

新編甲：緘，古咸切，封也。顆，苦果切，珠顆也，小頭也，今言物一顆猶一頭也。

新編乙：同新編甲。

81舊編：鯶，音混，魚名。
新編甲：鯶，音混，魚名。
新編乙：同前。

82舊編：金鈿，金花飭（飾）也。

83舊編：樵，子肖切，祭名，同醮。
新編甲：醮，子肖切，祭名。
新編乙：同新編甲。

84舊編：滸，火五切，水涯也。

85新編甲：凝，停也。
新編乙：同新編甲。

86舊編：旌，車上旛也，析鳥羽注旄首，所以進士卒也。旖，昔衣，又音倚。旎，乃里切；又年題切。旖旎，旂從風舒揚貌。
新編甲：旌，音精，祈（析）羽，謂分析鳥羽為之，其竿頭則綴以旄牛尾也。旖，音倚，旂舒貌；旎，乃思切。旖旎，旌旂從風貌。
新編乙：同新編甲。

87舊編：已然曰業。

88舊編：戰國策：秦甘茂曰：「人有與曾參同姓名者殺人，人告其母，母曰：『吾子不殺人！』織自若。有頃，人又曰：『曾參殺人！』又織自若。又一人告之，其母投杼踰垣而走。」孟子母事亦同。

新編甲：戰國策：秦甘茂曰：「曾人與曾參同姓名者殺人，人告其參母，曰：『君（吾）子不殺人！』織自若。有頃，又曰：『曾參殺人！』又綺（織）自若。二人（又一人）告之，其母懼，投杼踰恒（垣）而走。」出羣玉□（六）語韻。孟子母事亦〔同〕。

新編乙：同新編甲。「二人」作「又一人」，「恒」作「垣」，「孟子母事亦」下有「同」字。

89 舊編：鈇，音孚，莝斫刀也，斧也。符人有亡鈇者，意其鄰之子。視其行，竊鈇也；言語，竊鈇也；動作、態度，無為而不竊鈇也。俄而，得其鈇。他日復見鄰之子，動作、態度，無似竊鈇者。

新編甲：鈇，音孚。符人有亡鈇者，意其鄰之子。視其行，竊鈇也；言語，竊鈇也；動作、態度，無為而不竊鈇也。俄而，得其鈇。他日復見鄰之子，動作、態度，無似竊鈇者。出列子。

新編乙：同新編甲。

90 舊編：漢馬援在烏蠻時，以薏苡實能輕身勝瘴，嘗愛食之，及還，欲以為種，載之以歸。後有上書譖之者，以為前所載還，皆明珠文犀，光武怒之。

新編甲：初，馬援自交趾嘗餌薏苡，軍還，載之一車。及卒，後有上書譖之，以為前所載，皆明珠文犛（犀），帝怒。出光武史記。

新編乙：同新編甲。

91 舊編：曹操欲刺董卓，其事覺，遂逃走。行至呂伯奢家，原伯奢與操父有恩，乃入宿。伯奢往西村沽酒，操坐家中，忽聞莊後有磨刀聲，操潛入後堂，聞人語曰：「縛而殺之！」操疑以為殺己，遂拔劍直入，盡殺男女八人。搜至厨下，見一豬，縛而置此，始知彼縛殺豬，遂走去。遇伯奢沽酒而還，又刺殺之。

新編甲：曹操逃難，至父執呂伯奢家。伯奢往西村沽酒，操聞莊後磨刀之聲，潛入後堂，聞人語曰：「縛而殺之！」操直入，不問男女，盡殺。至園下，見縛一豬，陳宮曰：「孟德誤殺好人。」遂行。不二里，見伯奢驢鞍懸酒物來，操不顧，一刀砍下。出三國志。

新編乙：同新編甲。

李將軍傳

後陳簡定帝之卽位讓渡也❶，四方豪傑，遠近響應❷，各招集徒侶，為勤王之師。東城李友之㊀，亦以田父崛起㊁❸，性甚鷙悍㊂❹，但有力善戰，國公鄧悉保為將軍㊃，使領鄉兵擊賊。權位既盛，遂行不法，倚刼徒為心腹㊄，視儒士如仇敵。嗜財好色，貪欲無厭，凡人妻妾，頗有顏色，一切攘奪㊅。又多置田園，高起樓榭❺，裒原野而開其池❻，斥村閭以廣其地❼，名花怪石，搬及傍縣❽。其州人服役，兄歸則弟往，夫還則妻代㊆，皆肩穿手裂，不勝其勞❾，而彼心悠然自得。

時有術士入丐其門㊇，頗能言禍福。李命相之，其人曰：「利行莫如忠言，愈疾不如苦藥❿。但公容納，使僕盡言；勿令苦口見憎，終使轉喉觸諱，則可矣⓫！」李曰：「何害！」其人曰：「善惡之著，必積而成；報應之來，其機不爽。故論數必先論理，而相面不如相心。今將軍暴有而德無，人輕而貨重；假威權而虐衆，逞奢欲以宣驕⓬。既逆人心㊈，必干天討。其何術以避天殃哉？」李笑曰：「吾自有兵徒，自有營壘。手，吾不釋矛戟；力，吾可追電風㊉。天雖行健，亦將趨避不暇，安能禍及我耶(十一)？」術士曰：「將軍自是倔强(十二)，未可以言辭曉譬⓭。僕有叢珠徑寸，照之洞知吉凶⓮，將軍願見之乎？」因出諸袖中。李引目視之，見中有烘爐沸鼎⓯，傍皆鬼頭異相，或持絙索⓰，或執刀鋸(十三)；己方躬被枷鎖，就鼎邊蒲伏⓱，睢盱駭汗⓲。問以救之之計，術士曰：「惡本既深，禍機將發。為今急計(十四)，莫若遣諸姬妾(十五)⓳，破却園池，釋去兵權，依投福地。雖罪未能卽滅，亦可萬分減一。」李沉思良久，曰：「先生且休矣！我不能此⓴。安有逆料來時未必之禍(十六)，而輕棄數載垂成之功哉？」此後愈肆淫狂，斬伐隨意。其母輒恨曰：「好生惡殺，誰無是心？天道昭明，汝胡可强獨殺(十七)，不意吾年衰老(十八)，復見壯兒被刑戮也！」其子叔款，亦隨事諫捄，終不悛改㉑。年四十，以壽終于家，道路驩然相謂曰：「爲善者或困兵間，作惡者全死牖下(十九)，果有天道乎㉒？」

先是，本州人阮逵，慷慨尚節，素與叔款契厚㉓，逵死已三歲矣。他日晨出，適遇諸途，謂叔款曰：「汝之先人，將有鞫訊㉔，以子相知之熟，故預來報道。子若要見㉕，後夕我遣人迎迓(二十)，當有所覩；但既覩之，愼宜緘默，或出一言，禍將移於我矣(二一)！」言終不見。至期，叔款就小齋注望(二二)㉖，夜既半，果有馱卒數人，邀至大宮殿。殿上有王者，傍立人皆鐵衣銅胄(二三)，各執斧鉞戈鋋之屬(二四)㉗，排衙拱扆㉘，陛衞嚴肅。俄見判官四員，由左廡趨出，其一卽阮逵也，皆持簡向至朱案前跪讀。一人曰：「某職某名，在世剛方，不避權貴，然而爵位愈崇，謙抑愈至，又能忘身徇國，爲邦家之光(二五)㉙。臣請奏知帝庭，超授仙品。」一人曰：「某衙某姓，爲人貪濁，賄賂塡門㉚，又以祿秩驕人，輕蔑有德，未曾奬拔賢士，爲有國之助(二六)。臣請移報南曹，削落年籍。」一人曰：「某州何某，努力爲善，日不暇給，頃因兵燹之後(二七)，疾疫大作，攷方施藥，蒙活者千餘人。欲使托生福門，享祿三世(二八)，以報全生之恩。」一人曰：「某村丁某，不睦兄弟，不和宗族，欺其諸孫孤幼(二九)，改寫囑書，盡奪其田，使無立錐之地。欲使托生餓隸(三〇)，輾轉溝壑，以償攘奪之慘。」王皆可其奏。

繼有緋衣者㉛，自右廡趨過(三一)，亦前來跪奏曰：「臣所理司，有姓某名某，頑愚不法，繫獄期年，未經判斷(三二)，王庭請命，今當至矣！」因唱誦彈文曰：

伏聞：「玄黃肇判，分陽淸陰濁之形；民物稟生，有惡業善緣之異。」如斯種種㉜，固可枚枚[33]。蓋天能以理賦人，不能使人皆賢聖；而人能以身率性(三三)，不能無性或昏明[34]。故有倚而不中[35]，有流而為惡，吉凶之動，判然而牝牡驪黃(三四)[36]；因果之來[37]，必爾而形聲影響(三五)[38]。顧此理本來顯著，奈夫人一是頑愚[39]，競起怒嗔，妄生物我[40]，堙河落井，汩汩何深[41]；塞塹填坑，滔滔皆是[42]，幽沉至此，隕越堪怜[43]。此九天垂拔度之科，將警迷而覺暗[44]；十地具輪迴之獄，欲戒往而懲來[45]，過而弗悛，刑之必至。今李某，蟲沙之質[46]，蟻蝨之軀[47]。締交時，覆雨翻雲[48]；萌心處，妖精癘鬼(三六)[49]。視文學，實同枘鑿[50]；重貨財，殆若丘山。占人田，類漢紅陽[51]；縱虐殺，邁隋楊素[52]。戕人扇禍，較豺狼猛獸而有加(三七)；極欲窮奢，雖溪壑丘山而不足(三八)。畢竟貪心所使[53]，真是奸人之雄[54]。盍寘嚴條[55]，用懲來者[56]！

宣畢，見吏人驅友之至(三九)，跧伏門下[57]，痛加鞭楚(四〇)，流血淋漓[58]，躑躅呻吟，酷不可忍[59]。

忽聞殿上言曰：「分曹對局，卿等之職，何至稽滯，須一年耶？」緋衣者曰：「此囚罪盈惡積(四一)，未敢輕議，今來奏閱，始正章刑。」因陳奏數其罪曰：「凡摟人之妻，淫人之女[60]，如何議決？」王曰：「此為愛河所溺[61]，當以濃湯滌胃，使情欲不生。」左右卽曳投沸鼎，肢體糜爛，仍以神冰微點(四二)，須臾間復作人形。又曰：「凡彼占人之田，破人之產，如何議決？」王曰：「此爲貪泉所汩(四三)[62]，當以强七撐腸[63]，使貪心不起。」左右卽剖開胸腹(四四)，臟腑流布[64]，復以楊枝輕拂，俄頃際又具全體[65]。又曰：「至於破古人之墳墓，喪同胞之叙倫(四五)，又如何議決？」王默然久之，徐曰(四六)：「此乃無厭虐厲，雖刀山劍樹、銅漿鐵杖，未足爲快[66]，但當押赴九幽獄[67]，以皮索纏其頭，以火錐釘其足，飢鷹啄其胸(四七)[68]，蝮蛇齧其腹[69]，沉淪刼刼[70]，永無出期。」鬼吏再牽之去(四八)。

時叔款於墻隙間窺見㊾，失聲幾哭㊿，數鬼卒急以拳掩口(51)，復送歸家(52)，於空中擲下，始大驚覺。見家人環哭，言死已二日矣(53)，但胸間氣息微溫，未敢收葬。叔款屏去妻孥(54)，破貲焚券(71)，入山中採藥。其事秘之不泄，惟叔款及蒼頭數人知之，故罕傳也。

嗚呼！天之道，至公而無私；天之網，雖疏而不漏(72)。故或生前免禍，而死後被刑。但禍於生人既不見，刑於死人又不知，此世所以多亂臣賊子；縱使見之、知之，雖使為惡，亦惡乎敢(73)？然李某既見知之(55)，又從而肆之，此又一等不移人(74)，駁乎無以議為也！(56)

【校】

㈠東城李友之　諸本「城」下有「人」字。

㈡亦以田父崛起　「父」，舊編注云：「一作夫」。

㈢性甚鷙悍　「甚」，諸本作「本」，舊編亦注云：「一作本」。

㈣國公鄧悉保為將軍　「保」，舊編注云：「一作表」。

㈤倚刼徒為心腹　諸本「心腹」作「腹心」。

㈥凡人妻妾，頗有顏色，一切攘奪　諸本無此三句，舊編亦注云：「一本無『凡人』等句」。

㈦夫還則妻代　諸本「妻」作「婦」。

㈧時有衛士入丐其門　「入」，乙本作「久」，丙本作「人」。

㈨既逆人心　「人」，諸本作「天」，舊編亦注云：「一作天」。

(一〇)手，吾不釋矛戟；力，吾可追電風　諸本作「吾手不釋矛戟，吾力可追電風」。

(一一)安能禍及我耶　諸本「耶」作「哉」。

㉒將軍自是倔强　諸本「是」作「恃」。

㉓或執刀鋸　「執」，丙本原缺，後補作「持」。

㉔為今急計　「為今」原作「今為」，據諸本改。

㉕莫若遣諸姬妾　「遣」，舊編注云：「一作遠」。

㉖安有逆料來時未必之禍　諸本「逆」作「預」。

㉗汝胡可强獨殺　諸本無「强」字。

㉘不意吾年衰老　諸本「衰」作「垂」。

㉙作惡者全死牖下　諸本「作」作「為」。

㉚後夕我遣人迎迓　甲本「迓」作「送」。

㉛禍將移於我矣　「於」字原無，據諸本加。

㉜叔款就小齋注望　諸本「就」上有「果」字。

㉝傍立人皆鐵衣銅冑　諸本無「人」字。

㉞各執斧鉞戈鋋之屬　「鋋」，舊編注云：「一作梃」。

㉟為邦家之光　諸本作「為國之光」。

㊱為有國之助　諸本無「有」字。

㊲頃因兵燹之後　丙本「燹」作「焚」。

㊳享祿三世　「祿」，舊編注云：「一作福」。

㊴欺其諸孫孤幼　諸本「孤幼」作「幼弱」。

㊵使托生餓隸　諸本「餓」作「饑」。

㉛自右廡趨過　諸本「趨」作「走」。

㉜未經判斷　諸本「判」作「詞」。

㉝而人能以身率性　諸本無「而」字。

㉞判然而牝牡驪黃　諸本無「而」字；又「牝牡」原作「牡牝」，據諸本改。

㉟必爾而形聲影響　諸本無「而」字。

㊱妖精癘鬼　諸本作「妖星厲鬼」。

㊲較豺狼猛獸而有加　諸本無「而」字。

㊳雖溪壑丘山而不足　諸本無「而」字。

㊴見吏人驅友之至　諸本無「至」字。

㊵痛加鞭楚　諸本「楚」作「擊」。

㊶此囚罪盈惡積　甲、乙本「囚」作「因」。

㊷仍以神冰微點　諸本「冰」作「水」。

㊸此為貪泉所汩　「泉」原作「源」，據諸本改。

㊹左右卽剖開胸腹　「胸腹」，甲、乙本均缺，丙本作「胸胃」。

㊺喪同胞之敘倫　「喪」，舊編注云：「一作褻」。

㊻徐曰　諸本無「徐」字。

㊼飢鷹喙其胸　「喙」，諸本作「啄」，舊編注云：「與啄同」。

㊽鬼吏再牽之去　「吏」，丙本作「使」，舊編亦注云：「一作使」。

㊾時叔款於墻隙間窺見　諸本無「間」字。

(五〇)失聲幾哭　舊編注云：「一作哭幾失聲」。

(五一)數鬼卒急以拳掩口　諸本無「卒」字。

(五二)復送歸家　甲、乙本無「復」字。

(五三)言死已二日矣　諸本無「矣」字，又丙本「已二日」作「三日」。

(五四)叔款屏去妻孥　諸本「孥」作「子」。

(五五)然李某既見知之　「見」原作「以」，又注云：「一作已」，據諸本改。

(五六)甲、乙本文末有「終畢」二字。

【注】

❶舊編：胡為明滅，俘歸金陵，陳簡定帝即位於長安州謨渡，建元興慶。謨渡，即今安謨縣。

新編甲：謨渡，即今安謨縣渡謨也。丁亥年十月初二日，陳簡定帝即位於長安州謨渡，建元興□（慶）。出國史。

新編乙：同新編甲。缺文作「渡」。

❷新編甲：唐萬年縣法曹孫伏伽，上表以為：「陛下龍飛晉陽，遠近響應，未朞年而登帝位。」出唐史神堯。

新編乙：同新編甲。

❸舊編：崛，平地拔起貌；又勃起曰崛起。

新編甲：勃起曰崛起。

新編乙：同新編甲。

❹舊編：鷙，擊殺鳥也，凡人好殺者，以鷙比之。悍，勇急也。

❺舊編：榭，音謝，屋無室也；又臺上之屋四達亦曰榭。

❻舊編：衰，蒲侯反，減也。

新編甲：衰，蒲侯切，聚也，減也。

新編乙：同新編甲。

❼舊編：斥，除也。村，聚落也。閭，侶也，二十五家相群侶曰閭。

新編甲：斥，擯也。閭，音廬，〔說文〕：「里門也。」、「閭，侶也，二十五家相羣侶也。」又居也。爾雅：「巷門謂之閭。」

新編乙：同新編甲。「廬」下有「說文」二字。

❽舊編：搬，音盤，移運也。

新編甲：搬，音般，移也。

新編乙：同新編甲。

❾新編甲：勝，平聲。

新編乙：同新編甲。

❿新編甲：沛公見秦宮室，帷帳、狗馬、重寶、婦女以千數，意欲留居之。樊噲諫：「願急還霸上，無留宮中！」沛公不聽，張良曰：「且忠言逆耳，利於行；毒藥苦口，利於病。願沛公聽噲言。」沛公乃還軍霸上。出西漢紀。

新編乙：同新編甲。

⓫舊編：轉喉觸諱，韓昌黎送窮文。

新編甲：韓昌黎送窮文云：「轉喉觸諱。」
新編乙：同新編甲。

⓬舊編：詩云：「不知我者，謂我宣驕。」
⓭舊編：倔，梗戾貌。隋何稠「猛力倔强」。
⓮新編甲：齊威王、魏惠王會田于郊，惠王曰：「齊亦有寶血（乎）？」威王曰：「無有。」惠王曰：「寡人國雖小，尚有徑寸之珠，照車前後各十二乘者十枚；豈以齊大國，而無寶乎？」出周史。
新編乙：同新編甲。

⓯舊編：沸，音怫，泉湧出也。
新編甲：洪（烘），胡公切，燎火乾也。爐，龍都切，火爐也。
新編乙：同新編甲。「洪」作「拱」。

⓰舊編：據正字，絚當作緪，音桓、音艮，大索也。
新編甲：絚，音桓，大索也。索，蘇各切，桑入聲，繩索；又盡也。
新編乙：同新編甲。

⓱舊編：伏，步黑切；蒲伏，膝行也。
新編甲：伏，步黑切；膝行蒲伏。
新編乙：同新編甲。

⓲舊編：睢盱，音揮吁，仰目望視也；又視周章貌。
新編甲：睢，音雖，仰目視貌。盱，音吁。

新編乙：同新編甲。

⑲舊編：遣，縱也。

⑳新編甲：蒯徹（通）說韓信曰：「勇略震主者，身危；功蓋天下者，不賞。今足下戴震主之威、挾不賞之功，歸楚，楚人不信；歸漢，漢人震恐。足下安歸乎？」信曰：「先生且休矣！」出西漢紀。

新編乙：同新編甲。

㉑舊編：悛，音佺，止也。

㉒舊編：牖，穿壁以木為交窗也。古者一室，一戶一牖，室暗，故設牖以開明也；今言牖下，猶言室中也。

新編甲：徐曰：坦□明則為窗牖者，更以木為交櫺也。古者一室，一戶一牖。詩大雅板章：「天之牖民。」

新編乙：同新編甲。缺文作「李」。

㉓新編甲：逵，音葵。

新編乙：同新編甲。

㉔舊編：鞫與鞠同，訊獄必窮其情也。訊，音信，問也。

按：諸本正文「鞫」作「諊」，亦同。

㉕舊編：要，欲也。

新編甲：要，去聲。

新編乙：同新編甲。

㉖舊編：注，意在也。

㉗舊編：鏦，小矛也。

㉘舊編：排，列也。衙，官廨也。扈，後從也。

㉙新編甲：寇忠愍之入相凡二：忘身徇國、守道嫉邪。出宋仁宗紀。文天祥拜相於國事既去之餘，而能以身任三百年綱常之重，從容就義於顛沛流離之際，為國之光。出總論。

新編乙：同新編甲。無「拜」字。

㉚舊編：填，滿也。

㉛舊編：緋，絳色也。

新編甲：緋，音非，絳色。

新編乙：同新編甲。

㉜舊編：種種猶物物也。

新編甲：種種猶物物也。

新編乙：種種「猶物物也」。

㉝舊編：凡數物，個曰枚，故先儒有「枚舉」之言。

㉞新編甲：率，循也。

新編乙：率，秘（循）也。

㉟新編甲：倚，偏也。

新編乙：偏，倚也。

㊱舊編：驪，馬純黑也。

新編甲：驪，音離，馬純黑也。秦穆公問伯樂曰：「子之年長矣！子姓有可使求馬乎？」對曰：「臣之子，皆下材也。臣有所與九方皐，其相馬，非臣之比也。」穆公見之，使行求馬，三月而反報曰：「已得之，在沙丘，牝而黃。」使人往取之，牡而驪。公不悅，召伯樂曰：「敗矣，子之所使求馬者！色物牝牡不能知，又何馬之能知也？」伯樂曰：「若皐之所觀，天機也！得其精而忘其麄，見其內而忘其外。」馬至，果天下之良馬也。出文苑。

新編乙：同新編甲。「非臣之比也」作「非臣之子比也」。

㊲舊編：因緣果報，佛家語。

新編甲：因謂因緣，果謂果報。

新編乙：同新編甲。

㊳新編甲：吳季子曰：「天下之理，惟感與應，至為不誣，如響應聲，如影隨形，斷斷乎其毫髮不差也。」出大學「自天子」註。

新編乙：同新編甲。

㊴舊編：心不則德義之經為頑，非是是非之謂愚。

㊵舊編：嗔，於真切，怒氣也。

㊶舊編：堙，音因，塞也。

新編甲：堙，音因，塞也。

新編乙：同前。

㊷舊編：塹，七豔切，闕土為坑也。

新編甲：塹，七豔切，遶城水也。滔，音叨，漫也，水大貌。

新編乙：同新編甲。

㊸新編甲：隕，羽敏切，墜也。怜，音零，哀矜也。

新編乙：同新編甲。

㊹新編甲：九天上，第一天名「鬱單無量天」，第二天名「上上禪善無量壽天」，第三天名「梵監天」，第四天名「兜率天」，第五天名「不驕樂天」，第六天名「化應聲天」，第七天名「梵寶天」，第八天名「梵摩迦夷天」，第九天〔名〕「波黎答答恕天」，其一天俱引置三天，合三十六天。出天中記。

新編乙：同新編甲。「善」作「善」，「第九天『波黎答答恕天』」作「第九天名『波黎答恕天』」，「引」作「引（張）」。（按龍龕手鑑與廣韻，「引」卽「引」也，然新編乙「引」乃「張」之簡寫，正如「叫」乃「嘯」之簡寫而非「叫」，不同於常例。）

㊺新編甲：十地，地府十殿冥王也，如秦廣王、初江王、宋帝王、伍官王、閻羅王、變成王、泰山王、平政王、都市王、轉輪王。

新編乙：同新編甲。

㊻新編甲：事跡已見昌江妖怪錄「猿鶴蟲沙之化」句。

新編乙：同新編甲。

㊼舊編：蝨，音瑟，衣襦中蟲也。

新編甲：蝨，音瑟。

新編乙：蝨（蝨），音瑟。

㊽舊編：杜詩：「翻手作雲覆手雨，紛紜輕薄何須數；君不見管鮑貧時交，此道今人棄如土。」

新編甲：締，丁計切，結不解也。喻奸勢作威福，友道之不終也。「翻手作雲覆手雨，紛紛輕薄何須數；君不見管鮑貧時交，古道今人棄如土。」管仲、鮑叔牙二人分金，故世之論交，先稱管、鮑，次則王、貢張陳內，其終蕭、朱隙其末，故知全之者鮮矣！出文苑。

新編乙：同新編甲。

49 新編甲：先正有言：「念之惡，妖星厲鬼。」出外紀。

新編乙：同新編甲。

50 舊編：枘木耑以入鑿也。鑿，穴木器也。史〔記〕孟荀傳：「持方枘欲圜鑿，其能入乎？」

新編甲：高祖之興，以馬上得天下，視儒道不啻枘鑿之不相入。出西漢紀。

新編乙：同新編甲。

51 舊編：漢成帝舅紅陽侯王立，占墾草田數萬頃。

新編甲：漢成帝時，紅陽侯王立使客占墾章（草）田數百頃，以入縣官，而貴取其□（値）一萬萬以上，為吏所發，上由是廢之。出綱目。

新編乙：同新編甲。缺文作「直」。

52 新編甲：楊素用兵多權略。每将臨敵，必求人過失而斬之，多至百餘人，流血盈前，言笑自若；及其對陣，先令一二百人赴敵，不能陷陣而還者，悉斬之，更令二三百人復進，還亦如之。将士股慄，有必死之志，由是戰無不勝。素時貴幸，言無不從。從素行者，微功必錄；至他将，雖有大功，多為文吏所遺却。故素雖殘忍，士亦願從焉。出隋文帝綱目。

新編乙：同新編甲。「遺却」作「譴刼」。

53 新編甲：吳起前之貪是貪財，後之與士卒同甘苦，乃是貪功名之心。使之是移前之貪於功名上，其貪則一。今漁人以餌致魚，非是肯捨餌也，意在得魚也，畢竟是貪心所使也。出周史。

新編乙：同新編甲。

54 新編甲：孟嘗君之養士也，不恤智愚，不擇臧否，盜其君之祿，以立私黨、引虛譽。上以侮其君，下以蠹其民，是奸人之雄也，烏足尚哉？出周史。

新編乙：同新編甲。

55 舊編：盍，何不也。

56 舊編眉批：有閻羅、包老口氣。

57 舊編：跧，音佺，屈也。

新編甲：跧，音詮。

新編乙：同新編甲。

58 新編甲：淋漓，渥貌。

新編乙：同新編甲。

59 舊編：躑躅，音擲逐，不能行貌。

60 舊編：摟，郎斗切，牽取也。

新編甲：摟，牽以取也。

新編乙：摟，牽秘（以）取也。

61 新編甲：佛經云：「愛河千尺浪，苦海萬重波；欲免輪迴苦，急急念彌陀。」

新編乙：同新編甲。

62 新編甲：廣州記：「石門，在番禺縣北二十里，昔南越相呂嘉積石於江以拒漢，因名石門。」

古老云：『石門之水，名曰貪泉，飲之，則廉士亦貪。』晉吳隱之，性廉操，為廣州刺史，至石門，遂酌而飲之，賦詩云：『古人云此水，一飲（歃）懷千金；試使夷齊飲，終當不易心。』飲後，清操愈（踰）厲。」出漢武帝綱目。

新編乙：同新編甲。「一飲懷千金」作「一軟懷千金」。

(63) 舊編：匕，補米切，匙也；此言匕，乃匕首，劍屬，形似匕，短而便用也。撐，拄也。

新編甲：匕，補委切。鹽鐵論：「匕首，短劍也，長一尺八寸。」通俗文：「王莽避火宣室，持虞帝匕宣。」則堯時已有其物矣！史記：「燕太子求天下之利匕首，得趙人徐夫人匕首，取之百金，以試人，血濡縷，人無不立死者。」典論：「周魯寶徐氏匕首。」又曰：「魏太子造百辟匕首三：其一理似堅水，名曰『剛清』，其二曜似朝日，名曰『揚文』，其三狀似龍文，名曰『龍鱗』。」師古曰：「匕，短劍，其首類匕，便于用也。」出潛確居類書服御二武具。

新編乙：同新編甲。「剛清」作「清剛」。

(64) 新編甲：剖，判、破也。

新編乙：同新編甲。

(65) 舊編：石勒愛子暴病卒，周（圖）澄取楊枝沾水，洒而呪之，復甦。

新編甲：拂，拭也。俄頃，須臾也。石勒愛子暴病卒，佛圖澄取楊枝沾水，洒為呪之，復甦。出書言。

新編乙：同新編甲。

(66) 新編甲：刀山劍樹，事跡已見昌江妖怪錄「劍為樹、刀為山」句。

新編乙：同新編甲。

67 舊編：押，檢束也。

新編甲：事跡已見傘圓祠判事錄「押赴九幽獄」句。

新編乙：同新編甲。

68 舊編：喙，呼責切，鳥食也，與啄同。

新編甲：啄，音捉。

新編乙：同新編甲。

69 舊編：蝮，音福，黃頷身短而白斑，首尾相似。齧，加「口」，贅。

新編甲：蝮，音福。齧，魚列切。

新編乙：同新編甲。

70 舊編：梵書以一世為一刼。

71 舊編：馮驩為客於孟嘗君，後君使驩收債于薛，驩既至，悉呼負債人以券焚之。

新編甲：周婢人馮驩，躡屩見孟嘗君，置傳舍十日，君門（問）傳舍長曰：「客何為者？」
曰：「馮先生甚貧，尚有一劍耳！彈曰：『長鋏歸來乎？盆（食）無魚。』」遷之幸舍。十
日，又歌曰：「長鋏歸來乎？出無輿。」遷之代舍。後君使收債於薛，驩曰：「惟東有折？」
曰：「吾家寡者市之。」驩至薛，召債主，推（殺）牛飲之，以君言焚劵，人皆戴之。還，
問：「市何物？」曰：「市義而還。君府藏盈積，推（惟）寡義，今結義耳！」君曰：「善！」
後孟嘗君廢，諸客皆去，〔卒〕賴馮驩得復其位。出尚友錄。

新編乙：同新編甲。「人皆戴之」作「人人皆戴之」。

❼新編甲：禮〔孔子〕閒居云：「天無私覆。」天之網，事跡已見范子虛逆（遊）天曹錄「疏而不漏」句。

❼新編甲：惡下字，平聲。

❼舊編：聖人云：「唯上智與下愚不移。」

麗娘傳

阮氏琰，東山大姓，陳渴眞之從表妹也❶。與錦江商婦李氏，對開粉庯于西都城外，鄰比交接❷，情好轉密；然俱未有子。一日，就壺公洞❸，乞靈祈嗣，李氏謂阮氏曰：「我等於城市間相識，今日之事，不約而同，倘香火有緣，必以相配，平戶議婚，何必崔、盧、李、鄭❹？山神在彼，吾不食言❺。」已而，阮果生女曰麗娘，李果生男曰佛生。年及長成❻，俱好紙筆，以父母相厚之故，往來無間❼，每有吟詠㈠。必相唱和❽，雖聘期未定，而兩情私許㈡，不啻夫妻焉❾。

胡建興己卯㈢❿，遭渴眞之禍⓫，女遂入宮，生大失所望。後值除夕⓬，五更歇，生尚寢，忽聞喑啞聲，排門一起⓭，見百餘綵轎㈣⓮，逶迤前過㈤⓯，已有帛書著欄楯間⓰，乃麗娘手跡也，書曰：

> 妾聞：「天有陰陽，天道以之而備；人有夫婦，人道以之而成。」嗟我何脩？與君不偶⓱！昔時心事，久已相關⓲；今日仳離，翻成永感⓳。竟落樓前之影，長緘院裏之春。每怕鏡舞離鸞⓴，琴操別鶴㉑。春城日暮，柳斜寒食東風㉒；流水御溝，腸斷上陽宮女㉓。但有幽愁種種，清淚波波。悵宿願之多違，笑此生之浪度㉔。柳氏重歸之約，好會難期㉕；玉簫再合之緣，他生未卜㉖。願君自愛，別締良媒㈥；無以一日之恩，而誤百年之計。悠悠心緒㉗，書不盡言，未得鈞旨，先此申覆。

生見書，大加傷感，寢食俱廢；然亦以婚事不成，竟遄東徙㉘，感娘此情，未忍他娶。

胡氏末，明將張輔分兵入寇，侵掠京城(七)[29]。生聞漢蒼失守[30]，意麗娘必在驅中，乃辭母之南，冀可相見。旬日始達神符海口，聞賊將呂毅領婦女數百，據天長府[31]，孤軍無援，心知麗娘在此(八)；但徒手人鄉，無以爲計。會簡定帝起兵長安州[32]，以衆寡不敵，欲退還義安(九)，生欲藉其兵勢襲取麗娘，乃就馬前獻策，其略曰：

臣聞：「拯溺成功，固因興運[33]；禦戎得策，實本廟謨。」故攻人必審於致人[34]，而破敵當明於料敵[35]。昨者胡朝失御[36]，吳子生心。黃、觀乘虎托之威(一〇)[37]，蝸爭遠徼[38]；沐晟逞鴟張之惡[39]，蜂蠆郊畿[40]。致令百餘年安樂之區[41]，轉作數十合紛拏之地[42]。析骸供爨[43]，粉骨為糧[44]。沿河之億萬生靈，誰無切齒？據郡之四方豪傑，咸有戰心！必須撥亂宏才，方建扶顛偉績[45]。今大王憤陳家之不造(一一)，奮夏旅以圖回[46]。持三千不滿之兵(一二)，當五道莫强之寇。雷轟電掣(一三)，從天之勢力張[47]；霧朗雲清，復土之功可必。方望還都而陟迹[48]，如何遇敵以班師[49]？固宜招鄧悉於演州[50]，留肇基於謨渡[51]。海道犀舟勁棹，直抵平灘[52]；步軍長轂高鋒，徑趨鹹子[53]。或命將以扼木丸之口(一四)[54]，或分兵以撞古弄之城(一五)[55]。鯁賊牙於白鶴灣頭(一六)[56]，無令轉食(一七)[57]；植椿樹於慢厨津尾(一八)，用過奔波[58]。陸勿容方軌之車[59]，水莫共長江之險(一九)[60]。夜則燃蒭相接[61]，晝則枹鼓相聞[62]。西都之形勢既張，東土之藩籬自固(二〇)。將見韓攻則趙應，從合則衡孤[63]。我轉戰而無前，師行席上[64]；彼扶傷而不暇，敗在眼中。縱猶豫而狐疑[65]，恐鼠嘷而雉竄(二一)[66]。時難再得[67]，王請勿疑[68]！伏望竪漢之旗[69]，反唐之旆(二二)[70]，吾軍雲合(二三)[71]，倘同時協力以併攻(二四)；彼虜天亡，將匹馬隻輪之不返(二五)[72]。

策進[73]，簡定帝讀而奇之，給兵五百(二六)，使分擊天長。生慷慨誓衆，諭以興復陳祚，士皆踴躍，因乘潮夜進，呂毅果拔壘宵遁，北住昌江，又連破之，退保諒山北寗驛。生又按據鬼門關，調度兵糧，會有燕臺賫班師詔書至者㉗74，張輔督諸軍還上道有日矣。生本爲求妻而來，初無立功之志，及聞北兵出塞，因與將校揮手爲別，晚投北寗驛。

時驛舍蕭條，無人訪問，適見村嫗問之75，嫗顰眉告曰：「此處常駐三軍，殺氣甚嚴，日又暮矣，郎何從至，未向人家投宿？」生慘然備言來意，嫗曰：「噫！果有是姓名年齒，如郎君所道76，不幸銜寃死矣！」問其詳，則曰：「前五日，北軍方欲旋駕，阮氏謂朱、鄭二夫人曰：『我輩質輕蒲柳，命薄朱鉛77，國破家亡，流離至此。若更從出塞，便是他鄉風景；曷若委塡丘壑，密邇鄉關，免作北朝孤鬼矣㉘！』因皆自盡。將軍憫其有操78，以禮葬在山椒79。」乃携生至其所，歷指之曰：「貞純剛烈，只此數人㉙，其餘不勝汚辱矣！」生不覺大慟。是夕，因宿墓所，泣曰：「我爲汝遠來，獨不能於夢中以一言相勞耶？」夜旣半，見麗娘冉冉而至，泣叙曰：

妾出自凡流㉚，過蒙厚遇。緣未諧於錦帳，分已薄於春冰。時與志而俱違，妾辭君而遠逝。朱樓有恨，幾對斜暉；青鳥無媒80，誰將來信？悵容光之減舊，度歲月以偷生81。誰料赤黹歌殘82，紅顏禍起。燕兵胡騎，莫過侵陵；禁柳宮花，幾愁攀折。恨殘軀之多誤，嗟厄運之重遭。始不能全節以從夫，終又忍甘心於降虜。寄隻身於萬死，度一日如三秋83。涉水踰山，備艱嘗險㉛。將隨緣而苟合，則狼子難馴84；欲出塞而遙征㉜，則狐丘易感85。是以不貪生活，不怕拘囚86。零落燈前㉝，魂隨戰鼓；蒼黃客裏㉞87，命寄羅巾。今則靈性雖存，殘骸非舊㉟。愧良人之遠訪88，撫往事以長嗟。敢述幽懷，幸垂知悉。

遂夫妻講歡論舊，一如平生。生曰：「汝旣不幸，我將携殯歸來㊱89，免使空行空返90。」娘曰：

「感君深情，厚意不報？但妾與二美人相從日久，交情親熟，不忍一朝捨去；況此地溪山明媚，雲烟勃窣91，神安魄妥㊲92，不必重煩移葬也㊳。」及鷄三號，急起爲別。明日，生以銀數兩買棺材香湯，併二美人改葬之。後夜，見三人來謝，方再欲叙話，已失所在矣。竟惆悵歸來，後不再娶。

及黎太祖起兵藍山鄉㊴93，生以宿恨未償94，將兵應募，凡遇明朝將校㊵，無不剪滅，故盪平吳寇，生多有力焉。

嗚呼！信近於義，言可復也95；義或未安，何其言之復？彼李生者，以恩情之故，堅守前盟，患難流離，不忘信約，其情可哀，於義則未安也。何則？感情而求之則可，冒死以求之則不可；冒死以求之猶不可，況不娶而絕先人之嗣其可乎？是故君子有權焉，未嘗執一也。「所存者小，所失者大。」其李生之謂歟？㊶

【校】

㊀每有吟詠　「詠」，諸本作「哦」，舊編亦注云：「一作哦」。

㊁而兩情私許　諸本無「而」字。

㊂胡建興己卯　諸本作「陳建新己卯」。

㊃見百餘綵轎　乙本「轎」作「輪」，然喃文則作「轎」，蓋形近而訛。

㊄運迤前過　「運」，甲、乙本作「邐」，丙本作「遲」。

㊅別締良媒　丙本「締」作「結」。

㊆侵掠京城　諸本「城」作「畿」。

㈧心知麗娘在此　「心」原與「必」小字並列，蓋二字均可；因諸本作「心」，故但取之。

㈨欲退還義安　「義安」原作「長安」，據注文與諸本改。

㈩黃、観乘虎托之威　諸本作「韓観乘狐托之威」。

⑪今大王憤陳家之不造　「大王」，舊編注云：「一作殿下」。

⑫持三千不滿之兵　諸本「三千」作「二千」。

⑬雷轟電掣　「掣」原與「邁」小字並列，蓋二字均可；因諸本作「掣」，故但取之。

⑭或命将以扼木丸之口　「命将」，舊編注云：「一作會師」。

⑮或分兵以撞古弄之城　「撞」，舊編注云：「一作孤」。

⑯鯁賊牙於白鶴灣頭　「牙」，舊編注云：「一作喉」。

⑰無令轉食　「轉」，舊編注云：「一作搏」。

⑱植椿樹於幔厨津尾　「樹」，諸本作「木」，舊編亦注云：「一作木」。

⑲水莫共長江之險　乙本「險」作「際」，然喃文則作「險」，蓋形近而訛。

⑳東土之藩籬自固　諸本「籬」作「維」。

㉑恐鼠嘸而雉竄　諸本「雉」作「狗」。

㉒伏望竪漢之旗，反唐之旆　「竪」，諸本作「樹」；「旆」，甲本作「旗」又改作「旆」，乙本則作「旗」。

㉓吾軍雲合　「雲合」，諸本作「霆擊」；舊編則注云：「一云電擊」。

㉔倘同時協力以併攻　諸本「協」作「合」，又甲、乙本「併」作「傳」。

㉕将匹馬隻輪之不返　舊編注云：「『石馬壯，重與社稷；金甌隆，再奠山河。鑴鼓詩，勒浯

碑，曷足形容萬一；冒天威，陳菲語，幸蒙懇款再三。』一本有增此等句。」

㉖給兵五百　「五百」原作「五千」，據前「持三千不滿之兵」句（參校㊂）與諸本改。

㉗會有燕臺賫班師詔書至者　諸本無「者」字。

㉘免作北朝孤鬼矣　「矣」，甲、丙本作「也」，乙本則缺。

㉙只此數人　諸本「此」作「是」。

㉚妄出自凡流　「凡」原作「風」，據諸本改。

㉛備艱嘗險　原作「備嘗艱險」，據諸本改，以與「涉水踰山」相對。

㉜欲出塞而遙征　諸本「而」作「以」。

㉝零落燈前　「零」，諸本作「冷」，舊編亦注云：「一作冷」。

㉞蒼黃客裏　諸本作「倉黃客裡」。「客」，舊編注云：「一作容」；又曰：「蒼同倉」。

㉟殘骸非舊　「骸」，舊編注云：「一作體」。

㊱我將攜殯歸來　諸本無「歸來」二字。

㊲神安魄妥　甲、乙本「妥」作「安」。

㊳不必重煩移葬也　「葬」，甲本作「徙」，乙、丙本則作「徒」，蓋欲書「徙」字，形近而訛。

㊴及黎太祖起兵藍山鄉　諸本無「鄉」字。

㊵凡遇明朝將校　「朝」字原無，據諸本加。

㊶甲、乙本文末有「終畢」二字。

【注】

❶舊編：琰，以淺切，璧上起美色也。
新編甲：琰，以冉切。

❷舊編：比，密也。周禮司徒：「五家為比。」今同里相聚為比鄰。
新編甲：比，音彼。周禮司徒：「五家為比。」今同里相聚為比鄰。

❸舊編：在永福縣天域社。
新編甲：壺公洞，在永福縣天域社。

❹舊編：唐太宗以山東崔、盧、李、鄭，世家衰微，已無冠蓋，猶負世望，婚姻之間，多邀錢幣，人謂賣婚，命高士廉刊正其姓氏。
新編甲：陳平，長欲娶，富者莫肯與貧者，平亦恥之。富人張負女孫，五嫁而夫輒死，人莫敢娶，平欲娶之。負謂其子仲曰：「吾欲以女妻平。」仲曰：「平貧，不事產業。」負曰：「人有美如陳平，肯長貧賤乎？」遂以女妻平。出文苑。唐太宗時，崔、盧、李、鄭，獨負世望，婚姻多邀錢幣，人謂賣（賣）婚。出類聚。

❺舊編：食言，謂言已出而變易之，猶食已吐而復吞之也。
新編甲：吐而復吞曰食言；又謂務不好信，棄其前言，如食而盡也。出文苑。

❻舊編：二十曰成。
新編甲：二十曰長成。

❼新編甲：間，去聲。

❽舊編：和，胡臥切，應和也。

新編甲：哦，牛何切，吟也。和，去聲。韓愈詩：「日銷月鑠就埋沒，大年西顧空吟哦。」出正字通。

新編乙：同新編甲。「韓愈」以下缺。

❾舊編：啻與翅同〔音〕；〔不啻〕，言不止如是也。

❿舊編：建興，胡年號，原建新，始改。

新編甲：建新，陳少帝年號。己卯，二年。

⓫舊編：陳渴真，永寧河朗人，三世為上將軍。陳末，季犛弒順宗，渴真與陳阬（沆）等謀誅之，不克被殺，盡沒其家。

新編甲：夏四月，胡季犛弒陳元君，上將軍陳渴真等謀誅季犛不果，事覺，渴真等被殺，及（沒）籍其家，女人為婢。出國史。

⓬舊編：除，消易也，新歲舊歲相交易，故曰除；十二月三十日夜也。

⓭舊編：喑啞，發怒聲。排，按正字：直入曰排，突兹直出亦曰排，蓋取急遽直推義。

新編甲：喑，於禁切。啞，衣架切。

新編乙：同新編甲。

⓮舊編：轎，古吊切，儋輿也。

⓯舊編：邐迤，音里夷，相連接也。

新編甲：邐，音里；迤，音駝。行貌，又連接也。

⓰舊編：欄楯，音闌盾，階除木勾欄也，王逸云：「縱曰欄，横曰楯。」

新編甲：欄，勾欄；「縱曰欄，橫曰楯。」

⑰舊編：景公問晏子曰：「吾何脩而可以比先王觀也？」脩，飭也。

新編甲：齊景公問於晏子曰：「吾欲觀於轉附、朝儛，遵海而南，放于琅邪；吾何脩而可以比於先王觀也？」出孟子梁惠王下。

⑱新編甲：儀禮喪服傳註：「關，已許嫁。」疏云：「通，已許嫁也。」出正字通。

⑲舊編：仳，普弭切；離，別也。詩云：「有女仳離。」

新編甲：「有女仳離，啜其泣矣。」出詩王國風中谷有推（蓷）章。

⑳舊編：罽賓王結罝峻卯山，獲一鸞，甚愛之，欲其鳴而不能致，乃饗以珍羞，三年不鳴，夫人曰：「嘗聞鳥見其類而後鳴，何不懸鏡以映？」王從之，鸞覩形而悲鳴，一奮而絕。

新編甲：異宛（苑）：「罽賓王置一鸞，欲其鳴不可致，飾金繁，嚮（饗）珍羞，對之愈戚，三年不鳴，夫人曰：『常（嘗）聞鸞見類則鳴。』乃懸鏡照之，覩應影悲鳴，中宵一奮而絕矣。」出圓機。

新編乙：同新編甲。

㉑舊編：商陵牧子娶妻，五年無子，父母欲為改娶，其妻聞之，終夜悲嘯，牧子感之，援琴作別鶴操。古詩：「上絃驚別鶴，下絃離孤鸞。」

按：陶潛擬古詩云：「上絃驚別鶴，下絃操孤鸞。」

新編甲：商陵牧子娶妻，五年無子，父母〔將〕為〔之〕改娶，其妻聞之，中夜悲嘯，牧子感之而作別鶴操云：「將乖比翼兮隔天端，山川悠遠兮路漫漫，攬衾不寐兮食忘餐。」出文苑。

㉒舊編：韓翃寒食詩：「春城無處不繁華，寒食東風御柳斜；日暮漢宮傳蠟燭，輕烟散入五侯家。」

新編甲：事跡已見快州義婦傳「遭叱利老拳」句小註。先賢傳：「幷州以介子推焚死，每冬中輒一月寒食，莫敢烟爨。」又冬至後百五日六日，有疾風暴雨，為寒食節。出韻瑞十三職韻。

㉓舊編：唐顧況於御溝得一紅葉，有詩云：「一入深宮去，年年不見春；聊題一片葉，寄與有情人。」況復題詩泛波中，詩云：「花落深宮鶯亦悲，上陽宮女斷腸時；帝城不禁東流水，葉上題詩寄與誰？」

新編甲：唐人顧況嘗於御溝水上得桐葉，有詩云：「一入深宮裡，年年不見春；還憑一片葉，寄與有情人。」況亦取葉題詩，擲之上流，曰：「花落深宮鶯亦悲，上陽宮女斷腸時；帝城不禁東流水，葉上題詩寄與誰？」出文苑。

㉔舊編：浪，輕率也。度，過也。

㉕舊編：柳氏，解見翠綃。

新編甲：事跡已見快州義婦傳「遭叱利老拳」句。

㉖舊編：韋皐少遊江夏，姜使君之館有小青衣曰玉簫，年七歲，常令侍皐；年長有情。韋去，與玉簫約曰：「後七年再來。」玉簫遺以（遺玉簫以）玉環幷詩。逾八年不至，簫絕食而殞。後十年，韋理蜀，作生日，東川盧送一歌姬來，亦號玉簫，觀之，乃真玉簫也。唐貴妃死，還魂言：「今不與君並會，待一紀當復夫婦。」故曰他生。未卜，未可知也。

新編甲：唐韋皐少遊江夏，與姜氏玉簫有情。臨別，約曰：「少則五載，多則七年來取（娶）。」

因留玉指環一枚，幷詩一首云：「黃雀銜來已數春，別時留解贈佳人；長安不見魚書至，為遣相思夢入秦。」皐後七年不至，玉簫遂絕食而殞。皐聞之，益增悽歎，廣修經像，以報宿心。夜夢玉簫至曰：「謝承洪恩，便當托生，再為侍妾。」皐後累遷中書令，因作生日，節鎮所賀，皆貢珍奇；獨東川盧八座進一歌姬，亦以玉簫為號。皐戲之，中指有肉環隱出，不異留別之玉環也，韋歎曰：「吾乃知存沒之分，一往一來。玉簫之言，斯為驗矣！」出天中記。唐李商隱，字義山，懷州人，作馬嵬詩：「海外徒聞更九州，他生未卜此生休。」註：「言貴妃歿後，徒聞在海外蓬萊之上，其與玄宗他生之夫婦未卜，而此生則以（已）休矣！」出唐詩鼓吹。

新編乙：引唐詩鼓吹，與新編甲同。

㉗舊編：悠悠，思之長也。

㉘舊編：遄，重員切，速也。

㉙舊編：張輔，號右副将軍新成（城）侯。

㉚舊編：丙戌年九月，明将來；丁亥年五月，漢倉敗。

新編甲：丙戌九月，明遣征夷右副将軍掛征夷副将軍，卽新成（城）侯張輔等，領兵四十萬，犯坡壘關；十二月，明人入東都，虜掠女子玉帛。出國史。丁亥年五月，胡漢倉敗。

新編乙：同新編甲。「人入東都」上有「李[illegible]」二字。

㉛舊編：呂毅，明裨将，都司職。張輔、沐晟擒胡乃班師，留呂毅、黃福鎮守。後敗於逋姑，為鄧悉所殺。

㉜舊編：帝，陳藝宗次子，胡末起兵，興復陳室，以丁亥年冬十月初二日卽位于長安州謨渡，

建元興慶。及明人犯行營，新進之衆不戰而潰，遂西幸義安暫駐。
新編甲：簡定帝，陳藝宗之次子，諱漢。四月，明人犯行營，新集之軍不戰而潰，遂西幸義安暫駐馬（焉）。出國史。
新編乙：簡定帝，陳藝宗之次子，諱頓。
㉝舊編：易渙卦：「初六：用拯馬壯。吉。」言值渙散之始而拯之，則為力既易，又有壯馬，其吉可知。
新編甲：周易風水渙卦初六爻：「曰得（用拯）馬壯。吉。」註：「得馬壯，所以吉也；馬，人之所託也，託於壯馬，故能拯渙。」
新編乙：同新編甲。「曰得」作「用拯」。
㉞新編甲：孫子曰：「善戰者，致人而不致於人。」註：「能致敵人之來，而我必不致於人也。致人則佚，致於人則勞，如耿弇多伐樹木，揚言塡塹，以攻巨里，致張步之來而破之是也。」出武經孫武子虛實篇。
㉟新編甲：「料敵者，料敵人彊弱之形也。此篇言料敵，知彼者也。」出武經吳子料敵篇註。
㊱舊編：御，治也，理也。
㊲舊編：黃中、韓觀二人，皆明將，先來；沐晟亦明將，後來。虎托，解見龍庭。
新編甲：丙戌四月，明遣征南將軍右軍都督同知韓觀、參將都督同知黃中，領廣西兵十萬來侵，出國史。狐托，事跡已見龍庭對訟錄「狐托虎以揚威」句。
㊳舊編：魏惠王與齊威王約，威王背之，惠王怒，將使人刺之。惠王（惠子）聞之而見戴晉人。戴晉人謂惠王曰：「所謂蝸者，君知之乎？」曰：「然！」曰：「有國於蝸之左角曰觸氏，

有國於蝸之右角曰蠻氏，時相與爭地而戰，伏屍數萬，逐北旬有五日而後反。」君曰：「噫！其虛言與？」曰：「臣請為君實之。」見南華經。蝸牛，頭有兩角，行則出，驚則縮，首尾俱能藏入殼中，本名蝸蟲，以有兩角，故以牛名。徼，音效，邊境也，西南謂之徼。

新編甲：蝸，古花切，音瓜，蝸牛也，頭有兩角，行則出，驚則縮，首尾俱能藏入殼中，本名蝸蟲，以有兩角，故以牛名。徼，古弔切，循也，邊境也，東北謂之塞，西南謂之徼。魏惠王與齊威王約，威王背之，惠王怒，將使人刺之。惠王（惠子）聞之而見戴晉人。戴晉人謂惠王曰：「所謂蝸者，君知之乎？」曰：「然！」曰：「有國於蝸之左角曰觸氏，有國於蝸之右角曰蠻氏，時相與爭地而戰，伏屍數萬，逐北旬有五日而後反。」君曰：「噫！其虛言與？」曰：「臣請為君實之。」見莊子南華經。

新編乙：同新編甲。「行則出」上有「故」字。

㊴舊編：鴟張，解見沱江。

新編甲：丙戌九月，明遣征夷左副將軍西平侯沐晟、參將右軍都督同知豐城侯李彬等，領兵四十萬，犯富令關，鑿山伐木，開道進兵。出國史。鴟張，事跡已見沱江夜飲記「吳陛之鴟張雖殄」句。

㊵舊編：元嘉元年，建安郡山賊百餘人，掩破郡治，抄掠百姓資產子女，遂入府庫掠財寶。先是，郡公養蜂別置一室，賊破戶，忽有蜜蜂數萬頭從衣籠出，同時噬螫，群賊身首腫痛，兩眼盲合，先諸所掠，皆棄而走。螫，音釋，蟲行毒也。

新編甲：螫，音釋，蟲行毒。漢元嘉元年，建安郡山賊百餘人，掩破郡治，抄掠百姓資產子女，遂入府庫掠財寶。先是，郡公養蜂別置一室，賊破戶，忽有密（蜜）蜂數萬頭從衣籠出，同時噬螫，羣賊身首腫痛，兩眼盲合，先諸所掠，皆棄而走。

㊶新編甲：區，域也。

㊷舊編：拏，乃嘏切，攫執也。去病傳：「匈奴相紛拏。」注：「亂相縛也。」

新編甲：拏，攫執也。史：霍去病傳：「匈拏（奴）相紛拏。」師古曰：「亂相搏持（持搏）也。」又揉也。杜甫詩：「王風何怨怒，世道終紛拏。」出正字通。

㊸舊編：左傳：「檄邑易子而食，析骸以爨。」謂軍中乏食之慘。析，音昔，破木也，折也。爨，音竄，炊也。

新編甲：爨，取亂切，音竄，取其進火之爨。左傳宣公十四年秋九月，楚圍宋。宋人懼，使華元夜入楚師，登子反之牀，起之，曰：「寡君使元以病告，曰：『檄邑易子而食，折（析）骸以爨。雖然，城下之盟，有以國斃，不能從也。去我三十里，唯命是聽。』」子反懼，與之盟，而告王。退三十里，宋及楚平，華元為質。盟曰：「我無爾詐，爾無我虞。」

㊹舊編：粉，研米為細末也。

㊺舊編：季氏欲伐顓臾，冉求不能諫止，夫子責之曰：「危而不持，顛而不扶，將馬用彼相！」

新編甲：季氏欲伐顓臾，冉求不能諫止，夫子責之曰：「危而不持，顛而不扶，將馬用彼相！」出論語季氏篇。

㊻舊編：夏少康有衆一旅。

新編甲：夏少康有衆一旅，卒能復禹舊跡，還舊都。出夏紀。

㊼舊編：漢周亞夫攻七國時，發兵滎陽，至霸上，趙涉遮說曰：「將軍何不右去，走藍田，出武關，抵洛陽，直入武庫？諸侯聞之，以為將軍從天而下也。」

新編甲：漢周亞夫攻七國時，發兵滎陽，至霸上，趙涉遮說曰：「將軍何不右去，走藍田，出武關，抵洛陽，直入武庫？諸侯聞之，以為將軍從天而下也。」出西漢紀。

㊽舊編：書：「以陟禹之迹。」陟，升也。

新編甲：陟，登也，進也。周公戒成王曰：「其克詰爾戎兵，以陟禹之迹。」註言：「陟，升也。禹迹，禹服舊迹也。」出書經立政篇。

新編乙：同新編甲。「其」上有「寔」字。

㊾新編甲：帝舜曰：「咨禹！惟時有苗弗率，汝徂征！」三旬，苗民逆命，益贊于禹曰：「惟德動天，無遠弗屆。」禹拜昌言曰：「俞！」班師振旅。出書經大禹歸謨。

㊿舊編：悉，演州東城人，仕胡為化州大知州。胡滅，降明。後聞簡定帝即位，乃殺明官，領衆來會，帝封為國公。後帝信讒殺之。

新編甲：鄧悉，演州東城人，或云海陵縣人，陳張（仕胡）為杜（化）州人（大）知州。時明人來侵，陳簡定帝南征，悉聞之，以兵來會，破敵于逋姑，兵勢大振，帝封為國矣（公），其圖以孿（一共圖恢復）。出國安（史）。

51 舊編：陳肇基，天長人，時明人榜收陳氏宗室以歸，簡定帝竄行至謨渡，基率衆立之。

新編甲：陳肇基，山南處天長人也。出國史。

按：「陳肇基」上原有「肇基」二字，今刪。

52 舊編：犀，音西，堅也。棹，直教切，進船器也。抵，至也。平灘，在北江，簡定帝進兵下洪，駐營於此。

新編甲：犀，監（堅）也。平灘江，一名盤灘，又名排灘，在至靈縣。發源自昌江、市橋江，二派合流，經至靈、普賴二山，迴蟠汪洋，不辨涯涘。至徒會江曰（口），分為二岐，入于海。出安南志略。

新編乙：同新編甲。「普賴」作「晉賴」，「徒會江曰」作「徒會江日」。

(53) 舊編：轂，車輻所湊也；兵車之轂比大車轂為長，故曰長轂。徑，直也。鹹子，屬山南，重光帝嘗命鄧容守此。

新編甲：班固（范曄）贊曰：「長轂雷野，高鋒叢（彗）雲。英威既振，新都自焚。」出東漢紀。徑，直也。鹹子，今快州府東安縣鹹載社。

(54) 舊編：扼，把捉也。

新編甲：扼，音厄，持也。木丸，在三帶府先豐縣木丸社。

(55) 舊編：撞，擊也。

新編甲：撞，音牀，擊也。古人（弄），沼（在）山南處蒞仁府青廉縣古崗社，俗曰城革（弄城）。

(56) 新編甲：彎（灣），烏還切，水曲也。白鶴彎（灣），在白鶴縣白鶴江。

(57) 舊編：鯁，骨不下咽也。

(58) 舊編：樁，音莊，橛杙也。慢厨津，古名拖幞洲。

新編甲：樁，音莊，橛杙也。慢厨津，在東安縣慢厨社。

(59) 舊編：左車曰：「井徑（陘）之道，車不得方軌。」

新編甲：廣武君李左車說成安君曰：「今井涇（陘）之道，車不得方軌，騎不得成列。」出西漢紀。

60 舊編：三國：「張昭謂孫權曰：『将軍大勢可以拒操者，長江也。今操得荊州，長江之險與我共之矣！』」

新編甲：張昭謂孫權曰：「将軍大勢可以拒操者，長江也。今操得拙（荆）州，長江之險與我共之矣！」出三國。

61 舊編：爇，俗然字，燒也。蒭，俗芻字，草也。張齊賢伐契丹，列幟爇蒭，賊疑援兵至而走，遂克捷。

新編甲：張齊賢知代州，契丹侵寇。齊賢乃夜發兵二百人，持一幟，負一束芻，距三百里，列幟爇芻。契丹見火光中有旗幟，大駭，遂夜道（遁）。因掩擊，大破之。出宋史。

62 舊編：枹，音浮，擊鼓槌也。田單攻狄，援枹鼓之，狄人乃下。

新編甲：枹，房鵠切，音浮，鼓槌也。齊田單攻狄，三月不下，及聞仲連之言，明日乃厲氣循城，立於矢石之所，援枹鼓之，狄人乃下。出周史赧王紀。

新編乙：同新編甲。

63 舊編：蘇秦說六國抗秦曰從，張儀說六國事秦曰衡。

新編甲：戰國時，蘇秦說六國相親以抗秦為縱，張儀散六國之縱使之事秦而為衡。

64 新編甲：漢武帝時，趙充國，字翁孫，信威千里，如從枕席上過師。出羣玉十一陌韻。

65 舊編：猶豫，獸名，性多疑，每聞人聲輒登木，久之無人然後下，須臾又上，如此非一，故處事不決曰猶豫。狐性多疑，故世有「狐疑」之說。

新編甲：猶，隴西謂犬子為猶，尹（尸）子曰：「五尺犬為猶。」又猿屬。爾雅：「猶如麂，善登木。」二（一）曰：「猶多疑慮，聞人聲輒上樹，久之無人乃下，須臾又上，如此非一。」

豫，河南曰豫。又猶豫，言臨事遲疑不決也。猶、豫，二獸名，皆多疑，故借為喻。狐，穴獸，似狗，鼻尖尾大，善為妖魅，性淫多疑，死則首丘。白居易詩：「狐假女妖害猶淺，一朝一夕迷人眼；女為狐魅害卽深，朝朝夕夕迷人心。」喻真小人害國淺，僞君子害國深，非恕狐也。竝出正字通。又名山記：「狐者，先古之淫婦，其名曰紫，紫化為狐，故其姓自稱阿紫。」出詩學大成。

新編乙：同新編甲。「河南曰豫」、「穴獸」上之「狐」諸字缺，「喻真小人」上有「註」字。

66 新編甲：噍，音焦，聲踧也。

新編乙：唯（噍），音焦，聲踧也。

67 新編甲：本傳曰：「千載休期，時難再得。」出唐史魏徵十漸疏。

68 新編甲：「故曰：『王者無敵。』王請勿疑！」出孟子梁惠王上。

69 新編甲：韓信擊趙，出奇兵，拔趙幟，立漢赤幟。出西漢史。

70 舊編：旆，音佩，繼旐曰旆，旐是旂身，旆是旂尾，卽旂旐也。唐肅宗收兵靈武，反旆而東。

新編甲：旆，音佩，繼旐曰旆，卽旂蔬（旐）也。唐憲（肅）宗收兵靈武，反旆而東。出唐史。

71 新編甲：賈山上書曰：「臣聞雷霆之所擊，無不催（摧）折者。」出漢紀。

按：「雷」原作「七里」，今據漢書賈山傳改。

72 新編甲：隻輪不返，事跡已見沱江夜飲記「一鏃不遺，隻輪無返」句。

73 舊編眉批：有堂堂正正之奇。

(74) 舊編：賫，俗齎字，持遺也。

(75) 舊編：嫗，余據切，母也；今俗稱老婦曰嫗。

(76) 新編甲：齒，年也。

(77) 舊編：鉛，音延，錫類；又鉛粉，胡粉也。

新編甲：□□云：「丹鉛事點勘。」又云：「嫦娥縞衣洗朱沿（鉛）。」出圓機。

按：「丹鉛事點勘」見於韓愈秋懷詩。

(78) 舊編：操，七到切，節也。

(79) 舊編：山頂曰椒。

(80) 新編甲：事跡已見徐式仙婚錄「青鳥傳漢」句。

新編乙：同新編甲。「見」下衍「女」字。

(81) 新編甲：偷，他侯切。

新編乙：同新編甲。

(82) 舊編：陳藝宗為上皇，時夢見睿宗誦詩曰：「中間惟有赤觜猴，慇懃譜上白鷄樓；口王已定興亡事，不在前頭在後頭。」上皇自折（拆）其字曰：「赤觜猴，季犛也，蓋季犛丙申歲也。白鷄，上皇也，蓋上皇辛酉歲也。口王，國也。其興亡在後見之。」上皇深思之，而勢不可為也。

新編甲：陳順宗甲戌七年三月，上皇藝宗夢見睿宗來，且誦詩曰：「中間惟有赤觜猴，殷勤譜上白鷄樓；口王已字（定）異（興）亡事，不在前頭在後頭。」上皇折（拆）其字：「赤觜，季犛也。白鷄，上皇也，上皇辛酉歲。曰（口）國（王），王（國）也。其興亡在後見之。」出國史。

新編乙：同新編甲。「口王」作「曰王」，「曰國王也」作「曰王國也」。

83 舊編：詩：「一日不見，如三秋兮。」

新編甲：度，達各切，計也。「彼采葛（蕭）兮，一日不見，如三秋兮。」出詩經王風采葛章。

84 舊編：狼性多貪，言孩孺如豺狼之子，野心而不馴。馴，從也，善也。

85 舊編：太公封於營丘，比及五世，皆反葬於周。君子曰：「樂，樂其所自生；禮，不忘其本。古之人有言曰：狐死正丘首。仁也。」

新編甲：太公封於管（營）丘，此及五世，皆反葬於周。君子曰：「樂，樂其所自生；禮，不忘其本。古之人有言曰：狐死正丘首。仁也。」出禮經檀弓上三卷（卷三）。

86 舊編：怕，普駕切，畏懼也。

87 舊編：蒼同倉；蒼黃，怱遽失措貌。

新編甲：倉黃，失措怱遽貌也。

88 舊編：婦人稱夫曰良人。

89 新編甲：殯，必慎切，殯（大）殮也。

90 新編甲：秦嘉贈婦詩：「遣車迎子還，空去復空返；憂來如循還，匪席不可卷。」出字彙。

91 舊編：窣，蘇骨切，從穴中卒出也。按相如賦：「媻跚勃窣。」注云：「行緩貌。」今言雲烟勃窣，意亦取寬緩義。

新編甲：勃，音孛，卒也；窣，蘇骨切，穴中卒出也。又勃窣，行緩貌。相如賦：「媻跚勃窣上金隄。」李賀神絃曲：「海神山鬼來座中，紙錢窣窸（窸窣）鳴颸風。」出正字通。

新編乙：同新編甲。「磐跚」作「婆跚」，「窣窸」作「窸窣」。

92 舊編：妥，土火切，安也，帖也。

93 新編甲：戊戌年春正月庚申，帝起兵於藍山。初，明人常授帝官職以誘之，帝不屈，慨然有撥亂之志。遂率豪傑，建義旗，期滅明賊。出國史。

94 舊編：宿猶素也。

95 新編甲：有子曰：「信近於義，言可復也！」註：「言約信而合其宜，則言必可踐矣！」出論語學而篇。

金華詩話記

金華女人名蘭之㈠❶，姓吳氏，乃符先生之賢內助也。工於詩㈡，善屬文❷，歌詞尤妙㈢。黎朝淳皇帝愛其辭博❸，使教授宮中。每遊宴，輒操觚侍側❹；凡有擬作㈣，必應命而就，文不加點❺。年四十餘而卒，葬西原坡上。

端慶末❻，士子毛子編負笈京師❼，日久思家，歸于太原之洞喜縣㈤，途經金華，偶爲風雨所阻❽。村墟既遠，日又暮黑，忽引目南注❾，見火光隱約❿，急趨就之㈥，乃茅屋數間，四面竹木森然㈦。子編窘甚求宿⓫，閽者不納。望見老人據胡床而中坐⓬，傍有美人，履珠簪玉，如妃嬪之狀，遙謂把門人曰：「更闌夜寂，天氣甚惡⓭，人來借歇⓮，汝又深拒，使彼安所歸乎？」子編遂攝衣步入，假憩前廳南畔㈧⓯。

將及二鼓，有一人鬚眉半白，鳶肩峭聳⓰，乘紫騾徑造⓱。老人下階延揖曰：「跋涉遠訪⓲，先生良苦矣！」曰：「業已成約㈨，不忍孤負⓳；但恨滿城風雨，不能圓邠老吟魂耳㈩⓴！」即東西命席，對坐論文，夫人預焉㉑，但席次差下一等。公見夫人所製雲母屏四時詞，讀之㉒，其辭曰：

初晴熏人天似醉⑪㉓，艷陽樓臺浮暖氣㉔；隔簾柳絮度鶯梭㉕，繞檻花鬚穿蝶翅㉖。
階前紅線日添長㉗，粉汗微微沁綠裳㉘；小子不知春思苦，傾身含笑過牙床㉙。

右第一幅春詞⑫

風吹榴花紅片片[30]，佳人閑打鞦韆院[31]；傷春背立一黃鶯[32]，惜景哀啼雙紫燕[33]。停針無語翠眉低，倦倚紗窗夢欲迷[34]；却怪捲簾人喚起，香魂終不到遼西[35]。

右第二幅夏詞

清商[36]浮空澄霽景(一三)[37]，霜信遙將孤鴈影[38]；十丈蓮殘玉井香[39]，三更楓落吳江冷[40]。飛螢夜度碧闌干[41]，衣薄難禁剪剪寒[42]；聲斷洞簫凝立久[43]，瑤臺何處覓驂鸞[44]？

右第三幅秋詞

寶爐撥火銀瓶小，一盃羅浮破清曉[45]；雪將冷意透疏簾，風遞輕冰落寒沼(一四)。美人金帳掩流蘇[46]，紙戶雲窗片片糊(一五)；暗裡挽回春世界，一株芳信小山孤[47]。

右第四幅冬詞

讀訖[48]，嘆曰：「南州無我，安知夫人之絕唱？我若無夫人，亦安知一時之傑作(一六)[49]？古人云(一七)：『名下無虛』，誠確論也[50]！」

夫人曰：「我才襪線[51]，安敢望名公之萬一！幸而遭際先朝，日承筆硯，故稍通格律，補綴成章[52]。一日，妾遊衞靈山，乃董天王飛升故處[53]，漫然題曰[54]：

衞靈春樹白雲寒(一八)[55]，萬紫千紅艷世間；鐵馬在天名在史，英靈凜凜滿江山(一九)。

數月，流傳宮中，上大加稱賞，賜女衣一襲[56]。又一日，上御青陽門，命阮侍書製鴛鴦詞(二〇)[57]，曲成，玉音未允[58]，顧謂妾曰：『汝亦佳作綺詞藻句(二一)[59]，豈有限禁耶？』妾遂一揮立就，末聯有曰：『凝碧陶成金殿瓦㉒，皺紅織就錦江羅[60]。』上奬嘆移時，賜黃金五錠㉓，又以『符家女學士』呼之[61]。自是顯名當時，取重墨客，大抵皆先皇之力也。及淳皇帝大行之日㉔[62]，嘗作挽詞云[63]：

三十餘年拱紫宸[64]，九州四海囿同仁[65]；東西地拓輿圖大，皇帝天恢事業新。雲擁真遊無處覓㉕[66]，花催上苑為誰春[67]？夜來猶作鈞韶夢[68]，悵望橋山拭淚巾[69]。」

公曰：「若此作者，雖尖新不足，而哀慕有餘[70]，深得古人意致。蓋古昔之詩，以雄渾爲本，以平淡爲工，語雖短而意則長，辭雖近而旨則遠；今之作者乃大不然㉖，非失之輕浮，則傷於嘲怨，賦高唐者致疵神女[71]，歌七夕者貽誚天孫㉗[72]，構謗造誣，莫斯爲甚。此我所以傷時而憫景也！」

夫人傾聽，不覺墮淚，公叩之，則曰：「妾久侍淳皇，歷事憲廟，雖結君臣之義，實同父子之親，承宴見而不之嫌，通往來而無所間㉘；豈意淺夫薄子，言多不遜，每每播之篇什，有曰：『宴罷龍樓詩力倦，六更留得曉眠遲㉙[73]。』有曰：『君王要欲消閑恨，應喚金華學士來。』㉚士君子於名教中自有樂地[74]，何必掩無爲有，指是爲非，輕以文字見戲哉？」公曰：「豈獨夫人然耶？古來貞烈，困於嘲謔之筆者何限㉛！且姮娥，月殿之仙也，而詠之者乃曰：『姮娥應悔偷靈藥，碧海青天夜夜心[75]。』弄玉，飛升之女也，而賦之者乃曰：『如何後日秦臺夢，不見蕭郎見沈郎[76]！』入侯門則言托綠珠[77]，斥阿武則謗貽后土㉜[78]，無不肆情妄議，脫穎含譏[79]。安能挽瀘江之水，爲前人洗惡詩哉？」夫人收淚曰：「非公知悉，則妾幾爲玷圭一人物㉝[80]，奚有磨光刮垢㉞[81]？但良宵易邁，勝席靡常，良人在坐，公亦偕會㉟，不必閑談他事，徒增傷感。」

因論本朝詩手㊱，公曰：「拙齋之詩奇而騷[82]，樗寮之詩峻而激[83]。松川之詩如健兒赴敵，頗涉麄豪；菊坡之詩如時女步春，終傷婉弱[84]。他如金華之杜[85]、玉塞之陳、翁墨之譚[86]、唐安之武[87]，非不橫騖遠駕[88]，然求其言融理到，上該風雅，惟阮抑齋諸篇之忠愛，念不忘君[89]，眞可遡少陵門戶[90]。若夫語變雲烟，辭關風教，則亦老夫所不多遜。」如此者四五千言，子編不能盡記；但竊聽於墻壁間㊲，蹀躞有聲，偶爲公所覺。公曰：「今夕之會，事非經見，似有別人窺闞[91]，風流話本，恐被他招起㊳，先生獨不知之乎[92]？」夫人笑曰㊴：「後來秉筆儒生，不過指我輩爲荒唐嗚也！其奚害[93]？」子編不知所謂，從傍趨出㊵，直前羅拜，且詢以詩法㊶。公卽出懷中一卷，紙約百張，授之曰：「歸而求之有餘師[94]，不必別尋他集也！」

俄而，樽罍告罄，相揖爲別。公旣出門，子編亦睡著。及紅日東出，攬衣急起，則身臥草而尙寒，露沾衣而欲濕，郊原莽漠㊷，惟東西兩塚在焉。開卷觀之，皆白紙空張，只有「呂塘詩集」四字，淋漓醉墨[95]，花暈未乾[96]，方悟公卽呂塘蔡先生[97]，而其處卽符教授及夫人墓也㊸。遂親之呂塘，訪求遺藁，則蟲侵蠹嚙㊹[98]，存者不能什九，乃遠近咨訪，極力編緝，片言隻字，採摭無遺。故自黎朝啓運，言詩者無慮百餘家㊺[99]，然惟蔡集盛行，大抵皆毛子編之力也。㊻

【校】

㊀金華女子名蘭之　「名蘭之」，諸本作「名芝蘭」；舊編則注云：「一作名文」。

㊁工於詩　諸本「詩」作「書」。

㊂歌詞尤妙　諸本「歌」作「詩」。

㊃凡有擬作　諸本無「凡」字。

㊄歸于太原之洞喜縣　甲、乙本作「歸于太原同喜縣」，丙本同甲、乙本唯無「縣」字。

㊅急趨就之　丙本無「急」字。

⑦ 四面竹木森然　諸本「然」作「列」。

⑧ 假憩前廳南畔　「前」，舊編注云：「一作花」。

⑨ 業已成約　「成」，甲、乙本作「誠」；丙本原亦作「誠」，後「言」部以墨筆塗去。

⑩ 不能圓郤老吟魂耳　「郤老」原作「莘老」，據諸本改。

⑪ 初晴熏人天似醉　「熏」，諸本作「薰」；舊編則注云：「作薰，不叶義。」

⑫ 右第一幅春詞　諸本無「右」字，遷置詞前。下同。

⑬ 清商浮空澄霽景　「清商」，舊編原作「清滴」，注云：「一作清商」（參注㊱），諸本如其所說，今據之改。

⑭ 風遞輕冰落寒沼　丙本「冰」作「水」。

⑮ 紙戶雲窗片片糊　諸本「戶」作「護」。

⑯ 南州無我，安知夫人之絕唱？我若無夫人，亦安知一時之傑作　兩「安知」與上「之」字原無，據諸本加。舊編「南州無我」下曾注云：「一增『安知』二字，下句同。」

⑰ 古人云　諸本「云」作「言」。

⑱ 衛靈春樹白雲寒　諸本「寒」作「閑」。

⑲ 英靈凜凜滿江山　諸本「靈」作「威」。

⑳ 命阮侍書製鴛鴦詞　諸本「詞」下有「曲」字。

㉑ 汝亦佳作綺詞藻句　丙本「句」作「思」。

㉒ 凝碧陶成金殿瓦　「陶」，諸本作「飛」，舊編亦注云：「一作飛」。

㉓ 賜黃金五錠　諸本「錠」作「鋌」。

㉔及淳皇帝大行之日　諸本無「之」字。

㉕雲擁真遊無處覓　諸本「雲」作「雪」。

㉖今之作者乃大不然　諸本無「乃」字。

㉗歌七夕者貽誚天孫　諸本「誚」作「笑」。

㉘通往來而無所間　諸本「通」作「適」。

㉙六更留得曉眠遲　諸本「得」作「待」。

㉚諸本二「有曰」之詩句次序顛倒。

㉛困於嘲謔之筆者何限　諸本「謔」作「諷」，無「者」字。

㉜斥阿武則謗貽后土　諸本「謗貽」作「訕移」。

㉝則妾幾為玷圭一人物　諸本無「一」字。

㉞奚有磨光刮垢　諸本「光」下有「而」字。

㉟公亦偕會　諸本「偕」作「佳」。

㊱因論本朝詩手　諸本「手」作「詞」。

㊲但竊聽於墻壁間　諸本「墻壁」作「壁墻」。

㊳恐被他招起　「招」，諸本作「拈」，舊編亦注云：「一作拈」。

㊴夫人笑曰　諸本無「笑」字。

㊵從傍趨出　諸本「從」上有「但」字。

㊶且詢以詩法　諸本「法」作「思」。

㊷郊原莽漠　諸本「郊原」作「原郊」。

㊸而其處即符教授及夫人墓也　諸本「而」下有「問」字。
㊹則蟲侵蠹嚙　諸本「嚙」作「噬」。
㊺言詩者無慮百餘家　諸本「無」作「亡」，「亡」與「無」同。
㊻甲、乙本文末有「終畢」二字。又全書惟獨本篇，各本均無作者「嗚呼」之論。

【注】

❶新編甲：金華，縣名，屬京北處。芝蘭，扶魯社人。
新編乙：同新編甲。
❷舊編：屬，之六切。漢〔書〕賈誼傳：「以能誦詩書屬文稱于郡〔中〕。」注：「屬謂綴緝（輯）也。」
❸新編甲：時賈生年二十餘，帝愛其辭博，一歲中超遷至太中大夫。出西漢文帝紀。
新編乙：同新編甲。
❹舊編：觚，音姑，竹木簡也。按陸機文賦云：「或操觚以率爾。」注：觚者，學書之牘，或以記事，削木為之，六面或八面皆可書，以有圭角，故謂之觚。或以觚為筆，非也。
新編甲：觚，音姑；操觚，蘇氏演義：「觚者，學書之牘，或以記事，削木為之，六面或八面皆可以書，以有圭角，故謂之觚。」文選云：「操觚進牘。」出正字通。
新編乙：同新編甲。
❺舊編：擬，像也，揣度以待也。黃祖大會賓客，有獻鸚鵡者，祖擧巵於偁（禰）衡曰：「願先生賦之，以娛賓客。」偁（禰）衡攬筆而作，文不加點。

按：後漢書卷八十下，大會賓客而擧巵於衡者，當是祖長子射。

新編甲：點，註：以筆滅字為點。三國時人黃祖大會賓客，有獻鸚鵡者，祖擧以巵酒於衡曰：

「願先生賦之，以娛賓客。」衡攬筆而作，文無加點，辭意（采）甚麗。出圓機。

新編乙：同新編甲。「擧」下無「以」字，「意」作「悉」。

❻新編甲：端慶，黎朝威穆帝年號。

新編乙：同新編甲。

❼舊編：漢李固負笈從師。

新編甲：東漢時李固負笈從師。

❽舊編眉批：敍阻途而遇呂塘，妙甚！妙甚！

❾舊編：注，意所向也。

❿舊編：隱約，微小也。

⓫舊編：窘，迫也，困也。

新編甲：窘，迫也。

⓬舊編：按胡床，卽今交椅也，胡人以几偃臥而睡，故名胡床。

新編甲：胡牀，交椅也，隋改曰交牀，唐穆改曰繩牀。胡牀，安身之几，胡人偃臥而睡，故名胡牀。出文苑。

⓭新編甲：闌，晚也。

⓮舊編：歇，休息也。

新編甲：歇，休息也。

⑮舊編：憩，音契，息也。廳，他經切，中庭也；凡官治所曰廳事。

⑯舊編：相經云：「火色鳶肩，馬周三十逢唐帝。」峭，七妙切，山峻也。聳，高也。

新編甲：峭，音俏。「火色鳶肩，馬周三十而逢唐帝。」出麻衣相法。

⑰舊編：騾，郎何切，驢父馬母所生。造，七到切，至也。

新編甲：騾，音羅，驢父馬母所生。

⑱舊編：草行為跋，水行為涉。

⑲新編甲：漢〔書〕李陵傳：「陵雖孤恩，漢亦負德。」出正字通。

新編乙：同新編甲。

⑳舊編：宋孫覺，號莘老先生。

新編甲：宋潘大臨，字邠老，黃岡人，有詩名。遊山谷，臥聞風雨攪林聲，起題曰：「滿城風雨近重陽，忽催租人至敗興；」竟不成〔詠〕。出月令廣義。

新編乙：同新編甲。「成」下有「詠」字。

㉑舊編：曲禮：「天子有后、有夫人。」注：「夫，扶也，言扶持於夫也。」

㉒舊編：方臺山出雲母土，人候雲所出之處，于下掘取，無不大獲，有長五、六尺可為屏風者，故有雲母之名。屏，音平，蔽也。

新編甲：時珍曰：「雲母以五色立名。按荊南志云：『華容方臺山出雲母土，人候雲所出之處，于下掘取，無不大獲，有長五、大〔六〕尺可為屏風者，但掘時忌作聲也。』據此，則此石乃雲之根，故得雲母之名。」出本草綱目石部。

㉓新編甲：心和神至曰醉。淮南覽冥篇：「通于太和者，惛若純醉而甘盰，以遊其中，不知其

所由也。」出正字通。

㉔舊編：杜詩：「競將明媚色，照眼艷陽天。」言花草光彩艷映於日也。

新編甲：花草艷映於日，故云艷陽。出唐詩鼓吹。杜詩：「競將明媚色，照眼艷陽天。」

按：「映」上原有「陽」字，今刪。

㉕舊編：柳蕊中細黑子落，出如白絨曰絮；世以為花，非也。梭，桑柯切，織具所以行緯也；黃鶯穿飛花間，往來不斷，故人呼為鶯梭。

新編甲：柳花，釋名：柳絮。至春脫葉，長成後，花中結細黑子，柔〔毛〕，落而絮出如白絨，因風而飛；子著衣物，能生蟲，入池沼卽化為浮萍。梭，織具，所以行緯也；黃鶯穿飛花間，往來不斷，故人呼為鶯梭。

㉖舊編：檻，窗版也。翅，同（音）啻，翼也。

㉗舊編：晉、魏間，宮中以紅線量日影，冬至後，日添長一線。線，先見切，絲縷也。

新編甲：歲時記：「晉、魏間，宮中以紅線度日影，冬至日（後），候（日）添長一線。」出書言。

新編乙：同新編甲。「日候」作「候日」。

㉘舊編：沁，七禁切，以物探水也。

新編甲：沁，七禁切，以物揉（探）水為沁。

㉙舊編：舊解：「含笑，無聲之笑。牙床，齒兩腭也。」

新編甲：舊解：「含笑，無聲之笑。牙床，齒兩齶也。」戰國策曰：「孟嘗君出行五國。至楚，獻象牙牀。」出圓機。又宋玉詠箏詩：「取府校才君子愛，牙牀得薦玉人歡。」出圓機筆類。

新編乙：同新編甲。「取府校才君子愛」作「敢府枚才君子愛」。

㉚舊編：吹，平聲為風聲，仄聲為人聲。石榴五月開花，花有黃、赤二色，實有酸、甘、苦三味。

㉛舊編：鞦韆，音秋千，繩戲也，乃北方山戎戲以習輕趫者，唐宮中立之為樂，呼為半仙戲。

新編甲：「鞦韆」，繫繩于木，二人閑打，以泄陽氣，絕（繩）戲也，又北方寒食為鞦韆戲，唐天寶宮中呼為半仙之戲。出羣玉一先韻。

㉜舊編：背與偕通，反面也。禮投壺：「毋偕立。」

㉝新編甲：燕有二種：紫胸輕小者，越燕也；胸頭青大者，胡燕也。

㉞新編甲：紗，音沙，絹也。

㉟舊編：蓋嘉運伊州歌云：「打起黃鶯兒，莫教啼上枝；啼時驚妾夢，不得到遼西。」

新編甲：杜子美塞上曲：「打起黃鶯兒，莫教枝上啼；啼時驚得夢，恐不到遼西。」

㊱舊編：一作清商，秋「風」也。

㊲新編甲：霽，音祭。清商應秋，註：「清商應秋至，溽暑隨節闌。」出月令廣義秋令。

㊳舊編：北方白鴈，秋深乃來，來則霜降，謂之霜信。

新編甲：北方白鴈，秋深乃來，來則霜降，謂之霜信。出文苑、古今詩話。

㊴舊編：韓詩：「太液峯頭玉井蓮，開花十丈藕如船。」

新編甲：韓詩云：「泰華峯頭玉井蓮，花開十丈藕如船。」出古事。

㊵舊編：崔信明咏景詩：「楓落吳江冷。」

新編甲：三國吳人張翰，字季膺（鷹），有青（清）才，善屬文，仕齊王冏為東曹椽（掾）。見司馬氏骨肉相殘，知亂將作，與同郡顧榮語以去意，曰：「吾本山林間人，〔無望於時〕；〔子善〕以明防前，以智慮後。」榮愴然曰：「吾當與子採南山蕨，飲三江水耳！」翰遂因秋風起，思吳中蓴菜（羹）、鱸魚鱠，歌之曰：「秋風起兮玉葉飛，吳江冷兮鱸魚肥。」嘆曰：「人生貴適志耳！何能羈宦數千里以要名爵乎？」遂命駕而歸。時高其志。出尚友錄。唐崔信明，貞觀中為秦州令，工詩，有「楓落吳江冷」之句。出尚友錄。

新編乙：同新編甲。「季膺」作「季鷹」，「青」作「清」，「椽」作「據」，自「骨肉相殘」至「嘆曰」無。

㊶舊編：螢，腐草所化，腹下有火，夜飛有光。闌板之間，横曰闌，縱曰干。

新編甲：螢，腐草所生，腹下有火，夜飛有光。闌板之間，横曰闌，縱曰干。

㊷舊編：禁，音今，力所勝也。韓公詠春寒詩：「側側輕寒翦翦風。」

按：韓偓夜深詩云：「側側輕寒翦翦風，小梅飄雪杏花紅。」

㊸舊編：古詩：「洞簫聲斷鳳臺空。」指蕭史、弄玉事也。按簫有大有小，其大者二十四管無底，謂之洞簫。凝立，正立自定貌，與疑〔立〕同，鄉射禮：「賓升西階上疑立」、「主人阼階東疑立」。

新編甲：壬戌之秋，七月既望，蘇子與客泛舟遊於赤壁之下。清風徐來，水波不興。舉酒屬客，誦「明月」之詩，歌「窈窕」之章。少馬，月出於東山之上，徘徊於牛斗之間；白露横江，水光接天。縱一葦之所如，淩萬頃之茫然。浩浩乎如憑虛御風，而不知其所止；飄飄乎如遺世獨立，羽化而登仙。於是飲酒樂甚，扣舷而歌之，歌曰：「桂棹兮蘭漿（槳），擊空明兮泝流光。渺渺兮予懷，望美人兮天一方。」客有吹洞簫者，倚歌而和之。其聲鳴鳴（嗚嗚）然，如怨如慕，如泣如訴；餘音嫋嫋，不絕如縷；舞幽壑之潛蛟，泣孤舟之嫠婦。出古文大全。三禮圖：「無底謂之洞簫，言其上下通洞也，凡二十四管。洞，通也，言其管相通。」漢書：「元帝多林（材）藝」、「吹洞簫，自度曲，被聲歌（歌聲）」。出潛確居類書習部十五樂。

按：「泝」下又注云：「音訴。」

44 舊編：驂鸞，仙人所乘車也，言以鸞服車，猶以馬驂乘也。

新編甲：唐薛逢，字陶臣，作漢武宮詞，詩云：「絳節幾時還入夢？碧桃何處更（覓）驂鸞？」

註：尹喜內傳曰：「老子西遊省太真王母，共食碧桃紫梨。」武帝外傳：「元封元年，王母降帝宮，乘紫雲之輦，駕九色班麟，從官執絳旄之節。母升殿，東向坐，以玉盤盛桃七顆，其色青白。」羽經曰：「太真丈人登白鸞之車，遊於九原。」出唐詩鼓吹。

新編乙：同新編甲。

45 舊編：羅浮，酒名。按酒乃羅浮春先生所造，因以得名；一云以羅浮山得名。

新編甲：春先生所造酒名也，以惠州見羅浮而得名。出古文。

46 舊編：流蘇，義見前。石虎御床，辟方三丈，冬月施熟錦流蘇于帳，四角安純金龍頭，銜五色流蘇。

新編甲：海錄：「雜采為同心，垂若流蘇，即盤線綉會（盤結繪繡）之毬。」附古辭：「庾公還揚州，白馬牽流蘇。」出韻瑞七虞韻。

47 舊編：芳信，梅信也。林和靖好梅，嘗結廬于西湖之孤山種馬。瓊苑中梅花詩云：「西湖景致小山孤。」

新編甲：徐玉泉詩：「萬卉千葩認未真，山孤仙子獨精神；太官未試調羹實，先占寰中第一春。」出圓機早梅類。又孤山梅詩：「何人物外寄清孤，放鶴亭前雪滿株；此日行經湖下路，西風回首憶林逋。」出圓機瓶梅類。

新編乙：同新編甲。

㊽舊編眉批：四序中，粧點得奇香艷可愛，真女中之元、白。

㊾舊編：宋文帝時，南平王鑠獻赤鸚鵡，詔群臣為賦。時有袁淑，文冠當時，作賦畢，以示謝莊；及見莊賦，嘆曰：「江東無我，卿當獨秀；我若無卿，亦一時之能。」遂隱其賦。

新編甲：宋文帝時，南平王鑠獻赤鸚鵡，詔羣臣為賦。時有袁淑，文冠當時，作賦畢，以示謝莊；及見莊賦，嘆曰：「江東無我，卿當獨秀；我若無卿，亦一時之傑。」遂隱其賦。

㊿舊編：陳薛道衡，有詩名，聘齊，作人日詩云：「立春纔七日，離家已半年；」人見之曰：「誰謂此虜亦能詩？」及見「人歸落鴈後，思在發花前。」之句，乃大嘆曰：「名下固無虛士！」又閻立本見張一繇舊畫曰：「名下定無虛士！」

按：古詩源引隋薛道衡人日思歸詩云：「入春纔七日，離家已二年；人歸落雁後，思發在花前。」

新編甲：陳薛道衡，有詩名，聘齊，作人日詩云：「立春纔七日，離家已半年；」人見之曰：「誰謂此虞（虜）亦能詩？」及見「人歸落鴈後，思在發花前。」之句，乃大嘆曰：「名下固無虛士！」國史纂英：「閻立本家代善畫，到荊州觀張僧繇舊迹，初往觀之，曰：『虛得名耳！』明日又往，曰：『猶是近代佳手！』明日又往，曰：『名下定無虛士！』坐臥觀之，留宿其下，十餘日不能去。」出白眉故事德器門聲名類。

51 舊編：自謙才短曰襪線，偽蜀吏部尚書韓昭，多能而皆不精，朝士李白（李台瑕）云：「韓八座事業（藝），如折襪線，無一條長。」

新編甲：韈，音韈（襪），足衣也，韈末也。韓昭仕蜀王衍，至禮部尚書、文思殿大學士。粗有文章，至於琴棋、書算、射法，悉皆涉獵，以此承恩於後主。有朝士李台瑕曰：「韓八座事藝，如折（拆）韈線，無一條長。」時人譏之。又李台瑕云：「韓公凡事，如僧剃髮，無有寸長。」出天中記。

按：首「瑕」字下又注云：「音□。」「譏」下又注云：「音委，是也。」

52 舊編：格，式也。白居易詩云：「每被元老偷格律。」綴，音贅，聯也。禮內則：「請補綴成文曰章。」

新編甲：禮內則：「請補綴成文曰章。」

53 舊編：雄王時，扶董鄉有富家生一男，三歲餘不能言。適有賊，王令人求能却敵，忽能言，告其母邀天使來：「願得鐵馬、鐵釼（劍），君無憂也！」王賜之，即躍馬按釼（劍）而前，破賊于武寧山。遂躍馬，至衞靈山騰空而去。王命立廟時祀焉。李朝封為冲天神王。武寧，即今武江。衞靈山，在金華。

新編甲：衞靈山，在金華縣衞靈社，今名寧朔山。雄王六世，扶董鄉有富家翁生一男，三歲餘不能言笑。適國內有警，王令人求能却敵者，其日小兒忽能言，告其母邀天使來，曰：「願得一劍、一馬，君無憂也！」王賜之劍馬，小兒即躍馬揮劍而前，官軍從後，破賊于武寧山脚，賊自倒戈來降。小兒躍馬，騰空而去。王命開所居園宅，立廟時祀焉。後李太祖封為冲天神王，其祠神（神祠）在扶董鄉建初寺俱（側）。出國史。

54 新編甲：漫，謨官切。

新編乙：同新編甲。

55 新編甲：閑，散也，衞也。

56 舊編：衣單複具曰一襲。漢〔書〕叔孫通傳：「賜衣一襲。」注：「上下皆具也，今呼為一副。」

新編甲：襲，重衣也；又衣單複具曰一襲。叔孫通傳：「賜衣一襲。」註：「一襲，上下皆具也，今俗呼為一副。」出正字通。

57 舊編：鴛鴦，曲名，西廂有鴛鴦煞詞。

舊編眉批：鸚鵡能言；〔鴛鴦〕，不離飛鳥。

58 舊編：許諾曰允。

59 新編甲：文辭曰藻，言其文采如藻之布列也。

60 舊編：皺，側救、俱右二切，革文蹙也。

新編甲：皺，音縐，面皺；又眉攢也。

61 舊編：錠通作餅，碩金銀形似餅者。通雅曰：「餅亦謂之笏，猶今之謂錠也。」

新編甲：趙宋延方（貝州宋廷芬）五女，長若華（莘），次若昭，俱善屬文。德宗朝，召入禁中，問經史大義，呼為「女學士」。出白眉故事麗人門才女類。

62 舊編：李善文選注云：「周書曰：『謚者，行之跡；是以大行受大名，細行受細名。』」又風俗通云：『天子（皇帝）新崩，未有定謚，故〔總其名〕曰大行皇帝。』」按聖宗淳皇帝在位三十八年，壽五十六歲。

新編甲：周禮「大行人」、「小行人」，主謚號官。附：漢書音義：「大行者，不在之稱；天子崩，未有謚號，故稱大行。」出韻瑞八庚韻。

新編乙：同新編甲。「未有謚號」作「未監號」。

63 舊編：悼亡之作曰挽詩，亦作輓。

新編甲：挽，牽引也；挽歌，送葬執紼者相和聲，今悼亡之作曰挽詩，亦作輓，義同。

64 舊編：帝王所居之宮曰紫宸。

新編甲：紫宸殿者，漢之前殿，周之路寢。出羣玉十一真韻。

新編乙：同新編甲。「惟」下無「欲」字。

65 新編甲：舉天下之人，無一人之不仁；舉一人而言，無一行之不仁，曰同仁。又孟子梁惠王下註：「仁者以天下為度，一視而同仁，惟欲人各得其所。」

66 舊編：真遊，真仙之遊。按挽寧宗詩：「寶輦扶蒼鶴，雲韶擁玉班。」又孝宗登遐，群臣表云：「乘白雲于帝所，恍隔真遊。」又隋煬〔帝〕遊江都，建宮成，幸之曰：「使真仙遊此，亦當自迷，〔可〕目之曰迷樓。」又莊子云：「古之至人，遊逍遙之墟，食苟簡之田，立不貨之圃，古者謂是采真之遊。」

新編甲：真遊，仙遊也。挽寧宗詩：「寶輦扶蒼鶴，雲韶擁玉班。」又孝宗登遐，羣臣表云：「乘白雲于帝所，恍隔真遊。」又隋煬帝遊江都，建宮成，幸之曰：「使真仙遊此，亦當自迷，〔可〕目之曰迷樓。」又莊子云：「古之至人，遊逍遙之墟，食苟簡之田，立不貨之圃，古者謂是采真之遊。」

67 舊編：唐武后將遊上苑，宣詔曰：「明朝遊上苑，火速報春知；花須連夜發，莫待曉風吹。」

侵晨，名花皆開。又羯鼓催花，明皇事。

新編甲：卓異記：「天授二年臘月，則天宣詔曰：『明朝遊上苑，火速報春知。花須連夜發，莫待曉風吹。』侵晨，名花皆開。」出詩學大成。唐羯鼓錄：「明皇命羯鼓臨軒縱擊，曲名春光好，回顧柳杏，皆發。上□笑曰：『此一事，可（得）不喚我作天工（公）可乎？』」出詩學花木。

68 舊編：趙簡子疾，五日不知人，及寤，語大夫曰：「我夢之帝所，游於鈞天、廣樂，九騫（奏）萬舞，其聲動人。」

新編甲：秦穆公夢至帝所，觀鈞天、廣樂，帝賜之以策，秦遂大昌。出圓機。趙簡子疾，五日不知人，及寤，語大夫曰：「我夢之帝所，遊於鈞天、廣樂，九騫（奏）萬舞，其聲動人。」

新編乙：同新編甲。

69 舊編：史記：黃帝崩，葬橋山。空棺無尸，唯鈒（劍）舃在。漢武帝因巡朔方，還祭黃帝於橋山。上曰：「吾聞黃帝不死，〔今〕有塚，何也？」公孫卿對曰：「黃帝已升仙上天，群臣喪（葬）其衣冠。」

新編甲：黃帝崩，葬橋山。空棺無尸，唯劍舃在。漢武帝因巡朔方，還祭黃帝於橋山。上曰：「吾聞黃帝不死，〔今〕有塚，何也？」公孫卿對曰：「黃帝已升仙上天，羣臣葬其衣冠。」出史記。

70 舊編：「為文章必擺落尖新，期到古人。」見韻府。尖，末銳也。

新編甲：唐孫樵，字可之，韓昌黎門人，罵童志：「為文章必擺落尖新，期到古人。」出羣玉十一真韻。

⑦① 舊編：解見徐式。

新編甲：事跡已見快州義婦傳「幾年巫峽夢」句。

⑦② 舊編：張文潛作七夕歌云：「河東美人天帝女，機杼年年勞玉指。帝憐獨居無與娛，河西嫁與牛郎夫。自從嫁後廢織紝，玉鬢雲鬟朝暮梳。」

新編甲：宋張耒，字文潛，淮陰人，十二（十三）歲「能為文」，弱冠第進士。七夕歌曰：「人間一葉梧桐飄，蓐收行秋回斗杓。神官召集役靈鵲，直渡銀河橫作橋。河東美人天帝子，機杼年年勞玉指。織成雲霧紫綃衣，辛苦無歡容不理。帝憐獨居無與娛，河西嫁與牽牛夫。自從嫁後廢織紝，綠鬢雲鬟朝暮梳。貪歡不歸天帝怒，責歸却踏來時路。但令一歲一相見，七月七日橋邊渡。別多會少知奈何，却憶從前歡愛多。怱（匆）匆萬事說不盡，玉龍已駕隨羲和。河邊靈官催曉發，令嚴不肯輕離別。便將淚作雨滂沱，淚痕有盡愁無歇。我言織女君莫歎，天地無窮會相見。猶勝嫦娥不嫁人，夜夜孤眠廣寒殿。」出古文。

新編乙：同新編甲。自「潛，淮陰人」至「來時路。但」無，「怱匆」作「匆匆」，「會相見」作「曾相見」。

⑦③ 舊編：開元遺事：「宮漏有六更，君王得晏起。」

按：此注原置欄上，「起」下有「補遺」二小字偏右。

新編甲：唐（五代）〔王仁裕〕開元遺事：「宮漏有六更，君王得晏起。」

新編乙：同新編甲。

⑦④ 舊編：晉吏部畢卓盜飲比舍郎酒，為掌酒所縛，樂廣笑曰：「名教內自有樂地。」

新編甲：晉畢卓，字茂世，銅陽人，少放達，嘗曰：「得酒滿數百斛〔船〕，〔四時甘味置兩頭」；左手持酒盃，右手持蟹螯；拍浮酒船中，便足了一生〔矣〕！」與阮孚等為「八達」。大（大）興末，為吏部郎。嘗比舍郎釀熟，卓因醉，夜至甕下盜飲，為掌酒所縛。明旦視之，乃畢吏部也。樂廣笑曰：「名教內自有樂地。」出尚友錄。

新編乙：同新編甲。自「嘗曰」至「大興末」間作「浮酒船中滿數百斛，左手持義為八達。」

75 舊編：姮娥，后羿妻也。羿得不死之藥於西王母，其妻竊之，奔入月宮，是為蟾蜍。故唐李義山作詩。

新編甲：后羿妻竊王母長生藥吞之，當飛升入月宮，羿急攬其衣追去，妻姮娥飛升為蟾蜍。故唐李義山作「碧海青天夜夜心」句為證。出列傳。

新編乙：同新編甲。「列傳」作「烈傳」。

76 舊編：弄玉，解見徐式。沈亞之秦臺夢記亞之出長安城，過高泉，宿邸舍。夢秦穆公召見，以女妻之，即弄玉也，猶謂之蕭家公主。不久，公主遂卒。故詩者乃曰：「如何……。」

新編甲：事跡已見徐式仙婚錄「弄玉之嫁蕭史」句。按太和初，沈亞之出長安城，客〔橐〕泉邸舍。春時晝夢秦穆公召見，謂曰：「寡人幼女，婿蕭更（史）先死，欲與大夫備洒掃。」遂召公主出見。居亞之於宮，題其門曰「翠微宮」，宮人呼為「沈郎院」。復一年，公主無病而卒，葬咸陽原。公命亞之作挽歌及墓銘志，亞之亦送葬。後辭去，公命車駕送出關；忽驚覺，臥邸舍。出天下異紀。

新編乙：同新編甲。「遂召公主出見」作「遂召見謂曰召公主出見」。

77 舊編：梁氏女綠珠，有容貌，石崇以真珠三斛買之，善吹笛。孫秀使人求之，崇不許，秀怒，勸趙王誅之。崇在樓上，甲士到門，崇謂綠珠曰：「我為爾得罪。」綠珠泣曰：「當致死君前。」因自投樓下而死。崔郊詩曰：「公子王孫逐後塵，綠珠垂淚濕羅巾；侯門一入深如海，從此蕭郎是路人。」詳見翠綃。

新編甲：入侯門，事跡已見翠綃傳「歸崔郊之婢」句小註。錄（綠）珠，事跡已見翠綃傳「甘墮樓之死」句。

新編乙：同新編甲。

78 舊編：阿，音遏，發語辭。唐武后臨朝，春風屢動壁衣塵，唐臣不敢揚君之惡，乃移謗於后土，云：「安道見后土夫人相召，遂與俱往。」又云：「冥數當與為夫婦，交拜留宿。」此唐人述奇遇，猶有避諱也。

新編甲：京兆韋安道於落（洛）陽早出，遇后土夫人，合為匹偶。夫人願歸廟見尊舅姑，入修婦禮，所服徊飲饌，皆如帝王之家。安道父母懼天后法嚴，以事上夫天后曰：「此魅物也！」使明崇儼等以太乙符籙攝制，並無效。父母使安道致謝曰：「幸新婦且歸，為舅姑之計。」夫大（人）敬從，請安道俱行。至所居大殿，夫人備法服如天子朝見之像。遂見奇容異人來朝，數千百人。時安道於夫人坐側，置一小牀令觀之，因最後通一人云大羅天女，安道視之，天后也。既而天后拜於庭下，禮最謹，夫人謂天后曰：「某已有數算，當與天后部內韋安道為匹偶。今算數已盡，自當離異。天后幸至，為與之錢五百萬，官至五品。」於是安道請辭去。歸至東都，謁天后；仍且述前夢，與安道所叙同。遂以安道為魏王府長史，賜錢五百萬。出太平廣記。時唐武后臨朝，春風屢動壁衣塵，唐臣不敢揚君之惡，乃述此奇遇以避諱。天后，唐武后也。

新編乙：同新編甲。自「致謝曰」至「請安道」、自「天后拜於庭下」至「當與」無，「謁」上有「入」字，「且」上無「仍」字。

(79)舊編：毛穎，筆也。彌明夜宿劉師服家，有侯喜新在。新有詩聲，夜與劉詩，彌明在側，貌極醜，喜新視若無人。彌明忽指爐中石鼎索詩，劉、喜詩成，彌明笑之。因高吟曰：「龍頭縮菌蠢，豕腹漲彭亨。」有似譏二子；又高踞大唱曰：「時生蚯蚓竅，微作蒼蠅聲。」皆脫穎含譏。韓文。

新編甲：穎，俗穎字；穎，猶言毛穎，卽筆也。彌明夜宿劉師服家，有侯喜新在。新有詩聲，夜與劉詩，彌明在側，貌極醜，喜新視若無人。彌明忽指爐中石鼎索詩，劉、喜詩成，彌明笑之。因高吟曰：「龍頭縮菌蠢，豕腹張（漲）彭亨（亨）。」有似譏二子；又高踞大唱曰：「時生蚯蚓竅，微作蒼蠅聲。」皆脫穎含譏。出韓文。

(80)新編甲：事跡已見茶童降誕錄「白圭之玷」句。

新編乙：同新編甲。

(81)舊編：刮，古滑切，削也，磨切也。

新編甲：刮，古滑切。韓愈進學解：「爬羅剔抉，刮垢磨光。」出韻瑞七陽韻。

新編乙：同新編甲。

(82)舊編：齋，燕居室也。騷，愁也。

(83)舊編：樗，音樞，不才木也。寮，小窗也。

(84)舊編：阮夢荀，號菊坡先生，清華東山人。又臞翁詩評云：「秦少游詩如時女步春，終傷婉弱。」

新編甲：婉，慎也，美也，少也。阮夢荀，號菊坡先生，清華東山人。又曜（臞）翁詩評云：「秦少游詩如時女步春，終傷婉弱。」

新編乙：同新編甲。「曜」作「臞」。

85 舊編：杜閏，金華縣金華社人，騷壇副元帥，評御詩。

新編甲：杜閏，金華縣金華社人，騷壇副元帥，評御詩。

新編乙：同前。

86 舊編：譚慎徽，東岸縣翁墨社人。

新編甲：譚慎徽，東岸縣翁墨社人。

新編乙：同前。

87 舊編：武瓊，唐安縣慕澤社人，著通鑑，子武幹，進士，有四六備覽集。

新編甲：武瓊，唐安縣慕擇社人，著通鑑，子武幹，進士，有四六備覽集。

新編乙：同新編甲。「慕」作「幕」。

88 新編甲：鶩，音務，亂馳也。

新編乙：同新編甲。

89 舊編：阮廌，號抑齋先生，上福蘂溪人。阮抑齋謾興詩：「何曾一飯忍忘君？」又謾成詩：「仲尼三月無君念。」又海口夜泊有感詩：「君親在念寸心丹。」又云：「國恩未報老堪憐。」其忠愛之念發於詩多類此。

新編甲：黎太祖朝阮廌，號抑齋先生，上福蘂溪人。謾興詩：「何曾一飯忍忘君？」又謾成詩：「仲尼三月無君念。」又海口夜泊有感詩：「君親在念寸心丹。」又云：「國恩未報老堪憐。」其忠愛之心感發於詩思若此。

新編乙：同新編甲。無「朝」字。

90 舊編：遡，鄉也。杜弱（甫），字子美，號少陵，善為歌詩，傷時僥甫（弱），情不忘君，人憐其忠云。

新編甲：遡，鄉也。唐時人杜甫，字子美，號少陵。其餘已見快州義婦傳「索句杜陵巾」句。

新編乙：同新編甲。

91 舊編：闖，丑禁切，窺也。

新編甲：闖，丑禁切，覘也。

新編乙：同新編甲。

92 舊編：招，音橋，擧也，揭也。

新編甲：拈，取也。起，能大（立）也。

93 舊編：韓愈送孟東野序：「莊周以荒唐之辭鳴於楚。」

新編甲：廣大無城畔曰荒唐。韓愈送孟東野序云：「莊周以荒唐之辭鳴於世。」

新編乙：同新編甲。

94 舊編：歸求餘師，孟子語。

新編甲：此句孟子答曹交。出告子下。

新編乙：同新編甲。

95 舊編：淋漓，濕貌。

96 舊編：暈，音運，日月旁氣也。

新編甲：乾，音干，燥也。

97 舊編：公姓蔡，名順，號呂塘先生，超類柳林人，有詩集傳世。

新編甲：公姓蔡，名順，號呂塘先生，超類柳林人，有詩集傳世。

新編乙：同前。

98 舊編：俗畱字。

99 舊編：總計曰無慮。廣雅云：「無慮，都凡也。」

新編甲：亡與無同；總計曰亡慮。廣雅：「無慮，都凡也。」出正字通。前漢書注：「亡慮者，無所思慮而總計，猶言多少如是無疑也。」出韻瑞六御韻。

新編乙：同新編甲。

夜叉部帥錄㈠

國威奇士文以誠，恣情任俠，不惑邪祟❶，凡花妖月怪及淫祠厲鬼，不經祀典者❷，蔑視之，一切不憚。

陳重光末❸，人多死喪，寃魂無告❹，往往聚爲黨與❺。或扣茶店㈡，以覓半餉之醉❻；或邀妓女，以結暫時之歡。遇之者，疾有沈疴㈢❼；禳之者，師無驗法。橫行原野㈣，不復相忌。以誠乘醉騎馬徑造焉❽，群妖波駭㈤，一時星散，急呼之曰：「汝曹壯士，不幸罹此！我來相訪，欲以利害相聞，勿苦迴避❾。」各稍稍復集，延拜上坐。以誠曉之曰：「凡汝等幸人之災，樂人之死㈥，志欲何爲❿？」曰：「欲益吾兵耳！」曰：「欲益而兵，爭損人生何⓫？而兵益，則仰食不敷；人生損，則祈禳者寡⓬。於汝何利而甘心喜爲？逞其欲，則溪壑不足塡⓭；決其暴，則虎狼未爲猛。縱能利己，雖片衣寸楮而不辭⓮；苟可充腸，雖漏甕破盆而不恥㈦。汲汲焉，壺樽之覓；栖栖焉，餔啜之求⓯。興災扇禍，而竊造化之權⓰；瞰室嘯梁，而惑斯民之聽⓱。汝曹所樂，吾心自羞；況天用德而不用威，人好生而不好殺，而乃自爲禍福，過逞驕淫，帝用不臧，刑之必至。汝將何走以避誅責乎㈧⓲？」衆鬼愀然曰：「吾徒不得已耳！非所願也⓳。其生也不辰⓴，其死也非命；饑無可給之食，退無可托之人。白骨叢中，愁纏宿草；黃沙原上，冷對秋風㉑。故不免嘯侶呼朋，營求一飽㉒。況世運就衰㉓，行將革易㈨；人家漸耗，會見消磨。以故冥司不禁，吾輩有辭；只恐來年愈勝今年耳！」

旣而庖厨進饌㈩，羅列樽俎。問其殺，則某村之牛；問其酒，則某里之釀㉔。生啜啖如流㊁

[25]，勢劇風雨[26]。衆鬼喜相謂曰：「眞吾帥也！」因請曰：「吾輩烏合，自相雄長，既無統率，勢必不久；而使君惠然肯來[27]，是天以使君將吾曹也。」以誠曰：「我文武兼全，雖駑亦可將也[28]；但幽明路隔，如老母何？」衆鬼曰：「否！願使君重養威嚴，申明束約，日則分區散處，夜則差員申禀(十二)[29]，非敢以泉扃見屈也[30]。」以誠曰：「如不得已用吾，吾以六條從事，盟而後可耳！」皆曰：「唯命！」因請第三夜就某處立壇。依期畢集，一老鬼後至，生斬之，衆皆股慄[31]，乃出令曰：「凡汝衆無輕我命！無狃淫風！無爲民祟而致殘民之生！無掠民財而不度民之難！無於淫宵結黨！無於淸晝假形！聽吾命，吾爲汝將；違吾令，吾加汝刑。尙審聽言(十三)，勿貽後悔。」於是部分校卒(十四)[32]，凡有利病，輒來禀白焉。

居月餘，一日閑坐，見一人自稱冥司使者，致辭請往。以誠將趨避(十五)，其人曰：「王命也。以君剛毅，欲以顯秩見邀[33]，非有所苦，願勿深拒；只可少寬程限[34]，須君自詣，僕於途中預候耳！」言已不見。卽檄諸鬼校問之[35]，皆曰：「噫！有甚事(十六)[36]，但吾輩未及先言耳！」因曰：「曩者閻王以時方不靖(十七)，置夜叉四部，部一帥臣[37]，假以殺伐之權，寄以生靈之命，任隆責重，非他官比。使君威望素著，閻王聞名久矣，而我曹極力薦保，故荐臻顯職爾(十八)[38]！」以誠曰：「如子言，福我耶？禍我耶？」衆曰(十九)：「閻羅選人，不異選佛[39]，非可以賄賂求，非可以僥倖得。持心剛正，雖微賤而必揚(二十)[40]；處己奸回，雖顯榮而不錄[41]。訓齊之寄，非公其誰？倘或顧戀妻孥，遲以歲月[42]，必爲他人所獲(二一)，而吾徒亦觖望也[43]。」以誠幡然改容曰(二二)：「死殊可憎，名亦難買；況筆以利故夭[44]，松因枝而伐[45]；雉非羽不能以自禍[46]，象非齒不能以焚身(二三)[47]。鴻鴈之死，爲不鳴也[48]；樗櫟之壽，爲不材也[49]。修文地下，三十二之顏回[50]；召記玉樓，二十餘之長吉[51]。丈夫處世，不能腰金珮玉(二四)，會當留名萬代(二五)；何乃低頭濁世，屑屑較彭殤哉[52]？」遂經紀家事，數日而卒㉖。

時鄉人黎遇，與以誠素相知者，漂泊桂陽，寓於旅舍。一更後，見一人乘青驄馬[53]，僕從亦盛，主翁褰簾迎接[54]。黎遇怪其聲類以誠，而貌微不肖，出門將避，其人曰：「故人知君，君不知故人，何也[55]？」因敘鄉井通姓名[56]，且言：「已職隸冥司[57]，官登崇秩，以君有舊，故來訪問耳！」因解所服裘，典酒為樂。飲數巡㉗[58]，黎因曰：「僕平生處世，有意陰功，曾無肥己之私，曷至迫人于險！教則隨才誘掖[59]，學則極力研窮[60]；不萌分外之求，不為已甚之事[61]。然而四方餬口，隻影投人[62]；兒或啼寒，妻常苦饑㉘[63]；入欠蔽風之廬，出無避雨之簦㉙[64]。東馳西騖[65]，日甚一日；而親朋故舊㉚，仕者相繼。方以才藝，碌碌均等[66]；然前程所及，自相千百。何榮瘁乃爾懸絕耶[67]？」以誠曰：「富貴非可求，貧窮亦有命。故銅山餓鄧[68]，車子困周[69]；有緣則風送馬當[70]，無分則雷轟薦福[71]。不然顏、閔德行，自可致於青雲[72]；盧、駱詞章，終不淹於黃馘[73]。蓋莫之為而為者天，莫之致而致者命[74]。所貴於士者，貧而無諂，窮且益堅[75]，素位安行㉛，順受而已[76]。窮通利鈍，吾如彼何哉？」酒既罄，遂剪燈對話[77]，亹亹不倦[78]。

明日當別，以誠屏人言曰：「吾新承帝命，兼掌疫兵[79]，分行郡國間，加之以饑饉[80]，重之以兵革[81]，生齒凋耗[82]，什存四五，自非福淵深遠㉜，只恐玉石俱焚也[83]。卿家福薄，似亦不免，宜早還鄉里，無久滯於他州客舍也。」黎曰：「托於君有餘力矣！」以誠曰：「分界不同，非敢逾越[84]。長江以北，吾主之；長江以西㉝，丁帥掌之。但吾領黑衣吏卒，猶有慈心；彼所領白衣疫兵㉞，率多虐鬼。君不可不為之慮。」黎曰：「奈何？」以誠曰：「每部帥司，夜差人千餘㉟，分州散疫。卿但厚市酒殽，中庭設具[85]，彼千里遠來，勢必饑渴，見則飲食之無疑矣！卿於暗間竊候㊱，俟盃盤欲散，但趨前羅拜，慎勿致辭，亦僥倖中一助也。」遂揮淚為別。

黎遇歸至鄉閭㊲，疫癘大作，妻子臥病，幾乎不識。即盛辦壺樽[86]，如言夜設。果見鬼卒十餘輩，騰空而至[87]，相顧曰：「吾等饑甚，舍此奚適㊳[88]？未聞以數盃酒出人罪也㊴。」遂相向環飲。有紫衣人當中儼坐，餘皆拱立[89]，或持刀斧，或執簿書[90]。飲將盡，黎趨至㊵，連拜不止。紫衣者曰：「我方暢飲，此子何爲至是耶[91]？」衆鬼曰：「此必設具主人，其家病亟，願賜斟酌[92]。」其人怒取簿書投地，曰：「安有以一盤麄具，易五口生人耶[93]？」衆鬼曰：「既食人財，豈容恝若[94]？脫以此得責，甘心瞑目矣㊶[95]！」紫衣者沈吟既久[96]，乃以朱筆塗竄約十餘字而去[97]。

後數日，黎家同獲痊解[98]。黎德以誠之救[99]，即其家立祠。鄉人祈請，嘗有顯應焉㊷。

嗚呼！朋友，五倫之一，其可輕乎哉[100]？彼夜叉一錄，其事有無㊸，不暇辨論。所喜論者：以誠死生之交而友人㊹，取友之端[101]，不以存亡而改所守，不以患難而忘相救[102]；世之盃酒論交[103]，顛倒肺腑，少臨利害，若不相識，聞其風者㊺，寧不愧心乎！㊻

【校】

㊀夜叉部帥錄　丙本作「夜叉部帥傳」。

㊁或扣茶店　諸本「扣」作「叩」，「叩」與「扣」同。

㊂疾有沈疴　諸本「疴」作「痾」，「痾」與「疴」同。

㈣橫行原野　「行」原作「衡」，據諸本改。

㈤群妖波駭　「波」，諸本作「破」，舊編亦注云：「一作破」。

㈥樂人之死　乙本「死」作「怨」，蓋形近而訛。

㈦雖漏甕破盆而不恥　丙本「漏」作「滿」，蓋形近而訛。

㈧汝將何走以避誅責乎　諸本「汝」作「爾」。

㈨行將革易　「行」，舊編注云：「一作時」。

㈩旣而庖厨進饌　丙本「而」作「有」；「庖」，舊編注云：「一作飽」。

⑪生啜啖如流　諸本「啜啖」作「啖啜」。

⑫夜則差員申稟　諸本「申稟」作「稟申」。

⑬尚審聽言　「尚」原作「當」，據諸本改。

⑭於是部分校卒　諸本作「於是校分部卒」。

⑮以誠將趨避　「將」字原無，據諸本加。

⑯有甚事　諸本「甚」作「其」。

⑰因曰：曩者閻王以時方不靖　諸本作「因曩日閻王以時方不静」。

⑱故荐臻顯職爾　諸本「荐臻」作「賁」。

⑲衆曰　諸本作「衆鬼曰」。

⑳雖微賤而必揚　甲本「賤」作「物」。

㉑必為他人所獲　「所」原作「之」，據諸本改。

㉒以誠幡然改容曰　諸本無「容」字。

⑬象非齒不能以焚身　諸本「能」作「至」。

⑭不能腰金珮玉　「珮」，諸本作「步」，舊編亦注云：「一作步」。

⑮會當留名萬代　乙本「當」作「常」，蓋形近而訛。

⑯遂經紀家事，數日而卒　甲、丙本「紀」作「記」，乙本則無此二句。

⑰飲數巡　諸本「巡」作「旬」。

⑱妻常苦饑　諸本「苦」作「號」。

⑲出無避雨之翳　諸本「避」作「禁」。

⑳而親朋故舊　「而」字原無，據諸本加。

㉑素位安行　甲本「安」作「而」。

㉒自非福淵深遠　「福淵深遠」，諸本作「福源深遠」；舊編則注云：「一本云福德淵遠」。

㉓長江以西　「江」原作「河」，據上文與諸本改。

㉔彼所領白衣疲兵　「衣」，諸本作「甲」，舊編亦注云：「一作甲」。

㉕夜差人千餘　「夜」，舊編注云：「一有叉字」。

㉖卿於暗間竊候　諸本「於」作「就」。

㉗黎遇歸至鄉閭　諸本「閭」作「村」。

㉘舍此奚適　諸本作「捨此何適」。

㉙未聞以數盃酒出人罪也　「出」，諸本作「入」，舊編亦注云：「一作入」。

㊵黎趨至　諸本「趨」作「走」。

㊶甘心瞑目矣　乙本「心」作「豈」，蓋涉上文而訛。

㊷鄉人祈請，嘗有顯應焉　丙本「請」作「禱」，又諸本「嘗」作「常」。

㊸其事有無　舊編注云：「一云其有其無」，甲、丙本如其所說；乙本則作「其有無」。

㊹以誠死生之交而友人　乙本「以誠」上有「以」字，疑衍。

㊺聞其風者　諸本無「者」字。

㊻甲本文末有「終畢」二字。

【注】

❶新編甲：任俠，事跡已見快州義婦傳：「放情任俠」句。祟，神禍也。江充傳：「祟在巫蠱。」

□乖氣致戾，人所自召也。出正字通。

新編乙：同新編甲。「戾」作「矣」。

❷新編甲：花妖月怪，事跡已見西垣奇遇記「不然則花月之妖」句。淫祠，事跡已見龍庭對訟錄「此仁傑巡撫河南」句。厲鬼，事跡已見東潮廢寺錄「蓋是陰魔厲鬼」句。

新編乙：同新編甲。

❸舊編：重光，簡定帝姪，在位五年。

新編甲：重光帝，諱季擴，愍王頮之庶子，藝宗之孫，簡定帝之姪也，在位五年。出國史。

新編乙：同新編甲。「頮」作「類」。

❹舊編：告，音菊；「無告」，窮民也。書云：「不虐無告。」

新編甲：告，音菊，與鞠同，推窮罪狀也。「不虐無告，不廢困窮。」出書經大禹謨。

新編乙：同新編甲。

❺新編甲：與，黨與。
新編乙：同新編甲。
❻舊編：扣，微擊也。
新編甲：叩，問也；叩與扣同。
新編乙：同新編甲。
❼舊編：〔疴〕，音阿，疾也。
新編甲：痾，音阿，妖孽及人謂之痾；〔沈痾〕，病浸深也。
新編乙：同新編甲。
❽新編甲：造，七到切。
新編乙：同新編甲。
❾新編甲：迴同回，返也。
新編乙：同新編甲。
❿新編甲：幸，音倖。
新編乙：同新編甲。
⓫舊編：而，汝也。
新編甲：而，汝也。
新編乙：同前。
⓬新編甲：而，汝也。
新編乙：同新編甲。

⑬新編甲：塡，音田，滿也。

新編乙：同新編甲。

⑭舊編：楮，音杵，錢幣也，古有楮幣、楮錢；作褚，似非。

⑮舊編：栖栖猶皇皇。餔，音逋，食也。啜，朱劣切，飲也。

新編甲：栖，先齊切；栖栖，皇皇也。餔，音逋，食也。啜，朱劣切，飲也。

新編乙：同新編甲。

⑯新編甲：扇，吹揚也。

新編乙：扇，吹楊（揚）也。

⑰新編甲：事跡已見昌江妖怪錄「瞰于室、嘯于梁」句。

新編乙：同新編甲。

⑱新編甲：臧，善也。「夏王有罪，矯誣上天，以布命于下。帝用不臧，式商受命，用爽厥師。」

註：「帝用不臧，言天用不善其所為。」出書經仲虺之誥篇。

新編乙：同新編甲。

⑲新編甲：愀，七小切，色變也。

新編乙：同新編甲。

⑳舊編：辰，時也。大雅：「我生不辰。」注：「言所遭之時不善也。」

新編甲：辰，時也。「憂心慇慇，念我土宇。我生不辰，逢天僤怒。自西徂東，靡所定處。多我覯婚（痻），孔棘我圉。」出詩經大雅變桑柔章。

新編乙：同新編甲。「土」作「士」，「婚」作「痻」，無「柔」字。

㉑舊編：李白戰城南詩：「古來惟見白骨黃沙田。」
新編甲：晉潘岳：「肝腦塗地，白骨交衢。」出韻瑞六月韻。禮記：「朋友之墓有宿草而不哭焉。」附：宋顏延之詩：「青苔蕪石路，宿草塵蓬門。」出韻瑞十九顥韻。
新編乙：同新編甲。

㉒舊編：營，謀為也。

㉓舊編：邵子皇極經世書分元、會、運、世，三百六十辰為一運，十二運為一世。
新編甲：世運，事跡已見昌江妖怪錄「世運寢乎愈降」句。
新編乙：同新編甲。

㉔新編甲：酒，持飲之也。
新編乙：同新編甲。

㉕舊編：啖，徒覽切，幷呑也。

㉖新編甲：劇，增也，甚也。
新編乙：同新編甲。

㉗舊編：詩終風云：「惠然肯來。」注：「惠，順也。」
新編甲：「終風且霾，惠然肯來。莫往莫來，悠悠我思。」出詩邶風終風章。
新編乙：同新編甲。

㉘舊編：駑，馬頓劣也。

㉙舊編：官數曰員。申，以書告上也。稟，受命也；今俗以白事為稟。

㉚舊編：扃，涓熒切，外閉之關也。

新編甲：扃，狷熒切，外閉之關也。

新編乙：扃，涓（涓）熒（熒）切，外閉之關。

㉛舊編：慄，列七切，栗同；懼而兩股搖動曰股慄。

㉜舊編：部，分布也。校者，營壘之稱，故軍之一部為一校；隸人給事者方言曰卒。

新編甲：古制軍之法：五人為伍，五十人為隊，二隊為曲，二曲為官，二官為部，二部為校，百人為卒。出武經孫武子始計篇註。

新編乙：同新編甲。

㉝新編甲：邀，招也。

新編乙：同新編甲。

㉞舊編：程，期也。

新編甲：限，界也。

新編乙：同新編甲。

㉟舊編：以木簡為書，長尺二寸，以號召曰檄。

新編甲：檄，木簡為書以號召也。

新編乙：同新編甲。

㊱舊編：甚猶此也。

㊲舊編：夜叉，鬼名。唐監察御史李全交專以酷虐為業，臺中號為鬼面夜叉。

新編甲：唐監察御史李全交酷虐，人謂之鬼面夜叉。出羣玉六麻韻。

新編乙：同新編甲。

㊳舊編：荐與薦同，屢也，重也。

㊴舊編：丹霞天然禪師初習儒學，將應舉，道遇一禪客曰：「選官何如選佛！」曰：「選佛當住（往）何處？」禪師（客）曰：「江西馬太師出世，此選佛場也。」師往見馬祖，乃令參南岳。

新編甲：丹霞天然禪師初習儒業，將應擧，道遇一禪師曰：「選官何如選佛！」曰：「選佛當住（往）何所？」曰：「江西馬太師出世，此選佛場也。」出羣玉五物韻。

新編乙：同新編甲。

㊵舊編眉批：不若茲，則以一粗盤易五命者，必不得預其選矣！

㊶新編甲：回，邪也。

新編乙：同新編甲。

㊷新編甲：戀，龍眷切，眷念係慕也。

新編乙：同新編甲。

㊸舊編：觖，居月切，怨望也。

新編甲：觖，音厥；觖者，觖（缺）也，謂不滿所望而怨也。

新編乙：同新編甲。「觖也」作「鈌也」。

㊹舊編：古文：「筆最銳而能動，故夭。」

新編甲：夭，伊鳥切，短折也。「筆體最銳，用最動，故夭。」出古文硯銘類。

新編乙：同新編甲。

㊺舊編：俗傳歲旱則伐松枝，為龍骨，以祈雨，意其樹必有靈也。

新編甲：歲旱則官伐其枝，為龍骨，以祈雨，蓋三藏役龍，意其樹必有靈也。出圓機。

新編乙：同新編甲。

㊻舊編：雉，一名錦雉，一名錦鷄，其色鮮明，五采炫燿，自愛其毛，終日影水，目眩而溺。

新編甲：雉，一名錦雉，又名錦雞，其色鮮明，五采炫燿，自愛其毛，終日影水，自（目）眩而溺。魏時，南方獻山雉雞，帝欲其鳴舞而無由，公子蒼舒令以大鏡著其前，雞鑑形而舞，不知止，遂至死。出詩學大成錦雉類。

新編乙：同新編甲。「魏時」作「舒令以時」。

㊼舊編：左傳：「象有齒以焚其軀。」出左傳。

新編甲：「象有齒以焚其軀。」

新編乙：同新編甲。

㊽舊編：大曰鴻，小曰鴈。莊子出遊山，舍於故人之家，故人喜，命豎子殺鴈而烹之，豎子請曰：「其一能鳴，其一不能鳴，請奚殺？」主人曰：「殺不能鳴者。」

新編甲：大曰鴻，小曰鴈。莊子出於山，舍故人之家，舍豎子請曰：「其一鴈能鳴，一鴈不能鳴，請奚殺？」主人曰：「殺不能鳴也。」弟子問曰：「主人之鴈以不才而死，先生何處焉？」莊子笑曰：「周將處夫材與不材間也。」出羣玉十六諫韻。

新編乙：同新編甲。

㊾舊編：樗，音樞。櫟，音歷。惠子謂莊子曰：「吾有大樹，人謂之樗。其大本擁腫而不中繩墨，其小枝卷曲而不中規矩，立之塗，匠者不顧。」又匠石之齊，至乎曲轅，見櫟社樹。其大蔽「數千」牛。觀者如市，匠伯不顧。弟子問之，匠伯曰：「是不材之木也，故能若是之

壽。」

新編甲：樗，音樞。莊子逍遙遊篇：「惠子謂莊子曰：『吾有大樹，人謂之樗。其大本擁腫而不中繩墨，其小枝卷曲而不中規矩，立之于塗，匠者不顧。今子之言，大而無用，衆所同去也。』」人間世篇：「匠石之齊，至乎曲轅，見櫟社樹。其大蔽〔數千〕牛，絜之百圍；其高臨山，十仞而後有枝；其可以為舟者，旁十數。觀者如市，匠伯不顧，遂行不輟。弟子厭觀之，走及匠石，曰：「自吾執斧斤以隨夫子，未嘗見材如此其美也。先生不肯顧，行不輟，何耶？」曰：「已矣！勿言之矣！散木也，以為舟則沈，以為棺槨則速腐，以為器則速毀，以為門戶則液漏（樠），以為柱則蠹。是不材之木也，無所可用，故能若是之壽。」」出幼學花木類。

新編乙：同新編甲。「匠者不顧」作「伍者不顧」，「其美也」作「其美矣」，「漏」作「樠」，無「之木也，無所可用，故能若」諸字。

50 舊編：解見子虛。

新編甲：事跡已見〔范〕子虛遊天曹錄「故顏回生前陋巷，而死後修文」句。

新編乙：同新編甲。

51 舊編：李賀，字長吉，將死時，忽晝見一緋衣人，駕一赤虬、持一板書，告曰：「天上白玉樓成，命君為記。」賀遂卒。

新編甲：唐李賀，字長吉，七歲能辭章，皇甫湜、韓愈過其家，使之賦詩，援筆立成，名高軒過。苦吟，每旦出，騎弱馬，小奚童背古錦囊隨後，遇有所作，輒投其中；暮歸，母探囊，見所書多，即怒曰：「是兒嘔出心肝乃已！」憲宗朝，為協律郎，一日晝見緋衣人，駕赤虬、持一板書，云：「上帝成白玉樓，召君作記。」賀告以母老且病，不願去，緋衣曰：「天上殊樂不苦也。」賀泣下沾襟，遂卒，時年方二十七。出尚友錄。

新編乙：同新編甲。無「沾」字。

52 舊編：屑屑，動作切切也。蘭亭記云：「固知一死生為虛誕，齊彭殤為妄作。」彭者，彭祖也，壽八百歲；殤者，未成人而死。又莊子齊物論：「天下莫大於秋毫之末，而泰山為小；莫壽於殤子，而彭祖為夭。」

新編甲：王羲之蘭亭記：「固知一死生為虛誕，齊彭殤為妄作。」出正字通。

新編乙：同新編甲。「蘭亭記」作「蘭庭記」。

53 舊編：驄，音聰，馬青白雜毛也。

54 舊編：褰與搴同，摳衣也。

55 新編甲：楊震遷東萊郡太守。當之郡，經昌邑，故所舉荊州茂材科王密為昌邑令，夜懷金十斤以遺震。震曰：「故人知君，君不知故人，何也？」密曰：「暮夜無知。」震曰：「天知、地知，我知、子知，何謂無知！」密愧而出。出東漢紀。

新編乙：同新編甲。「東萊」下無「郡」字，「茂材」下無「科」字。

56 舊編：八家為一井。

57 舊編：隸，附著也。

58 舊編：巡，遍也。古詩：「亭不親疏飲不巡。」

59 舊編：誘，前導也；掖，旁扶也。與輔翼義同。

60 舊編：研，夷然切，窮究也。

新編甲：研，究也。
新編乙：同新編甲。
(61)舊編：孟子云：「仲尼不為已甚者。」
新編甲：孟子曰：「仲尼不為已甚者。」出孟子離婁下。
新編乙：同新編甲。
(62)舊編：餬，音乎，粥也，饘也；以粥食口，故謂餬口，非寄食也。
新編甲：左傳：「莊公曰：『寡人有弟共叔段，不能和協，而使餬其口於四方。』」餬口，謂寄食也。
新編乙：同新編甲。
(63)舊編：韓愈進學解：「有笑曰：先生為人，可謂成矣！然而三年博士，宂不見治。冬暖而兒號寒，年豐而妻啼飢。」
新編甲：號，平聲，呼也。韓愈進學解：「有笑曰：先生為人，可謂成矣！然而三年博士，宂不見治。冬暖而兒號寒，年豐而妻啼饑。」
新編乙：新編甲。
(64)舊編：篛，音若，笠也，與箬同。
(65)舊編：直騁曰馳，亂騁曰騖。
(66)舊編：碌碌猶錄錄，循常也；又言在凡庶中也。
(67)舊編：班固戲賓：「朝為榮華，夕為憔悴。」悴與瘁同。
新編甲：瘁與悴同。

新編乙：同新編甲。

68 舊編：文帝使善相者相鄧通，曰：「當貧餓死。」文帝曰：「富通者在我，何為貧？」於是賜蜀銅山，令自得鑄錢。後景帝即位，人有告通盜出徼外鑄錢。竟案，驗沒入之。通遂餓死人家。

新編甲：漢鄧通以櫂䑸（濯船）為黃頭郎。文帝夢上天，有黃頭郎推，上見其衣況（帶）後穿。覺而之斬（漸）臺，通衣（後）穿，寵幸之。使相者相通，（曰）：「當貧餓死。」帝曰：「能富通（者在）我也，何謂貧？」帝於是賜以蜀嚴道銅山，得日（自）鑄（錢），由是「鄧氏錢」布天下，官至上大夫。後帝崩，景帝立，怨通，失其家產，竟寄死人家。出尚友錄。

新編乙：同新編甲。「櫂䑸」作「櫂䑸」，「何謂貧」下之「帝」字作「中」。

69 舊編：昔有周犨，家貧，夫婦夜耕，困臥。夢天帝見而矜之，問諸司命曰：「此可富乎？」司命曰：「命當貧，有張車子錢可以借之。」乃與之期曰：「車子生，急還。」周遂富。及期，周犨其賄以逃，暮宿途中，逢一夫婦；婦方有孕，寄宿車下，夜間生子，欲命名，問於夫，夫曰：「生於車間，可以車名。」因呼名車子。從此周所向失利，遂以貧困。

新編甲：昔有周犨，家貧。夢天帝見而矜之，問諸司命曰：「此可富乎？」司命曰：「命當貧，今有車子財可以借之。」期曰：「車子生，急還之。」周後稍富。及期，周犨其財以逃，暮宿途中，逢寡（夫）婦寄宿車下；後（夜）間生子，欲命名，問于夫，夫曰：「生於車間，可以車名。」因呼名曰車子。從此周所向失利，遂以貧困。出搜神記。

新編乙：同新編甲。「寡」作「字」。

70 舊編：王勃隨父官（宦）遊江左，舟次馬當，見中元水府君助南風，一夕抵南昌，作滕王閣記（序）。

新編甲：馬當，山名。王勃隨父官道江左，舟次馬當，見中元水府君之助清風一航，次日抵南昌，作滕王閣序。出類聚。

新編乙：同新編甲。

71 舊編：轟，群車聲也；雷擊聲亦似車聲，故曰雷轟。范文正公守饒州，有書生上謁，自言：「平生未嘗飽，天下飢寒無如某者。」時感稱歐陽率更字，薦福寺碑墨本直千金，文公欲為打千本，使售于京師，紙墨已具；一夕，雷擊碎其碑。書生到底當受貧。時人語曰：「有客打碑來薦福，無人騎鶴上楊州。」

新編甲：「時來風送滕王閣，運去雷轟薦福碑。」出明心寶鑑順命第三篇。宋吳縣人范仲淹，字布文，謚文正，追封楚國公，守饒州，有書生上謁，自言：「平生未嘗飽，天下饑寒無如某者。」時感稱歐陽率更字，薦福寺碑墨本值千金，文正欲為打千本，使售于京師，紙墨已具；一夕，雷擊碎其碑。時人語曰：「有客打碑來薦福，無人騎鶴上楊州。」東坡作窮楷（措）大書（詩）曰：「一夕雷轟薦福碑。」出圓機不得志類。

新編乙：同新編甲。「饑寒」作「寒餓」，「楷」作「措」。

72 舊編：「德行則顏淵、閔子騫。」青雲，登仕路也。

新編甲：「德行：顏淵、閔子騫。」出論語先進篇。

73 舊編：唐盧照鄰、駱賓王，皆以文章有威名，但浮躁淺露，非享爵祿之器；裴行儉嘗譏之。後盧赴水死，賓王反誅，皆如儉言。黃鉞，義見茶童。

新編甲：唐高宗時人盧照鄰、駱賓王，皆以文章有盛名，然皆忤躁淺露，非享爵祿之器；裴行儉嘗識之。既而，盧以惡疾赴水死，賓王謀反誅，卒如儉言。出唐史。黃醎，事跡已見荼童降誕錄「或力學而終身黃醎」句。

74 新編甲：此二句出孟子萬章上篇。

新編乙：同新編甲。

75 新編甲：子貢曰：「貧而無諂，富而無驕。」出論語學而篇。馬援嘗語其客曰：「丈夫為志，窮當益堅，老當益壯。」出東漢紀。

新編乙：同新編甲。「客」上有「實（賓）」字。

76 新編甲：「君子素其位而行，不願乎其外。」出中庸第十四章。

新編乙：同新編甲。

77 新編甲：罄，音慶，空也。翦翦，同進也。

新編乙：同新編甲。「翦翦」作「剪剪」，義同。

78 舊編：亹，音尾，不倦意。

新編甲：亹，無謂切，音尾；亹亹，不倦意。

新編乙：同新編甲。「謂」作「朋」。

79 舊編：屛，音丙，除斥也。疫，民皆疾也。曹植曰：「疫乃陰陽失位、寒暑錯時所致；而愚民以為鬼神所作，懸符厭之，亦可笑也。」又云：「疫，厲也，病氣流行，中人如磨厲傷物也。」又：「疫，役也，有鬼行，役役不住也。」

新編甲：疫，說文：「〔民〕皆疾也。」魏曹植有疫氣說：「或以疫為鬼神所作，此乃陰陽失位、寒暑錯時，故生疫；而愚民懸符厭之，亦可笑也。」據此說釋名：「疫，厲也，病氣流行，中人如磨厲傷物也。」、「疫，役也，有鬼行，役役不住也。」出正字通。

新編乙：同新編甲。「皆」上有「民」字，「曹植」下無「有」字。

(80) 舊編：穀不熟曰饑，蔬不熟曰饉。

新編甲：饑，穀不熟；饉，蔬不熟。

新編乙：同新編甲。

(81) 舊編：軍旅曰兵革。

(82) 舊編：齒，數也。周禮：「司民掌登萬民之數，自生齒以上，皆書於版。」注：「人生齒而體備，故以齒名年。」

新編甲：凋，丁聊切，落也。生齒，「大比登民數，自生齒以上，登于天府。」出羣玉四紙韻。又周禮：「司民掌登萬民之數，自生齒以上，昔（皆）書于版。」出正字通。

新編乙：同新編甲。

(83) 新編甲：事跡已見快州義婦傳「只恐玉石俱焚」句。

(84) 新編甲：分，去聲。

新編乙：同新編甲。

(85) 舊編：殽，音肴，食物錯雜也。詩：「旨酒嘉殽□食具。」

(86) 舊編：辨，致力也，具也。

(87) 新編甲：騰，馳躍也。

新編乙：同新編甲。

88新編甲：適，往也。
新編乙：同新編甲。
89舊編：兩手合□（抱）曰拱。
90舊編：簿，□也，古□以簡策記事，後代用簿□，卽今手版也。
91舊編：暢，八（丑）亮切，長也，充也。
92舊編：取□而行曰斟酌。
新編甲：亟，急也。
新編乙：同新編甲。
93舊編：麄，物不精也，略也，與粗同。
新編甲：麄，倉胡切。
新編乙：同新編甲。
94舊編：愬，古刹切，無憂愁貌。
新編甲：愬，音戛，無憂愁貌也。
新編乙：同新編甲。「音」作「言」。
95新編甲：脫，或然之辭。瞑（瞑），去病切。
新編乙：同新編甲。
96舊編：六書故云：「喜為吟咏，痛為呻吟，疑為沈吟。」
舊編眉批：有愧於陳安撫者，多矣！
新編甲：六書故：「喜為吟咏，痛為呻吟，疑為沈吟。」出正字通。

新編乙：同新編甲。

97 舊編：改易文字曰塗竄。隋制：凡百官奏鈔，侍中既審，則駁正違失；詔敕有不便者，塗竄奏還。

新編甲：改易文字曰塗竄。隋制：凡百官奏鈔，侍中既審，則駁正違失；詔敕有不便者，塗竄奏還。

新編乙：同前。

98 新編甲：痊，病除也。

新編乙：同新編甲。

99 舊編：感恩者曰德之。

新編甲：德，惠也。

新編乙：同新編甲。

100 新編甲：人倫之大者五：親、義、序、別、信。出正字通。慶源輔氏曰：「蓋以朋友為人倫之一，不可以貴賤尊卑間也。」出詩經小序伐木章小註。

新編乙：同新編甲。「蓋」作「益」，無「一」字，「貴賤」下有「貧」字，「伐木」下有「草」字。

101 新編甲：子濯孺子曰：「庚公之斯學射於尹公之他，尹公之他學射於我。夫尹公之他，端人也；其取友，必端矣！」出孟子離婁下。

新編乙：同新編甲。「於我」上有「義」字。

102 新編甲：難，去聲。

新編乙：同新編甲。

103 舊編：世人以杯酒為交，酒盡則交絕。見唐詩註。

新編甲：盃酒論交，謂世以杯酒為交，酒盡則交絕。出唐詩。

新編乙：同新編甲。

越南漢文小說叢刊 / 陳慶浩．王三慶主編 -- 初版 -- 法國：遠東學院出版；臺北市：臺灣學生發行，民76
7冊：圖；21公分
內容：第1冊，傳奇漫錄 -- 第2冊，傳奇新譜，聖宗遺草，越南奇逢事錄 -- 第3冊，皇越春秋 -- 第4冊，越南開國志傳 -- 第5冊，皇黎一統志 -- 第6冊，南翁夢錄，南天忠義實錄，人物志 -- 第7冊，科榜標奇，南國偉人傳，大南行義列女傳，南國佳事，桑滄偶錄，見聞錄，大南顯應傳
新臺幣 精裝）
868,357/8763

越南漢文小說叢刊

傳奇類第一冊

傳奇漫錄

主編者：陳慶浩・王三慶
出版者：法國遠東學院
本書局登記證字號：行政院新聞局局版臺業字第一一〇〇號
發行人：丁文治
發行所：臺灣學生書局
台北市和平東路一段一九八號
郵政劃撥帳號〇〇〇二四六六－八號
電話：三六三四一五六・三六三四一〇九七
香港總經銷：藝文圖書公司
地址：九龍又一村達之路三十號地下後座
電話：三－八〇五八〇七
三類一七種 全七冊
定價精裝新臺幣
中華民國七十六年四月初版
8680-1